ENGLISCH-DEUTSCHE STUDIENAUSGABE
DER DRAMEN SHAKESPEARES

Unter dem Patronat der Deutschen Shakespeare-Gesellschaft West

herausgegeben von Ernst Leisi, Werner Habicht, Rudolf Stamm
und Ulrich Suerbaum

WILLIAM SHAKESPEARE

All's Well That Ends Well
Ende gut, alles gut

Englisch-deutsche Studienausgabe

Deutsche Prosafassung, Anmerkungen,
Einleitung und Kommentar
von Christian A. Gertsch

FRANCKE VERLAG TÜBINGEN

CIP-Titelaufnahme der Deutschen Bibliothek

Shakespeare, William:
[Englisch-deutsche Studienausgabe der Dramen]
Englisch-deutsche Studienausgabe der Dramen Shakespeares / hrsg. von Ernst Leisi ... – Tübingen : Francke.
Früher mit d. Erscheinungsorten Bern, München. – Literaturangaben
NE: Leisi, Ernst [Hrsg.]; Shakespeare, William: [Sammlung]

Shakespeare, William:
All's Well That Ends Well : engl.-dt. Studienausg. = Ende gut, alles gut / William Shakespeare. Dt. Prosafassung, Anm., Einl. u. Kommentar von Christian A. Gertsch. – Tübingen : Francke, 1988
(Englisch-deutsche Studienausgabe der Dramen Shakespeares)
Einheitssacht.: All's Well That Ends Well
ISBN 3-7720-1785-1 kart.
ISBN 3-7720-1779-7 Gb.
NE: Gertsch, Christian A. [Hrsg.]

Shakespeare, William: All's Well That Ends Well. – 1988

Publiziert mit Unterstützung des Schweizerischen Nationalfonds
zur Förderung der wissenschaftlichen Forschung.

Satz: Fotosatz Froitzheim, Bonn
Druck und Bindung: Pustet, Regensburg

ISBN 3-7720-1779-7 (geb.)
ISBN 3-7720-1785-1 (kt.)

INHALT

VORWORT DER HERAUSGEBER

Das Hauptziel der Englisch-deutschen Studienausgabe ist es, dem Leser den Shakespearschen Text und seine genaue Bedeutung so nahe zu bringen, wie dies zur Zeit möglich ist, und darüber hinaus die zu einem vertieften Verständnis notwendige Information zu geben.

Für die einzelnen Teile der Ausgabe und ihre Funktionen gilt folgendes:

Der englische Text soll möglichst authentisch sein. Er hält sich im Prinzip an die ältesten überlieferten Drucke, d.h. die ursprünglichen Quarto- und Folioausgaben. Zusätze späterer Herausgeber (vor allem Ortsangaben und Bühnenanweisungen) sind entweder weggelassen oder, wo zum Verständnis notwendig, durch eckige Klammern deutlich als solche gekennzeichnet. Die Orthographie ist modernisiert, doch sind ältere Schreibformen bei der Interpretation beigezogen worden. Als Grundlage des englischen Textes dient in der Regel *The Complete Pelican Shakespeare* (1969), herausgegeben von Alfred Harbage.

Wo die Erstdrucke voneinander abweichen und wo sich die Frage von Textverbesserungen stellt, ist dies in den Textnoten vermerkt, sofern ein wesentlicher Sinnunterschied zwischen den Lesarten besteht.

Die deutsche Übertragung unterscheidet sich grundsätzlich von den bekannten Übersetzungen. Diese streben nach Autonomie und Äquivalenz: der deutsche Text soll für sich selbst gelesen und auch aufgeführt werden können; er soll alle Aspekte des englischen Originals, auch die künstlerischen, wiedergeben, wobei Kompromisse und Informationsverluste oft unvermeidlich sind.

In unserer Ausgabe hingegen geschieht die Vermittlung des englischen Texts in zwei Stufen: durch die deutsche Prosafassung und die Anmerkungen. Die deutsche Prosafassung ist so wörtlich, wie es die Verschiedenheit der beiden Sprachstrukturen erlaubt; ihr Schwergewicht liegt auf dem semantischen (Bedeutungs-) Gehalt. Sie erhebt keinen Anspruch auf Eigenwert.

Der deutsche Text wird laufend ergänzt durch die Anmerkungen. Diese können u.a. folgender Art sein: semantisch (wo sich die Bedeutungen der deutschen Wörter und Wendungen nicht voll mit denjenigen der englischen decken), stilistisch-strukturell (bei bestimmten Klangwirkungen, rhetorischen Figuren, Wortspielen), theatralisch (Hinweis auf Probleme der szenischen und gestischen Verwirklichung der dramatischen "Partitur"), historisch (Hinweis auf Vorbilder, auf

zeitgenössische Zustände und Vorgänge, deren Kenntnis zum Verständnis notwendig ist).

Die deutsche Prosafassung und die Anmerkungen bilden eine Einheit; sie teilen sich in die Funktion, den englischen Text fortlaufend zu erklären – deshalb greifen auch die Anmerkungen, obwohl am deutschen Text orientiert, immer zuerst das englische Stichwort auf.

Die Trennung in deutsche Prosafassung und Anmerkungen hat zweierlei zur Folge. Einerseits kann der deutsche Text keinerlei Anspruch auf Schönheit oder Spielbarkeit machen; er ist eine Lesehilfe, auf die sich eine spätere dichterische Übersetzung allenfalls aufbauen ließe. Anderseits entsteht durch die Zweiteilung ein hohes Maß von Transparenz und Nachvollziehbarkeit: der Leser kann sich darüber informieren, weshalb eine bestimmte Übersetzung gewählt worden ist und welches ihre Grenzen und Probleme sind; er wird über Kontroversen orientiert und in die Lage versetzt, sich eine eigene fundierte Meinung zu bilden.

Erklärungen, welche über die einzelnen Stellen hinausgehen und ganze Szenen betreffen, finden sich im Kommentar oder, sofern sie sich auf das ganze Stück beziehen, in der Einleitung. Auch in diesen Teilen wird versucht, gesicherte Fakten und schwebende Probleme nach Möglichkeit auseinanderzuhalten, dem Leser Unterlagen zu eigener Entscheidung zu geben (etwa durch Hinweise auf einschlägige Literatur), ihn aber nicht in eine bestimmte Richtung zu drängen. Allgemein wird eine Verbindung von Wissenschaftlichkeit und Allgemeinverständlichkeit angestrebt, so daß die Ausgabe nicht nur dem Fachmann, sondern jedem an Shakespeare Interessierten dienen sollte.

Dies sind die grundsätzlichen Ziele. Es versteht sich, daß wir ihnen nicht überall gleich nahe gekommen sind.

Unsere Studienausgabe vereinigt Eigenschaften der deutschen Übersetzungen einerseits und der einsprachigen englischen Ausgaben anderseits. Indem sie übersetzt, ist sie wie jede Übersetzung gezwungen, zu allen Teilen des Originals Stellung zu nehmen. Mit den (von uns kritisch geprüften) englischen Ausgaben hat sie die explizite Darstellung der Probleme und die Nachvollziehbarkeit gemeinsam.

Ernst Leisi
Werner Habicht
Rudolf Stamm
Ulrich Suerbaum

VORWORT IN EIGENER SACHE

All may be well; but if God sort it so,
'Tis more than we deserve or I expect.
(William Shakespeare,
King Richard III)

Mein Dank gilt allen, die mich bei der Arbeit an vorliegender Ausgabe unterstützt haben: vorab meinem akademischen Lehrer Prof. Robert Fricker (Bern), der mich mit der Welt des elisabethanischen Theaters im allgemeinen und der Shakespeares im besonderen vertraut gemacht hat und der das Entstehen einer Dissertationsfassung des hier vorliegenden Textes kritisch verfolgt hat; großer Dank auch an Prof. Ernst Leisi (Zürich), dessen Engagement und unermüdlicher Einsatz für die Studienausgabe mir stets Vorbild waren während weniger enthusiastischen Phasen der Arbeit. Von seiner profunden Kenntnis der Sprache Shakespeares ist viel in den Anmerkungsteil zur Übersetzung eingeflossen, ohne daß dies jedesmal gebührend hätte vermerkt werden können; ferner habe ich zu danken: Frau Dr.Ilse Leisi (Zürich) für zahlreiche stilistische Verbesserungsvorschläge; Prof. Norbert Greiner (Trier) für die Lektüre einer ersten Fassung der Akte I-III; Prof. Rudolf Stamm (Basel) für die kritische Lektüre der Endfassung der Übersetzung und des Kommentars; Prof. Werner Habicht (Würzburg) für seine wegweisenden Bemerkungen zu einer frühen Fassung der Einleitung; Frau Dr.Ingeborg Boltz (München) für zahlreiche bibliographische Hinweise; meinen Kollegen Dr. André Frei (Beromünster) und Dr.Thomas Rüetschi, M.A. (Bern) für anregende Gespräche; Frau Doris Vidalis-Streit für das Herstellen eines frühen Typoskripts; Frau Ursula Gertsch und Herrn Anton Krähenbühl für eine sorgfältige vergleichende Lektüre des englischen und des deutschen Texts in seiner Endfassung.

Der Schweizerische Nationalfonds zur Förderung der wissenschaftlichen Forschung hat die Arbeit an der Ausgabe im wesentlichen finanziert und einen ansehnlichen Publikationsbeitrag geleistet. Die Kármán Stiftung (Bern), die Bernische Hochschulstiftung, der Schweiz. Bankverein sowie Prof. R. Fricker haben in großzügiger Weise Beiträge an die Druckkosten gewährt. Diesen Institutionen und Personen gebührt mein ganz besonderer Dank. Sie haben die materielle Grundlage für die Herstellung und die Publikation des umfangreichen Typoskripts geschaffen.

C.A.G.

HINWEISE ZUR BENUTZUNG DER AUSGABE

Die Zeilenzählung folgt derjenigen des *Complete Pelican Shakespeare.* In den Prosastellen weicht die vorliegende Ausgabe jedoch wegen ihres breiteren Satzspiegels in der Begrenzung der Zeilen und ihrer tatsächlichen Anzahl oft vom *Pelican Shakespeare* ab.

In *eckigen Klammern* stehen Bühnenanweisungen, die nicht aus dem Erstdruck von 1623 stammen. In der deutschen Fassung kennzeichnen die eckigen Klammern außerdem Zusätze, die der Klärung des Sinns dienen.

Schrägstriche (z.B. 'gefunden'/'durchschaut' für *found)* und runde Klammern (vgl. z.B. I.1.153) werden bei der Wiedergabe von Wortspielen oder Doppeldeutigkeiten verwendet, wenn der deutsche Text sonst unverständlich bliebe.

Die *hochgestellten Zahlen* im deutschen Text verweisen auf die Anmerkungen, die sich am Fuß der Seite an ihn anschliessen.

Die *Textnoten* stehen unter dem englischen Text. Die vorangestellte Zahl gibt die Zeile an, in der sich das Textproblem stellt.

Verweise auf Stellen im Werk Shakespeares sowie *Zitate* richten sich, wo nichts anderes angegeben ist, nach dem Text und der Zeilenzählung des *Complete Pelican Shakespeare.*

Die Abkürzungen sind auf S. 275 erklärt. Bibliographische Ergänzungen zu den abgekürzt zitierten Ausgaben (z.B. *New Arden*) und Schriften (z.B. Cole, *The All's Well Story*, S.89) finden sich auf S. 277.

EINLEITUNG

Text

Der früheste Druck von *All's Well That Ends Well* findet sich in der ersten Gesamtausgabe, der sogenannten 1. Folio (F1), der shakespeareschen Dramen vom Jahr 1623. Es kann angenommen werden, daß dieser Druck die zugrundeliegende Handschrift weitgehend zuverlässig wiedergibt.[1] Dabei diente den Setzern mit größter Wahrscheinlichkeit ein Arbeitsmanuskript *(foul-papers)* Shakespeares als Vorlage.[2] Für diese Annahme spricht in erster Linie die Uneinheitlichkeit und Unklarheit der Sprecherangaben in der Folio:[3] so wird etwa die Rolle der Gräfin abwechselnd mit *Mother, Countess, Old Countess, Lady,* und *Old Lady* bezeichnet, je nach der Rolle, die sie gegenüber ihrem jeweiligen Gesprächspartner einnimmt. Dieselbe Beobachtung gilt für Lafew *(Lord Lafew, Old Lafew, Old Lord)* und für Bertram *(Count, Rossillion).* Das Fehlen von einheitlichen Sprecherangaben dürfte die Arbeitsweise des Dramatikers spiegeln, der ein und dieselbe Rolle gemäß ihrer jeweiligen Funktion bezeichnet.

Die wechselnden Rollenbezeichnungen für die beiden französischen Adligen: *Lord G., Lord E., 1. Lord G., 2. Lord E., French G., French E., Captain G., Captain E.* – wobei Capell annahm, daß 'G.' und 'E.' die Initialen von zwei in F1 erwähnten Schauspielern sind: E: Ecclestone; G: Gough oder Gilburne (vgl. New Sh., S.117) – stellen ein besonderes Problem: Handelt es sich hier wirklich nur um zwei Figuren mit verschiedenen Bezeichnungen oder liegen eventuell mehr als zwei Rollen vor? In der Textforschung wurden beide Ansichten vertreten, wobei sich allerdings die erste bisher durchgesetzt hat.[4]

Drei weitere Indizien, die für die Annahme von Arbeitspapieren als Druckvorlage sprechen, sind verschiedene bloß beschreibende Büh-

---

[1] Bowers, "Foul Papers"; ders., "Sh. at Work".

[2] Ch.Hinman, *The Printing and Proof Reading of the First Folio of Sh.* , 2 Bde., London 1963; W.W.Greg, *The Sh. First Folio,* Oxford 1955; T.Howard-Hill, "The Compositors of Sh.'s Folio Comedies", *Studies in Bibliography* 26 (1973), S.61–106. Für eine detaillierte zusammenfassende Darstellung des Setzvorgangs beim Foliotext von *All's Well* vgl. Fraser (Hrsg.) S. 149–50.

[3] R.B.McKerrow, "The Elizabethan Printer and Dramatic Manuscripts", *Review of English Studies* 11 (1935), S. 459–65.

[4] Zum Textproblem, welches durch die verschiedenen Bezeichnungen für die beiden franz. Adligen gegeben ist, vgl. Bowers, "Sh. at Work" und Levin, "The Two French Lords".

nenanweisungen, d.h. solche ohne deutliche Regiefunkion;[5] ferner die mangelnde Übereinstimmung einiger BA mit dem Text,[6] sowie die auffallenden Inkonsequenzen bei der Bezeichnung der Rollen der beiden französischen Adligen im 3. und 4. Akt.[7] Aufgrund dieser Merkmale des Foliotexts läßt sich fast mit Sicherheit ausschliessen, daß den Setzern ein Regiebuch *(prompt book)* als Vorlage für den Satz gedient hat. Nicht eindeutige Rollenbezeichnungen wären in einem Regiebuch zumindest hinderlich und folglich beseitigt worden.

Die Einteilung in Akte dürfte während oder unmittelbar vor der Drucklegung vorgenommen worden sein. Sie entspricht einem konventionellen, aus Terenz abgeleiteten Fünfaktschema. Die Einteilung in Szenen wurde erst im 18. Jh. von Rowe und Capell hinzugefügt.[8]

Unserem Grundtext aus dem *Complete Pelican Shakespeare* liegt der Foliotext zugrunde. Abweichungen davon, im Fall von *All's Well* ausschließlich Konjekturen und Emendationen späterer Herausgeber, sind im Variantenapparat dieser Ausgabe nur dann verzeichnet, wenn sie einen erheblichen Sinnunterschied mit sich bringen. Problematische Emendationen werden jeweils in den Anmerkungen erörtert.

Inszenierung

All's Well gehört bisher nicht zu den häufig inszenierten Stücken Shakespeares. Ein Hauptgrund dafür mag wohl die besondere Schwierigkeit einer Interpretation von *All's Well* sein, die ja eine Inszenierung

---

[5] Vgl. z.B. die BA zu II.3.182: *Parolles and Lafew stay behind, commenting of this wedding*, ferner zu III.6: *Enter Count Rossillion and the Frenchmen, as at first* und zu IV.2: *Enter Bertram and the Maid called Diana.* All diese BA sind zu ungenau für ein Regiebuch. Sie erwecken vielmehr den Eindruck, als seien sie beim Abfassen des Dramentextes als Gedankenstützen notiert worden.

[6] Vgl. z.B. II.3.50 wo es heißt: *Enter three or four Lords,* der folgende Text aber genau vier Adlige verlangt; oder IV.3.69, wo Bertrams Diener seiner momentanen Funktion gemäß mit *Enter a Messenger* angekündigt wird. Nach Bowers fehlen sechzehn BA für den Abgang einer Figur, wovon nur vier am Szenenende. Überhaupt keine BA sind vorhanden für die Inszenierung der Szene II.1, in welcher sich der König offenbar für einen kurzen Moment vom zentralen Bühnengeschehen zurückzieht (vgl.II.1.23 und Anm.). In V.3.157 verlangt eine BA den Auftritt von Parolles, obwohl er, nach dem Text zu schließen, erst nach Z. 202 die Bühne betritt.

[7] Diese Beobachtungen an F1 haben Chambers *(William Sh., Bd.*1, S.450) dazu verleitet, die Hand des *book-keepers* der Schauspieltruppe in der Druckvorlage zu F1 zu suchen. New Sh. (S.103–04) basiert seine Kommentare zum Text auf der Überzeugung, daß ein allzu eilfertiger Kopist die Vorlage für F1 hergestellt haben müsse. Die neuere Forschung hat inzwischen gezeigt, daß solche Annahmen mit Sicherheit verworfen werden können. Für eine Zusammenfassung dieses Problems vgl. New Arden, S. XV-XVII.

[8] Vgl. T.W.Baldwin, *On Act and Scene Division in Sh.'s First Folio*, Carbondale 1965.

immer auch ist. Jedenfalls stellt das Stück vom bühnenpraktischen Standpunkt her gesehen keine besonderen Probleme.[9] Zwar ereignen sich ab II.3 häufige und ab III.1 zudem kurz aufeinanderfolgende Schauplatzwechsel zwischen den in Frankreich und den in Italien spielenden Teilen der Handlung, aber gerade sie konnten auf der kulissenlosen und nur mit wenigen Versatzstücken versehenen elisabethanischen Bühne mit Leichtigkeit vorgenommen werden. Auch für die beiseite gesprochenen Kommentare Lafews während der Wahlszene in II.3 und die Belauschung des Selbstgesprächs von Parolles durch die Soldaten in IV.1 bot die tiefe, von drei Seiten her einsehbare Plattformbühne des elisabethanischen öffentlichen Theaters die ideale Spielfläche.

Die Plattformbühne, an deren Rand sich die Zuschauer dicht drängten, garantierte einen hautnahen Kontakt zwischen Schauspielern und Publikum. Solche Nähe bot dem Dramatiker Möglichkeiten der Sympathielenkung, wie sie der späteren Guckkastenbühne abgingen. So dürfte etwa Parolles sein Selbstgespräch in IV.1 in unmittelbarer Nähe der Plattformvorderseite geführt haben, wodurch ein Parteiergreifen des Publikums für die Figur in ihrer besonderen Situation sicher begünstigt wurde.

Einige Szenen in *All's Well* erfordern zwar Vorder- und Hinterbühne (z.B II.1, III.5, IV.1), aber eine Oberbühne wird nicht gebraucht. Die große Tiefe der Bühnenplattform ermöglichte ein Spiel, das auf Kulissen und Versatzstücke zur Schaffung einer Illusion weitgehend verzichten konnte. Die große Distanz, die eine durch die Türen der Bühnenrückwand neu auftretende Figur bis zur Plattformvorderseite zurückzulegen hatte, bot den Anwesenden Gelegenheit, den neuen Auftritt mit den Worten *here he comes* anzukündigen, so etwa in I.2.17, II.5.12, III.6.35, V.2.17, oder zu kommentieren wie in I.1.94–101, wo die letzten Verse von Helenas Monolog – gesprochen während Parolles die Bühne betritt – den schillernden Charakter des Hauptmanns in einer ungewöhnlichen Metapher zusammenfassen.

Eine Unterteilung des Dramas in fünf Akte kannte das elisabethanische öffentliche Theater nicht. Zwar findet sich in der Folio eine Akteinteilung. Sie spiegelt aber eher den Einfluß der in der Renaissance wiederentdeckten *Ars Poetica* des Horaz, sowie der in den Schulen intensiv gepflegten Stücke von Plautus, Terenz und Seneca, als

---

[9] Für eine ausführliche Darstellung der angelsächsischen Bühnengeschichte zu *All's Well* vgl. Price *(Unfortunate Comedy)*. Einen dem Stück Szene für Szene folgenden Kommentar aus der Sicht des Theaterpraktikers – mit zahlreichen Hinweisen auf Inszenierungen an englischen Bühnen – bietet Styan *(All's Well)*.

die Realität der elisabethanischen Aufführungspraxis. Der heimischen englischen Theatertradition galt allein die Szene als Spieleinheit. Die elisabethanische Bühnenpraxis war durch ein Spiel charakterisiert, welches pausenlos Szene an Szene reihte, wobei die leere Bühne als Kriterium für das Szenenende, bzw. den Beginn einer neuen Szene diente.[10] In zeitgenössischen Regiebüchern – für Shakespeares Dramen sind auch davon keine erhalten – findet sich denn auch keine Akteinteilung, sondern lediglich eine Markierung der Szenenenden durch Striche. Der Schauplatz einer Szene war dabei nicht – wie später im barocken Theater – zum vornherein durch Kulissen fixiert. Die ins Mittelalter zurückreichende Tradition des Volkstheaters kannte weder Bühnenbild noch Kulissen. Gespielt wurde nachmittags und unter offenem Himmel, wodurch sich eine spezielle Lichtregie erübrigte. Das Aufführungstempo war groß, denn die kulissenlose Bühne erlaubte einen raschen Szenenwechsel.

Die Funktion von Kulissen, Versatzstücken und Beleuchtungseffekten des modernen Ausstattungstheaters wurde auf der Bühne der Shakespearezeit weitgehend durch sogenannte Wortkulissen erfüllt.[11] Wenn z.B. in der sehr kurzen, nicht genauer lokalisierten Szene III.3 der Herzog von Florenz auftritt, um Bertram zum Befehlshaber über die Reiterei zu ernennen, so geschieht das vor dem Hintergrund einer Wortkulisse, die am Ende der vorhergehenden Szene errichtet wurde; dort spricht Helena eindringlich von den Gefahren, die Bertram auf dem Schlachtfeld drohen.

Der gesprochene Text erfüllte aber nicht nur die Funktion von Kulissen, sondern auch die von eigentlichen Regieanweisungen. Sie fehlen in den frühen Drucken meist ganz und wurden erst seit dem 18. Jahrhundert von den jeweiligen Herausgebern hinzugefügt. So finden sich häufig Hinweise auf Gestik und Aktion in Befehlen (II.3.149, 172), Aufforderungen (III.2.55; III.7.14), Anreden (I.1.46, 56; V.3.316), ebenso wie in szenischen Beschreibungen (II.3.175; III.2.10–11). Gefühlsregungen einer Figur lassen sich oft in den Worten einer zweiten Figur wie in einem Spiegel ablesen. Auch die Mimik erschließt sich auf diese Weise: Helenas Tränen etwa offenbaren sich in Lafews Bemerkung: *Your commendations, madam, get from her tears* in I.1.42, ihr Erbleichen in der Frage der Gräfin: *What pale again?* in I.3.162.

---

[10] Vgl. Sh.-Handbuch, S.258–59.

[11] Zum Begriff der "Wortkulisse" vgl. J.Hasler, *Sh.'s Theatrical Notation. The Comedies*, Bern 1974. Zu Kulissen und Requisiten: B.Beckermann, *Sh. at the Globe: 1599–1609*, New York 1962, Kap.3 und folgende; R. Fricker, *Das ältere englische Schauspiel*, Bd.2, Bern 1983, S. 48–51.

Einige Textmerkmale lassen auch Rückschlüsse auf die Vortragsweise zu. So kennzeichnet etwa der Übergang vom *pluralis maiestatis* zur ersten Person Singular eine vertraulichere Bemerkung des Königs (II.1.129–33; in II.3.148 eventuell beiseite gesprochen; V.3.9–10, 32–34), der umgekehrte Fall eine formellere Sprechweise oder das Bemühen, zu einer entschlosseneren Haltung zurückzufinden (II.1.114–24; II.3.153–60; V.3.1–4, 21–27, 40–43). Eigentümlichkeiten des Verses, wie unvollständige Zeilen oder ein auffallend unregelmäßiges Versmaß sind gelegentlich Anzeichen für besondere Sprecheffekte wie Zögern oder Stocken (I.1.159; I.3.187; II.3.62; II.5.84–85). Kurzzeilen markieren auch oft eine Pause im Dialog, wie z.B. in I.2.51, wo der König in eine nachdenkliche Stimmung verfällt und also eine kurze Zeit Stille herrschen dürfte, oder in III.2.54, wo einer der französischen Adligen Helena Bertrams Brief übergibt. Ein Reimpaar im sonst reimlosen Blankvers markiert häufig das Ende einer Rede oder einer Szene (I.3; III.2; III.4).

Ein nicht zu unterschätzender Effekt beim Vortrag der weiblichen Rollen dürfte schließlich dadurch entstanden sein, daß in jedem Fall Knaben diese zu spielen hatten, denn auf dem elisabethanischen Theater gab es nur männliche Schauspieler. Einer völligen Identifikation des Zuschauers mit der Rolle wurde unter anderem auch auf diese Weise vorgebeugt und der Spielcharakter des ganzen Bühnengeschehens betont. Der anhaltende Erfolg der reinen Knabentruppen, die im Gegensatz zu den Erwachsenentruppen nicht nur für die weiblichen Rollen Knaben einstellten, spricht für die Vorliebe des elisabethanischen Publikums für eine Darstellung, in der der Eindruck der Illusion stets von der Realität durchbrochen wird.[12] Daß auch die Rolle der Protagonistin in *All's Well* für einen Knaben geschrieben wurde, sollte deshalb bei aller Diskussion ihres 'Charakters' im Auge behalten werden.[13]

Datierung

Das Datum der Erstaufführung von *All's Well* ist nicht überliefert. Das Stück findet auch keine Erwähnung in zeitgenössischen Texten. Für die Datierung ist man deshalb weitgehend auf textinterne, stilistische

[12] Vgl. dazu M.Mack, "Engagement and Detachment in Sh.'s Plays", *Essays on Sh. and Elizabethan Drama in Honor of Hardin Craig,* hrsg. von R.Hosley, Columbia, University of Missouri Press 1962, S.275–96.

[13] Dies tut Bennett in "New Techniques".

Kriterien angewiesen. Die seit dem 18. Jahrhundert gültige These, wonach *All's Well* identisch sein könnte mit einem *Love's Labour's Won* betitelten Stück, welches in Francis Meres' Bestandesaufnahme zeitgenössischer Dramen erwähnt wird,[14] konnte inzwischen widerlegt werden; die Annhame einer Entstehungszeit vor 1598 läßt sich aufgrund der inneren Verwandtschaft von *All's Well* mit *Measure for Measure* und *Hamlet,* die beide Shakespeares mittlerer bis später Schaffenszeit entstammen, mit Sicherheit verwerfen.[15]

Eine andere Theorie über den Zeitpunkt und die Art der Entstehung von *All's Well* begründete Coleridge, als er in seinen Vorlesungen[16] feststellte, daß aufgrund der im Text zu beobachtenden verschiedenen Schichten sowohl in der sprachlichen Form als auch in der gedanklichen Entwicklung auf eine späte Revision eines frühen Stücks geschlossen werden könne. Veröffentlicht wurde diese These erstmals von Ludwig Tieck in seinem Vorwort zur Baudissinschen Übersetzung in der Schlegel-Tieck Gesamtausgabe von 1832. Danach wurde allgemein angenommen, *All's Well* sei eine spätere Bearbeitung eines frühen Stücks, eben wahrscheinlich des von Meres erwähnten, aber wohl verschollenen *Love's Labour's Won.* J.D.Wilson vertrat 1929 sogar die Ansicht, *All's Well* sei in der vorliegenden Form des einzig erhaltenen Foliotextes das Produkt der Revision eines anderen Dramas, welches seinerseits nicht mit Sicherheit von Shakespeare stamme. Die Bearbeitung jenes Stücks wäre später von Shakespeare in Zusammenarbeit mit einem Mitautor vorgenommen worden.[17] Auch diese Theorie gilt inzwischen als überholt. Die Annahme nämlich, daß gewisse Verspartien, besonders die in Sonettform abgefaßten Briefe in III.4.4–17 und IV.3.209–17, sowie die gereimten Verse in II.1.129–210 und II.3.71–102, und 124–43, den Stil des frühen Shakespeare verrieten, läßt sich nicht mehr aufrechterhalten. Die großen Unterschiede im Stil verschiedener Verspartien in *All's Well* stehen durchaus im Einklang mit dramaturgischen Notwendigkeiten.[18]

Ausgehend von der gesicherten Annahme, daß *All's Well* zu einer und nicht zu verschiedenen Zeiten entstanden sein muß, und aufgrund von engen Parallelen zu dem im Jahr 1604 aufgeführten *Measure for Measure*[19] postuliert Hunter eine Entstehungszeit zwischen 1603 und

---

[14] *Palladis Tamia, Wit's Treasury,* London 1598.

[15] New Arden, S.XXIII.

[16] Th.M.Raysor, Hrsg., *Coleridge's Sh.ean Criticism,* London 1930, Bd.1, S.237

[17] New Sh., S.113.

[18] Darauf wird an den entsprechenden Stellen in den Anmerkungen und im Kommentar verwiesen. Vgl. dazu auch Chambers, *William Sh.,* S.449–52; Tillyard, *Problem Plays,* S.151–154 und New Arden, S.XX-XXI.

[19] Vgl. *Meas. for M.,* ed. Naef, S.11.

1604.[20] Die Ähnlichkeit zwischen *All's Well* und *Measure for Measure* läßt sich denn auch nicht allein mit der Ähnlichkeit ihrer Quellen erklären. Parallelen finden sich nicht nur in der Thematik – etwa der Diskussion des Ehrbegriffs –, der Handlungsführung und der Charakterisierung der Figuren, sondern ebenso im Stil und in der Sprache – ein hoher Grad der Abstraktheit im Wortschatz, eine Abstraktes und Konkretes verbindende Metaphorik, häufiger Wechsel der Stillage – und in dem gemeinsamen Gebrauch gewisser Motive und Handlungselemente – etwa des Bett-Tricks oder der 'Abrechnung' im Dénouement. Dabei lassen die folgenden Beobachtungen – nach Hunter – vermuten, daß *All's Well* zuerst entstanden ist: 1. Das traditionelle Erzählelement der unterschobenen Braut findet sich wohl in der Quelle zu *All's Well*, nicht jedoch in der zu *Measure for Measure*;[21] 2. In *Measure for Measure* würden gewisse den beiden Stücken gemeinsame Elemente – besonders das Dénouement in Form einer Gerichtsszene – auf dramaturgisch komplexere Weise gehandhabt als in *All's Well*,[22] und schließlich stehe *Measure for Measure* mit seiner nachdrücklichen Versöhnungsthematik den späten Stücken – wie etwa *The Winter's Tale* - näher als *All's Well*. In jüngerer Zeit finden sich vermehrt Interpreten, die die enge Verwandtschaft von *All's Well* mit den späten Stücken betonen. Eine Datierung zwischen 1603 und 1604 wurde in neuerer Zeit kaum ernstlich in Frage gestellt.

Quellen

Die Erzählung von Beltramo von Rossiglione und Giletta von Narbona, die sich in Boccaccios *Decamerone* als 9. Novelle des 3. Tages findet, stellt die einzige bekannte Quelle der Handlung von *All's Well*

---

20 New Arden, S.XXIII-XXV.

21 Die erzählerische Urzelle des *bed-trick,* der den Freier über die wahre Identität seiner Bettgefährtin täuscht, dürfte in Genesis 38 zu suchen sein. Aber auch in der klassischen Mythologie – man denke an Jupiter und Alcmene, deren Verbindung Herkules entspringt – und in Thomas Malorys *Morte d'Arthur* – der klassischen englischen Königslegende – finden sich Varianten davon. In jedem Fall aber wird dank dem *bed-trick* ein göttliches Wesen geboren, dessen die Welt bedurfte (Simonds, "Overlooked Sources"). Der *bed-trick* taucht danach in zahlreichen Märchenstoffen, mittelalterlichen Romanzen und Novellen auf und schließlich in einer Reihe elisabethanischer Dramen. Nach Bennett ("New Techniques") stellt sein Vorhandensein allein in der Quelle zu *All's Well* daher kein stichhaltiges Argument für eine Datierung vor *Meas. for M.* dar.

22 Bennett ("New Techniques", S.340) vertritt die gegenteilige Meinung. Aufgrund eines Vergleichs der Dramaturgien der beiden Stücke, besonders ihrer Dénouements – so stelle etwa die letzte Szene von *All's Well* ein parodistisches Echo zu jener von *Meas. for M.* dar – gelangt sie zum Schluß, daß *Meas.for M.* das frühere Stück sei.

dar. Shakespeare dürfte sie in der englischen Übersetzung von William Paynters *Palace of Pleasure* 1566/67 gelesen haben. Aufgrund französischer Personennamen – Paynter behält die italienischen bei – und eines allgemein französischen Kolorits im Stück wurde vermutet, daß die Novelle Shakespeare eventuell auch in einer französischen Version von Antoine le Maçon vorgelegen habe, eine Vermutung, die sich allerdings nicht erhärten läßt.[23]

Damit gehört *All's Well* zusammen mit *Romeo and Juliet, Othello, Cymbeline, The Merchant of Venice, Much Ado About Nothing* und *Measure for Measure* zu jenen Stücken Shakespeares, deren Handlung auf die italienische Novellenliteratur zurückgeht. Shakespeare war dabei offensichtlich an Stoffen interessiert, die eine Dramatisierung von zwei immer wiederkehrenden Themen erlaubten: zum einen die versuchte Verhinderung, Hintertreibung oder Zerstörung einer Ehe und zum anderen Krisen in der Anwendung von Recht und (gesetzlicher) Ordnung. So gipfeln denn die vier Komödien, die Salingar als 'Novellenkomödien' verstanden haben möchte,[24] nämlich *All's Well That Ends Well, The Merchant of Venice, Much Ado About Nothing* und *Measure for Measure,* alle in einer großangelegten Gerichtsszene, in der jeweils ein Konflikt zwischen der Macht der Liebe und der Macht des Gesetzes aufbricht. Im Falle von *The Merchant of Venice* und *Measure for Measure* findet sich das Gericht bereits in der Quelle, in *Much Ado About Nothing* und in *All's Well That Ends Well* erfindet Shakespeare es selber.[25] Auch sonst dramatisiert Shakespeare die Quelle zu *All's Well* in einer Weise, die an gewisse Handlungselemente der drei anderen 'Novellenkomödien' erinnert.[26] Das Personal der Vorlage erweitert Shakespeare um vier Figuren: Die Gräfin-Mutter von Roussillon, deren Hausnarren Lavatch, den alten Höfling Lafew und den Prahler Parolles. Eine wesentlich wichtigere Rolle als in der Quelle fällt dem französischen König in *All's Well* zu. Während er dort bloßes Mittel zu dem Zweck ist, den Fortgang der Handlung sicherzustellen, erscheint er bei Shakespeare darüberhinaus auch als Vertreter einer moralphilosophischen Position. In einer langen an Bertram gerichteten Rede (II.3.116–65) verteidigt er Helenas Tugendadel und richtet sich gleichzeitig gegen Bertrams Erbadel.[27]

---

[23] Vgl. Cole, *The All's Well Story,* S.72–89

[24] Salingar, *Sh. and the Traditions of Comedy,* Cambridge 1974, S.321.

[25] Ebd., S.320–21.

[26] Ebd., S.314–19.

[27] Vgl. unten: Interpretationen, sowie Bradbrook, "Virtue". Die Idee, daß wahrer Adel in tugendhaftem Verhalten begründet sei, und nicht allein in hoher Geburt, ist ein Topos in der mittelalterlichen Literatur. Vgl. dazu Cole, *The All's Well Story,* S.98–100. Vgl. auch Komm. zu II.3.

Die weitestreichende Abänderung der Quelle betrifft die Zeichnung der beiden Protagonisten, Helena und Bertram. Aus zwei eindimensionalen Märchenfiguren, deren Handeln in jedem Moment klar und geradlinig erscheint, gestaltet Shakespeare Figuren, deren Worte und Taten die Sympathie und Antipathie des Zuschauers immer wieder in hohem Maß geweckt haben.

Neben Giletta, die noch deutlich in der Tradition der 'listigen Ehefrau'[28] aus Märchen und folkloristischen Legenden steht, erscheint Helena sehr viel ambivalenter. Besonders im ersten Teil des Stücks wird ihr Handeln von Eigenschaften bestimmt, wie sie die Frau vom Typus der Griseldis,[29] der geduldig leidenden, kennzeichnen: wo Helena selbstlos auf ihren Anspruch verzichtet und öffentlich erklärt, sie werde die Vermessenheit ihrer Gattenwahl mit einer Pilgerfahrt büßen (III.2.97–127, II.4.4–17), bekräftigt Giletta ihre Entschlossenheit, die zwei von Beltramo gestellten und scheinbar unerfüllbaren Bedingungen zu erfüllen: *Giletta who very sorrowful, after shee had a good while bethought her, purposed to finde meanes, to attaine the two thinges, that thereby she might recover her husbande.*[30] Einen derart konkreten und absichtsvollen Entschluß verrät Helena erst durch ihr Handeln ab III.5, welches sich denn auch als unvereinbar mit ihrer Haltung und ihren Worten etwa in II.3.146 *That you are well restored, my lord, I'm glad. / Let the rest go,* interpretieren läßt.

In Boccaccios Novelle ist Graf Beltramo ganz in den Hintergrund gerückt. Hier wird einzig die Geschichte der jungen Heldin Giletta erzählt. Die Rolle, die der junge Graf dabei spielt, wird nicht weiter hinterfragt. Sie gehört zu den Voraussetzungen, auf der die Novelle basiert. Shakespeares Figur des Bertram nun sprengt den Rahmen, der für Beltramo vorgesehen war, und wirft dadurch Fragen auf, für die im Drama keine Bezugspunkte vorhanden sind. Damit ist jede Interpretation von Bertrams Rolle auf außertextliche Spekulation angewiesen, sei sie nun historisch begründet oder nicht.[31]

Die Figuren der Gräfin-Mutter von Roussillon, Lavatchs, Lafews und Parolles' dienen einer komplexen Sympathielenkungstechnik, die der Quelle abgeht. Im Gegensatz zu ihr scheinen die Sympathien in *All's Well* stark polarisiert. So bearbeitet Shakespeare die Quelle in einer Weise, die Bertram viel Sympathie entzieht und sie Helena

---

[28] Lawrence, *Problem Comedies,* S.39–57.

[29] Ebd., S.49–51.

[30] New Arden, S.148.

[31] P. Alexander, *Introductions to Sh., New York* 1964, S.77. An diesem Punkt setzt Leechs ("Ambition") satirische Interpretation von *All's Well* ein. Vgl. unten: Interpretationen.

zugute kommen läßt.[32] Dabei folgt er in den folgenden zwei Punkten nicht der Vorlage: 1. Helena stellt die Bedingungen für ihre Gattenwahl selbst. Nachdem sie ihre Wahl getroffen hat, von Bertram abgewiesen worden ist und sich bereit erklärt hat, auf die Heirat zu verzichten, ist es der König, der auf einer Vermählung beharrt. Anders bei Paynter: Die Wahl des Gatten für Giletta liegt nicht bei ihr selbst, sondern beim König. Erst als Giletta darauf besteht, ihre eigene Wahl treffen zu dürfen, erklärt sich der König auch damit einverstanden. Als sie schließlich Beltramo wählt, erfüllt er ihr diesen Wunsch nur widerwillig: *the king was very loth to graunt him unto her: but for that he had made a promise, which he was loth to breake.*[33] Hier entsteht der Eindruck einer im Grunde unziemlichen Vermählung. Shakespeare vermeidet ihn. 2. Das Dénouement in *All's Well* ist ganz Shakespeares Erfindung. Bertram sieht sich darin unversehens in die Rolle eines Angeklagten versetzt. Das Wenige an Sympathie, das ihm die übrigen Figuren und der Zuschauer bis zu diesem Zeitpunkt noch entgegenbringen, läßt ihn Shakespeare hier vollends verspielen. Bei Boccaccio bleibt Graf Beltramo dagegen bis zum Schluß sein eigener Richter. Er erkennt in der Frau, die sich ihm zu Füßen wirft und ihm wie verlangt seinen Ring und zwei Söhne vorlegt, Giletta. Ohne Zögern belohnt er sie für die nunmehr bewiesene Beständigkeit ihrer Liebe *(her constant minde)*, ebenso wie für ihre Klugheit *(her good witte)*, indem er sein Versprechen hält und sie zur Freude seiner Untertanen *(to please his subjects)* als seine rechtmäßige Gattin anerkennt. Während also hier eine einfache Frau den Beweis antritt, daß sie ihren aristokratischen Gatten verdient, kehrt Shakespeare die Verhältnisse um: Obwohl er ihrer unwürdig ist, erfährt ein Aristokrat die Liebe einer einfachen Frau und wird auf diese Weise von seinem Hochmut geheilt.[34]

Über die erwähnten unmittelbaren schriftlichen Quellen hinaus dürften aber in *All's Well* auch noch aus mittelalterlicher Zeit her mündlich tradierte literarische Quellen, welche die verschiedensten erzählerischen Elemente und folkloristischen Motive enthalten, zum Tragen kommen. Die Motive der Heilung des Königs und der Erfüllung unmöglicher Aufgaben gehören beide zu den Standardmotiven aus folkloristischen Legenden. Ferner kann man etwa hinter der Figur der Helena die jungfräuliche Heldin erkennen, welche dem Herrscher

---

[32] Lawrence, *Problem Comedies*, S. 62–63. Für eine eingehende Würdigung von Sh.s Kunst bei der Dramatisierung der Quelle unter diesem Aspekt vgl. Smallwood, "The Design of All's Well."

[33] New Arden, S.147.

[34] Vgl. R.G.Hunter, *Sh. and the Comedy of Forgiveness*, S.112.

eines Gemeinwesens – und somit dem Gemeinwesen selbst – seine Unschuld und Jugend wiedergibt, nachdem diese verlorengegangen waren. Fraser (Hrsg.) verweist in diesem Zusammenhang auf die von William Caxton 1489 übersetzte und im 16. Jh. wiederholt gedruckte Lebensgeschichte der (historischen) mittelalterlichen Dichterin Christine de Pisan (1365–?1430), einer eigentlichen Feministin avant la lettre.

Interpretationen

Ein Blick auf die Interpretationsgeschichte[35] zu *All's Well* zeigt deutlich, daß man sich in der Kritik von jeher schwer getan hat mit dem Stück. Die Aufdeckung innerer Widersprüche in der dramatischen Entwicklung, der Charakterisierung einzelner Figuren, oder in den möglichen Aussagen des Stücks als Ganzem war zwangsläufig das Resultat jeder kritischen Aktivität, die auf eine umfassende Interpretation zielte. Im folgenden sollen die wesentlichsten, in der Kritik immer wieder eingeschlagenen Wege hin zu einer Interpretation zusammen mit ihren Stärken und Schwächen kurz aufgezeigt werden. Die im folgenden erwähnten Ansätze haben sich als fruchtbar erwiesen, indem sie jeweils wichtige Teilaspekte beleuchten. Eine alle Aspekte umfassende kritische Studie zu *All's Well* wird man jedoch vergeblich suchen.[36]

Die Interpretationsversuche fallen in zwei Gruppen: ahistorische (psychologisierende und thematische) und solche, welche historische Bedingtheiten, wie zum Beispiel die Verschiedenheit von elisabethanischem und modernem Publikum in Bezug auf die jeweiligen Erwartungshaltungen und das Vorwissen, berücksichtigen: so lieferte etwa G.B.Shaw bereits im Jahre 1895 eine Erklärung für die große Unbeliebtheit von *All's Well.* Die Gründe dafür seien nicht so sehr im Drama selbst als vielmehr bei Kritik und Publikum zu suchen, die mit

---

[35] Für eine ausführliche Darstellung der Geschichte der Kritik sowie der angelsächsischen Bühnengeschichte zu *All's Well* bis etwa zur Mitte der Sechzigerjahre vgl. Price, *The Unfortunate Comedy.* Für eine Übersicht über die hauptsächlichsten kritischen Ansätze vgl. Toole, *Sh.s Problem Plays,* S. 9–38 und 122–130. Für eine bibliographie raisonnée zu den verschiedenen Aspekten und Charakteren des Stücks vgl. Champion, *The Evolution of Sh.'s Comedy,* S.212–18. Einen sehr kurzen Abriß über das neuere kritische Interesse an *All's Well* gibt M.Jamieson in "The Problem Plays, 1920–1970" *ShS* 25 (1972), S.1–20.

[36] Für eine grundsätzliche Kritik an den in jüngster Zeit häufig verwendeten thematischen, ironischen und historischen Ansätzen zu einer Interpretation von *All's Well,* aber auch von anderen elisabethanischen Dramen, vgl. Richard Levin, *New Readings vs. Old Plays. Recent Trends in the Reinterpretation of English Renaissance Drama.* Chicago und London 1979.

ihrer engen, romantischen Auffassung der Komödie dieser nicht gerecht zu werden vermöchten.[37]

Die Frage der Publikumshaltung unterzog W.W.Lawrence[38] später einer eingehenden Analyse. Bei der Interpretation und Wertung derjenigen Elemente, die in den ersten Jahrzehnten des 20. Jahrhunderts heftigsten Widerspruch hervorriefen – das moralisch Fragwürdige des Bett-Tricks, die unwahrscheinliche Heilung des Königs und nicht zuletzt Helenas 'unweibliche' Entschlossenheit, ihr Ziel zu erreichen – lenkte Lawrence die kritische Aufmerksamkeit in eine neue Richtung. Er zeigte erstmals auf, daß *All's Well* zwei Motive aus Märchen und folkloristischen Legenden enthält, nämlich das der 'Heilung des Königs' und das der 'Erfüllung unmöglicher Aufgaben.' Beide Motive entstammen einer dem elisabethanischen Publikum geläufigen literarischen Tradition und wurden folglich nicht hinterfragt.[39] Lawrences Analyse der verschiedenen Rezeptionshaltungen beim elisabethanischen und beim modernen Publikum ist bedeutungsvoll, weil sie aufzeigt, daß das Stück eine besondere Leistung seitens des Publikums verlangt und damit die immer wieder bedauerte Fehlleistung nicht so sehr beim Dramatiker als vielmehr beim modernen Publikum liegt. Lawrence selbst zog diesen Schluß noch nicht. Die Bedeutung seiner Studie wird dadurch aber nicht geschmälert. Neuere Interpretationsansätze vermögen dem Stück nur dann gerecht zu werden, wenn sie historische und literarische Bedingtheiten, wie sie Lawrence erstmals aufgezeigt hat, berücksichtigen.[40]

Psychologisch-realistische Interpretationen stellen die Charaktere – besonders Helena und Bertram – ins Zentrum des Interesses und versuchen, den Gang der Handlung aus deren Psychologie heraus zu erklären.

Bewunderung und Verurteilung wechseln ab, wenn die Psychologie der Protagonistin Gegenstand der Kritik ist. Bewunderung etwa für die moralisch überlegene junge Heldin, die aktiv Handelnde, die das

---

[37] J.F.Matthews (Hrsg.), *Shaw's Dramatic Criticism* (1895–98), New York 1959, S.12–18.

[38] in "The Meaning of All's Well That Ends Well", *PMLA* 37 (1922), S.418–69.

[39] Bennett ("New Techniques") kritisiert Lawrences Prämisse einer bei den Elisabethanern weit verbreiteten Kenntnis von Folklorestoffen als anachronistisch. Lawrence sei in erster Linie daran gelegen gewesen, den von der viktorianischen Kritik geschmähten Bett-Trick mit Hilfe der dem 19.Jh. sakrosankten Folklore zu legitimieren.

[40] Einen überzeugenden Versuch in solcher Richtung stellt R.G.Hunters Interpretation in *Sh. and the Comedy of Forgiveness*, S.106–31, dar. Hunter unterstreicht die göttliche Gnade, die dem Elisabethaner keine theologische Abstraktion bedeutete, sondern eine alltägliche psychologische Möglichkeit. So gesehen wird etwa Bertrams Reue, die in der modernen Kritik immer wieder als ungenügend motiviert aufgefaßt wurde, glaubhaft.

Geschehen weitgehend selbst bestimmt und also den Wert des Stücks überhaupt erst ausmacht.[41] Auf der anderen Seite kann ihr gerade ihre Unbeirrbarkeit auch zur Last gelegt werden. C.Leech etwa betont die Unangemessenheit von Helenas Ehrgeiz. Ihr Ziel, nämlich der Vollzug der Ehe mit Bertram, werde als ein relativ wertloses dargestellt, wodurch ihre Person in ein satirisches Licht gerückt wird. Zudem spricht die Reihe von Täuschungsmanövern, deren sich Helena zur Erreichung ihrer Ziele bedient – auch nach elisabethanischen Maßstäben – nicht für eine vorbehaltlose Bewunderung.[42]

Bei der Interpretation von Bertram wurden – im Gegensatz zu Helena – schon früh realistische Maßstäbe angelegt, und sein Charakter wurde entsprechend mehr oder weniger stark verurteilt.[43] So war etwa A.W.Schlegel der Meinung, daß Shakespeare "den wahren Weltlauf" geschildert habe, indem das Unrecht, das Helena widerfährt, Bertram gerade so lange nicht zur Last gelegt werde, als seine Familienehre gewahrt bleibt. Schlegel zählt aber auch zu jenen wenigen Kritikern, die bereit sind, Bertrams Verhalten zu entschuldigen, weil "der König in einer Sache, die zu den persönlichsten Rechten gehört, der Wahl einer Gattin, sich allerdings einen Machtspruch gegen ihn erlaubt hat." Bis zu welchem Grad ein derartiger Machtspruch in den Augen eines elisabethanischen Publikums zu verurteilen war, läßt sich heute schwer entscheiden.[44]

Immerhin läßt sich feststellen, daß die Einrichtung des feudalen Mündelwesens bereits zu Shakespeares Lebzeiten besonders von Seiten des Landadels stark kritisiert wurde, um schließlich im Jahr 1660 durch Parlamentsakte ganz abgeschafft zu werden.[45] Neuere Interpreten stützen sich allerdings weniger auf solche historischen Erklärungsversuche für Bertrams Handeln, als vielmehr auf die Abhängigkeit seiner Rolle von der Komödienstruktur des Stücks.[46]

---

41 Ch. Knight, *Studies of Sh.*, London 1849; K. Elze, "Zu Ende gut, alles gut. An Gisbert Freiherrn Vincke", *ShJ* 7 (1872), S.214–37.

42 Leech, "Ambition". Für andere negative Urteile über Helena vgl. Komm. zu I.1.

43 Vgl. Champion, S.213, Anm. 5 für eine kurze Übersicht über die verschiedensten Urteile zu Bertram.

44 A.W.Schlegel, *Vorlesungen über dramatische Kunst und Literatur II,* in: Kritische Schriften und Briefe, ed. E.Lohner, Stuttgart 1967, S.150–51. – Zur *wardship* Thematik in *All's Well* vgl. Cole, *The All's Well Story,* S.95–100 sowie die historische Studie von J.Hurstfield, *The Queen's Wards: Wardship and Marriage under Elizabeth I,* London 1958, S.138–43.

45 Vgl. Ranald, "The Betrothals of All's Well", S.182 sowie Hurstfield (s. oben Anm.44); zum *wardship*-System als Gegenstand der dramatischen Literatur der ersten Hälfte des 17. Jh.s vgl. Blayney, "Wardship".

46 So verteidigt etwa A.H.Carter, "In Defense of Bertram", *ShQ* 7 (1956), S.21–31, Bertrams Handeln, indem er es in kausale Beziehung zu Helenas Handlungsweise setzt.

Zu einem Dilemma in der Geschichte der Kritik zu dieser Figur wurde Shakespeares Entschluß, Bertrams Charakter gegenüber der Vorlage[47] zu verdunkeln. Zwar erscheint Helena daneben umso makelloser, aber gleichzeitig wird Bertram ein immer ungeeigneteres Ziel ihrer Wünsche und Helenas Streben nach dem Vollzug der Ehe mit ihm immer fragwürdiger. An diesem Punkt setzt denn auch Leech mit seiner satirischen Interpretation ein.

Die in *All's Well* immer wieder festgestellte Dichotomie zwischen einem nicht weiter motivierbaren, märchenhaften Gang der Handlung und dem Versuch des Dramatikers, diese Handlung dennoch aus der Psychologie der Figuren heraus zu motivieren, führte in der Kritik zu entsprechend einseitigen Urteilen: Wer das Geschehen in erster Linie als ein märchenhaftes verstand, den störte der Realismus in der Charakterisierung der Figuren; umgekehrt bemängelte die psychologisierende Kritik die märchenhaft-mechanische Handlung, besonders aber die unglaubhafte Auflösung der Komplikationen in der letzten Szene. Es wurde daher häufig der Versuch unternommen, eine höhere Einheit im Stück zu entdecken, sei es aufgrund der Handlungsstruktur oder der Thematik.

Thematische Ansätze isolieren meist ein oder mehrere Themen, die das Stück aufwirft, zum Beispiel den Konflikt zwischen verschiedenen Formen von Ehre – zwischen Geburtsadel und Tugendadel,– oder die religiöse Thematik von Sünde und Erlösung.

Nach M.C.Bradbrook sollte *All's Well* ursprünglich die Frage erörtern, ob sich Adel auf hohe Geburt oder auf selbsterworbene Tugenden gründe – wobei Helena die Tugend und Bertram die hohe Geburt verkörpert, – eine Frage, die Gegenstand einer langandauernden Kontroverse unter den Moralphilosophen war.[48] Das abstrakt-moralphilosophische Thema trete aber in Konflikt mit dem konkret-persönlichen der unerfüllten Liebe, was zu einem Bruch in der dramatischen Form führe.

Eine ganze Reihe von Interpreten erkannte den Wert des Stücks als eines interessanten Experiments innerhalb des shakespeareschen Komödienschaffens und besonders im Hinblick auf die späten Stücke, in welchen sich die Thematik von persönlicher Schuld und darausfolgender Vergebung oder Gnade dramatisiert findet. Persönlichste Aus-

---

[47] Vgl. oben: Quelle.

[48] Es ging u.a. darum, die Tugend allein als so wertvoll darzustellen, daß sie keiner materiellen Akzidentien bedarf. Einzelne Moralphilosophen verstrickten sich jedoch in Widersprüche, wenn sie verlangten, daß tugendhafte Menschen mit Ehrentiteln bedacht werden sollten. Vgl. dazu Watson, *Concept of Honor*, S. 145–50.

drucksweise und symbolische Aussage sind in den Erkennungsszenen der späten Stücke erfolgreich vereint.[49] In Bertrams Erlösungsbedürftigkeit läßt sich zwar ein zentrales Thema erkennen, dessen konsequente Dramatisierung hätte aber eine deutlicher allegorische Zeichnung der Charaktere nach dem Moralitätenmuster zur Folge gehabt, als dies hier der Fall ist: Boccaccios Fabel bleibt in jedem Moment allzu dominant, die Figuren allzu realistisch, als daß *All's Well* die durchgehende Symbolik von *The Winter's Tale* oder *The Tempest*, oder auch nur die moralische Ernsthaftigkeit von *Measure for Measure* erreichen könnte.[50]

Dafür erkennt etwa A.P.Rossiter in *All's Well* Qualitäten, wie sie in unseren Tagen Jean Anouilh oder J.P. Sartre – in sehr viel bewußterer Manier allerdings als Shakespeare – in ihren Stücken entwickelt haben, indem sie altbekannte Geschichten auf eine Art dramatisierten, in der Mythos und Modernität einander zuwiderlaufen, wodurch den konventionellen Erwartungen beim Zuschauer entgegengewirkt wird. Nach Rossiter hat jedoch Shakespeares kreativer Genius vor den in so ganz verschiedenen Richtungen zielenden Interessen des Stücks versagt: in *All's Well* findet sich eine tiefe Einsicht in die *conditio humana* gepaart mit der oberflächlichen Sentimentalität einer Märchenhandlung, was beim Zuschauer zu einem Konflikt zwischen einer realistischen, skeptischen, oder gar satirischen Haltung einerseits und andererseits dem rein aesthetischen Vergnügen an der Komödienform führe.[51]

Theaterpraktisch orientierte Kritik bildet einen markanten Gegensatz zu den thematischen Ansätzen, indem sie besonders diejenigen Wirkungen betont, die erst bei einer Aufführung zur Geltung kommen. Nicht das Drama als Lesetext ist hier Gegenstand der Kritik, sondern dessen bühnengemäße Umsetzung durch Regisseur und Schauspieler. Die Wirkungen von Gestik, Mimik und Aktion einzelner Figuren, ebenso wie das Aufführungstempo werden als entscheidende Faktoren bei der Interpretation des Stücks herangezogen. Die Wichtigkeit von Wirkungen, wie sie sich erst aufgrund einer Inszenierung ergeben, erkannte als einer der ersten G.G.Gervinus. Er betonte bereits im Jahr 1845, daß Bertrams Rolle in erster Linie auf der Bühne zur Geltung kommt. Erst ihre gekonnte Umsetzung durch einen

---

[49] Vgl. U.Ellis-Fermor, "Some Functions of Verbal Music in Drama", *ShJ* 90 (1954), S.40–43;

[50] Tillyard, *Problem Plays*, S.102.

[51] Rossiter, *Angel With Horns*.

Schauspieler läßt all die Unzulänglichkeiten vergessen, die bei einer bloßen Lektüre zu Tage treten.[52]

Zu den bühnenspezifischen Wirkungen des Stücks gehört auch die ungewöhnliche Art, in der Helena ihre Regiefunktion ausübt. Anders als die shakespeareschen Komödienheldinnen vor ihr weiht sie den Zuschauer nicht immer im voraus in ihre Pläne ein. Die das Geschehen lenkenden Züge an ihr werden immmer erst im Nachhinein offenbar, während der Eindruck ihrer Erniedrigung und damit die Sympathie des Zuschauers möglichst lange erhalten bleiben.[53] Eine wichtige Funktion bezüglich der Lenkung der Zuschauersympathie erfüllen dabei die Figuren der älteren Generation, die Gräfin, der König und Lafew. Sie haben kaum zu Kontroversen in der Kritik geführt. Meist wurden sie als Vertreter von unbestrittenen Werten verstanden, an denen das Handeln von Helena, Bertram und Parolles gemessen wird.[54] Sympathielenkende Funktionen erfüllt auch die wichtige Kommentatorfigur des Clowns Lavatch.[55]

Dramengeschichtlich und gattungsspezifisch orientierte Interpretationsansätze schließlich versuchen, die für bestimmte dramatische Gattungen des elisabethanischen und jakobäischen Theaters charakteristischen Merkmale auch in *All's Well* zu erkennen und auf diese Weise zu einer Gattungszuordnung zu gelangen, welche ihrerseits wiederum die Haltung eines elisabethanischen Publikums gegenüber einzelnen Figuren, wie gegenüber dem dramatischen Geschehen als Ganzem erkennen lassen würde.

So wurde von verschiedenen Kritikern eine Handlungsstruktur in *All's Well* gesehen, wie sie die Moralitätenspiele kennzeichnet.[56] In

---

[52] *Sh.*, Leipzig 1845. Gervinus kann als einer der frühen Initiatoren einer theaterpraktisch orientierten Kritik an *All's Well* gelten. Von den angelsächsischen Kritikern verdient in dieser Hinsicht H.S.Wilson ("Dramatic Emphasis") Erwähnung.

[53] Evans, *Comedies*, S.151–52.

[54] Bradbrook, "Virtue", S.297; New Arden, S.XXXVII; E.Legouis, "La Comtesse de Roussillon", *English* 1 (1937), S.399–404; J.G.McManaway, "All's Well With Lafew", *Sh.'s Art: Seven Essays*, ed. M.Crane, Chicago 1973. Immerhin haben einzelne Interpreten auch auf die Möglichkeit einer kritischen Sicht auf die ältere Generation aufmerksam gemacht. Vgl. etwa Leech, "Ambition" oder Love, "Dark Comedy".– Entschließt sich der Regisseur dazu, diese Figuren der Lächerlichkeit preiszugeben, so wird ihre sympathielenkende Wirkung zunichte gemacht. Vgl. dazu die Besprechung der Old Vic Inszenierung vom Jahr 1953 durch R.David in *ShS* 8, (1955), S.134–36.

[55] Vgl. Komm. zu I.2, II.3, III.4 und IV.5, sowie H.Castrop, "Sympathielenkung", S.174–81; Bennett, "New Techniques", S.337–62; Pearce, "Analogical Probability", S.129–44.

[56] Bradbrook "Virtue"; Toole, *Problem Plays; Neuss*, *"Proverb Play"*. - *Alls's Well* läßt sich aber auch als "anti-genre" zum *morality-play* interpretieren, als ein ironisch-komischer Kommentar zu jener Ethik, wie sie die Moralitätenspiele vermittelten. Dieses Argument vertritt Godshalk in "All's Well and the Morality Play", S.61–70.

diesen spätmittelalterlichen Spielen traten verschiedene, das Böse oder das Gute darstellende allegorische Figuren auf, die bemüht waren, eine Zentralgestalt – oft eine Allegorie für den Menschen schlechthin – auf den Weg der (göttlichen) Tugenden, beziehungsweise der (teuflischen) Laster zu bringen. Übertragen auf *All's Well* bedeutet dies: Bertram steht für den gefallenen, erlösungsbedürftigen Menschen, Helena symbolisiert die göttliche Gnade. Erkennt man in Helena Bertrams guten Engel, so wird Parolles leicht zu dessen Antagonisten, zu einem Verführer, zur Verkörperung des Bösen oder zumindest des Lasters. Dabei verglich man Parolles auch immer wieder mit der Figur des Falstaff aus *King Henry IV* – ein Vergleich, der Parolles alles andere als gerecht wird, denn er ist nicht in erster Linie der gewitzte Possenreisser, sondern vielmehr selber das Opfer von Possen. Darauf wies erstmals G.Krapp hin, der in Parolles nicht mehr die isolierte komische Figur betrachtete, sondern ihn zum erstenmal in den weiteren Zusammenhang des Dramas stellte.[57] Krapp erkannte in Parolles nicht so sehr den traditionellen Typ des prahlerischen Soldaten *(miles gloriosus* oder *braggadocio)* aus der Komödienliteratur der Zeit, als vielmehr den sozialen Aufsteiger und Opportunisten der elisabethanischen Gesellschaft, der auch Gegenstand und Ziel für Spott in der zeitgenössischen Hof- und Ständesatire war.[58]

Von der paradoxen Natur der Liebe in *All's Well* nimmt die gattungsgeschichtlich orientierte Interpretation von A.Kirsch ihren Ausgang.[59] Nicht nur findet sich hier eine Umkehrung der traditionellen Rollenverteilung zwischen Mann und Frau, sondern der von der Frau umworbene Mann verhält sich in einer Art, die die Werbung als zumindest zweifelhaft erscheinen läßt. Rätsel, Oxymora, paradoxe Widersprüche, wie sie sich in der Sprache des Stücks niederschlagen (vgl. etwa I.1.160–169, I.3.204–210, II.1.136–144, III.7.44–47, IV.3.59–69, V.3.286–88, 294–301), finden ihre Erklärung auf dem Hintergrund der sehr einflußreichen zeitgenössischen Tragikomödientheorie von Battista Guarini. Danach dient die Tragikomödie dem theatralischen Ausdruck eines Paradoxons der christlichen Heilslehre, nämlich der Idee der *felix culpa,* der heilbringenden Verfehlung. Ein

---

[57] "Parolles", S.291–300. Krapps Studie ist im übrigen noch stark der von E.Dowden *(Sh.: His Mind and Art,* New York 1875) begründeten autorbiographisch orientierten Kritikerschule verpflichtet. Zu den verschiedenen Funktionen von Parolles im Stück vgl. Wilson, "Dramatic Emphasis", S.231–34; J.L.Calderwood, "The Mingled Yarn of All's Well", *JEGP* 62 (1963), S.61–76; Hapgood, "Life of Shame", S.269–78; Huston "'Some Stain of Soldier'", S.431–38.

[58] Vgl. dazu Weiß, S.188–98. – Love ("Dark Comedy", S.517–27) sieht in Parolles das Opfer einer Klassengesellschaft, deren Mechanismen *All's Well* eindringlich darstelle.

[59] Kirsch, *Jacobean Dramatic Perspectives.* Vgl. auch Komm. zu V.3.

solches Tragikomödienmuster nun liegt nach Kirsch auch *All's Well* zugrunde: Eine Vorsehung, die letztlich alles zum Guten wenden wird, ist der wirkliche Protagonist im Stück, und Helena wird mit ihr assoziiert. Das Bewußtsein von dieser Vorsehung ist es auch, welches die Reaktionen des Zuschauers auf Helena und den Gang der Handlung steuert und in dem sich alle Paradoxa letztlich auflösen. Der *coup de théatre,* den das Dénouement darstellt, dient dem theatralischen Sichtbarmachen dieser Providenz.

Als Höhepunkt shakespearescher Experimentierfreude mit dem Medium Komödie erscheint *All's Well* in der Studie von A.P.Riemer. Danach begnügt sich das Stück nicht damit, die Erwartungen, die an traditionelle Liebeskomödien geknüpft werden, nicht zu erfüllen, sondern es stellt sämtliche Konventionen jener Komödien auf den Kopf. Auf diese Weise vermittelt es überraschende Einsichten in Funktionsweisen eines traditionellen Genres des elisabethanischen Theaters. Die abstrakten und formalen Interessen, die das Stück prägen, gehören in die Reihe der shakespeareschen Experimente mit den Traditionen und Konventionen der Komödie auf dem Weg hin zu den späten Stücken.[60]

---

60 *Antic Fables*, S.42–63, 117–123.

ENDE GUT, ALLES GUT[1]

[NAMEN DER SPIELER[2]

König von Frankreich
Herzog von Florenz
Bertram, Graf von Roussillon[3]
Lafew,[4] ein alter Lord
Parolles, ein Gefolgsmann Bertrams
Rinaldo, der Verwalter im Haushalt der Gräfin von Roussillon
Lavatch, ein Spaßmacher[5] in ihrem Haushalt
Ein Page in ihrem Haushalt
Gräfin von Roussillon, Bertrams Mutter
Helena,[6] die verwaiste Tochter des Arztes der Gräfin
Witwe Capilet von Florenz
Diana,[7] ihre Tochter
Violenta[8]
Mariana } Nachbarinnen und Freundinnen der Witwe
Französische und florentinische Edelleute, Diener, Soldaten, Boten usw.

Die Szene: Roussillon, Paris, Florenz, Marseille.]

---

[1] *All's ... well:* Vgl. Anm.64 zu I.1. 170 und Anm.11 zu IV.4.35.
[2] *Names ... actors:* Nicht in F. Erstmals von Rowe (1705) angeführt.
[3] *Rossillion:* viersilbig. Eine anglisierte Form von Roussillon.
[4] *Lafew:* Vgl. frz. *le feu* 'der Verstorbene'.
[5] *Lavatch ... clown:* Vgl. frz. *la vache* 'die Kuh' sowie Anm.1 zu I.3.
[6] *Helena:* Vgl. I.3.65 und Anm.
[7] *Diana:* Vgl. IV.2.2 und Anm.
[8] *Violenta:* Vgl. Anm.2 zu III.5.

ALL'S WELL THAT ENDS WELL

[Names of the Actors

King of France
Duke of Florence
Bertram, Count of Rossillion
Lafew, an old lord
Parolles, a follower of Bertram
Rinaldo, steward to the Countess of Rossillion
Lavatch, a clown in her household
A Page in her household
Countess of Rossillion, mother of Bertram
Helena, orphaned daughter of the Countess's physician
Widow Capilet, of Florence
Diana, her daughter
Violenta } neighbors and friends to the Widow
Mariana }
Lords, Attendants, Soldiers, Messengers, etc., French and Florentine

Scene: Rossillion, Paris, Florence, Marseilles]

I.1 *Der junge Bertram, Graf von Roussillon, seine Mutter [die verwitwete Gräfin], Helena und Lord Lafew treten auf – alle in Schwarz.*[1]

GRÄFIN. Indem ich mich von meinem Sohn trenne, begrabe ich einen zweiten Gatten.[2]

BERTRAM. Und ich, der ich gehe, Mutter, beweine erneut den Tod meines Vaters; aber ich muß dem Befehl seiner Majestät Folge leisten, deren Mündel[3] ich jetzt bin und deren Untertan ich immer sein werde.

LAFEW. Ihr werdet[4] in der Person des Königs einen Gatten[5] finden, Madame; Ihr, mein Herr, einen Vater. Er, der so allgemein und jederzeit gut ist, kann nicht anders, als diese seine Tugend[6] Euch auch weiterhin zukommen zu lassen, deren Würde sie eher dort weckte, wo sie fehlte, als sie hier zu entbehren, wo sie in solcher Fülle vorhanden ist.

GRÄFIN. Wieviel Hoffnung besteht auf die Genesung seiner Majestät?

LAFEW. Er hat seine Ärzte aufgegeben, in deren Behandlung[7] er die Zeit mit der Hoffnung verfolgt und dabei keinen anderen Vorteil erzielt hat, als eben jene Hoffnung mit der Zeit zu verlieren.[8]

GRÄFIN. Diese junge Dame hatte einen Vater – oh, dieses 'hatte', welch trauriger Verlauf[9] – dessen Fähigkeiten beinahe so groß waren wie seine Ehrbarkeit; hätten sie sich bis heute erhalten, so wäre die Natur durch sie unsterblich geworden, und der Tod hätte Muße gehabt aus Mangel an Arbeit. Um des Königs willen wünschte[10] ich, er lebte! Ich glaube, das wäre der Tod für die Krankheit[11] des Königs.

---

[1] *Enter ... in black:* Einer der seltenen Fälle, wo bereits in F Angaben über das Kostüm gemacht werden (vgl. auch *Merch.V.* II.1.BA *all in white).* Die einheitliche Kostümierung aller Personen in einer das Stück eröffnenden Hof- oder Staatsszene stellt auf der elisabethanischen Bühne die Ausnahme dar. Für gewöhnlich bestechen solche Szenen durch die Prachtentfaltung der Kostüme, wodurch gleichzeitig die Distanz zur Alltagswelt des Zuschauers und eine Illusionsebene für das Bühnengeschehen geschaffen wurde. Die Eröffnung zu *All's Well* vereinigt ein Charakteristikum des Komödienbeginns – Einblendung in einen Prosadialog – mit den typischen Elementen stilisierter Eröffnungsszenen, wie sie vornehmlich in den Historien, aber auch in *Meas.f.M.* oder *Tit.A.* vorkommen: einer hohen Stillage der Reden, sowie einer Betonung der ständischen Rangordnung der anwesenden Personen.

[2] *In delivering ... husband: deliver* heißt 1. 'entbinden, gebären', in dieser Bedeutung jedoch meist im Passiv *(Wint.T.* II.2.25). Das OED gibt die aktive Form als spätere und auf gynäkologische Fachsprache beschränkte an; 2. 'in die Welt entlassen'.

[3] *in ward:* Zum Mündelwesen vgl. Einl., S. 23

[4] *shall:* futurisch, jedoch eine subjektive Stellungnahme des Sprechers enthaltend. Für rein objektive Futurität wird in der elisabethanischen Zeit allmählich *will* verwendet. (Franz, §§ 611, 616)

I.1 *Enter young Bertram, Count of Rossillion, his Mother [the Dowager Countess], and Helena; Lord Lafew – all in black.*

COUNTESS. In delivering my son from me I bury a second husband.

BERTRAM. And I in going, madam, weep o'er my father's death anew; but I must attend his majesty's command, to whom I am now in ward, evermore in subjection.

LAFEW. You shall find of the king a husband, madam; you, sir, a father. He that so generally is at all times good must of necessity hold his virtue to you, whose worthiness would stir it up where it wanted, rather than lack it where there is such abundance.

COUNTESS. What hope is there of his majesty's amendment?

LAFEW. He hath abandoned his physicians, madam; under whose practices he hath persecuted time with hope, and finds no other advantage in the process but only the losing of hope by time.

COUNTESS. This young gentlewoman had a father – O, that 'had,' how sad a passage 'tis – whose skill was almost as great as his honesty; had it stretched so far, would have made nature immortal, and death should have play for lack of work. Would for the king's sake he were living! I think it would be the death of the king's disease.

---

5 *of the king ... a husband: of:* Vgl. *Jul.Caes.* II.1.157. – *husband:* die me. Bedeutung 'Hausvorstand' klingt hier noch an.

6 *virtue:* meistens übersetzbar mit 'Tugend', nimmt das Wort in *All's Well* die folgenden Bedeutungen an: 1. 'moralische Vollkommenheit'; 2. 'Jungfräulichkeit'; 3. die Bedeutung von ital. *virtù* ; 4. 'militärische Tapferkeit'

7 *practices:* 'ärztliche Behandlung', aber auch 'Machenschaften, Betrug, Verschwörung' (*Meas.f.M.* V.1.107).

8 *persecute ... time:* Die Zeit erscheint personifiziert als ein von der Hoffnung Verfolgter, der schließlich über seinen Verfolger triumphiert. – *persecute* ist bei Sh. nur hier belegt: 'verfolgen' (sonst auch als juristischer Fachterminus). – *time:* 'Lebenszeit, Lebensalter' (*Rom. and Jul.* IV.1.60). Die chiastische Anordnung von 'Zeit aufwenden' und 'Hoffnung verlieren', sowie die paradoxe Formulierung *finds ... only the losing* sind Ausdruck von Lafews höfischem Redestil.

9 *passage:* Die häufigsten Bedeutungen bei Sh. sind 'Ereignis', 'Vorfall', 'Verlauf'. In *Haml.* III.3.86 ist die Bedeutung 'Tod' belegt. Die Bedeutung 'Wort, Textstelle' ist wohl 1549 belegt (OED 14a und Cotgrave, s.v. passage), fehlt sonst bei Sh., erscheint hier aber aus dem Zusammenhang wahrscheinlich.

10 *would:* Die Form des Optativ Präteritum ist geläufig zum Ausdruck eines Wunsches in der Gegenwart (Franz § 619, vgl. auch unten Z.32, 87). (Zur Ellipse von *I* vgl. Abbott § 401, Franz § 619 Anm.3).

11 *nature ... disease: nature* bedeutet bei Sh. nicht nur 'Natur', sondern oft auch 'das organische Leben des einzelnen Menschen, der menschliche Organismus' (vgl. auch unten I.2.74, II.1.118, IV.3.229, .3.23, V.3.72, V.3.207).

LAFEW. Wie hieß der Mann, von dem Ihr sprecht, Madame?

GRÄFIN. Er war berühmt in seinem Beruf, und zwar mit vollem Recht[12] – Gerhard von Narbonne.

LAFEW. Er war in der Tat hervorragend, Madame. Erst kürzlich sprach
26 der König von ihm mit Bewunderung und Trauer. Er war kenntnisreich genug, um immer zu leben, vermöchte nur das Wissen es mit der Sterblichkeit aufzunehmen.[13]

BERTRAM. Woran leidet der König, Mylord?

LAFEW. An einer Fistel,[14] mein Herr.

BERTRAM. Ich habe bisher nichts davon gehört.

LAFEW. Ich wünschte,[15] es wäre nicht allbekannt. War jene Dame die
33 Tochter Gerhards von Narbonne?

GRÄFIN. Sein einziges Kind, Mylord, und meiner Vormundschaft anvertraut.[16] Ich lebe in Erwartung [all] des Guten in ihr, welches ihre Erziehung verspricht. Ihre Anlagen hat sie geerbt, was den Wert großer Talente noch erhöht;[17] denn wo ein
38 unlauterer Charakter mit großen Fähigkeiten[18] einhergeht, gesellt sich Bedauern zum Lob – in diesem Fall sind Vorzüge zugleich auch Verräter.[19] Bei ihr sind sie aber umso vortrefflicher wegen ihrer Unverdorbenheit.[20] Ihre Ehrbarkeit hat sie ererbt, ihre Güte gewonnen.[21]

LAFEW. Euer Lob, Madame, entlockt ihr Tränen.

GRÄFIN. Sie sind der beste Sud, in den eine Jungfrau ihr Lob einlegen
44 kann.[22] Nie berührt die Erinnerung an ihren Vater ihr Herz,

---

[12] *his great right:* 'sein Recht aufgrund seiner Größe'. Adjektivierungen präpositionaler Attribute sind bei Sh. sehr häufig.

[13] *lived ... mortality:* Wieder charakterisiert die antithetische Sprechweise den höfischen Redestil (vgl. auch oben Z.9–10, 14–15, 20–21).

[14] *fistula:* Zur Zeit Sh.s ein Abszeß an einer beliebigen Körperstelle (Bucknill, S.96)

[15] *would:* 'wünschte' (Abbott § 329, Franz § 619).

[16] *bequeathed:* Bei Sh. meist '(Erbe) hinterlassen' *(A.Y.L.* I.1.2, Per. II.1.120) oder – in negativem Kontext – 'überlassen' *(Tr. and Cr.* V.10.55). Hier ähnlich wie in *Ant. and Cl.* 'jmd. jmd anvertrauen' (vgl. auch C.& W., S.281–84).

[17] *fair gifts fairer:* In der Wendung dürfte 'große Fähigkeiten, Fertigkeiten' *(virtuous qualities)* in dem ersten *fair* konnotiert sein, während *fairer* antithetisch dazu 'moralische Werthaftigkeit, Tugend' *(goodness)* meint (vgl. I.1.37–38 und Anm.).

[18] *mind ... qualities: mind* heißt nicht nur 'Charakter, Seele, Geist, Gemüt', sondern auch 'Sinn, Absicht, Wollen' *(Much Ado* II.1.321). Aufgrund der Kollokation mit *simpleness* 'Arglosigkeit' (vgl. II.3.65–66) ließe sich *unclean mind* auch als 'unlautere Absicht' lesen, eine Bedeutung, die für diese Stelle nicht ganz auszuschließen ist. – *virtuous qualities* ist ein Anklang an Castigliones Wendung *virtuose qualità* (S.164) 'durch Übung gewonnene Fähigkeiten, Geschick', welche Hoby, dessen Übersetzung des Cortegiano von 1561 Sh. gekannt haben dürfte, noch mit *vertuous qualities* (S.86) wiedergibt und die erst in der modernen Übersetzung von Opdycke als *admirable*

LAFEW. How called you the man you speak of, madam?

COUNTESS. He was famous, sir, in his profession, and it was his great right to be so – Gerard de Narbon.

LAFEW. He was excellent indeed, madam. The king very lately spoke of
26 him admiringly and mourningly. He was skillfull enough to have lived still, if knowledge could be set up against mortality.

BERTRAM. What is it, my good lord, the king languishes of?

LAFEW. A fistula, my lord.

BERTRAM. I heard not of it before.

LAFEW. I would it were not notorious. Was this gentlewoman the
33 daughter of Gerard de Narbon?

COUNTESS. His sole child, my lord, and bequeathed to my overlooking. I have those hopes of her good that her education promises. Her dispositions she inherits, which makes fair gifts fairer; for where an unclean mind carries virtuous qualities, there com-
38 mendations go with pity – they are virtues and traitors too. In her they are the better for their simpleness. She derives her honesty and achieves her goodness.

LAFEW. Your commendations, madam, get from her tears.

COUNTESS. 'Tis the best brine a maiden can season her praise in. The
44 remembrance of her father never approaches her heart but the

---

35. *promises. Her* Pelican; F *promises her;* Rowe (1714) *promises; her.*

---

accomplishments (S.60) 'bewundernswerte Fähigkeiten' erscheint. Die Antithese besteht also zwischen der (schlechten) Natur des Charakters *(unclean mind)* und dem persönlichen Verdienst, große Fähigkeiten entwickelt zu haben.

[19] *virtues ... traitors: virtues* nimmt *virtuous qualities* (Z.38) 'große, selbsterworbene Fähigkeiten' wieder auf. – *virtue:* Vgl. I.1.8 und Anm. – Für die Vorstellung der Tugend als moralischer Vollkommenheit, die für ihren Träger zum Verräter wird, vgl. *A.Y.L.* II.3.10–15. Mit *traitor* klingt zum ersten Mal die Militär- und Kriegsmetaphorik an, die in *All's Well* eine herausragende Rolle spielt (vgl. auch II.1.96 und Anm.).

[20] *simpleness:* 'Arglosigkeit, Unschuld' *(Mids.N.D.* V.1.83, *Oth.* I.3.246; vgl. auch II.3.65–66)

[21] *She ... goodness:* Wahrscheinlich handelt es sich bei dem Isokolon um eine Tautologie, wie sie nicht ungwöhnlich ist für den höfischen Redestil. – *achieve* beinhaltet bei Sh. nie die Idee der 'Leistung' wie im mod. Englisch, sondern heißt 'gewinnen', 'in Besitz nehmen' (vgl. dazu auch *Rich. II* [ed. Braun], Anm. 51 zu IV.1.217). – *derive* heißt oft 'ererben' und hat im übrigen sonst dieselben Bedeutungen wie *achieve.* (Onions). – *goodness:* 'moralische Güte, Tugend' (vgl. auch *Meas.f.M.* [ed. Naef], Anm. 87 zu III.1.180).

[22] *brine ... season: brine* 'Sud' und *season* 'Einmachen von Speisen in Salz' konstituieren eine Speisemetapher, die unten Z.66 wiederaufgenommen wird. In *season* klingt auch die Bedeutung 'mäßigen' an *(Haml.* I.2.192).

ohne daß[23] die Tyrannei ihres Kummers ihr alle Lebensfarbe[24] von der Wange nimmt. Genug davon, Helena. Kommt,[25] genug, damit man nicht denke, ihr wärt vielmehr verliebt in Euren Kummer, als daß Ihr ihn wirklich hättet.

HELENA. *[Beiseite]* Ich bin in der Tat verliebt in meinen Kummer, aber ich habe ihn auch.[26]

LAFEW. Mäßige Klage gebührt den Toten, übermäßiger Kummer ist
51 der Feind der Lebenden.[27]

GRÄFIN. Sind[28] die Lebenden dem Kummer erst einmal feind, so geht er bald am eigenen Übermaß zugrunde.[29]

BERTRAM. Madame, ich erbitte Euren heiligen Segen.

LAFEW. Wie verstehen wir das?[30]

GRÄFIN. Sei gesegnet,[31] Bertram, und folge deinem Vater in deinem
57 Lebenswandel[32] ebenso wie in deiner körperlichen Erscheinung. Mögen Abstammung und Tugend in dir um den Vorrang kämpfen und möge deine Güte deinem Geburtsrecht gleichkommen. Liebe alle, traue ein paar Wenigen, tue niemand
60 Unrecht. Sei deinem Feind mehr in der Macht als in ihrem Gebrauch gewachsen, und bewahre deinen Freund wie den Schlüssel zu deinem eigenen Leben.[33] Laß dir Schweigsamkeit vorwerfen, aber dich nie wegen Redseligkeit tadeln. Was der Himmel dir sonst noch zustatten kommen lassen will, und [was] meine Gebete ihm entreißen [können], das komme auf
65 dein Haupt! Lebt wohl, Mylord. Noch ist er ein unfertiger Höfling. Mein guter Herr, beratet ihn.

---

[23] *but:* bezogen auf einen verneinten übergeordneten Satz auch sonst oft in der Bedeutung 'ohne daß' (Franz § 567).

[24] *livelihood:* 'Belebtheit', 'Leben' (Onions). Andererseits legt das Bild des Tyrannen die Bedeutung 'Ernährung', 'Nahrungsmittel' nahe. Der Dialog enthält eine Regieanweisung: Helena weint.

[25] *go to:* das elisabethanische Äquivalent zum mod. engl. *come, come.*

[26] *affect ... have. ... affect: affect* kann heißen: 1. 'zu erlangen suchen' (*2 Hen. VI* IV.7.90); 2. 'verliebt sein in' (*Twel.N.* II.5.28); 3. 'zur Schau tragen' (OED zitiert *Lear* II.2.102 als frühesten Beleg); 4. 'vortäuschen' (OED Belege erst ab 1661). Wahrscheinlich spielt die Gräfin mit der 2. und 3. Bedeutung (vgl. *Haml.* I.2.68–86), während Helenas rätselhafte Replik (Z.49) auf die Bedeutungen 1. und 3. anspielt: In Gedanken ganz bei Bertram, nimmt sie *affect* in der 1. Bedeutung auf mit *sorrow* 'Anlaß, Ursache für Kummer (nämlich Bertram)' (OED 2, 2c) als Objekt, versichert dann aber, daß sie auch Trauer um ihren verstorbenen Vater empfinde. – *have.:* Die F-Lesart *have-* impliziert wohl eher eine Sprechpause (wie in I.3.51), als die Unterbrechung der Rede der Gräfin durch Helenas Replik (New Arden).

[27] *Moderate ... living:* Lafews Sentenz beruht auf einem Topos der klassischen Trostrede (consolatio, Curtius, S.88). Die Antithese wird noch unterstrichen durch den syntaktischen Parallelismus ihrer Glieder.

[28] *be:* Die konjunktivische Form wird nach *if* und *though* oft auch für eine Aussage im Indikativ verwendet. (Abbott § 298).

tyranny of her sorrows takes all livelihood from her cheek. No more of this, Helena. Go to, no more, lest it be rather thought you affect a sorrow than to have.

HELENA. *[aside]* I do affect a sorrow indeed, but I have it too.

LAFEW. Moderate lamentation is the right of the dead, excessive grief the enemy to the living.

COUNTESS. If the living be enemy to the grief, the excess makes it soon mortal.

BERTRAM. Madam, I desire your holy wishes.

LAFEW. How understand we that?

COUNTESS. Be thou blest, Bertram, and succeed thy father
In manners, as in shape. Thy blood and virtue
Contend for empire in thee, and thy goodness
Share with thy birthright. Love all, trust a few,
Do wrong to none. Be able for thine enemy
Rather in power than use, and keep thy friend
Under thy own life's key. Be checked for silence,
But never taxed for speech. What heaven more will,
That thee may furnish, and my prayers pluck down,
Fall on thy head! – Farewell, my lord.
'Tis an unseasoned courtier. Good my lord,
Advise him.

---

48. *have.* Steevens (1773); F *have- ;* Warburton *have it.*

54–55. BERTRAM. *Madam ... wishes.* LAFEW. How ... that? F; Theobald (Konj.) 54 und 55 vertauscht; New Sh. 50 *How ... that? Moderate ... living.*

---

29 *living ... mortal:* Vgl. den ähnlichen Gedanken in *Haml.* III.2.188: *The violence of either grief or joy/Their own enactures with themselves destroy.*

30 *How ... understand:* Diese Frage Lafews folgt zwar in F unmittelbar auf Bertrams Bitte an seine Mutter (Z.54). Lafew kann aber kaum diese Bitte im Sinn haben, sondern entweder a) möchte er seine Worte als eine Zurechtweisung an die Adresse Bertrams – der mit der Bitte um den elterlichen Segen seine ungeduldig erwartete Abreise beschleunigen möchte – verstanden wissen (New Arden), oder aber b) er bezieht seine Frage auf die rätselhafte Bemerkung der Gräfin in Z.52–53. New Sh. setzt die Z.55 an den Beginn von Lafews unmittelbar vorausgehender Sentenz (Z.50–51) und bezieht sie also auf Helenas rätselhafte Äußerung. Die einfachste Emendation besteht wohl in einer Vertauschung der Z.54 und 55 (vgl. auch Bowers, "Sh. at Work", S.62–63, Anm.11).

31 *Be blest:* Die Topoi der Rede 'Rat an einen Sohn' lassen sich bis zu Isocrates und Tobias 4.3–21 zurückverfolgen (vgl. auch Polonius' Abschiedsrede an Laertes in *Haml.* I.3.58 sowie dazu G.K.Hunter, "Isocrates' Precepts and Polonius' Character", *ShQ* 8, 1957, S.501–06). An dieser Stelle wechselt die Prosa der das Stück eröffnenden höfischen Konversation in Blankverse über. Die Worte der Gräfin an ihren Sohn erhalten so das ihnen gebührende Gewicht.

32 *manners:* Nicht nur 'Manieren', sondern auch 'sittliches Verhalten, Moral'. Vgl. II.2.9 und Anm.

33 *Keep ... key:* Eine Synthese aus einem Sprichwort und einer Redensart: *Keep well thy friends when thou hast gotten them* (Tilley F 752) und *to keep under lock and key* (Tilley L 407).

LAFEW. Es kann nicht fehlen, daß sich die Besten um seine Freundschaft bemühen werden.[34]

GRÄFIN. Der Himmel segne ihn! Leb wohl, Bertram. *[Ab.]*

BERTRAM. Die besten Wünsche, die Eure Gedanken schmieden können, sollen Eure Diener sein!

[Zu Helena.][35]

Seid meiner Mutter, Eurer Gebieterin, ein Trost, und haltet sie in Ehren.

LAFEW. Lebt wohl, schönes Fräulein. Ihr müßt das Ansehen Eures Vaters ehren.

[Bertram und Lafew ab.]

HELENA. Oh, wäre das alles! Ich denke nicht an meinen Vater, und diese großen Tränen versüßen vielmehr sein [Bertrams] Andenken, als [daß sie, wie] jene, die ich um ihn [meinen Vater] vergoß [, diesen ehrten].[36] Wie sah er aus? Ich habe ihn vergessen. Meine Vorstellung enthält kein Antlitz außer dem von Bertram. Ich bin verloren; es gibt kein Leben, keines, wenn Bertram fort ist. Es käme auf eins, sollte ich einen besonderen hellen Stern lieben und daran denken, mich ihm zu vermählen, so sehr steht er über mir. In seinem hellen Glanz und fernen Licht muß ich Trost finden, nicht in seiner Sphäre. So wird sich der Ehrgeiz meiner Liebe selbst zur Qual: die Hirschkuh, die sich mit dem Löwen paaren möchte, muß aus Liebe sterben. Es war reizvoll und dennoch eine Qual, ihn stündlich zu sehen, dazusitzen und seine gebogenen Brauen, sein Falkenauge, seine Locken zu zeichnen auf unseres Herzens Tafel – [ein] Herz, [welches nur] allzu empfänglich [ist] für jeden, auch den kleinsten Zug seines lieben Gesichts. Aber jetzt ist er gegangen, und meine abgöttische Vernarrtheit kann nicht anders, als anzubeten, was er zurückläßt.[37] Wer kommt da?

---

[34] *the best ... attend his love:* Mit unserer Übersetzung folgen wir Kellner *("Exegetische Bemerkungen",* S.40), der eine proleptische Setzung von *the best* im Objektsatz annimmt: *He cannot want that the best shall attend his love.* Der Sinn der Verse ist jedoch umstritten. Delius übersetzt: "Die Besten, Vornehmsten am Hof werden sich um Bertrams Zuneigung bemühen, ihm huldigen". – New Arden paraphrasiert: 'Die besten Dinge werden ihm nicht fehlen, sofern er Liebe zeigt'.

[35] *[To Helena]:* Die meisten Hrsg. folgen Rowe und betrachten die ganze Rede als an Helena gerichtet. Aber wahrscheinlich wendet sich nur der zweite Teil davon an sie, der erste jedoch als Abschiedsworte an Bertrams Mutter. New Arden verweist auf die Tatsache, daß nirgendwo in dieser Szene Bertram Helena eine über das Maß reiner Förmlichkeit hinausgehende Aufmerksamkeit schenkt.

[36] *tears grace ... for him: grace* hier – mit Bezug auf Bertram und in Übereinstimmung mit Z.49 oben und Z.88–94 unten – eher 1. 'mit göttlichen Eigenschaften versehen,

LAFEW. He cannot want the best. That shall attend his love.

COUNTESS. Heaven bless him! Farewell, Bertram. *[Exit.]*

BERTRAM. The best wishes that can be forged in your thoughts be servants to you! *[to Helena]* Be comfortable to my mother, your mistress, and make much of her.

LAFEW. Farewell, pretty lady. You must hold the credit of your father. *[Exeunt Bertram and Lafew.]*

HELENA O, were that all! I think not on my father,
And these great tears grace his remembrance more
Than those I shed for him. What was he like?
I have forgot him. My imagination
Carries no favor in't but Bertram's.
I am undone; there is no living, none,
If Bertram be away. 'T were all one
That I should love a bright particular star
And think to wed it, he is so above me.
In his bright radiance and collateral light
Must I be comforted, not in his sphere.
Th'ambition in my love thus plagues itself:
The hind that would be mated by the lion
Must die for love. 'T was pretty, though a plague,
To see him every hour, to sit and draw
His archèd brows, his hawking eye, his curls,
In our heart's table – heart too capable
Of every line and trick of his sweet favor.
But now he's gone, and my idolatrous fancy
Must sanctify his relics. Who comes here?

---

71. *[to Helena]* New Sh. (Konj. Thiselton); nicht in F; nach 69 in Rowe (1709).

---

vergöttern' (OED 3), oder 2. 'schmücken, verschönern' (OED 4) als 3. 'ehren, hochachten' (OED 5). Die Antithese zwischen *his remembrance* (Bertram) und *him* (den Vater) muß auf der Bühne gestisch zum Ausdruck kommen.

37 *'Twere all one ... relics:* Die Verse enthalten eine ganze Reihe von Elementen aus der petrarkistischen Tradition: Licht- und Gestirnmetaphorik *(particular star, bright radiance, collateral light.* Vgl. dazu Spurgeon, S.21, 273), Paradoxa *(pretty though a plague; idolatrous fancy ... sanctify)*, die Vorstellung vom Herz als einer Schreibtafel (vgl. dazu *Sonn.* 24; Knight, *Sovereign Flower,* S.133; ders., *Mutual Flame,* S.40), Jagdmetaphorik (vgl. Mahood, S.36–37). Die Verse 81–94 bilden im übrigen eine Sonettstruktur, "in der Helena mit der Aussage über die sich als Dienst und Anbetung charakterisierende reine Liebe und über den Standesunterschied expositional die zwei Konfliktpole des Dramas definiert." (Wendel, S.151). Sonettstrukturen finden sich auch sonst häufig bei Sh., wo die Unerreichbarkeit der geliebten Person thematisiert wird: vgl. unten Z.208–21, ferner I.3.188–200, III.2.106–120. (Zu Sh.s Stellung innerhalb der Sonetttradition vgl. Sh.-Handbuch, S.294). – *fancy:* vgl. II.3.166 und Anm.

Parolles tritt auf.

95 Einer, der mit ihm fortgeht; um seinetwillen liebe ich ihn, wenn
ich ihn auch als unverbesserlichen Lügner kenne und ihn für
einen ziemlichen Narren und völligen Feigling halte. Doch
kleiden ihn diese festsitzenden Übel gut und machen sich
[drinnen] breit, während die stählernen Knochen der Tugend
100 [draußen] im Wind fahl erscheinen; so wie hier sieht man recht
oft, wie die kalte Weisheit der üppigen Torheit zu Diensten
steht.[38]

PAROLLES. [Gott] erhalte Euch, schöne Königin![39]

HELENA. Und Euch, Monarch!

PAROLLES. [Ich bin] keiner!

HELENA. Und [ich bin auch] keine![40]

PAROLLES. Sinniert Ihr über die Jungfräulichkeit?

HELENA. Ja. Ihr habt etwas vom Soldaten[41] an Euch; laßt mich Euch
108 eine Frage stellen. Der Mann ist der Jungfräulichkeit Feind; wie
können[42] wir sie vor ihm schützen?[43]

PAROLLES. Haltet ihn draußen.

HELENA. Aber er greift an, und unsere Jungfräulichkeit, obwohl tapfer,
112 ist in der Verteidigung schwach. Enthüllt uns eine kriegsge-
rechte Gegenwehr.

PAROLLES. Es gibt keine. Der Mann, der Euch belagert, will Euch unterhöhlen und in die Luft sprengen.

HELENA. [Der Himmel] bewahre unsere arme Jungfräulichkeit vor
Unterhöhlern und Luftsprengern. Gibt es keine militärische
117 Taktik, wie Jungfrauen Männer in die Luft sprengen könnten?[44]

PAROLLES. Umgeblasene Jungfräulichkeit wird den Mann umso schnel-

---

[38] *Take place ... folly:* In Ralph Robinsons englischer Übersetzung (1551) von Thomas Mores *Utopia* (1516) findet sich *to take place* als Äquivalent zum lat. *incubere* 'sich an einem (heiligen) Ort aufhalten', 'etwas eifrig hüten' (Thiselton). Kellner übersetzt *take place* mit 'Geltung, Anerkennung finden'. Auch Schmidt und New Arden erkennen als primäre Idee die des sozialen Akzeptiertseins. Unsere Übersetzung ist Arden verpflichtet, wo *take place* als *take up their quarters* interpretiert wird. Aufgrund der durchgängigen Kleidermetaphorik mit Bezug auf Parolles interpretiert New Sh. die Antithese *cold wisdom – superfluous folly* als 'nackte Weisheit' – 'aufgeputzte Torheit' (vgl. dazu auch *Sonn. 66: And needy nothing trimmed in jollity) – cold wisdom* steht ev. auch proleptisch für 'die Weisheit des erkalteten Alters.' In jedem Fall kündigt die Antithese das Verhältnis von Sein und Schein – personifiziert als Diener und Bedienter – in Parolles' Charakter an, noch bevor dieser zum ersten Mal spricht. Für eine Kritik der hier verwendeten Bilder vgl. Tillyard, *Problem Plays,* S.91–92. Rossiter, *Angel with Horns,* S.95, findet die den Versen 99–100 zugrunde liegende Idee bei Juvenal, Satiren I.74: *Probitas laudatur et alget* 'Man lobt die Tugend und läßt sie dabei erfrieren'.

[39] *queen:* Ein Wortspiel mit *queen* 'Königin' und *quean* 'Hure'. Letztere Bedeutung besonders im 16. und 17. Jahrhundert reich belegt, sonst allgemein pejorativ 'Weib'

Enter Parolles.

One that goes with him; I love him for his sake,
And yet I know him a notorious liar,
Think him a great way fool, solely a coward.
Yet these fixed evils sit so fit in him
That they take place when virtue's steely bones
Looks bleak i' th' cold wind; withal, full oft we see
Cold wisdom waiting on superfluous folly.

PAROLLES. Save you, fair queen!

HELENA. And you, monarch!

PAROLLES. No.

HELENA. And no.

PAROLLES. Are you meditating on virginity?

HELENA. Ay. You have some stain of soldier in you; let me ask you a
108 question. Man is enemy to virginity; how may we barricado it against him?

PAROLLES. Keep him out.

HELENA. But he assails, and our virginity, though valiant, in the
112 defense yet is weak. Unfold to us some warlike resistance.

PAROLLES. There is none. Man setting down before you will undermine you and blow you up.

HELENA. Bless our poor virginity from underminers and blowers-up!
117 Is there no military policy how virgins might blow up men?

PAROLLES. Virginity being blown down, man will quicklier be blown

---

(vgl. dazu unten II.2.24. *Sh.Pron.* (S.88) diskutiert dasselbe Wortspiel in *Ant. and Cl.* II.6.70).

40 *monarch ... And no: monarch:* Ev. eine Anspielung auf Monarcho, einen exzentrischen Italiener, dessen Hochstapeleien während einer gewissen Zeit vor 1580 zur Belustigung des Hofes beitrugen (vgl. auch *L.L.L.* IV.1.98 und *L.L.L.* [New Sh.], S.152). – *And no:* 'Sowenig wie Ihr Monarcho seid, bin ich eine Königin' (New Penguin).

41 *stain:* 'Fleck', oft pejorativ 'Makel' *(Tr. and Cr.* I.2.26). Ein ähnliches Wortspiel mit *stain* liegt in *1 Hen.IV.* V.4.12 vor. S. Johnson interpretierte *some stain of soldier* als 'die äußerlich sichtbaren Eigenschaften des Soldaten'. Einige Hrsg. vermuten eine Anspielung auf das rote Kostüm der Figur (vgl. IV.5.6).

42 *may* bewahrt noch die ursprüngliche Bedeutung 'können, vermögen, imstande sein' (Franz § 604).

43 *soldier ... barricado:* Kriegsmetaphorik kennzeichnet die Eröffnung des Dialogs durch Helena (vgl. II.1.21 und Anm.) Zum Motiv Liebe-Krieg in *All's Well* vgl. Parker, "War and Sex". Zur emblematischen Darstellung der Liebe als Krieg vgl. H.& S., Spalten 1762 ff.

44 *blow up* ist einerseits Teil einer ausgedehnten Kriegsmetapher *(barricado – assail – defence – undermine – blow up – breach),* in der die Jungfräulichkeit mit einer belagerten Stadt verglichen wird, andererseits evoziert das Verb auch die Vorstellung einer Schwangeren *(blow up* 'aufblasen'). Eine ähnliche Konnotation erfährt *blow* 'blühen' in *Much Ado* IV.1.56 (vgl. auch *A.Y.L.* [ed. Trautvetter], Anm. zu II.7.50).

ler aufblasen; wirklich,[45] indem Ihr ihn wieder ausblast, verliert
Ihr zusammen mit der Euch selber zugefügten Bresche Eure
Stadt. Es ist nicht klug, die Jungfräulichkeit im Gemeinwesen
der Natur zu erhalten. Verlust der Jungfräulichkeit bedeutet
123 vernünftigen Gewinn, und nie wurde eine Jungfrau gezeugt,
bevor nicht eine Jungfräulichkeit verloren ging.[46] Woraus Ihr
gemacht seid, ist Stoff,[47] woraus man Jungfrauen macht. Einmal
verlorene Jungfräulichkeit kann zehnmal wiedergewonnen werden; wird sie dagegen auf immer erhalten, so ist sie auf immer
verloren. Sie ist ein zu kalter Kumpan. Weg damit!

HELENA. Ich werde noch ein wenig dafür kämpfen, und sollte ich deshalb als Jungfrau sterben.

PAROLLES. Es gibt wenig, was für sie spricht; sie stellt sich gegen die
132 Herrschaft der Natur. Auf der Seite der Jungfräulichkeit plädieren bedeutet, Eure Mutter anklagen,[48] was ausgesprochener
Ungehorsam ist. Wer sich selbst erhängt, ist eine Jungfrau;
[denn] Jungfräulichkeit bringt sich selber um und sollte [daher]
an [öffentlichen] Straßen außerhalb von geheiligtem [Friedhofs-]
bezirk begraben werden, als eine hoffnungslose Sünderin gegen
die Natur. Genau wie ein Käse erzeugt auch die Jung-
138 fräulichkeit Maden, zehrt sich selber auf bis auf die Rinde und
stirbt, indem sie ihren eigenen Magen füllt.[49] Außerdem ist die
Jungfräulichkeit übellaunig,[50] stolz, müßig, aus Eigenliebe
zusammengesetzt, was nach dem Gesetz [der Kirche] eine
streng verbotene Sünde ist.[51] Behaltet sie nicht; Ihr habt keine
andere Wahl, als durch sie zu verlieren. Legt sie [gewinnbringend] an! In zehn Jahren wird sie sich verzehnfachen,[52] was eine
143 ansehnliche Zunahme ausmacht, und das Kapital ist dabei nicht
viel schlechter dran. Weg damit!

---

[45] *Marry:* Der Name der Jungfrau Maria (Mary) fand seit me. Zeit Verwendung als Schwur oder Ausdruck der Versicherung, der Überraschung oder des Erstaunens.

[46] *Loss ... rational increase ... lost:* Eine Reihe von paradoxen Formulierungen, in denen die Jungfräulichkeit als zu investierendes Kapital aufgefaßt wird und die alljährliche Geburt von Kindern als Zins (vgl. I.1.142 und Anm.). Die Verbindung von Liebe/Sexualität und Wucher ist ein zeitgenössischer Topos. Vgl. auch das Wort *use,* welches sowohl 'Zinsen' als auch 'Unzucht' bedeutete, sowie das Münzenprägen als Metapher für die Zeugung von Kindern in *Meas.f.M.* II.4.42–49. In den Sonetten erscheint das Zeugen von Nachwuchs als eine Form tugendhaften Wuchers (vgl. dazu auch *Merch.V.*, [ed. J.R.Brown], S.LIII ff). – *rational increase* meint: *increase in rationals* 'Zunahme an vernunftbegabten Wesen'. Für eine ähnliche Adjektivierung eines präpositionalen Attributs vgl. *Tr. and Cr.* II. 3.122: *savage strangeness* 'Fremdheit von Wilden'.

[47] *metal:* Die heutige Trennung in die Bedeutung 'Metall' und 'Charakter, Temperament'

up; marry, in blowing him down again, with the breach yourselves made you lose your city. It is not politic in the common-
wealth of nature to preserve virginity. Loss of virginity is
123 rational increase, and there was never virgin got till virginity
was first lost. That you were made of is metal to make virgins.
Virginity by being once lost may be ten times found; by being
ever kept it is ever lost. 'Tis too cold a companion. Away
with't!

HELENA. I will stand for't a little, though therefore I die a virgin.

PAROLLES. There's little can be said in't; 'tis against the rule of nature.
132 To speak on the part of virginity is to accuse your mothers,
which is most infallible disobedience. He that hangs himself is a
virgin; virginity murders itself, and should be buried in high-
ways out of all sanctified limit, as a desperate offendress against
nature. Virginity breeds mites, much like a cheese, consumes
138 itself to the very paring, and so dies with feeding his own
stomach. Besides, virginity is peevish, proud, idle, made of self-
love, which is the most inhibited sin in the canon. Keep it not;
you cannot choose but lose by't. Out with't! within ten year it
will make itself ten, which is a goodly increase, and the princi-
143 pal itself not much the worse. Away with't!

---

142. *ten years ... ten* Hanmer; F *ten years ... two;* Harrison (Konj.anon.) *the year ... two;* Collier (1853, Konj. Steevens) *two years ... two;* Singer (1856, Konj. Malone) *ten months ... two;* Grant White *one year ... two.*

(mettle) ist noch nicht vollzogen. *Metal* heißt hier der 'Stoff, aus dem der Mensch gemacht ist' (vgl. unten II.1.41 und III.6.33), aber auch die Bedeutung '(Münz)metall' klingt an (vgl. I.1.123–24 und Anm.).

48 *accuse ... mothers:* Vgl. *Ven. and Ad.* 203–5: *O, had thy mother borne so hard a mind, She had not brought forth thee, but died unkind* '...wäre auf widernatürliche Art gestorben', nämlich ohne Kinder geboren zu haben. Vgl. auch Z.136, wo die Jungfräulichkeit als eine 'Sünderin wider die Natur' bezeichnet wird.

49 *dies ... stomach:* Bei *die* ist wahrscheinlich die sexuelle Konnotation mitzulesen (vgl. *Much Ado* V.2.90 *I will live in thy heart, die in thy lap*). - *stomach:* Der Magen wurde wie Herz und Brust als Sitz der Leidenschaften, besonders auch des Stolzes *(Tam.Shr.* V.2.181) und des Ehrgeizes *(Hen.VIII* IV.2.34) angesehen (vgl. auch unten III.6.56).

50 *peevish:* Sh. gebraucht das Wort als allgemeinen Ausdruck der Herabsetzung, oft mit Bezug auf Kinder in der Bedeutung 'albern, dumm, launisch'.

51 *sin ... canon:* Das rhetorische Muster dieser Rede findet sich bereits in *Rich.III* I.4.131–140, wo der Zweite Mörder das Gewissen in ähnlicher Weise anklagt, wie Parolles hier die Jungfräulichkeit (vgl. auch Tillyard, *Problem Plays*, S.98).

52 *Out with't! ... ten year: Out with't!* impliziert *to put out to interest* 'für Zins anlegen'. Die unmittelbar folgende Stelle ist eine Crux. Die F-Lesart steht im Einklang mit dem 1571 durch Parlamentsakte erlaubten Zinssatz von zehn Prozent, bei dem sich ein Kapital in zehn Jahren verdoppelt.

HELENA. Was könnte eine [Frau] tun,[53] um sie nach eigenem Gutdünken zu verlieren?

PAROLLES. Laßt mich überlegen. Nun, Schlimmes, indem Ihr denjenigen liebt, der sie durchaus nicht schätzt. Sie ist eine Ware, die ihren Glanz beim Lagern verliert. Je länger aufbewahrt, desto weniger wert. Weg damit, solange sie verkäuflich ist; nutzt die Zeit der Nachfrage. Die Jungfräulichkeit trägt, einem alten Höfling gleich, einen unmodischen Hut, reich drapiert, aber unmodisch,[54] gerade wie Busennadel und Zahnstocher,[55] welche jetzt nicht Mode sind. Bekanntlich schmecken Datteln[56] in Kuchen und Mus besser als (das Alter) auf der Wange; und Jungfräulichkeit, alte Jungfräulichkeit gleicht einer verdorrten französischen Birne:[57] sie sieht schlecht aus, sie schmeckt trokken. Freilich, sie ist eine verdorrte Birne; sie war ehemals besser; freilich, jetzt ist sie eine verdorrte Birne! Damit Ihr's wißt.[58]

HELENA. *Meine* Jungfräulichkeit noch nicht.
Da[59] wird Euer Herr tausend Liebschaften haben, eine Mutter, eine Gebieterin und eine Freundin, einen Phönix, eine Befehlshaberin und eine Feindin, eine Führerin, eine Göttin und eine Herrscherin, eine Beraterin, eine Verräterin und eine Liebste;[60] seinen demütigen Ehrgeiz, stolze Demut, seinen mißtönenden Wohlklang und seinen wohlklingenden Mißton, seine Treue, sein süßes Unglück;[61] zusammen mit einem ganzen Kosmos von ausgeklügelten, verliebten, angenommenen Namen,[62]

---

[53] *do:* Eine sexuelle Anspielung. *To do* bedeutete im elisabethanischen Slang 'beschlafen' (OED 16b) (vgl. *Meas.f.M.* I.2.83: POMPEY: *Yonder man is carried to prison.* MISTRESS OVERDONE: *Well, what has he done?* POMPEY: *A woman).*

[54] *suited ... unsuitable:* Die Kleidermetaphorik wird wieder aufgenommen. Vgl. Z.99–101 und Anm. – *suited* 'verziert, aufgeputzt' (OED 5). Der Gleichklang der Wortkörper verstärkt die Antithese.

[55] *toothpick:* Zahnstocher galten als ein Zeichen des Mannes von Welt und wurden deshalb häufig im Hut getragen (vgl. II.1.53 und Anm., sowie *K. John* I.1.190).

[56] *date ... cheeck:* In der Bedeutung 'Dattel' bezieht sich *date* auf *pie and porridge,* in der Bedeutung 'Jahre, Alter' auf *cheeck.* Ein ähnliches Wortspiel findet sich auch in *Tr. and Cr.* I.2.243 f. Es geht in der Übersetzung verloren.

[57] *virginity ... pears:* Die Sterbemetaphorik wird durch das Bild der verdorrten Birne erweitert. Nach Partridge meint *withered pear* 'das jungfräuliche weibliche Genital'. Der Kontext *eats drily* unterstützt diese Vorstellung: *to eat* 'geschlechtlich verkehren.' Vgl. unten V.2.9, sowie *Timon* I.1.202–05, *Oth.* III.4.105–06.

[58] *Will ... with it?:* Idiomatisch. Verrät eine vorlaute oder unverschämte Haltung des Sprechers (Arden).

[59] *virginity yet ... There:* Die Verse 159–80 stellen ein grundsätzliches Interpretationsproblem. Daß sie nicht auf derselben spielerischen Ebene des Dialogs angesiedelt sind wie die umgebende Prosa erhellt schon allein daraus, daß Parolles ihnen völlig verständnis-

HELENA. How might one do, sir, to lose it to her own liking?

PAROLLES. Let me see. Marry, ill, to like him that ne'er it likes. 'Tis a commodity will lose the gloss with lying: the longer kept, the less worth. Off with't while 'tis vendible; answer the time of request. Virginity, like an old courtier, wears her cap out of fashion, richly suited, but unsuitable, just like the brooch and the toothpick, which wear not now. Your date is better in your pie and your porridge than in your cheek; and your virginity, your old virginity, is like one of our French withered pears: it looks ill, it eats drily. Marry, 'tis a withered pear; it was formerly better; marry, yet 'tis a withered pear! Will you anything with it?

HELENA. Not my virginity yet. ...
There shall your master have a thousand loves,
A mother, and a mistress, and a friend,
A phoenix, captain, and an enemy,
A guide, a goddess, and a sovereign,
A counsellor, a traitress, and a dear;
His humble ambition, proud humility,
His jarring concord, and his discord dulcet,
His faith, his sweet disaster; with a world
Of pretty, fond, adoptious christendoms

---

159. *virginity yet. ...* Pelican; F *virginity yet:;* New Arden *virginity; yet ... .*

---

los gegenübersteht. Coghill ("All's Well Revalued") verwirft sowohl die Ansicht, daß der Text hier korrupt sei (New Sh., S.104), als auch daß Helena in Z.160–71 von einem "höfischen Liebeskult" (New Arden, S.13, Anm.161) spricht. Nach Coghill verweisen die Verse hier in rätselhafter Weise auf den weiteren Verlauf der Handlung. – *There:* Die meisten Hrsg. nehmen an, daß damit der Hof gemeint ist und Helena also auf Bertrams künftige amouröse Abenteuer anspielt. Dagegen vermutet New Penguin in dem Wort *There* einen elliptischen Ausdruck für 'in dem ich meine Jungfräulichkeit aufgebe', eine Interpretation, die sich besser in den unmittelbaren dramatischen Kontext einfügt.

60 *mother ... dear:* Ein Katalog von sogenannten *conceited titles* 'ausgefallenen Namen', wie sie dem/der Geliebten in der zeitgenössischen Liebeslyrik verliehen wurden. (Für Belegstellen zu den einzelnen *conceits* vgl. New Arden, sowie Knight, *Sovereign Flower,* S.138 f).

61 *humble ... disaster:* Die Häufung von widersprüchlichen Aussagen (Oxymora) ist charakteristisch für die zeitgenössische petrarkistische Liebeslyrik. – *disaster:* Wörtlich: "ungünstige Sternkonstellation".

62 *pretty ... christendoms: pretty:* ursprünglich 'kunstvoll, erfindungsreich, ausgeklügelt', auch 'listig, schlau, geschickt', aber auch der moderne, lose und oft ironische Sinn von *pretty* findet bei Sh. Anwendung. – *fond:* Die shakespearsche Bedeutung oszilliert zwischen der alten Bedeutung 'närrisch, töricht' und der modernen 'verliebt, vernarrt'. – *adoptious:* Ein einzig an dieser Stelle belegtes Wort, wohl in Analogie zu *ambition, ambitious* (OED). – *christendoms:* 'Taufhandlungen' (OED 4b), hier wohl einfach '(Vor)namen'.

denen der augenzwinkernde Cupido Pate steht.[63] Nun wird er – ich weiß nicht was. Gott segne ihn![64] Am Hofe lernt man manches, und er ist einer –

PAROLLES. Wahrhaftig, was für einer?

HELENA. Einer, dem ich Gutes wünsche. Es ist schade – [65]

PAROLLES. Was ist schade?

HELENA. Daß Gutes Wünschen nichts Körperliches an sich hat, das man fühlen könnte, so daß wir, die arm Geborenen, deren niedrigere Sterne uns in Wünsche einschließen, durch deren Erfüllung unseren Freunden[66] folgen und ihnen erweisen könnten, was wir [jetzt] bloß denken müssen und wofür uns nie Dank zuteil wird.

Ein Page tritt auf.

PAGE. Monsieur Parolles, mein Herr verlangt nach Euch. *[Ab.]*

PAROLLES. Kleine Helena, leb wohl. Wenn ich mich an Dich erinnern kann, so will ich bei Hof an dich denken.

HELENA. Monsieur Parolles, Ihr wurdet unter einem wohltätigen Stern geboren.

PAROLLES. Unter dem Mars.

HELENA. Ich glaube ganz besonders *unter* dem Mars.

PAROLLES. Warum *unter* dem Mars?

HELENA. Der Krieg hat Euch so sehr unten gehalten,[67] daß Ihr notwendig *unter* dem Mars geboren sein müßt.

PAROLLES. Als er im Aszendent war.

HELENA. Als er rückläufig war, glaube ich vielmehr.

PAROLLES. Warum glaubt Ihr das?

HELENA. Ihr weicht so sehr zurück, wenn Ihr kämpft.

PAROLLES. Das tu' ich um der guten Position willen.

---

[63] *blinking ... gossips: blinking* 'augenzwinkernd' ist bei Sh. sonst nur noch in *Merch.V.* II.9.53: *The portrait of a blinking idiot,* belegt. Das Verb *(to) blink (through)* '(hindurch)lugen, blinzeln' ist nur in *Mids. N.D.* V.1.175 belegt: *Show me thy chink to blink through with mine eye.* Die Bedeutung 'blind' für *blinking*, welche die meisten moderen Hrsg. für diese Stelle annehmen (vgl. den blinden Cupido in der emblematischen Kunst; H.& S., Sp.1759 ff), ist jedoch weder bei Sh. noch nach OED sonstwo belegt. Hingegen dürfte die Bedeutung des Subst. *blink* 'List, Scherz' an dieser Stelle mitanklingen. – *gossip:* Hier 'einen Namen geben, die Rolle eines Paten übernehmen' und daher auch 'an einem Tauffest teilnehmen' *(Com.Err.* V.1.407, *K.John* V.2.59).

That blinking Cupid gossips. Now shall he –
I know not what he shall. God send him well!
The court's a learning place, and he is one –
PAROLLES. What one, i'faith?
HELENA. That I wish well. 'Tis pity –
PAROLLES. What's pity?
HELENA. That wishing well had not a body in't,
Which might be felt; that we, the poorer born,
Whose baser stars do shut us up in wishes,
Might with effects of them follow our friends,
And show what we alone must think, which never
Returns us thanks.

Enter Page.

PAGE. Monsieur Parolles, my lord calls for you. *[Exit.]*

PAROLLES. Little Helen, farewell. If I can remember thee, I will think of thee at court.

HELENA. Monsieur Parolles, you were born under a charitable star.

PAROLLES. Under Mars I.

HELENA. I especially think, under Mars.

PAROLLES. Why under Mars?

HELENA. The wars hath so kept you under that you must needs be born under Mars.

PAROLLES. When he was predominant.

HELENA. When he was retrograde, I think rather.

PAROLLES. Why think you so?

HELENA. You go so much backward when you fight.

PAROLLES. That's for advantage.

---

64 *send him well:* In den Z.170, 172, 175 wird mit der Mehrdeutigkeit von *wish well* gespielt: 1. 'körperliche Gesundheit'; 2. 'Reichtum' (auch im übertragenen Sinn); 3. 'Abschied'; 4. 'Sterben im Zustand der Gnade'. Ambiguitäten im Wortfeld *well* werden im Stück wiederholt thematisiert: vgl. z.B. I.1.65–73; I.2.21, 24; I.3.13–20; II.1.1–57; II.4.1–12; V.3.1–2, 101–104. Vgl. dazu auch Neuss, "Proverb Play".

65 *shall he – ... pity –:* Ein dreimaliger Abbruch des Gedankens (aposiopesis) (Z.169, 171, 172) markiert den höchsten Affektgrad in Helenas Rede. Die syntaktisch und semantisch schwierige Rede zeichnet sich metrisch durch einen regelmäßigen Pentameter aus (Z.160–71).

66 *stars ... friends:* Zu *baser stars* vgl. II.5.74 und Anm. – *effects* bezeichnet das Resultat einer Handlung oder die Erfüllung eines Entschlusses oder eines Wunsches *(Haml.* III.4.130, *Lear* IV.2.15). – *friend* ist semantisch noch weniger eingeschränkt als im modernen Englisch. Sein Bedeutungsspektrum reicht von 'Freund/in' über 'Verwandte/r' (I.3.188) bis 'Geliebte/r, Verehrte/r' (diese Stelle).

67 *kept you under:* Wahrscheinlich eine Anspielung auf Parolles' soziale Stellung (New Penguin).

HELENA. Ebenso das Davonlaufen, wenn die Furcht sich die Sicherheit zum Ziel setzt. Aber die Übereinkunft,[68] die Mut und Furcht bei Euch treffen, ergibt eine kräftig beflügelte[69] Tugend. Und ich liebe die Mode sehr.

PAROLLES. Ich bin so sehr beschäftigt, das ich dir nicht schlagfertig antworten kann. Ich werde als vollkommener Höfling zurückkehren, mit dessen Art dich mein Unterricht vertraut machen soll, wenn du nur bereit bist, eines Höflings Rat zu empfangen und all das verstehst, was Überlegung dir zufügen wird; sonst stirbst[70] du in deiner Undankbarkeit und deine Unwissenheit[71] rafft dich hinweg. Leb wohl. Hast du Muße, so sag deine Gebete; hast du keine, so halte dich an eine Freunde.[72] Verschaff dir einen guten Mann, und gebrauche ihn, wie er dich gebraucht.[73] Nun denn, leb wohl.

[Ab.]

HELENA. Oft liegt die Hilfe bei uns selbst, die wir vom Himmel erwarten. Der schicksalbestimmende Himmel[74] läßt uns frei walten; einzig wenn wir selbst träge sind, hemmt er unser zögerndes Wollen. Was für eine Macht ist das, die meine Liebe in solche Höhen hebt? Die mich sehen läßt und doch mein Auge nicht sättigen kann? Was das Schicksal durch die mächtigste Kluft trennt, das fügt die Natur wie Gleichartiges zusammen und läßt es wie Verwandtes[75] sich küssen. Unfaßbar erscheinen ungewohnte Unternehmungen [bloß] jenen, die mit ihren sinn-

---

[68] *composition:* 'Handel, Übereinkunft' (vgl. unten IV.3.17). In dieser Bedeutung ist das Wort häufig bei Sh. Daneben begegnet auch die speziellere Bedeutung 'Waffenstillstand' *(Macb.* I.2.59).

[69] *of a good wing:* Ein Ausdruck aus der Falknerei: 'von schnellem und starkem Flug'. Hier wahrscheinlich mit einer Anspielung auf das in *wing* konnotierte *flight* 'Flug' in seiner zweiten Bedeutung 'Flucht'. *wing* könnte aber auch anspielen auf Parolles' Kostüm (vgl. Linthicum)

[70] *naturalize ... diest:* Die Kollokation von fünf Wörtern, die alle oft sexuelle Konnotationen enthalten, ist kaum zufällig: *capable: L.L.L.* IV.2.75: *if their daughters be capable* ('geschlechtsreif') *I will put it to them; - thrust: Rom. and Jul.* I.1.14–17: *women being the weaker vessels are ever thrust* ('gedrückt') *to the wall; - understand: Two Gent.* II.5.18–28: *when it stands well with him, it stands well with her* [...] *My staff understands me* [...] *stand-under and understand is all one; - die: Much Ado.* V.2.90: *I will live in thy heart and die* ('ejakulieren') *in thy lap.* - Pelican sieht in dem einzig hier belegten *naturalize* 'vertraut machen' (Onions) eine Anspielung auf die Bedeutung 'entjungfern', welche jedoch weder durch das OED belegt ist, noch bei F.& H., Partridge oder Colman Erwähnung findet (vgl. aber F.& H., s.v. *natural: a convenient* 'eine Mätresse').

[71] *ignorance:* Calderwood ("Styles of Knowing", S.276) erkennt in der Ambiguität im Wortfeld *know* (1. 'wissen, erkennen; 2. 'sexuell erfahren') den Ausdruck einer zentralen Thematik in *All's Well:* Den Widerstreit und die schließliche Vereinigung von Intellektualität und Sexualität (vgl. II.1.132–33, 157–58, V.3.312).

HELENA. So is running away when fear proposes the safety. But the composition that your valor and fear makes in you is a virtue of a good wing, and I like the wear well.

PAROLLES. I am so full of businesses I cannot answer thee acutely. I will return perfect courtier, in the which my instruction shall serve to naturalize thee, so thou wilt be capable of a courtier's counsel, and understand what advice shall thrust upon thee; else thou diest in thine unthankfulness, and thine ignorance makes thee away. Farewell. When thou hast leisure, say thy prayers; when thou hast none, remember thy friends. Get thee a good husband, and use him as he uses thee. So, farewell.

[Exit.]

HELENA. Our remedies oft in ourselves do lie,
Which we ascribe to heaven. The fated sky
Gives us free scope; only doth backward pull
Our slow designs when we ourselves are dull.
What power is it which mounts my love so high?
That makes me see, and cannot feed mine eye?
The mightiest space in fortune nature brings
To join like likes, and kiss like native things.
Impossible be strange attempts to those
That weigh their pains in sense, and do suppose

---

[72] *leisure ... none ... friends: leisure:* 'Gelegenheit', besonders auch zu religiösen Übungen (New Arden). New Penguin paraphrasiert diese wahrscheinlich zynische Bemerkung: 'Gebete sind gerade gut genug für diejenigen, welche Muße haben für religiöse Übungen. Praktische Menschen ohne viel Muße verlassen sich besser auf gute Freunde'.

[73] *use him ... uses thee: use* hier mit sexueller Konnotation 'geschlechtlich verkehren'. (Zur Ambivalenz und Komplexität des Wortes vgl. Ch. R. Lyons, "'Use' in Meas.f.M.", *Philologica Moderna* 35/36, 1969, S.173–184).

[74] *heaven ... fated sky:* Die Rede birgt starke religiöse Töne. Nach elisabethanischer Auffassung hatte der erleuchtete Geist Macht über die Launen des Schicksals und des Zufalls. Einzig die den Sinnen verfallenen Menschen waren dem Schicksal rettungslos ausgeliefert. Helenas Anspielungen auf eine Macht, die ihr wohl Einsicht gewährt *(makes me see),* ihr aber dennoch die sinnliche Erfahrung des Sehens verweigert *(cannot feed mine eye)* läßt auf eine Weisheit jenseits der Sinne schließen, welche ihr hier zu Gebote steht. Göttliche Intuition und der Glaube an ein von der Vernunft gelenktes, letztlich gerechtes Universum (vgl. Z.218–19) – eine ganz und gar elisabethanische Vorstellung – lenken Helena in ihren Unternehmungen (vgl. zum hier ausgesprochenen Gedanken auch unten II.5.74 und Anm.). – *fated sky:* Sh. verwendet gelegentlich passive Formen mit aktiver Bedeutung (vgl. *A.Y.L.* II.7.189 *As friend remembered not* 'wie ein sich nicht [an uns] erinnernder Freund').

[75] *native:* 'eng verwandt', bei Sh. immer ein Adj., obwohl das Subst. gebräuchlich war.

lich zu erfassenden Mühen wägen[76] und die [sogar] glauben, daß nicht eintreten kann, was doch schon eingetreten ist. Welche [Frau] hätte je so sehr nach Verdiensten gestrebt, daß sie darob ihre Liebe verpaßte? Des Königs Krankheit – mein Plan mag mich täuschen, aber mein Vorhaben steht fest und wird mich nicht verlassen.[77]

[Ab.]

I.2 *Hörner erschallen.[1] Es treten auf: der König von Frankreich, mit einem Brief, zusammen mit verschiedenen Gefolgsleuten.*

KÖNIG. Florentiner und Sienesen haben einander bei den Ohren.[2] Sie haben mit gleichviel Geschick gekämpft und fahren fort, einen trotzigen Krieg zu führen.

1. ADLIGER. So wird es berichtet, Sire.

KÖNIG. Mehr noch,[3] man darf [den Berichten] Glauben schenken. Wir erhalten hier[4] die Gewißheit, wofür sich unser Vetter Österreich[5] verbürgt mit der Vorwarnung, daß der Florentiner uns um rasche Hilfe angehen wird; was unser bester Freund[6] zum vornherein mißbilligt, da er uns offenbar[7] veranlassen möchte, abschlägigen Bescheid zu erteilen.

1.ADLIGER. Seine Eurer Majestät bezeugte Freundschaft und Klugheit

---

[76] *Impossible ... sense:* 'die ihre sinnlich erfahrbaren Mühen zum Maß dessen machen, was möglich ist'; *impossible* entspricht mod.engl. *inconceivable.* Vgl. unten II.1.177. – *sense:* 1. 'geistig-verstandesmäßige Wahrnehmung', 'Vernunft'; 2. 'Sinnlichkeit', 'physisch-sinnliche Wahrnehmung', 'Gefühl', 'Empfindungsvermögen' (vgl. *Meas.f.M.* II.2.142, wo beide Bedeutungen unmittelbar nacheinander vorkommen, sowie Empson, *Complex Words,* S.270–88).

[77] *project ... intents: project* 'Vorhaben' mit Bezug auf die Heilung des Königs; *intents* 'Absicht' mit Bezug auf die Liebe zu Bertram. Die gereimten Verspaare in Z.208–21 stellen eine regelmäßige Sonettstruktur dar. Reden, in denen eine Figur ihre Einstellung oder ihre Absicht dem Publikum offenbart, gestaltet Sh. gelegentlich als Sonettstruktur (vgl. auch unten I.3.188–200 und Anm. sowie *Oth.* II.1.280–93, 294–306; vgl. Wendel, S.127).

[1] *flourish cornets: flourish* bezeichnet einen Hornklang, der den Auftritt des Königs oder einer anderen hochgestellten Figur begleitet. *flourish cornets* verzeichnet F als BA nur gerade zweimal und nur in *All's Well* (vgl. BA zu II.1). Ein Horn *(cornet)* anstelle einer Trompete verwendet Sh. sonst nur noch in *Merch.V., Hen.VIII* und *Coriol. (vgl. Spevack, Bd.7).* Zwei verschiedene Arten von *cornets* waren gebräuchlich: 1. ein Rohrblattinstrument in der Art einer Oboe; 2. ein Instrument in der Art des Serpenten mit Grifflöchern und einem Mundstück. Sh. verwendet das zweite (Naylor, S.179–80).

What hath been cannot be. Who ever strove
To show her merit that did miss her love?
The king's disease – my project may deceive me,
But my intents are fixed, and will not leave me. *[Exit.]*

I.2 *Flourish cornets. Enter the King of France with letters, and divers Attendants.*

KING. The Florentines and Senoys are by th'ears,
Have fought with equal fortune, and continue
A braving war.
I. LORD. So 'tis reported, sir.
KING. Nay, 'tis most credible. We here receive it
A certainty vouched from our cousin Austria,
With caution, that the Florentine will move us
For speedy aid; wherein our dearest friend
Prejudicates the business, and would seem
To have us make denial.
I. LORD. His love and wisdom,

---

218. *hath been* F; Hanmer *hath not been.*

---

[2] *by ... ears:* 'sich streiten', 'im Widerspruch stehen' *(Coriol.* I.1.228). Der Krieg zwischen Siena und Florenz, auf dessen Hintergrund die weitere Handlung von *All's Well* spielt, ist historisch nicht eindeutig fixierbar. Es dürften sowohl Elemente aus den Rivalitäten zwischen den beiden Signorien, zwischen kaiserlichen Ghibellinen und päpstlichen Guelfen, wie sie im 14. und 15. Jahrhundert bestanden, zum Tragen kommen, als auch die für die Elisabethaner aktuelleren Kämpfe um Siena, welche sich spanische und französische Truppen bis zum Jahr 1557 lieferten, als Philipp II. von Spanien die Stadt endlich an Cosimo I., Großherzog von Toskana, übereignete.

[3] *Nay* dient als Einführungspartikel für eine bestärkende Wiederholung von etwas bereits Gesagtem.

[4] *here:* Ein gestischer Impuls. Der Herzog verweist auf den Brief, den er eben gelesen hat.

[5] *cousin Austria:* Eine Anrede an den Herrscher eines befreundeten Staates *(K. John* II.1.120).

[6] *our ... friend:* Bezieht sich wohl auf den Herzog von Österreich, obwohl weder der Text noch der Gang der historischen Ereignisse eine Erklärung für diese Allianz liefern. New Arden verweist auf *K.John,* wo Österreich der Verbündete Frankreichs ist.

[7] *seem:* 'offenkundig sein' (OED II.46), nicht 'scheinen (im Gegensatz zur Wirklichkeit)' (vgl. III.1.4 und Anm.)

dürften für größte Glaubwürdigkeit sprechen.

KÖNIG. Er läßt uns mit unserer Antwort gewappnet sein, und der Florentiner erhält seine Absage noch bevor er kommt. Doch was unsere eigenen Herren betrifft, die im Sinne haben, sich in toskanische Dienste zu begeben, ihnen sei gestattet, sich freiwillig auf die eine oder die andere Seite zu stellen.

2. ADLIGER. [Der Krieg] kann unseren Edlen, die sich nach Bewegung und Abenteuern sehnen, als Übungsfeld dienen.[8]

KÖNIG. Wer kommt da?

Bertram, Lafew und Parolles treten auf.

1. ADLIGER. Es ist der Graf von Roussillon, Majestät, der junge Bertram.

KÖNIG. Jüngling, du trägst die Züge deines Vaters.[9] Die freigebige Natur hat dich wohlgestaltet und ist dabei mit mehr Sorgfalt als Hast vorgegangen. Mögest du auch die sittlichen Vorzüge deines Vaters erben! Willkommen in Paris.

BERTRAM. Mein Dank und meine Ergebenheit sind Euer, Majestät.

KÖNIG. Ich wünschte, ich hätte jene körperliche Gesundheit auch jetzt noch, wie damals, als dein Vater und ich, verbunden durch unsere Freundschaft, zum ersten Mal unser Soldatentum erprobten. Er verstand viel vom Kriegsdienst jener Zeit, und die Mutigsten zählten zu seinen Schülern.[10] Er lebte lange, doch an uns beide stahl sich das hexengleiche Alter heran und brauchte unsere Tat[kraft] auf. Es stellt mich wieder her, von Eurem[11] guten Vater zu sprechen. In seinen jungen Jahren besaß er denselben Witz, wie ich ihn heute bei unseren jungen Edelleuten gut beobachten kann; doch mögen diese scherzen, bis sich ihre eigenen Spöttereien unversehens[12] gegen sie selbst wenden, noch bevor sie ihren Leichtsinn hinter ihrer [späteren] Ehrenhaftigkeit verstecken können. [Er war] so sehr Höfling, [daß weder] Verachtung in seinem Stolz, noch Bitterkeit in seiner Strenge lagen. Waren diese dennoch da, so hatte seinesgleichen[13] sie in ihm geweckt, und wie nach einer inneren Uhr erkannte sein Ehrgefühl genau die Minute, in der ihn Mißbilli-

---

[8] *sick ... breathing ... exploit:* Ev. auch 'die krank sind aus Mangel an körperlicher Ertüchtigung' (New Penguin). – *breathing* 'Übung' (*A.Y.L.* I.2.205: *I am not yet well breathed* 'Ich bin noch nicht geübt'). – *exploit:* 'Kampf, Krieg', vgl. auch IV.1.36.

[9] *father's face:* Diese und ähnliche Stellen (*A.Y.L.* II.7.191–94, *Wint. T.* V.1.123, *Much Ado* I.1.99) lassen vermuten, daß es üblich war, anläßlich der Begrüßung einer jüngeren Person, deren Vater in Erinnerung zu rufen. Die Annahme, Sh. sei Animalkulist gewesen, d.i. ein Anhänger jener Theorie, wonach der Vater allein für das Erbgut der Kinder verantwortlich sei, läßt sich widerlegen (*Wint. T.* II.1.56–58, *Twel.N.* I.5.227–29).

Approved so to your majesty, may plead
For amplest credence.

KING. He hath armed our answer,
And Florence is denied before he comes.
Yet, for our gentlemen that mean to see
The Tuscan service, freely have they leave
To stand on either part.

2. LORD. It well may serve
A nursery to our gentry, who are sick
For breathing and exploit.

KING. What's he comes here?

Enter Bertram, Lafew, and Parolles.

I. LORD. It is the Count Rossillion, my good lord,
Young Bertram.

KING. Youth, thou bear'st thy father's face.
Frank nature, rather curious than in haste,
Hath well composed thee. Thy father's moral parts
Mayst thou inherit too! Welcome to Paris.

BERTRAM. My thanks and duty are your majesty's.

KING. I would I had that corporal soundness now
As when thy father and myself in friendship
First tried our soldiership. He did look far
Into the service of the time, and was
Discipled of the bravest. He lasted long,
But on us both did haggish age steal on,
And wore us out of act. It much repairs me
To talk of your good father; in his youth
He had the wit which I can well observe
To-day in our young lords; but they may jest
Till their own scorn return to them unnoted
Ere they can hide their levity in honor.
So like a courtier, contempt nor bitterness
Were in his pride, or sharpness. If they were,
His equal had awaked them, and his honor,
Clock to itself, knew the true minute when

---

[10] *service ... discipled:* Ev. auch 'er nahm oft aktiv am Krieg teil' (Arden) und 'er wurde von den Mutigsten unterrichtet' (Arden).

[11] *your:* Der König wechselt in der Anrede Bertrams von *thou* zu *you* als er nicht mehr bloß den Sohn seines Jugendfreundes, sondern den jungen Grafen in ihm erkennt (s.u. Z.70).

[12] *unnoted:* Ev. auch: 'ohne von irgend jemand zur Kenntnis genommen zu werden.'

[13] *equal:* 'Personen von gleichem Rang wie er selbst' (vgl. unten Z.41–45).

gung[14] sprechen hieß, und dann gehorchte seine Zunge ihrem Zeiger.[15] Jene, die unter ihm standen, behandelte er wie Menschen von einem anderen Ort[16] und beugte sein hohes Haupt zu ihren niederen Rängen hinunter [und] durch seine eigene Demut erfüllte er sie mit Stolz, lobte diejenigen deren Rang [im Vergleich zu seinem] um so geringer wurde.[17] Ein solcher Mann könnte dieser jüngeren Zeit ein Beispiel sein, das, richtig befolgt, die Heutigen als bloße Rückwärtsgeher entlarven müßte.

BERTRAM. Sein gutes Andenken, Sire, liegt in Euren Gedanken reicher bewahrt als auf seinem Grab. Solche Hochschätzung[18] wie in Eurer königlichen Rede lebt in seiner Grabschrift nicht fort.

KÖNIG. Ich wünschte, ich wäre bei ihm! Er pflegte stets zu sagen – mich dünkt, ich höre ihn noch jetzt; seine ansprechenden[19] Worte streute er nicht bloß in die Ohren, sondern pflanzte sie ein, damit sie dort wachsen und Früchte tragen[20] – 'Möge ich es nicht erleben' – solchermaßen begann seine edle Schwermut[21] oft beim letzten Akt und am Schluß[22] einer vergnügten Zeit,

---

[14] *exception:* 'Widerspruch, Mißbilligung, Einwand' *(Haml.* V.2.220).

[15] *tongue ... hand: tongue* 'Glockenklöppel' und *hand* 'Uhrzeiger' konstituieren zusammen mit *clock* und *true minute* 'genauer Zeitpunkt' eine Uhrwerkmetapher: *his hand* läßt sich somit als Teil dieser Metapher auffassen: 'er sprach, wenn der Zeiger der inneren Uhr seines Ehrgefühls ihn dazu veranlaßte.' (Zum Uhrwerk als Bild für die monarchische Ordnung vgl. H.& S., Sp.1341). – *his* konnte im elisabethanischen Englisch noch die Funktion eines neutralen Possesivpronomens haben.

[16] *another place:* Vgl. *Haml.* II.2.518–19, wo dieselbe Tugend illustriert wird: *Use them after your own honor and dignity. The less they deserve, the more merit is in your bounty* 'Begegne ihnen, als wären sie deinem Stand und deiner Würde ebenbürtig. Je weniger sie verdienen, um so größer ist das Verdienst deiner Großzügigkeit.'

[17] *in their ... humbled* steht für: *in the praise of those poor* ['Arme an Rang'] *that he humbled.* Possessivpron. als Bezugswort für *that* ist bei Sh. häufig.

[18] *approof:* Vgl. auch II.5.3 sowie das Verb *approve* 'einen Ruf aufrechterhalten, bestärken' *(Haml.* V.2.141).

[19] *plausive:* Sh. verwendet das Wort lediglich dreimal: 1. 'rühmenswert, angenehm, ansprechend' (diese Stelle, sowie *Haml.* I.4.30); 2. 'scheinbar bestechend, plausibel' (IV.1.26). (Zu *plausible* vgl. *Meas.f.M.* [ed. Naef], Anm. 120 zu III.1.238).

[20] *scatter ... bear:* Eine ausgedehnte Metapher: *scatter* 'säen, streuen'; *graft* 'propfen, okulieren'; *bear* 'Früchte tragen'.

[21] *melancholy* bezeichnete ursprünglich die körperliche Krankheit, die sich bei einem Überschuß an schwarzer Galle (einem der vier elementaren Körpersäfte) einstellte. Physiologische und psychologische Phänomene waren nach mittelalterlicher Vorstellung untrennbar miteinander verbunden, so daß körperliche und seelische Krankheiten mit denselben Begriffen bezeichnet wurden (vgl. M. Pope, "Sh.'s Medical Imagination"

Exception bid him speak, and at this time
His tongue obeyed his hand. Who were below him
He used as creatures of another place,
And bowed his eminent top to their low ranks,
Making them proud of his humility,
In their poor praise he humbled. Such a man
Might be a copy to these younger times,
Which, followed well, would demonstrate them now
But goers backward.

BERTRAM. His good remembrance, sir,
Lies richer in your thoughts than on his tomb.
So in approof lives not his epitaph
As in your royal speech.

KING. Would I were with him! He would always say –
Methinks I hear him now; his plausive words
He scattered not in ears, but grafted them
To grow there, and to bear – 'Let me not live' –
This his good melancholy oft began,
On the catastrophe and heel of pastime,

---

sowie I.3.144 und Anm.) Über die genaue Bedeutung von *melancholy* herrschten bei den elisabethanischen Psycho-/Physiologen die widersprüchlichsten Auffassungen (vgl. dazu L.T.Forest, "A Caveat for Critics Against Invoking Elizabethan Psychology", *PMLA* 61 (1946), S.651–672 sowie Böse, *Wahnsinn,* S.33, Anm. 35 und S.331.) *Melancholy* galt den Elisabethanern ganz allgemein als ein Merkmal von Weisheit und Einsicht (so an dieser Stelle, sowie in *Merch.V.* I.1.92 und *A.Y.L.* IV.1.3–26). Andererseits erscheint *melanholy* oft auch als Pose, wie sie gerne von denjenigen eingenommen wurde, die sich einer geistig-seelischen Verfeinerung rühmten. *Melancholy* erlangte so eine Bedeutung über die Grenze der psycho-/physiologischen Fachsprache hinaus und wurde zu einem Modebegriff (Babb, *Elizabethan Malady),* was nicht zuletzt daraus erhellt, daß das Wort in nicht weniger als acht Redensarten auftaucht (vgl. Tilley). Diese Popularität von *melancholy* mag Sh. veranlaßt haben, den Begriff häufig parodierend zu verwenden (vgl. zum Beispiel III.2.4. oder *1 Hen.IV* I.2.68–73). Überhaupt taucht *melancholy* bei Sh. sehr selten als psychologischer Fachterminus auf (vgl. aber *Rich. II* [ed. Braun], Anm.7 zu V.6.20), dafür umso häufiger in einer ganzen Palette von populären Bedeutungen mit positivem oder negativem Vorzeichen (für Belege vgl. Böse, *Wahnsinn,* S.48. Zum sozio-kulturellen Hintergrund zu *melancholy* vgl. Knights, *Drama and Society,* S.315–332).

22 *catastrophe ... heel:* Eine pleonastische Doppelfügung wie sie typisch ist für die kunstvolle Sprache höfischer Charaktere bei Sh. (vgl. auch die *Meas.f.M.* eröffnende Rede des Herzogs). New Arden verweist auf den Charakter der Wendung als *conceit: catastrophe* 'Wende' und *heel* 'Ferse' enthalten zwar beide die Vorstellung einer Umkehr, Biegung, Krümmung, sie entstammen aber ganz verschiedenen semantischen Bereichen.

sobald sie vorbei war[23] – 'Möge ich es nicht erleben,' sprach er, 'daß ich, nachdem meiner Flamme einmal das Öl mangelt, jüngeren Geistern nichts als ein verkohlter Docht bin[24], deren aufnahmefreudige Sinne alles verschmähen, was nicht neu ist; deren Urteilskraft bloß Kleider zeugt; deren Beständigkeit noch vor ihren Moden vergeht.'[25] Das wünschte er sich. Nach ihm wünsche ich wie er, daß ich, da ich weder Wachs noch Honig[26] einbringen kann, rasch aus meinem Stock entfernt werde, um Raum für [neue] Arbeiter zu geben.

2. ADLIGER. Man liebt Euch, Sire. Diejenigen, die das am wenigsten zugestehen, werden Euch als erste vermissen.

KÖNIG. Ich weiß, ich fülle eine Stelle aus.[27] Wie lange ist es her, Graf, seit Euer Hausarzt starb? Er war sehr berühmt.

BERTRAM. Etwa sechs Monate, Mylord.

KÖNIG. Wäre er noch am Leben, ich würde es mit ihm versuchen. Reicht mir Euren Arm. Die anderen [Ärzte] haben mich mit ihren verschiedenen Behandlungen erschöpft; Natur und Krankheit liegen jetzt nach Gelegenheit miteinander im Wettstreit.[28] Willkommen Graf, mein Sohn ist mir nicht lieber.

BERTRAM. Ich danke Eurer Majestät.

Alle ab. Ein Trompetenstoß.

---

[23] *pastime ... it ... out:* Es ist nicht klar, ob sich *it* auf *pastime* oder auf *heel* bezieht. Ev. liegt ein Wortspiel vor: a) *out* 'zu Ende' *(Temp. III.*2.1) mit Bezug auf pastime; *b)* out at heels *'in verfallenem Zustand'* (*Jul.Caes.* I.1.17). *Out* leitet in jedem Fall über zur Lampenmetapher in Z.59f.

[24] *flame ... snuff:* Die Lampenmetapher begegnet auch in *Rich. II* I.3.221: *My oil-dried lamp and time-bewasted light/Shall be extinct with age and endless night.* Sie findet Ausdruck in einer emblematischen Darstellung vom Leben und Tod des Menschen (H.& S., Sp.1372). *Snuff* dürfte wortspielerisch verwendet sein: Im Zusammenhang mit dem Bild der Öllampe heißt *snuff* 'verkohltes Dochtende, Schnuppe' (OED sb.1.1). *Disdain and apprehensive senses* (Z.60) legt die Bedeutung 'schlechter Geruch' (OED sb.2.3) und daher 'Naseschneuzen zum Zeichen der Verachtung' (OED sb.2.1) nahe (vgl. auch *to take in (the) snuff* 'beleidigt, verärgert sein' *(L.L.L.* V.2.22), eine Wendung, die zwischen 1580 und 1660 reich belegt ist). Für ein ähnliches Wortspiel mit *snuff* 'beleidigt sein' und *snuff* 'schlechter Geruch' vgl. *1 Hen.IV* I.3.37–41. – Für die Assoziationen 'Ärger, Unzufriedenheit, schlechte Laune' im Zusammenhang mit der Bedeutung 'verkohltes Dochtende' vgl. *Hen.VIII* III.2.91–99). Unsere Stelle legt die Bedeutungen 'Schnuppe' und 'Gegenstand der Verachtung' nahe.

[25] *judgment ... garments:* Begriffe der Moral wie *judgment* 'Urteil', *constancy* 'Beständigkeit' bilden einen markanten Kontrast zu den Begriffen der sinnlichen Wahrnehmung und äußeren Erscheinung *(fashion, apprehensive senses),* welche diese bildhafte Stelle prägen. Samuel Johnson paraphrasiert: "...die ihre Fähigkeiten auf nichts anderes zu verwenden wissen, als neue Kleidermoden zu erfinden."

When it was out – 'Let me not live,' quoth he,
'After my flame lacks oil, to be the snuff
Of younger spirits, whose apprehensive senses
All but new things disdain; whose judgments are
Mere fathers of their garments; whose constancies
Expire before their fashions.' This he wished.
I, after him, do after him wish too,
Since I nor wax nor honey can bring home,
I quickly were dissolved from my hive,
To give some laborers room.

2. LORD. You're loved, sir.
They that least lend it you shall lack you first.

KING. I fill a place, I know't. How long is't, count,
Since the physician at your father's died?
He was much famed.

BERTRAM. Some six months since, my lord.

KING. If he were living, I would try him yet.
Lend me an arm. The rest have worn me out
With several applications; nature and sickness
Debate it at their leisure. Welcome, count;
My son's no dearer.

BERTRAM. Thank your majesty.

Exeunt. Flourish.

---

26 *wax ... honey:* Ev. geht die Vorstellung hier auf ein Emblem zurück: Unter dem Motto *Non Nobis Nati* 'Niemand lebt und handelt für sich allein' zeigt das Emblem einen Mann, der Honig und Wachs von einem Bienenstock fortträgt (H.& S., Sp.924; die Bienenvolkmetapher findet sich schon bei Vergil, *Georgica,* Buch IV). – *dissolve* 'trennen von' *(Merry W.* V.5.211).

27 *laborers ... place:* Wir folgen Delius, der annimmt, daß sich das Pronomen auf das folgende *lack* bezieht: "die es am wenigsten zugestehen, daß sie Euch vermissen werden." Das Pronomen ließe sich eventuell auch auf *room* (Z.67) beziehen, was durch die Replik des Königs in Z.69 eine gewisse Stütze erhält. Die meisten modernen Hrsg. beziehen *it* auf die dem König erwiesene Liebe. – Der religiöse Gedanke *I fill a place* findet sich etwas breiter ausgeführt auch in *A.Y.L.* I.2.172–76 *Only in the world I fill up a place, which may be better supplied when I have made it empty.*

28 *nature ... leisure:* Zu *nature* in der Bedeutung 'Leben', 'Körper' vgl. I.1.19 und Anm. – *debate* begegnet bei Sh. noch in der ursprünglichen Bedeutung 'sich bekämpfen' *(Lucr.* 1421) neben der modernen 'besprechen, diskutieren'. Hier sind eventuell beide Bedeutungen verschmolzen. *nature and sickness debate it* dürfte in Sh.s Syntax stehen für *nature debates sickness.* (Zum unbestimmten *it* vgl. Abbott § 226, sowie *Merch.V.* IV.1.50: *affection /(...) sways it to the mood of what it likes or loathes.)*

I.3 *Die Gräfin, ein Verwalter und [Lavatch, ein] Narr,*[1] *treten auf.*

GRÄFIN. Ich will Euch jetzt anhören. Was wißt Ihr von diesem Fräulein zu berichten?

VERWALTER. Madame, ich wünschte, die Sorge, die ich trug, Euch zufriedenzustellen,[2] möge in die Liste meiner früheren Bemühungen aufgenommen werden; denn wir verletzen unsere Bescheidenheit und trüben den Glanz unserer Verdienste, wenn
6 wir selbst sie bekannt machen.[3]

GRÄFIN. Was macht dieser Bursche hier? Macht Euch fort! Die Beschwerden, die ich über Euch gehört habe, glaube ich nicht ganz. Aus Nachlässigkeit tue ich es nicht; denn ich weiß, Euch mangelt's nicht an Torheit, sie[4] zu begehen, seid Ihr doch
11 geschickt genug, solche Schurkereien zu den Euren zu machen.

LAVATCH. Es ist Euch nicht unbekannt, Madame, daß ich ein armer Kerl bin.

GRÄFIN. Nun gut.

LAVATCH. Nein, Madame, es ist nicht so gut, daß ich arm bin, obwohl viele Reiche verdammt sind;[5] aber wenn ich Euer Gnaden gütigste Zustimmung haben darf, in die Welt hinaus zu ziehen,[6]
18 werden Isabel, die Magd, und ich es tun, so gut wir eben können.[7]

GRÄFIN. Willst du[8] denn wirklich zum Bettler werden?

LAVATCH. Ich erbitte Eure Zustimmung in diesem Fall.

GRÄFIN. In welchem Fall?

LAVATCH. In Isabels Fall[9] und meinem eigenen. Dienst ist kein Erbe,[10]
24 und ich glaube, ich werde Gottes Segen nicht eher erhalten, als bis ich einen Sproß von meinem Fleisch habe; denn man sagt, Kinder bringen Segen.[11]

---

[1] *Clown:* Hier wohl ein Spaßmacher, der zum Haushalt der Gräfin gehört. Ein *clown* kann aber auch ein 'Simpel', 'Bauernlümmel' sein. (Zu der herausragenden Rolle dieser – meist auf ihre satirische Funktion reduzierten – Figur bei der Integration und Antizipation der dramatischen Textur des Stücks vgl. Pearce, "Analogical Probability", S. 137–41, sowie unten I. 3. 88 und Anm.).

[2] *even:* wörtlich: 'einer Sache gerecht werden', 'Schritt halten mit'. Sh. verwendet das Verb nur gerade zweimal (vgl. *Cymb.* III. 4. 182). Cotgrave führt es zusammen mit *equal, level, match* als Äquivalent zum französischen *égaler* an (vgl. II. 3. 191 und Anm.).

[3] *Madam … publish:* Anstatt der Gräfin direkt zu antworten, gibt der Verwalter eine umständliche und wenig besagende Erklärung ab. Es ist möglich, daß er Zeit zu gewinnen sucht, bis die Gräfin Lavatch bemerkt, der sich wohl inzwischen gestisch bemerkbar macht und in dessen Gegenwart der Verwalter nicht über Helena zu sprechen wünscht (vgl. unten Z. 62). – *publish* ev. auch 'rühmen' (*Twel. N.* II. 1. 25).

[4] *them* bezieht sich auf *complaints,* wobei eine Begriffsverschiebung vorliegt: 'Klagen' anstelle von 'Gegenstand für Klagen'.

I.3 *Enter Countess, Steward, and [Lavatch, a] Clown.*

COUNTESS. I will now hear. What say you of this gentlewoman?

STEWARD. Madam, the care I have had to even your content I wish might be found in the calendar of my past endeavors; for then we wound our modesty, and make foul the clearness of our
6 deservings, when of ourselves we publish them.

COUNTESS. What does this knave here? Get you gone, sirrah. The complaints I have heard of you I do not all believe. 'Tis my slowness that I do not; for I know you lack not folly to commit
11 them, and have ability enough to make such knaveries yours.

LAVATCH. 'Tis not unknown to you, madam, I am a poor fellow.

COUNTESS. Well, sir.

LAVATCH. No, madam, 'tis not so well that I am poor, though many of the rich are damned; but if I may have your ladyship's good will
18 to go to the world, Isbel the woman and I will do as we may.

COUNTESS. Wilt thou needs be a beggar?

LAVATCH. I do beg your good will in this case.

COUNTESS. In what case?

LAVATCH. In Isbel's case and mine own. Service is no heritage, and I
24 think I shall never have the blessing of God till I have issue o' my body; for they say barnes are blessings.

---

[5] *many … damned:* Lavatch verwendet im folgenden Dialog eine ganze Reihe von Sprichwörtern und Anspielungen auf biblische Stellen, im besonderen auf die Worte des Apostels Paulus über die Ehe in 1 Kor. VII, welche er jedoch in für ihn charakteristischer Weise pervertiert (vgl. auch Markus X. 23 und Lukas XVI. 22, 23).

[6] *go to the world:* 'sich dem Leben in der Welt zuwenden' (Delius) und daher – aufgrund der kirchlichen Sicht von der Geschlechtlichkeit weltlichen Daseins – 'heiraten' (*Much Ado* II. 1. 285–87, *A. Y. L.* V. 3.4).

[7] *do as we may:* Bei *do* ist die übliche sexuelle Konnotation mitzulesen (vgl. I. 1.145 und Anm.).

[8] *thou* verwendet die Gräfin für die Anrede Lavatchs mit Ausnahme jener Stellen, wo sie ihn ironischerweise mit *sir* anredet (vgl. oben Z. 15 und Z. 30 und Anm., sowie Z. 61). Das verächtliche *sirrah* schließlich zieht bei Sh. immer das Pronomen *you* nach sich (Z. 64, 77, 85).

[9] *case … case:* Ein Wortspiel mit den Bedeutungen 'Fall' und 'Schachtel', wobei hier die sexuelle Konnotation 'Vagina' im Vordergrund steht (vgl. *Merry. W.* IV. 1.49–54, wo Sh. dasselbe Double-entendre verwedet; *Sh. Pron.*, S. 119).

[10] *service is no heritage:* 'der Dienerstand verschafft kein Erbe' (Tilley S 253). In *service* (für die sexuelle Konnotation vgl. *Meas. for M.* [ed. Naef], Anm. zu I. 2. 103, sowie *Lear* II. 2.18) dürfte zudem eine prophetische Anspielung auf Bertrams zukünftiges Verhalten vorliegen: 'sexuelle Aktivität allein verschafft noch keinen Erben' (vgl. IV. 2.15–20 sowie Adams, "Paradox of Procreation").

[11] *barnes … blessings:* Die nunmehr nordengl. Form *barnes* 'Kinder' war ehemals auch im Süden gebräuchlich. Die Stelle variiert das Sprichwort *Children are poor men's riches* (Tilley C 331) (vgl. dazu den Kommentar von Cotgrave s. v. *Enfants sont richesses de pauvres gens:* "In other countries, whose people are industrious, they may perhaps be so, but in ours, for the most part, store of children make poor people plaine beggers.")

GRÄFIN. Sag mir, aus welchem Grund du heiraten willst.

LAVATCH. Mein armer Körper, Madame, erfordert es. Ich werde vom
29 Fleisch getrieben; und wen der Teufel treibt, der kann nicht umhin zu gehen.[12]

GRÄFIN. Ist das Euer Hochwürden ganzer Grund?

LAVATCH. Wahrhaftig Madame, ich habe andere geheiligte Gründe,[13] welcher Art sie auch sind.

GRÄFIN. Darf die Welt sie erfahren?

LAVATCH. Ich war ein sündiges Geschöpf, Madame, wie auch Ihr es
34 seid und alles Fleisch und Blut, und in Tat und Wahrheit heirate ich, damit ich bereuen kann.[14]

GRÄFIN. Wohl eher deine Heirat als deine Verworfenheit.

LAVATCH. Ich habe keine Freunde,[15] Madame und hoffe um meiner
38 Frau willen Freunde zu gewinnen.

GRÄFIN. Solche Freunde sind deine Feinde, Bursche.

LAVATCH. Ihr seid oberflächlich, Madame, in [dem Beurteilen von][16] großen Freunden; denn die Kerle kommen das für mich tun, dessen ich überdrüssig bin. Der, der mein Land pflügt, schont
42 mein Gespann und gibt mir Gelegenheit, die Ernte einzubringen. Zwar macht er mich zum Hahnrei, aber dabei wird er zu meinem Knecht. Wer meine Frau tröstet, herzt mein Fleisch und Blut; wer mein Fleisch und Blut herzt, liebt mein Fleisch und Blut, wer mein Fleisch und Blut liebt, ist mein Freund: ergo, wer meine Frau küßt, ist mein Freund.[17] Könnten sich die
48 Männer damit zufrieden geben, zu sein, was sie sind, so gäbe es kein Fürchten in der Ehe; denn Charbon, der junge Puritaner, und Poysam,[18] der alte Papist, wie sehr auch die Religion sie in ihren Herzen trennt – sie haben doch dieselben Köpfe und mögen ihre Hörner gegeneinanderstoßen wie irgend zwei Hir-
52 sche aus der Herde.

GRÄFIN. Willst du denn ewig ein schandmäuliger und verleumderischer Kerl bleiben?

LAVATCH. Ein Prophet bin ich, Madame, und ich sage die Wahrheit rundheraus:

---

12 *driven ... devil:* Das letzte von drei Sprichwörtern (Tilley D 278 und 1 Kor. VII), wie sie typisch sind für Lavatchs Redeweise. – *go* auch 'schwanger werden' (*Ant. and Cl.* I.2.60: *let him marry a woman that cannot go).*

13 *worship's ... reasons:* Lavatch versteht *reason* in der Bedeutung des Homonyms *raising* 'Erektion'. Das Double-entendre *reason – raising* (*Sh. Pron.*, S. 139) verwendet Sh. auch sonst häufig (vgl. etwa *Tam.Shr.* Ind. II. 122 *L. L. L.* V. 2.244, *Mids. N. D.* II. 2.115–22, *A. Y. L.* I. 3.6–8).

COUNTESS. Tell me thy reason why thou wilt marry.

LAVATCH. My poor body, madam, requires it; I am driven on by the flesh; and he must needs go that the devil drives.

COUNTESS. Is this all your worship's reason?

LAVATCH. Faith, madam, I have other holy reasons, such as they are.

COUNTESS. May the world know them?

LAVATCH. I have been, madam, a wicked creature, as you and all flesh and blood are, and indeed I do marry that I may repent.

COUNTESS. Thy marriage, sooner than thy wickedness.

LAVATCH. I am out o'friends, madam, and I hope to have friends for my wife's sake.

COUNTESS. Such friends are thine enemies, knave.

LAVATCH. Y'are shallow, madam, in great friends; for the knaves come to do that for me which I am aweary of. He that ears my land spares my team and gives me leave to in the crop; if I be his cuckold, he's my drudge. He that comforts my wife is the cherisher of my flesh and blood; he that cherishes my flesh and blood loves my flesh and blood; he that loves my flesh and blood is my friend: ergo, he that kisses my wife is my friend. If men could be contented to be what they are, there were no fear in marriage; for young Charbon the puritan and old Poysam the papist, howsome'er their hearts are severed in religion, their heads are both one – they may jowl horns together like any deer i' th'herd.

COUNTESS. Wilt thou ever be a foul-mouthed and calumnious knave?

LAVATCH. A prophet I, madam, and I speak the truth the next way:

---

40. *madam, in* F3; F *Madam in;* Hanmer *Madam; e'en.*

---

[14] *wicked ... repent:* Vgl. das Sprichwort *Marry in haste and repent at leisure.* (New Arden).

[15] *friends:* Lavatch spielt mit den drei Bedeutungen 'Freund', 'Geliebter', 'Verwandter'.

[16] *shallow* 'nicht stichhaltig' (*A. Y. L.* III. 2.54). – *in*: Ev. auch zu lesen als *e'en* 'genau' (wie auch sonst häufig in F): 'Ihr überzeugt nicht, Madame. Sie sind, um genau zu sein, große Freunde;'

[17] *cuckold ... friend:* Eine Pervertierung von Eph. V. 28,29 (vgl. die ähnlich absurde Argumentation Touchstones in *A. Y. L.* III. 2.31–40). Tilley zitiert to *dig another's land* als redensartlich für 'jmd. zum Hahnrei machen'.

[18] *Charbon ... Poysam:* Wohl eine Anspielung auf den Gegensatz zwischen den Fleisch (*chair-bonne*) essenden Puritanern und den zur Fastenzeit Fisch (*poisson*) essenden Papisten, der überwunden ist, wenn beide zu Hahnreis geworden sind. G. Lambin ("De longues notes sur de brefs passages shakespeariens", *Etudes anglaises,* 20, 1967, S. 60–62) zitiert die französischen Quellen für das Sprichwort, welche Sh. gekannt haben dürfte.

Ich werde eine Ballade vortragen,
die die Männer als wahr erkennen werden:
Die Ehe kommt schicksalhaft,
Der Kuckuck singt naturgemäß.[19]

GRÄFIN. Macht Euch fort. Ich werde ein ander mal mit Euch sprechen.

VERWALTER. Beliebt es, Madame, daß er Helena bitte, sie möge zu Euch kommen? Ich werde gleich von ihr sprechen.

GRÄFIN. Bursche, sagt meiner Dame, ich möchte mit ihr sprechen – Helena meine ich.

LAVATCH. 'War dies schöne Gesicht[20] der Grund', sprach sie,
'Weshalb die Griechen Troja plünderten?
Verliebt getan, töricht getan.
War das König Priamus' Freude? '
So seufzte sie und stand,
So seufzte sie und stand,
Und sprach dann dieses Urteil:
'Ist unter neun Schlechten eine(r) gut,
So ist immerhin ein(e) Gute(r) unter zehn.'

GRÄFIN. Was, ein Guter unter zehn? Ihr verdreht das Lied, Bursch.

LAVATCH. Eine gute *Frau* unter zehn, Madame, was eine Veredelung des Lieds darstellt. Ich wünschte, Gott würde die Welt das ganze Jahr hindurch so bedienen. Wir hätten dann nichts an der Zehnten-Frau[21] auszusetzen, wenn ich der Pfarrer wäre. Eine unter zehn, sprach sie? Ließen wir nur *eine* gute Frau mit jedem Kometen[22] oder bei einem Erdbeben geboren werden, so würde das [die Chancen in der] Lotterie ganz schön vergrößern. [Jetzt] kann sich ein Mann das Herz ausreißen, bevor er eine [gute Frau] zieht.[23]

---

[19] *Next way ... by kind: next* 'nächstbest' (*1 Hen. IV* III. 1.257). – *cuckoo* evoziert *cuckold* 'Hahnrei' wie in *Mids. N. D.* III. 1. 118. Die Antithese *by destiny* 'schicksalhaft' – *by kind* 'naturgemäß' suggeriert, daß nach erfolgter Heirat der Ehemann in jedem Fall zum Hahnrei wird. – *Your* ist kein Poss.adj., sondern bedeutet soviel wie 'allgemein bekannt'.

[20] *Helen ... fair face:* Sh.s Londoner Zeitgenossen dürften beim Namen *Helen* auch und eventuell in erster Linie an die heilige Helena, Tochter des Coelus, Earl of Rochester, eine der volkstümlichsten britischen Heiligen, gedacht haben. Nach der Legende war sie die Mutter Konstantins des Großen (vgl. *1 Hen. VI* I. 2.142). Sie war es auch, die das Kreuz Christi fand, mit dessen Hilfe sie die Kranken heilte und die Toten zum Leben erweckte. In *All's Well* werden sowohl die profanen als auch die sakralen Aspekte der Figur angesprochen, und es läßt sich dabei kaum entscheiden, welche mehr im Vordergrund stehen (vgl. dazu R. G. Hunter, *Comedy of Forgiveness,* S. 114). – Das hier von Lavatch angestimmte Lied – oder vielmehr: Liedfragment, vgl. die ev. unvollständige, keinen ersichtlichen Sinn ergebende Z. 68 – gleicht mehr den mißtönenden Balladen-

For I the ballad will repeat,
Which men full true shall find:
Your marriage comes by destiny,
Your cuckoo sings by kind.

COUNTESS. Get you gone, sir. I'll talk with you more anon.

STEWARD. May it please you, madam, that he bid Helen come to you. Of her I am to speak.

COUNTESS. Sirrah, tell my gentlewoman I would speak with her – Helen I mean.

LAVATCH. 'Was this fair face the cause,' quoth she,
'Why the Grecians sacked Troy?
Fond done, done fond,
Was this King Priam's joy?'
With that she sighed as she stood,
With that she sighed as she stood,
And gave this sentence then:
'Among nine bad if one be good,
Among nine bad if one be good,
There's yet one good in ten.'

COUNTESS. What, one good in ten? You corrupt the song, sirrah.

LAVATCH. One good woman in ten, madam, which is a purifying o' th' song. Would God would serve the world so all the year! We'd find no fault with the tithe-woman, if I were the parson. One in ten, quoth'a? An we might have a good woman born but or every blazing star, or at an earthquake, 'twould mend the lottery well; a man may draw his heart out ere 'a pluck one.

---

fragmenten des Narren in *Lear* als den Liedern in den übrigen Komödien. Wahrscheinlich stimmt Lavatch die Ballade an, nachdem die Gräfin in Z. 68 den Namen Helena ausgesprochen hat, der Besitzerin des *fair face* im ersten Vers des Lieds. Mit *king Priam's joy* dürfte Paris gemeint sein, und das Subjekt von *quoth she* wäre demnach Hecuba (New Penguin). Eine mögliche Quelle für diese Verse stellt eine verlorengegangene Ballade mit dem Titel *The Lamentations of Hecuba and the Ladies of Troye* von 1586 dar (vgl. I. Naef, *Die Lieder in Sh.s Komödien*, Bern 1976, S. 206–12). – *fond done, done fond:* 'um der Liebe willen getan, töricht getan' (vgl. I. 1.168 und Anm. und Pearce, "Analogical Probabilitiy", S. 140).

21 *tithe-woman:* In Analogie zu *tithe-pig*, dem Schwein, das als Zehnt von der Pfarrgemeinde dem Pfarrer abgegeben wurde.

22 *blazing star:* 'brennender Stern'. Nach mittelalterlicher Vorstellung künden unregelmäßige Erscheinungen am Himmel Unglück an (vgl. *Jul. Caes.* II. 2.31, sowie Leisi, *Aufsätze*, S. 120).

23 *lottery:* Vgl. das Sprichwort *Marriage is a lottery* (Tilley M 681). – *draw his heart out:* 'solange in die Ehelotterie setzen, bis einem das Herz bricht'. In Analogie zu *to cry one's heart out* 'weinen, bis einem das Herz bricht' (Kellner). – In *pluck* klingt ev. die Bedeutung 'verführen' an (*Meas f. M.* II. 4.155, *K. John* III. 1.57).

GRÄFIN. Ihr werdet jetzt gehen, Herr Lästermaul, und tun was ich Euch sage.

LAVATCH. Soll sich der Mann dem Befehl der Frau fügen und dabei erst
noch kein Leid geschehen? Wenn auch Ehrbarkeit nichts Puri-
tanisches hat, so will sie dennoch niemand verletzen; sie wird
89 den Chorrock der Demut über dem schwarzen Talar eines
stolzen Herzens tragen.[24] Ich gehe ja schon. Der Auftrag lautet
also: Helena soll herkommen.

Ab.

GRÄFIN. Nun denn.

VERWALTER. Ich weiß, Madame, Ihr liebt Euer Mündel sehr.

GRÄFIN. Gewiß tu ich das. Ihr Vater gab sie in meine Obhut, und sie
96 selbst darf, ohne anderen Vorteil,[25] rechtmäßig Anspruch auf
soviel Liebe erheben, wie ihr erwiesen wird. Man schuldet ihr
mehr, als man ihr bezahlt, und man wird ihr mehr bezahlen, als
sie verlangt.[26]

VERWALTER. Madame, ich war ihr vor kurzem näher, als sie es vermutlich wünschte: Sie war allein und sprach mit sich selbst, ihre
102 eigenen Worte [teilte sie] ihren eigenen Ohren [mit]. Sie
glaubte, und das wage ich an ihrer Stelle zu versichern, sie
berührten keines Fremden Sinn.[27] Ihr Thema war, sie liebe
Euren Sohn. Fortuna, sagte sie, sei keine Göttin, da sie doch
solch großen Unterschied zwischen ihre beiden Stände gelegt
habe.[28] Amor kein Gott, da er doch seine Macht nicht weiter
erstrecke als bis dahin, wo die Stände [der Liebenden] die
108 gleichen sind. Diana keine Königin der Jungfrauen, da sie
dulde, daß ihr armer Ritter[29] ohne Rettung oder nachmalige
Erlösung gleich beim ersten Ansturme überwältigt werde. Dies
sprach sie im bittersten Ton des Kummers, den ich je bei einer
Jungfrau vernahm, womit[30] Euch schnellstens vertraut zu
machen, ich für meine Pflicht hielt, dieweil, angesichts des
Unheils, das daraus entstehen könnte, es für Euch von gewis-
114 sem Interesse ist, darum zu wissen.

GRÄFIN. Ihr habt das gewissenhaft ausgerichtet. Behaltet alles für Euch. Viele Anzeichen[31] ließen mich dies schon früher wissen.

---

[24] *honesty ... heart:* Lavatch personifiziert die Keuschheit als einen puritanischen Geistlichen, der sich bloß äußerlich mit der anglikanischen Staatskirche konform zeigt, indem er den dort vorgeschriebenen weißen Chorrock *(surplice of humility)* über dem calvinistischen schwarzen Talar *(black gown of a big heart)* trägt. Das ganze ist wohl eine versteckte Anspielung auf Helenas Situation, wobei *surplice* und *gown* die 'Keuschheit' bzw. die 'sexuelle Liebe' meinen (vgl. Adams, "Paradox", S. 262). – *big heart:* Vgl. IV. 3.307 und Anm.

COUNTESS. You'll be gone, sir knave, and do as I command you.

LAVATCH. That man should be at woman's command, and yet no hurt done! Though honesty be no puritan, yet it will do no hurt; it will wear the surplice of humility over the black gown of a big heart. I am going, forsooth. The business is for Helen to come hither. *Exit.*

COUNTESS. Well now.

STEWARD. I know, madam, you love your gentlewoman entirely.

COUNTESS. Faith, I do. Her father bequeathed her to me, and she herself, without other advantage, may lawfully make title to as much love as she finds. There is more owing her than is paid, and more shall be paid her than she'll demand.

STEWARD. Madam, I was very late more near her than I think she wished me; alone she was, and did communicate to herself her own words to her own ears. She thought, I dare vow for her, they touched not any stranger sense. Her matter was, she loved your son. Fortune, she said, was no goddess, that had put such difference betwixt their two estates; Love no god, that would not extend his might, only where qualities were level; Dian no queen of virgins, that would suffer her poor knight surprised without rescue in the first assault, or ransom afterward. This she delivered in the most bitter touch of sorrow that e'er I heard virgin exclaim in, which I held my duty speedily to acquaint you withal, sithence, in the loss that may happen, it concerns you something to know it.

COUNTESS. You have discharged this honestly; keep it to yourself. Many likelihoods informed me of this before, which hung so

---

[25] *without ... advantage:* Ev. eine Metapher aus dem kommerziellen Bereich: 'ohne Auflauf von Zinsen' (New Penguin). Gemeint sind ev. auch 'einflußreiche Freunde'.

[26] *owing ... paid ... paid ... demand:* Die prophetischen Worte der Gräfin finden angemessenen Ausdruck in der zwingende Abfolge des Chiasmus. Objekt von *paid* ist *love* (Z. 97).

[27] *stranger sense:* Adjektivierung eines präpositionalen Attributs (*sense of a stranger*), wie sie häufig ist bei Sh. – *sense* hier: 'Gehörsinn', 'Ohr' (vgl. unten Z. 165 sowie II. 1.178 und Anm.).

[28] *fortune ... goddess:* Standesunterschiede wurden seit der Antike als vom Zufall (Fortuna) regiert aufgefaßt. Fortuna galt den Alten nicht als Gottheit.

[29] *poor knight* meint Helena (vgl. *Much Ado* V. 3.13, wo Hero als *virgin knight* bezeichnet wird), die der Macht des Liebesgottes ausgeliefert ist, ohne von Diana, der Göttin der Keuschheit, Beistand zu erhalten (vgl. I. 1.81–94 und Anm. und I. 1.107–09 und Anm.).

[30] *which* bezieht sich auf den ganzen vorhergehenden Bericht. (Zur losen Art der relativen Anknüpfung im Englischen des 16. und 17. Jahrhunderts vgl. Franz § 347).

[31] *likelihoods:* 'Tatsachen aus denen Schlüsse gezogen werden' (OED 3), etwa dem modernen 'Indizienbeweis' entsprechend (*Two.Gent* V. 2.43, *A.Y.L.* I. 3.58).

Sie hingen aber so schwebend in der Waage, daß ich weder glauben noch zweifeln konnte. Bitte, laßt mich jetzt allein. Bewahrt dies in Eurer Brust, und ich danke Euch für Eure aufrichtige Sorge. Weiteres will ich später mit Euch besprechen.

Der Verwalter ab.

Helena tritt auf.

Ganz so erging es mir, als ich jung war. Sind wir ein Teil der Natur, so ist sie [jene Leidenschaft] ein Teil von uns. Dieser Dorn gehört mit Recht zur Rose unserer Jugend. Unser Blut wird uns, er unserem Blut angeboren. Wo starke Liebesleidenschaft in die Jugend eingeprägt ist, zeigt sich Wahrheit und Siegel der Natur. In unserer Erinnerung an vergangene Tage waren solche auch unsere Fehler, aber damals glaubten wir, es wären keine. Ihr Auge ist krank davon. Ich werde sie jetzt beobachten.[32]

HELENA. Was beliebt, Madame?

GRÄFIN. Ihr wißt, Helena, ich bin Euch eine Mutter.[33]

HELENA. Meine verehrte Herrin.

GRÄFIN. Mehr, eine Mutter. Warum nicht eine Mutter? Als ich 'Mutter' sagte, dünkte mich, Ihr saht eine Schlange. Was hat [das Wort] Mutter an sich, daß Ihr darüber erschreckt? Ich sage, ich bin Eure Mutter und nehme Euch also auf in die Liste derer, die in meinem Schoß getragen wurden. Es läßt sich oft beobachten, wie die Adoption mit der Natur wetteifert, wie die [freie Wahl] ein Reis aus fremder Saat bei uns wachsen läßt. Nie quälten mich Euretwegen einer Mutter Wehen, und doch lasse ich Euch die Sorge einer Mutter angedeihen. Barmherziger Gott, Mädchen, läßt es etwa dein Blut gerinnen, wenn ich sage, ich sei deine Mutter? Wie kommt es, daß die mißgelaunte[34] Regen-

---

[32] *Even so ... observe her now:* Die Verse 121–29 wurden mit großer Wahrscheinlichkeit von Sh. erst nachträglich in den Dialog eingefügt, wie F. Bowers in seiner Analyse des Setzvorgangs für F gezeigt hat ("Foul Papers", S. 77, sowie "Sh. at Work", S. 57–58). – *thorn ... rose:* In der christlichen Tradition symbolisieren die Dornen der – vor Adams Fall dornenlosen – Rose die Geschlechtlichkeit der menschlichen Natur. Die konventionelle Metapher erscheint auch unten in IV. 2.17–19 sowie IV. 4.32–33 (vgl. dazu Adams, "Paradox of Procreation"). – *blood ... born:* 'Blut' verwendet Sh. oft für die Fleisch-Natur des Menschen, im Gegensatz zur Geist-Natur (vgl. etwa *Haml.* I. 3.166: *When the blood burns, how prodigal the soul/Lends the tongue vows).* Die Elisabethaner hatten eine ambivalente Einstellung zur Liebe. Sie war ihnen einerseits krankhaftes Verlangen, das Heilung erforderte (vgl. IV. 2.35), andererseits aber auch ein Gefühl, welches sich zu einem höchst sublimierten Ausdruck eignete (vgl. dazu Babb, *Elizabethan Malady*). – *observe:* 'nach äußeren Anzeichen für innere Vorgänge Ausschau halten' (OED III. 6b).

tottering in the balance that I could neither believe nor misdoubt. Pray you leave me; stall this in your bosom; and I thank you for your honest care. I will speak with you further anon.

Exit Steward.

Enter Helena.

Even so it was with me when I was young.
If ever we are nature's, these are ours. This thorn
Doth to our rose of youth rightly belong;
Our blood to us, this to our blood is born.
It is the show and seal of nature's truth,
Where love's strong passion is impressed in youth.
By our remembrances of days foregone,
Such were our faults, or then we thought them none.
Her eye is sick on't; I observe her now.

HELENA. What is your pleasure, madam?

COUNTESS. You know, Helen,
I am a mother to you.

HELENA. Mine honorable mistress.

COUNTESS. Nay, a mother.
Why not a mother? When I said 'a mother,'
Methought you saw a serpent. What's in 'mother'
That you start at it? I say I am your mother,
And put you in the catalogue of those
That were enwombed mine. 'Tis often seen
Adoption strives with nature, and choice breeds
A native slip to us from foreign seeds.
You ne'er oppressed me with a mother's groan,
Yet I express to you a mother's care.
God's mercy, maiden, does it curd thy blood
To say I am thy mother? What's the matter,
That this distempered messenger of wet,

---

[33] *mother ... daughter ... brother* können im elisabethanischen Englisch auch stehen für *mother-in-law* etc. Im folgenden Dialog (bis Z. 160) wird mit den sich daraus ergebenden Ambiguitäten gespielt.

[34] *distempered* verwendet Sh. nie in der übertragenen Bedeutung 'verstimmt', 'übelgelaunt', sondern im konkreten Sinn mit Bezug auf ein Mißverhältnis der Körpersäfte (*humours*), deren Mischung den Charakter des Menschen bestimmt (vgl. I. 2.56 und Anm.). Dem Mißverhältnis der Körpersäfte, das den menschlichen Körper krank macht, entspricht nach mittelalterlicher Vorstellung, in welcher der menschliche Körper konkret aus denselben Stoffen bestand wie der Makrokosmos, ein Mißverhältnis der Elemente, welche schlechtes Wetter verursachen. (Zur elisabethanischen Physiologie vgl. M. Pope, "Sh's Medical Imagination"). – *Iris:* 'Göttin des Regenbogens' (*Lucr.* 1586–87).

botin, die vielfarbige Iris, sich um dein Auge legt? Wie? Weil Ihr meine Tocher seid?

HELENA. Das bin ich nicht.

GRÄFIN. Ich sage, ich bin Eure Mutter.

HELENA. Verzeiht, Madame, der Graf von Roussillon kann nicht mein Bruder sein. Ich bin von geringem, er von adligem Stand. Keine Erwähnung meiner Vorfahren, seine ganz dem Adel angehörig. Mein Gebieter, mein teurer Herr ist er, und ich lebe als seine Dienerin und werde als seine Vasallin sterben. Er darf nicht mein Bruder sein.

GRÄFIN. Und ich auch nicht Eure Mutter?

HELENA. Ihr seid meine Mutter, Madame. Ich wünschte Ihr wäret wirklich meine Mutter, vorausgesetzt, daß mein Herr, Euer Sohn nicht mein Bruder wäre! Ja, wäret Ihr unser beider Mutter,[35] ich hätte dagegen so wenig einzuwenden, als gegen den Himmel,[36] wäre ich nur nicht seine Schwester. Kann es nicht anders sein, als daß, wenn ich Eure Tochter bin, er mein Bruder sein muß?

GRÄFIN. Doch Helena, Ihr könntet meine Schwiegertochter sein, Gott verhüte, daß Ihr das meint! 'Tochter' und 'Mutter' wetteifern zusammen so sehr um Euren Puls.[37] Wie, schon wieder blaß? Meine Befürchtungen haben Euch in Eurer Verliebtheit ertappt. Nun entdecke ich das Geheimnis Eurer Einsamkeit und finde den Quell Eurer salzigen Tränen. Nun ist es allen Sinnen[38] offenbar: Ihr liebt meinen Sohn. Ausflüchte schämen sich angesichts dessen, was deine Leidenschaft[39] verkündet. Sage mir also die Wahrheit; aber sage mir also, es ist wahr. Denn sieh, deine Wangen verraten es einander, und deine Augen entdecken es so offenbar in deinem Verhalten, daß sie es auf ihre Art verkünden. Die Sünde und der Eigensinn fesseln deine Zunge einzig aus Furcht, daß die Wahrheit erkannt werden könnte. Sprich, ist es so? Wenn es so ist, dann habt Ihr Euch schön verstrickt. Wenn es nicht so ist, dann leugnet es. Wie immer [es sich verhält], ich befehle dir, mir, so wahr der Himmel durch mich zu deinem Nutzen wirken wird, die Wahrheit zu sagen.

---

[35] *both our mothers:* steht für *mother of us both.*

[36] *care ... for heaven:* Der Hauptsatz zur Hypothese in Z. 156 kombiniert zwei Gedanken in einer einzigen Aussage: 'Ich wünsche es mir so, wie ich mir den Himmel wünsche' (*I care for as I do for heaven*); 'Ich habe nichts dagegen' (*I care not*). New Penguin findet in Helenas Verzweiflung und Verwirrung eine Erklärung für den komprimierten Ausdruck.

[37] *daughter ... pulse:* Delius paraphrasiert: "Der Gedanke, daß du meine Tochter seiest, und der, daß ich deine Mutter sei, wirken um die Wette gewaltig auf deinen Pulsschlag."

The many-colored Iris, rounds thine eye?
Why? that you are my daughter?
HELENA. That I am not.
COUNTESS. I say I am your mother.
HELENA. Pardon, madam.
The Count Rossillion cannot be my brother:
I am from humble, he from honored name;
No note upon my parents, his all noble.
My master, my dear lord he is, and I
His servant live and will his vassal die.
He must not be my brother.
COUNTESS. Nor I your mother?
HELENA. You are my mother, madam. Would you were –
So that my lord your son were not my brother –
Indeed my mother! or were you both our mothers,
I care no more for than I do for heaven,
So I were not his sister. Can't no other,
But I your daughter, he must be my brother?
COUNTESS. Yes, Helen, you might be my daughter-in-law.
God shield you mean it not! 'daughter' and 'mother'
So strive upon your pulse. What, pale again?
My fear hath catched your fondness. Now I see
The myst'ry of your loneliness, and find
Your salt tears' head. Now to all sense 'tis gross:
You love my son. Invention is ashamed,
Against the proclamation of thy passion,
To say thou dost not. Therefore tell me true;
But tell me then, 'tis so; for look, thy cheeks
Confess it, t'one to th'other, and thine eyes
See it so grossly shown in thy behaviors
That in their kind they speak it. Only sin
And hellish obstinacy tie thy tongue,
That truth should be suspected. Speak, is't so?
If it be so, you have wound a goodly clew;
If it be not, forswear't; howe'er, I charge thee,

– *mother* ev. klingt auch die Bedeutung 'Hysterie' an (Skeat), was durch die zweite Bedeutung von *fondness* 'Verrücktheit' eine gewisse Stütze erhält.

[38] *sense:* Vgl. oben Z. 104 und unten II. 1.178 und Anm.

[39] *passion* ist ein Fachterminus der elisabethanischen Psychologie und bezeichnet den Gemütszustand, der entsteht, wenn aufgrund heftiger Erregung das Gleichgewicht der Körpersäfte zerstört wird und die animalischen Kräfte die Oberhand über die rationalen gewinnen (vgl. I. 2.56 und Anm.). Bei Sh. oft mit dem Sinn 'Ausbruch'.

HELENA. Madame, verzeiht mir.

GRÄFIN. Liebt Ihr meinen Sohn?

HELENA. Eure Vergebung, edle Herrin!

GRÄFIN. Liebt Ihr meinen Sohn?

HELENA. Liebt nicht *Ihr* ihn, Madame?

GRÄFIN. Weicht mir nicht aus: meine Liebe kommt einer Pflicht gleich, der alle Welt Beachtung schenkt. Kommt, kommt, enthüllt den Grad Eurer Zuneigung, denn Eure Leidenschaft hat Euch ganz und gar verraten.[40]

HELENA. *[Kniet.]* Dann gestehe ich hier auf meinen Knien vor dem hohen Himmel und Euch selber, daß ich vor Euch und gleich nach dem hohen Himmel Euren Sohn liebe. Meine Familienangehörigen waren arm aber ehrbar. So ist auch meine Liebe. Seid nicht beleidigt, denn es schmerzt ihn nicht, wenn er von mir geliebt wird. Ich verfolge ihn nicht mit den Zeichen anmaßenden Liebeswerbens. Noch möchte ich ihn haben, bevor ich ihn verdiene; obschon ich nicht weiß, worin dieses Verdienst bestehen sollte. Ich weiß, ich liebe vergeblich, strebe gegen jede Hoffnung; doch in dieses alles fassende und alles wieder verlierende Sieb[41] gieße ich unablässig die Wasser meiner Liebe und habe genug davon, um immer wieder zu verlieren.[42] So, einem Indianer gleich,[43] meinem Irrtum hingegeben, verehre ich die Sonne, die auf ihren Anbeter herunterschaut, aber ihn nicht weiter kennt.[44] Teuerste Frau, laßt nicht Euren Haß mit meiner Liebe zusammenstoßen,[45] weil ich dort liebe, wo Ihr liebt. Aber wenn Ihr selber, deren Altersehre eine tugendhafte Jugend in Erinnerung ruft, je mit so echter Flamme der Neigung keusch

---

[40] *appeached:* Das OED (s.v. *appeach* 5; *peach* 2) führt diese Stelle als einzigen Beleg an für die intransitive Verwendung des Verbs in der inzwischen dem Slang angehörenden Bedeutung ‘zum Denunzianten werden’. *Appeach* als transitives Verb verwendet Sh. lediglich zweimal: *Rich II. V.2.79 und 102.*

[41] *captious ... intenible sieve:* Die Stelle entwickelt zwei Assoziationen des Siebs: 1. das Emblem für Jungfräulichkeit (vgl. R. Strong, *Portraits of Queen Elizabeth I*, 1963, Tafel X); 2. das sprichwörtliche Bild für verlorene Mühe und Vergeblichkeit. – *captious* leitet sich vom lat. Frequentativum und Desiderativum *captare* her und heißt also etwa soviel wie ‘begierig aufzunehmen’. – *Intenible* ‘unfähig (Wasser) aufzunehmen, zurückzubehalten’ (OED). *captious* und *intenible* spielen so an auf Helenas Wunsch, Bertram für sich zu gewinnen, bzw. auf ihren Verzicht darauf (vgl. A. Walker, “Six Notes”).

[42] *lack ... still* kombiniert a) ‘Ich höre nicht auf, hineinzugießen und also zu verlieren’ mit b) ‘Ich habe genug davon, um weiterhin zu verlieren’ (vgl. den ähnlich komprimierten Ausdruck oben Z.157, sowie *Rom. and Jul.* II.2.133–35).

[43] *Indian-like:* Mit Bezug auf die Ureinwohner Amerikas, wie in *L.L.L.* IV.3.217. Sonnenanbetung scheint jedoch zur Zeit Sh.s generell allen Nichtchristen zugeschrieben worden zu sein. (New Arden).

As heaven shall work in me for thine avail,
To tell me truly.

HELENA. Good madam, pardon me.

COUNTESS. Do you love my son?

HELENA. Your pardon, noble mistress!

COUNTESS. Love you my son?

HELENA. Do not you love him, madam?

COUNTESS. Go not about; my love hath in't a bond
Whereof the world takes note. Come, come, disclose
The state of your affection, for your passions
Have to the full appeached.

HELENA. *[kneels]* Then I confess
Here on my knee before high heaven and you,
That before you, and next unto high heaven,
I love your son.
My friends were poor but honest; so's my love.
Be not offended, for it hurts not him
That he is loved of me. I follow him not
By any token of presumptuous suit,
Nor would I have him till I do deserve him;
Yet never know how that desert should be.
I know I love in vain, strive against hope;
Yet in this captious and intenible sieve
I still pour in the waters of my love
And lack not to lose still. Thus, Indian-like,
Religious in mine error, I adore
The sun that looks upon his worshipper
But knows of him no more. My dearest madam,
Let not your hate encounter with my love,
For loving where you do; but if yourself,
Whose aged honor cites a virtuous youth,
Did ever in so true a flame of liking,

---

195. *intenible* F2 und die meisten Hrsg.; F *intemible;* New Sh. *inteemable* 'nicht (wieder) zu leerende'; Sisson (1956) *intenable* 'unfähig (Wasser) aufzunehmen, zurückzubehalten'.

Sonnenanbetung scheint jedoch zur Zeit Sh.s generell allen Nichtchristen zugeschrieben worden zu sein. (New Arden).

44 *knows:* Die Bedeutung 'sexuell erkennen', 'geschlechtlich verkehren' ist mitzulesen (vgl. Calderwood, "Styles of Knowing").

45 *encounter:* Eine militärische Metapher (vgl. I. 1.109 und Anm.).

Euch sehntet und innig liebtet,[46] so daß Diana sowohl sie selbst wie [die Göttin] der Liebe war, o dann habt Mitleid mit ihr, deren Zustand derart ist, daß sie nicht anders kann, als [dort] zu leihen und zu geben, wo sie mit Sicherheit verliert; die sucht, nur um das, wonach ihr Suchen strebt, nicht zu finden, und doch, einem Rätsel gleich, dort selig lebt, wo sie stirbt.[47]

GRÄFIN. Hattet Ihr nicht kürzlich die Absicht – sprecht aufrichtig – nach Paris zu gehen?

HELENA. Madame, so ist es.

GRÄFIN. Wozu? Sagt die Wahrheit.

HELENA. Ich will die Wahrheit sagen, bei der göttlichen Gnade selbst schwöre ich es. Ihr wißt, mein Vater hinterließ mir einige Rezepte mit besonderen und erprobten Wirkungen, welche [er durch] sein Studium der Bücher und seine für jedermann sichtbare Erfahrung gesammelt hatte, wegen ihrer allgemeinen Heilkraft; und daß ich sie, seinem Willen folgend, in größter Zurückhaltung verwahren sollte, als Rezepte, deren Wirkungskräfte umfassender waren, als allgemein bekannt war.[48] Unter diesen befindet sich ein Heilmittel, erprobt, aufgezeichnet, gegen das hoffnungslose Leiden, dessentwegen der König als verloren ausgegeben wird.

GRÄFIN. Das war Euer Grund für die Reise nach Paris, nicht wahr? Sprecht.

HELENA. Mein Herr, Euer Sohn, ließ mich daran denken; sonst wären wohl Paris und die Arznei und der König meinen Gedanken ferngeblieben.

GRÄFIN. Aber glaubt Ihr, Helena, gesetzt, Ihr solltet Eure mögliche Hilfe anbieten, er sie auch annehmen würde? Er und seine Ärzte sind einer Meinung: er [glaubt], daß sie *ihm* nicht helfen

---

[46] *chastely ... Dian ... Love:* Die Fusion der Keuschheitsgöttin Diana mit der personifizierten (sexuellen) Liebe spielt in paradoxer Manier an auf Helenas Dilemma: Das Bewahren der Keuschheit in der sexuellen Liebe (vgl. dazu Adams, "Paradox of Procreation"). – *dearly* in Verbindung mit *love* stets 'innig'. Andererseits verwendet Sh. *dearly* nicht nur im Zusammenhang mit *love* sondern auch um andere, meist negative Emotionen als stark empfundene zu bezeichnen.

[47] *lives ... dies:* Eine rätselhafte Anspielung auf den bevorstehenden Bett-trick, das Zeugen neuen Lebens im 'Tod' der sexuellen Erfüllung. Die letzte einer Reihe von paradoxen Formulierungen, wie sie häufig als Topoi in der Liebeslyrik der Renaissance auftreten.

[48] *manifest ... in note:* Die Häufung abstrakter Wörter mit weitem Bedeutungsspektrum in dieser Rede kontrastiert stark mit der bildhaften Ausdrucksweise in Z. 194–210. – *manifest experience* ist ev. als *experience of manifestations* 'Erfahrungen im Umgang mit den Äußerungen [der Krankheit]' zu lesen (New Sh.), eine häufige Konstruktion bei Sh.

Wish chastely and love dearly, that your Dian,
Was both herself and Love, O, then give pity
To her whose state is such that cannot choose
But lend and give where she is sure to lose;
That seeks not to find that her search implies,
But, riddle-like, lives sweetly where she dies.
COUNTESS. Had you not lately an intent – speak truly –
To go to Paris?
HELENA. Madam, I had.
COUNTESS. Wherefore? Tell true.
HELENA. I will tell truth, by grace itself I swear:
You know my father left me some prescriptions
Of rare and proved effects, such as his reading
And manifest experience had collected
For general sovereignty; and that he willed me
In heedfull'st reservation to bestow them,
As notes whose faculties inclusive were
More than they were in note. Amongst the rest
There is a remedy, approved, set down,
To cure the desperate languishings whereof
The king is rendered lost.
COUNTESS. This was your motive
For Paris, was it? Speak.
HELENA. My lord your son made me to think of this;
Else Paris, and the medicine, and the king
Had from the conversation of my thoughts
Happily been absent then.
COUNTESS. But think you, Helen,
If you should tender your supposed aid,
He would receive it? He and his physicians
Are of a mind: he, that they cannot help him;

---

205. *wish chastely and love dearly* F; New Sh. (Konj. Malone) *Love chastely and wish dearly.*
216. *manifest* F; Collier (1858) *manifold* 'mannigfaltig'.

(vgl. *Much Ado* IV.1.36 *modest evidence* für *evidence of modesty*). Das OED führt allerdings für die elisabethanische Zeit keine Belege für *manifestation* 'Krankheitssymptom' an (New Arden). – *For general sovereignty:* 'als Allheilmittel' (New Arden, New Penguin); 'als Mittel von allgemeiner Geltung oder Wirkung' (Delius); Kellner übersetzt *sovereignty* mit 'Heilkraft'. – *notes:* 'Rezepte' (Schmidt 3). – *faculties inclusive:* 'innere Kräfte' (Delius). – *in note:* 'bekannt' (Onions). – *happily* bei Sh. oft für *haply* 'zufällig'.

können, sie, daß sie nicht helfen *können.* Wie sollten sie einer bescheidenen, unwissenden Jungfrau Glauben schenken, wenn doch die [medizinischen] Schulen am Ende ihrer Weisheit[49] die Krankheit sich selber überlassen haben?

HELENA. Es ist etwas daran [an dem Heilmittel], was die Kunst meines Vaters übersteigt, und die war die größte in seinem Fach, wodurch sein gutes Rezept als meine Erbschaft von den glückversprechenden Sternen am Himmel geheiligt werden wird; und würde Euer Ehren mir nur erst erlauben, mein Glück[50] zu versuchen, so würde ich für die Heilung seiner Majestät auf einen bestimmten Tag und [eine bestimmte] Stunde freudig mein Leben aufs Spiel setzen.[51]

GRÄFIN. Glaubst du daran?

HELENA. Ja, Madame, ich weiß darum.

GRÄFIN. Nun denn, Helena, du hast meine Erlaubnis und meine Liebe, Unterhalt und Begleiter, und meine lieben Grüße an die Meinen am Hof. Ich bleibe zu Hause und erbitte Gottes Segen für deinen Versuch. Mach dich morgen auf, und dessen sei gewiß: Wozu ich dir verhelfen kann, daran soll es dir nicht fehlen.

Ab.

II.1. *Der König tritt mit mehreren jungen Adligen auf, die sich verabschieden, um in den florentinischen Krieg zu ziehen; [Bertram], Graf von Roussillon und Parolles. Hörner erschallen.*[1]

KÖNIG. Lebt wohl, junge Edelleute; weist diese kriegerischen Grundsätze nicht von Euch. Und auch Ihr, edle Herren[2] lebt wohl. Teilt Euch alle [Eure] Überlegungen gegenseitig mit, wenn jeder einzelne Gewinn daraus ziehen soll, [denn] all das, was ein jeder [aus freien Stücken] gibt, dehnt sich aus, sobald es von den

---

49 *embowelled:* eigentlich *disembowelled* 'ausgeweidet'.

50 *success* heißt nicht 'Erfolg', sondern neutral 'Ausgang, Ergebnis' (vgl. unten III.6.32, 48, 72 und IV.3.81, sowie *3 Hen. VI* II.2.46 *bad success*).

51 *venture ... cure:* Das Attribut *well-lost* ('beim Einsatz für eine gute Sache verloren', Schmidt) fungiert im Satz als Prädikativum: es drückt ein erst durch das Prädikat des Satzes erzieltes Ergebnis aus: *I'd venture my life to be well-lost in his grace's cure.*

1 *Enter the king:* F gibt keinerlei Hinweise bezüglich des Auftritts des kranken Königs. Es ist aber anzunehmen, daß er sich während der ganzen Szene nicht aus eigener Kraft bewegt (vgl. Z.64–65, 209). Er dürfte daher in einem tragbaren Stuhl sitzend von

They, that they cannot help. How shall they credit
A poor unlearned virgin, when the schools,
Embowelled of their doctrine, have left off
The danger to itself?

HELENA. There's something in't
More than my father's skill, which was the great'st
Of his profession, that his good receipt
Shall for my legacy be sanctified
By th'luckiest stars in heaven; and would your honor
But give me leave to try success, I'd venture
The well-lost life of mine on his grace's cure
By such a day and hour.

COUNTESS. Dost thou believe't?

HELENA.
Ay, madam, knowingly.

COUNTESS. Why, Helen, thou shalt have my leave and love,
Means and attendants, and my loving greetings
To those of mine in court. I'll stay at home
And pray God's blessing into thy attempt.
Be gone to-morrow, and be sure of this,
What I can help thee to, thou shalt not miss. *Exeunt.*

II.1 *Enter the King with divers young Lords taking leave for the Florentine war; [Bertram] Count Rossillion, and Parolles. Flourish cornets.*

KING. Farewell, young lords; these warlike principles
Do not throw from you. And you, my lords, farewell.
Share the advice betwixt you; if both gain all,
The gift doth stretch itself as 'tis received,

---

3. *gain all,* Johnson; F *gaine, all.*

Dienern auf die Bühne gebracht werden (vgl. dazu auch *Rich.II* [ed. Braun] Anm. 1 zu II.1. und *Lear* IV.7.20 BA). William Poel verwendete in seiner Inszenierung von 1920 erstmals einen modernen Rollstuhl (Price, S.46). – *cornets:* Vgl. I.2.BA und Anm.

2 *Farewell ... principles:* Der König richtet seine Worte an zwei – ev. entsprechend ihren Destinationen Siena und Florenz voneinander getrennt stehende – Gruppen junger Edelleute (vgl. I.2.13–15 und III.1.BA und Anm.). – *principles:* Von was für kriegerischen Grundsätzen die Rede ist, geht nicht aus dem Text hervor: ein typisches Beispiel für die shakespearsche Einblendungstechnik (vgl. die Eröffnung der Szenen III.1., III.6, III.7).

andern empfangen wird, und reicht [also] aus für jeden einzelnen [von Euch].[3]

1. ADLIGER. Wir hoffen Sire, nachdem wir [in das Kriegshandwerk] eingeweihte[4] Soldaten geworden sind, zurückzukehren und Euer Gnaden gesund vorzufinden.

KÖNIG. Nein, nein, das kann nicht sein; und doch will mein Herz[5] sich nicht eingestehen, daß es die Krankheit in sich trägt, die mein Leben belagert.[6] Lebt wohl, junge Edelleute. Ob ich [nun] lebe oder sterbe, erweist *Ihr* Euch als Söhne verdienter Franzosen. Laßt Oberitalien[7] (Jene ausgenommen, die nichts als den Fall der alten Monarchie geerbt)[8] sehen, daß Ihr nicht kommt, die Ehre zu freien, sondern Euch ihr zu vermählen, [selbst da], wo der mutigste Freier[9] zagt: findet, was Ihr sucht, so daß der Ruhm laut von Euch erschalle. Nun denn, lebt wohl.

2. ADLIGER. Möge die Gesundheit auf Eurer Majestät Geheiß Folge leisten!

KÖNIG. Und diese italienischen Mädchen, nehmt Euch vor ihnen in acht. Man sagt, uns Franzosen fehle es an Worten, nein zu sagen, wenn sie fordern; hütet Euch davor, Gefangene zu werden, bevor Ihr dient.[10]

BEIDE ADLIGEN. Unsere Herzen empfangen Eure Warnung.

KÖNIG. Lebt wohl.
[Zu einigen Dienern.] Kommt her zu mir.

[Ab. Geführt von Dienern.][11]

---

[3] *Share ... both:* Die landläufige Auffassung dieser Stelle spiegelt sich in Delius' Paraphrase: "Die gute Unterweisung des Königs, welche die Herren unter sich teilen sollen, wird mit einem dehnbaren Stoffe verglichen, der, in die Länge gezogen, auch getheilt für Mehrere lang genug ist". Einzig Kellner ("Exegetische Bemerkungen", S.45) wendet sich gegen diese Interpretation. Er nimmt an, daß *advice* nicht einen unausgesprochenen Rat des Königs meint, sondern ein wechselseitiges Sichberaten unter den Edelleuten: "Steht Euch gegenseitig mit Rat bei; auf diese Weise ist das, was der eine durch den erhaltenen Rat des andern gewinnt, auch ein Gewinn für den andern." Unsere Übersetzung ist im wesentlichen dieser Interpretation verpflichtet, die sich im übrigen auch durch die Semantik stützen läßt: *advice* meint bei Sh. nicht nur 'Rat eines anderen', sondern häufig auch 'eigene Überlegung' (vgl. III.4.19 und Anm.). – *both* kann auch die Bedeutung von *each* 'jeder einzelne' annehmen (Abbott § 12). – *share:* nicht nur 'etwas aufteilen', sondern auch 'Anteil nehmen an' *(Rich.II* II.1.273; zum intransitiven Gebrauch transitiver Verben vgl. Franz § 630). – *gain* interpretiert Riverside als Optativform: *wish to take advantage.* So auch in unserer Übersetzung. Wir fassen – gemäß F – *if both gain* als Bedingungssatz zu *share the advice betwixt you [...] all* auf.

[4] *ent'red:* 'eingeweiht in', 'teilhaftig an' (vgl. *Coriol.* I.2.2. *They of Rome are entered in our counsels/And know how we proceed).*

[5] *heart:* Das Herz wurde als der Sitz des Muts aufgefaßt. Der Sinn 'ich habe den Mut noch nicht verloren' schwingt eventuell in den Versen 8–10 mit.Vgl. IV.3.307 und Anm.

And is enough for both.
I. LORD. 'Tis our hope, sir,
After well-ent'red soldiers, to return
And find your grace in health.
KING. No, no, it cannot be. And yet my heart
Will not confess he owes the malady
That doth my life besiege. Farewell, young lords.
Whether I live or die, be you the sons
Of worthy Frenchman. Let Higher Italy
(Those bated that inherit but the fall
Of the last monarchy) see that you come
Not to woo honor, but to wed it, when
The bravest questant shrinks: find what you seek,
That fame may cry you loud. I say, farewell.
2. LORD. Health at your bidding serve your majesty!
KING. Those girls of Italy, take heed of them.
They say our French lack language to deny
If they demand; beware of being captives
Before you serve.
BOTH. Our hearts receive your warnings.
KING. Farewell. *[to Attendants]* Come hither to me.
[Exit, led by Attendants.]

---

23. *[To Attendants.]* Theobald (1733); nicht in F; Pope *[to Bertram.]*.
23. *[Exit, led by Attendants.]* Pelican; nicht in F; Capell *[retires to a couch.]*; Pope *[Exit.]*; Arden *[Exit in his chair.]*; New Arden *[Retires.]*

---

[6] *besiege:* Wenn der König von seiner Krankheit spricht, verwendet er auch unten Z.118 eine militärische Metapher.

[7] *Higher Italy:* Die konkrete geografische Bedeutung 'das höher gelegene Italien' (OED adj.3) liegt näher als die übertragene 'die italienischen Adligen', denn der Krieg wird auch als *Florentine war* oder *Tuscan war* bezeichnet (vgl. unten IV.3.39).

[8] *Those bated ... last monarchy:* Nicht die letzte Monarchie in einer zeitlichen Folge ist gemeint, sondern *the last of all monarchy* 'was von den alten Werten einer monarchischen Staatsordnung noch übriggeblieben ist'. *Those bated...* meint also 'diejenigen ausgenommen, die nicht mehr den ritterlichen Traditionen einer Standesgesellschaft anhängen', und die somit keine würdigen Gegner für die *sons of worthy Frenchmen* darstellen. Daß Sh. die ritterlichen Tugenden im Sinn hatte, geht aus der Kollokation mit *woo honor ... wed it* und *bravest questant* hervor (vgl. A. Walker, "Six Notes").

[9] *questant:* Eine ad-hoc Bildung (OED 6a). New Sh. erkennt darin eine shakespearsche Neuprägung aus *to quest* 'nach Wild suchen' (von Jagdhunden).

[10] *captives ... serve:* Ein Wortspiel mit *captive* 'Kriegsgefangener', 'Gefangener der Liebe' und *serve* 'Kriegsdienst leisten', 'einer Frau dienen', 'ein weibliches Tier decken' (vgl. I.3.23 und Anm). Metaphern aus dem Kriegswesen finden sich für Liebesangelegenheiten seit der Antike (vgl. H.Weinrich, "Münze und Wort", *Romanica, Festschrift Rohlfs*, Halle 1958, S.508–21; vgl. ferner oben I.1.107–21 sowie Parker, "War and Sex").

1. ADLIGER. O mein lieber Herr,[12] daß Ihr zurückbleiben wollt!
PAROLLES. Der Hitzkopf[13] trägt keine Schuld daran.
2. ADLIGER. Oh, es ist ein ruhmreicher Krieg![14]
PAROLLES. Äußerst bewundernswürdig. Ich habe diesen Krieg erlebt.
BERTRAM. Ich bin hierher befohlen, und man macht viel Aufhebens von
29 mir[15] mit 'zu jung' und 'das nächste Jahr' und 'es ist noch zu früh'.
PAROLLES. Steht dir[16] der Sinn danach, Junge, so stiehl dich mutig[17] weg.
BERTRAM. Ich soll hier bleiben, als Zugpferd für ein Weiberregiment,[18] werde mit knarrenden Schuhen auf glattem Fußboden gehen müssen, bis alle Ehre ausverkauft ist und außer zum Tanzen
34 kein Degen mehr getragen wird.[19] Beim Himmel, ich stehle mich weg.
1. ADLIGER. Solcher Diebstahl gereicht Euch zur Ehre.
PAROLLES. Begeht ihn, Graf.
2. ADLIGER. Ich bin Euer Komplize;[20] so lebt denn wohl.
BERTRAM. Ich bin mit Euch verwachsen, und unsere Trennung gleicht einem Körper auf der (Streck)folter.
1. ADLIGER. Lebt wohl, Hauptmann.
2. ADLIGER. Liebster Monsieur Parolles!
PAROLLES. Edle Helden, mein Schwert und die Euren sind verwandt.
41 Funkenblitzend und glänzend, mit einem Wort, gute Klingen.[21] Ihr werdet im Regiment der Spinii einen gewissen Hauptmann

---

[11] *[Exit, led by Attendants]:* In F fehlt eine BA, die den Abgang des Königs verlangt. Seine Aufforderung *Come hither to me* (Z.23) läßt aber dennoch auf einen Rückzug vom zentralen Bühnengeschehen schließen. New Arden nimmt an, daß sich der König in Begleitung von Gefolgsleuten auf die Hinterbühne zurückzieht, während Bertram und Parolles die beiden Edelleute auf der Vorderbühne verabschieden.

[12] *sweet* entspricht sonst mod.engl. *dear.* Hier ein Ausdruck affektierter Sprechweise. Die die Verabschiedung der beiden Adligen beinhaltenden Zeilen zeichnen sich denn auch durch eine Reihe ähnlicher Affektiertheiten aus: *sweet lord* (Z.24); *admirable* (Z.26); *sweet monsieur* (Z 39).

[13] *spark:* Die Bedeutung 'Funke' ist mitenthalten in der übertragenen Bedeutung 'junger Mann von geckenhafter Erscheinung' (OED 2), 'Heißsporn' (Kellner).

[14] *brave* : 'stattlich, prunkvoll, auffällig durch äußerlichen Glanz' (Onions). – *wars:* Die Pluralform war gebräuchlich für den Singular.

[15] *kept a coil: coil* 'unnützer Lärm', 'Getue'. Delius paraphrasiert: *There is a coil kept with me* 'man macht ein großes Geschrei um mich'. Möglich erscheint auch Kellners Übersetzung 'Ich werde am Gängelband geführt', obwohl *coil* in der Bedeutung 'Fessel' nach OED erst seit 1661 belegt ist (vgl. aber auch *Haml.* III.1.67 *when we have shuffled off this mortal coil).*

[16] *thy ... boy:* Parolles duzt Bertram einzig an dieser Stelle. Das folgende *boy* erklärt die Unregelmäßigkeit in der Anrede. Parolles versetzt Bertram für einmal in die Rolle des in Kriegsdingen unerfahrenen Knaben.

I. LORD. O, my sweet lord, that you will stay behind us!
PAROLLES. 'Tis not his fault, the spark.
2. LORD. O,'tis brave wars!
PAROLLES. Most admirable. I have seen those wars.
BERTRAM. I am commanded here and kept a coil with
'Too young,' and 'The next year,' and ''Tis too early'.
PAROLLES. An thy mind stand to't, boy, steal away bravely.
BERTRAM. I shall stay here the forehorse to a smock,
Creaking my shoes on the plain masonry,
Till honor be bought up, and no sword worn
But one to dance with. By heaven, I'll steal away!
I. LORD. There's honor in the theft.
PAROLLES. Commit it, count.
2. LORD. I am your accessary; and so farewell.
BERTRAM. I grow to you, and our parting is a tortured body.
I. LORD. Farewell, captain.
2. LORD. Sweet Monsieur Parolles!
PAROLLES. Noble heroes, my sword and yours are kin.
Good sparks and lustrous, a word, good metals: you shall find in the regiment of the Spinii one Captain Spurio, with his

---

17 *bravely:* Das Adv. hat dieselben Bedeutungen wie das Adj. (vgl. II.1.29 und Anm.). Allerdings sind hier die Bedeutungsfelder 'des Lobes würdig' und 'auffällig durch äußerlichen Glanz' fast immer miteinander vermischt (so unten III.5.50 und *Macb.* V.7.26). An den vier Stellen, wo *bravely* in *All's Well* vorkommt (II.3.293, II.5.91, III.5.50), hat es zudem einen unüberhörbaren ironischen Unterton.

18 *forehorse to a smock: forehorse* 'vorderstes Pferd in einem Gespann (oft reich mit Quasten, Glocken und Bändern geschmückt)', *smock* 'Frauen(unter)hemd'.

19 *sword ... dance:* Zum Tanzen wurden eigens zu diesem Zweck gefertigte, kurze Degen getragen. *Sword* heißt auch sonst bei Sh. nicht nur 'Schwert', sondern 'Degen' *(Ant. and Cl.* III.2.36, *Titus A.* II.1.39).

20 *accessary:* Die Kollokation mit *theft* und *commit it* ergibt die Bedeutung 'Komplize, Mitschuldiger, Helfershelfer'. In diesem Sinn verwendet der 2.Adlige das Wort. Bertrams Replik läßt vermuten, daß er *accessary* in einem andern Sinn versteht, nämlich als 'untergeordneter Teil eines Ganzen', 'etwas Beigefügtes'. Von hier aus gelangt er zu seinem kombinierten Simile. Zwei verschiedene Sinnbereiche sind daran beteiligt: 1. 'Folter', 2. 'vegetatives Wachstum'. – *grow to* heißt sowohl 'in eins wachsen mit' (OED 3), als auch – übertragen – 'verwachsen sein mit' *(1 Hen.IV* I.2.83, *Hen.VIII* I.1.10). – *parting* sowohl 'Abschied' als auch 'Spaltung' (vgl. die Kollokation mit *tortured body).* Schließlich bedeutet *body* neben 'Körper', 'Person' auch 'Stamm einer Pflanze' (OED 5b).

21 *metals: metal* und *mettle* sind frühneuenglische Schreibvarianten ein und desselben Wortes, das im eigentlichen Sinn 'Metall' und im übertragenen 'Temperament, Veranlagung, Mut' bedeutete (vgl. I.1.125. und Anm.). Parolles' Worte lassen sich somit auf *sword* oder auf *noble fellows* beziehen. Riverside paraphrasiert *metals* hier mit a) *swords(men)* 'Degen(fechter)'; b) *mettlesome fellows* 'Haudegen'.

Spurio[22] antreffen, mit einer Narbe, einem Kriegsemblem, hier auf der linken[23] Wange. Dieses Schwert hier hat sie ihm gekerbt. Sagt ihm, daß ich lebe, und merkt Euch, was er über mich zu berichten[24] weiß.

1. ADLIGER. Das werden wir, edler Hauptmann.

PAROLLES. Möge Mars in Euch als in seine Novizen vernarrt sein.

[Die Adligen ab.]

Was wollt ihr tun?

[Der König tritt auf. Er wird von einigen Dienern zu seinem Stuhl geführt.][25]

BERTRAM. Halt – der König.[26]

PAROLLES. Gebraucht ein ausgedehnteres Zeremoniell gegenüber den beiden Herren; Ihr habt Euch allzu sehr in den Schranken[27] eines kalten Abschieds gehalten. Seid gesprächiger mit ihnen; denn sie tragen zeitgemäße Hüte,[28] zeigen die wahre Gangart, essen, sprechen und bewegen sich unter dem Einfluß des anerkanntesten Gestirns;[29] und selbst wenn der Teufel den Tanz anführte, muß man solchen folgen. Ihnen nach, und nehmt ausführlicher Abschied.

BERTRAM. Genau das will ich tun.[30]

PAROLLES. Treffliche Kameraden, die versprechen, sich als höchst kraftvolle[31] Krieger zu erweisen.

Ab. [Bertram und Parolles]

---

[22] *Spurio:* Vgl. italienisch *spurio* 'unehelich', 'unecht'.

[23] *emblem ... sinister:* OED (sb.3) führt diese Stelle als ersten Beleg für die erweiterte Bedeutung von *emblem* als 'Kennzeichen, Sinnbild, Wahrzeichen' an. – *sinister* 'linksseitig' (mit Bezug auf die Wappenfeldordnung) und *dexter* 'rechtsseitig' *(Tr. and Cr.* IV.5.127), sind heraldische Fachausdrücke.

[24] *reports* konnotiert neben der eigentlichen Bedeutung 'Bericht' (III.2.23) auch 'Gerücht' (III.5.10), 'üble Nachrede, Verleumdung' (IV.3.285), aber auch 'guter Ruf' (V.1.13). – *for me* 'was mich betrifft'.

[25] *[Enter ... Attendants]:* Diese BA fehlt in F. Die Annahme, wonach der König sich bloß auf die Hinterbühne zurückgezogen hat (vgl. II.1.23 BA und Anm.) läßt Bertrams Antwort: 'Still – der König [könnte uns hören]' (vgl. II.1.49 und Anm.) auf Parolles' Frage: 'Was gedenkt Ihr zu tun?' plausibel erscheinen. Parolles' Ermahnung betreffend die Verabschiedung der beiden Edelleute wird denn auch von New Sh. interpretiert als eine nur scheinbar an Bertram gerichtete Zurechtweisung, die in Wirklichkeit kein anderes Ziel kennt, als den allmählich auf die beiden und ihr konspiratives Gespräch aufmerksam werdenden König abzulenken. Der König wird in eben diesem Moment wieder auf die Vorderbühne gebracht, wo Lafew auftritt, um vor ihm zu knien (Z.61).

[26] *Stay* in der Bedeutung 'unterstützen', 'dienen' könnte als Antwort auf Parolles' Frage aufgefaßt werden (vgl. dazu *stay on/upon* in *Ant. and Cl.* I.2.211). Diese Interpretation entspricht der Interpunktion in F. Nach F2 ergäbe sich etwa die folgende Übersetzung:

cicatrice, an emblem of war, here on his sinister cheek. It was this very sword entrenched it; say to him I live, and observe his reports for me.

I. LORD. We shall, noble captain.

PAROLLES. Mars dote on you for his novices!

[Exeunt Lords.]

What will ye do?

[Enter the King, led back to his chair by Attendants.]

BERTRAM. Stay – the king.

PAROLLES. Use a more spacious ceremony to the noble lords, you have restrained yourself within the list of too cold an adieu. Be more expressive to them; for they wear themselves in the cap of the time; there do muster true gait, eat, speak, and move under the influence of the most received star; and though the devil lead the measure, such are to be followed. After them, and take a more dilated farewell.

BERTRAM. And I will do so.

PAROLLES. Worthy fellows, and like to prove most sinewy swordmen.

Exeunt [Bertram and Parolles].

---

48. *[Enter ... Attendants.]* Pelican. Nicht in F; Arden nach 60 *[Re-enter King in his chair and Lafew.]*; New Arden nach 60 *[The King comes forward.]*.

49. *Stay – the king.* Pelican; F *Stay the king;* F2 *Stay: the king.*

'[Ich werde am Hof] bleiben: Der König [scheint es zu verlangen]'. Möglich wäre auch die Übersetzung von *Stay* als Imperativ: 'Halt ein [mit deiner Rede]: Der König [könnte uns hören]'. Nimmt man an, daß der König nach Z.48 wieder auf die Vorderbühne kommt, so erscheint letztere Interpretation als die wahrscheinlichste.

[27] *lists:* 'Grenzen, Eingrenzung'. Sh. verwendet das Wort oft auch in der speziellen Bedeutung 'Schranken (beim Turnier)' *(Rich.II* I.2.52, I.3.32, 38, 43) oder 'Saum' (in dieser Bedeutung meist im Singular, vgl. *Meas. for M.* I.2.29).

[28] *wear ... time:* Hüte wurden jeweils nach der neuesten Mode mit allerlei Nadeln, Knöpfen, Broschen, Bändern und Blumen geschmückt und verrieten so das modische Bewußtsein ihrer Träger. Aber auch ein Erkennungszeichen wurde im Hut getragen *(Hen.V* IV.1.197). Die Höflinge vergleichen sich selbst mit dem Schmuck oder einem Erkennungszeichen im modebestimmenden Hut der Zeit. Das Bild ist typisch für Parolles' Redeweise, die sich durch viele derartige Kleidermetaphern auszeichnet.

[29] *influence ... received star: influence* ist bei Sh. immer ein astrologischer Terminus: 'der Einfluß der Sterne auf das Schicksal des Menschen und alles Irdische'; – *received* 'beachtet', 'befolgt' (OED 1d). Bei Sh. ist der attributive Gebrauch des Partizips nur hier und in *Merry W.* V.5.122 belegt. New Sh. interpretiert *the most received star* als 'die neueste, herrschende Mode', vergleichbar einem einflußreichen Gestirn.

[30] *And I will do so:* Bloßes *and* findet sich häufig in einer adverbialen Funktion, in der es der Emphase dient: hier anstelle von *you are right,* oder *indeed.* (Abbott §97).

[31] *sinewy:* 'sehnig'. *Sinew* verwendet Sh. häufig im übertragenen Sinn als 'Kern', 'Essenz', 'Kraft'.

Lafew tritt auf.

LAFEW. *[Kniet]* [Gewährt] Pardon, mein Herr, für mich und für meine Botschaft.

KÖNIG. Ich gewähre dir Bezahlung, indem ich dich aufstehen heiße.[32]

LAFEW. *[Erhebt sich.]* Nun, so steht hier ein Mann, der seinen Pardon mitgebracht hat. Ich wünschte, Ihr hättet vor mir gekniet, mein Herr, um mich um Nachsicht zu bitten[33] und könntet auf mein Geheiß [eben]so [rasch] aufstehen [wie ich].

KÖNIG. Ich wünschte, ich hätte es tun können, dann hätte ich dir eins über die Schädeldecke gezogen[34] und dich dafür um Nachsicht gebeten.

LAFEW. Wahrhaftig, gut pariert![35] Jedoch, mein guter Herr, es steht so: Wollt Ihr von Eurem Gebrechen geheilt werden?

KÖNIG. Nein.

LAFEW. Oh, wollt Ihr keine Trauben essen, mein königlicher Fuchs?[36] Ja, doch, meine edlen[37] Trauben wollt Ihr wohl, könnte sie mein königlicher Fuchs nur erreichen. Ich habe einen Arzt[38] getroffen, der einem Stein Leben einhauchen, einen Felsen zum Leben erwecken und Euch feurig und beweglich tanzen[39] lassen kann; dessen bloße[40] Berührung wirksam genug ist, um König Pippin zum Leben zu erwecken, ja sogar dem mächtigen Karl dem Großen[41] eine Feder in die Hand zu drücken, damit er eine Liebeszeile an sie schreibe.

KÖNIG. Was für eine 'Sie' ist das?

LAFEW. Nun, Doktor 'Sie'. Mein Herr, sie ist eingetroffen, wenn Ihr sie nur sehen wollt. Bei meiner Treue und Ehre, wenn ich die Gedanken in diesem meinem heiteren Bericht ernsthaft vortra-

---

[32] *fee ... to stand:* Anders die Paraphrasen von Arden und New Arden: Pardon gewähre ich dir keinen, wohl aber Bezahlung (*fee* 'Arzthonorar'), wenn du mich von meinem Krankenlager aufstehen läßt. Möglich erscheint auch Stauntons Lesart *sue,* welche sich auch durch eine enge Parallele zu *Rich. II* V.3.87 stützen läßt: KING HENRY: *Good aunt, stand up.* – DUCHESS: *I do not sue to stand./Pardon is all the suit I have in hand.* (New Penguin; über die Verwendung des präpositionalen Infinitivs vgl. Franz § 651).

[33] *ask ... mercy:* Ähnlich wie *to cry someone mercy* eine häufige Wendung bei Sh., die kaum mehr Gewicht hatte als das mod.engl. *to beg someone's pardon.*

[34] *broke thy pate ... mercy:* In der Replik des Königs kommt ebensoviel derber Humor wie unmißverständliche Zurechtweisung zum Ausdruck: er weist Lafew auf die einzige Bedingung hin, unter der er bereit wäre, den alten Höfling um Nachsicht zu ersuchen. (New Sh.)

[35] *across:* Auf das Wortgefecht übertragene Bedeutung eines Ausdrucks aus dem Turnierspiel: *to break a lance across the opponent's body:* Der ungeschickte Turnierkämpfer

Enter Lafew.

LAFEW. *[Kneels.]* Pardon, my lord, for me and for my tidings.
KING. I'll fee thee to stand up.
LAFEW. *[Rises.]* Then here's a man stands that has brought his pardon.
I would you had kneeled, my lord, to ask me mercy,
And that at my bidding you could so stand up.
KING. I would I had, so I had broke thy pate
And asked thee mercy for't.
LAFEW. Good faith, across!
But, my good lord, 'tis thus: will you be cured
Of your infirmity?
KING. No.
LAFEW. O, will you eat
No grapes, my royal fox? Yes, but you will.
My noble grapes, an if my royal fox
Could reach them. I have seen a medicine
That's able to breathe life into a stone,
Quicken a rock, and make you dance canary
With sprightly fire and motion; whose simple touch
Is powerful to araise King Pepin, nay,
To give great Charlemain a pen in's hand,
And write to her a love-line.
KING. What 'her' is this?
LAFEW. Why, Doctor She! My lord, there's one arrived,
If you will see her. Now by my faith and honor,
If seriously I may convey my thoughts

---

62. *fee* Theobald (1733); F *see* 'sehen'; Staunton *sue* 'bitten, ersuchen'.
63. *brought* F; Theobald (1733) *bought* 'gekauft'.

---

bricht seine Lanze am Körper des Gegners entzwei, anstatt ihn damit vom Pferd zu stoßen (vgl. *Much Ado* V.1.136–37 und *A.Y.L.* V.4.36–41).

[36] *eat ... fox:* Eine Anspielung auf Äsops Fabel vom Fuchs, der von den Trauben, die er nicht erreichen konnte, erklärte, sie seien sauer (Tilley F 642).

[37] *royal ... noble:* Lafew spielt auf die Geldwertkonnotationen von *royal* und *noble* an. *An (Edward) noble* hieß die erste englische Goldmünze um 1340. Sie wurde um 1465 durch *a royal* ersetzt. 1 *royal* ist um 10 *groats* (= 3s. 4d) höher im Wert als 1 *noble.*

[38] *medicine:* 'Arznei', aber auch 'Arzt' *(Macb.* V.2.27, *Wint.T.* IV.4.580).

[39] *canary:* Ein rascher spanischer Tanz *(Sh. Engl.* II, S.449, Naylor, S.119).

[40] *simple:* 'bloß', 'einfach'. Das Adj. konnotiert hier aber auch die Bedeutung des Subst. *simples* 'Ingredienzien (besonders einer Arznei)' *(Haml.* IV.7.143, *Lear* IV.4.14). – *whose simple touch* dürfte also auch proleptisch stehen für *the touch of whose simples* 'die Berührung durch deren Arznei'.

[41] *King Pepin ... Charlemain:* Pippin, der Begründer der Dynastie der Karolinger, begegnet als Typus eines längst verstorbenen Monarchen auch in *L.L.L.* IV.1.119. – Karl der Große war nach der Tradition schreibunkundig.

gen darf: ich habe mit einer gesprochen, die mich durch Geschlecht, Alter, Absicht, Klugheit und Beharrlichkeit in ein größeres Staunen versetzt hat, als daß ich allein meine Schwäche dafür verantwortlich zu machen wage. Wollt Ihr sie empfangen, denn das verlangt sie, und ihr Anliegen erfahren? [Erst] danach lacht mich ruhig aus.

KÖNIG. Nun, guter Lafew, führe das Wunder herein, damit wir unser Staunen mit dem Deinen teilen, oder aber dir Deines nehmen,[42] indem wir staunen, wie du dich damit angesteckt hast.

LAFEW. Im Gegenteil, ich werde Euch zufriedenstellen und dafür nicht einmal den ganzen Tag brauchen.

[Ab.]

KÖNIG. Auf diese Weise leitet er immer seine besonderen Nichtigkeiten ein.

Helena tritt auf [zusammen mit Lafew.]

LAFEW. Ja doch, tretet näher.

KÖNIG. Diese Eile hat in der Tat Flügel.[43]

LAFEW. Ja doch, tretet näher; das ist seine Majestät; erklärt ihm Eure Absicht. Ihr seht [zwar] aus wie ein Verräter, aber vor solchen Verrätern hat sich seine Majestät noch selten gefürchtet. Ich bin Cressidas Onkel,[44] der es wagt, zwei beisammen zu lassen. Lebt wohl.

Ab.

KÖNIG. Nun, schönes Mädchen, wird uns Euer Anliegen irgendwie dienlich sein?

HELENA. Jawohl, mein guter Herr. Gerhard von Narbonne war mein Vater; in seinem Beruf galt er als sehr erfahren.[45]

KÖNIG. Ich habe ihn gekannt.

HELENA. Umso mehr will ich mit meinem Lob für ihn sparsam umgehen; ihn kennen ist genug. Auf seinem Totenbett gab er mir viele Rezepte, besonders eines, welches als kostbarstes Erzeugnis seiner [ärztlichen] Praxis und seiner langen Erfahrung einzigen Liebling er mich wie ein drittes,[46] geliebteres Auge sorgfältiger hüten hieß als meine eigenen zwei; das habe ich getan; und

---

[42] *take off* in der idiomatischen Bedeutung 'sich lustig machen über jmd.' ist nach OED erst um 1750 belegt (s.v. *take* 83 j.)

[43] *haste ... wings:* Eine ironische Bemerkung als BA: Helena tritt offensichtlich nur sehr zögernd auf.

[44] *traitor ... Cressid's uncle:* Ev. liegt in *traitor* ein Wortspiel vor mit den Bedeutungen 'Verräterin' und 'Frau von schlechtem Charakter, Hure' (Cotgrave, s.v. *traistre).* Die Anspielung auf Cressidas Onkel Pandarus *(pander* 'Kuppler') stützt diese Vermutung. Lafews Auftritt zusammen mit Helena vor dem König läßt sich denn auch vergleichen

In this my light deliverance, I have spoke
With one that in her sex, her years, profession,
Wisdom and constancy, hath amazed me more
Than I dare blame my weakness. Will you see her,
For that is her demand, and know her business?
That done, laugh well at me.

KING. Now, good Lafew,
Bring in the admiration, that we with thee
May spend our wonder too, or take off thine
By wond'ring how thou took'st it.

LAFEW. Nay, I'll fit you,
And not be all day neither. *[Exit.]*

KING. Thus he his special nothing ever prologues.

Enter [Lafew, with] Helena.

LAFEW. Nay, come your ways.

KING. This haste hath wings indeed.

LAFEW. Nay, come your ways;
This is his majesty; say your mind to him.
A traitor you do look like, but such traitors
His majesty seldom fears. I am Cressid's uncle,
That dare leave two together. Fare you well. Exit.

KING. Now, fair one, does your business follow us?

HELENA. Ay, my good lord.
Gerard de Narbon was my father;
In what he did profess, well-found.

KING. I knew him.

HELENA. The rather will I spare my praises towards him;
Knowing him is enough. On's bed of death
Many receipts he gave me, chiefly one,
Which as the dearest issue of his practice
And of his old experience th'only darling,
He bade me store up as a triple eye,
Safer than mine own two, more dear; I have so;

---

mit Pandarus' Auftritt zusammen mit Cressida vor Troilus *(Tr. and Cr.* III.2.38 und V.10.36).

45 *well-found:* Das Kompositum findet sich sonst nur noch in *Coriol.* II.2.42: *our well-found successes* 'unsere Erfolge' *(success* 'Ausgang' ist wertneutral). Hier heißt *well-found* wohl soviel wie 'wohlgegründet', 'der in etwas gut Bescheid weiß' (Delius), 'von erprobter Qualität' (OED).

46 *triple* für *third* war bereits zu Sh.s Zeit ein Archaismus (Abbott, S.16 Anm.). OED zitiert diese Stelle als einzigen Beleg für die Bedeutung 'Dritter'. Die Vorstellung eines dritten Auges hat Sh. ev. von Chaucer entlehnt, der die allegorische Figur Prudence in Troilus and Criseyde (V. 744–49) mit drei Augen ausstattet, damit sie Vergangenheit, Gegenwart und Zukunft überschaue.

da ich hörte, daß Eure Majestät von dieser bösartigen Krankheit[47] befallen ist, gegen die meines teuren Vaters Vermächtnis seine größte Wirkung[48] zeigt, komme ich, mit aller dazu gebotenen Bescheidenheit, eben jenes zusammen mit meiner Behandlung[49] anzubieten.[50]

KÖNIG. Wir danken Euch, Jungfrau, aber wir vermögen nicht so leicht an eine Heilung zu glauben, wo [doch] unsere gelehrtesten Ärzte uns aufgegeben und das versammelte [Medizinal]kollegium[51] entschieden hat, daß [alles] Bemühen der [ärztlichen] Kunst, die Natur durchaus nicht aus ihrem hilflosen Zustand zu befreien[52] vermag. Erst recht dürfen wir unser Urteil[svermögen] nicht so beflecken, noch unsere Hoffnung bestechen, indem wir unsere unheilbare Krankheit Quacksalbern[53] preisgeben, noch [dürfen wir] unsere Größe von unserem Ansehen[54] trennen, indem wir eine unvernünftige Hilfe erwägen, wenn wir der Meinung sind, daß von der Vernunft[55] keine Hilfe kommen kann.

HELENA. Dann soll mir die [erfüllte] Pflicht meine Mühe lohnen. Ich will Euch meinen Dienst nicht länger aufdrängen, [sondern] erbitte demütig von Euren königlichen Gedanken ein ehrenhaftes [Andenken],[56] das mich auf meinem Rückweg begleite.[57]

KÖNIG. Weniger kann ich dir nicht geben, um [noch] dankbar genannt zu werden. Du hattest vor, mir zu helfen,[58] also gebe ich [dir] den Dank, welcher ein Todgeweihter jenen [schuldet], die wünschen, er möge leben. Aber wessen ich ganz gewiß bin, davon weißt du keinen Teil, ich kenne die ganze Gefahr für mich, du [verfügst über] keine Kunst [dagegen].

---

[47] *cause:* 'Krankheitsursache' und, metonymisch, 'Krankheit' *(Coriol.* III.1.235).

[48] *honor of ... gift:* Riverside glossiert *quality for which it is esteemed, particular efficacy.* Ähnlich auch Pelican. Johnson wollte *honor* mit *power* (Z.112) vertauscht wissen. Die Annahme einer rhetorischen Figur (Hypallage) löst das Problem der Bedeutung von *honor* hier: aus *the honour of his gift* wird *his honoured gift* 'verehrtes Vermächtnis' (New Penguin).

[49] *appliance* heißt bei Sh. immer 'Heilmittel' oder 'ärztliche Behandlung'.

[50] *tender* gehört wie *fee* 'Belohnung, Bezahlung' (vgl. II.1.62 und Anm.) und *ransom* 'Lösegeld' (vgl. II.1.118 und Anm.) ins Feld der finanziellen Transaktionen.

[51] *congregated college:* Das Londoner *Royal College of Physicians* stellte zusammen mit der *Company of Barber Surgeons* zur Zeit Sh.s die einzige anerkannte Autorität auf medizinischem Gebiet dar (vgl. I.3.233 und *Sh. Engl.* I, S.415). Wie es häufig seine Praxis ist, hält sich Sh. auch hier nicht in allen Einzelheiten an den einmal vorgestellten Ort der Handlung.

[52] *ransom:* 'durch Lösegeld freikaufen'. Bereits in Z.10 sprach der König in einer militärischen Metapher von seiner Krankheit.

[53] *empirics* wird auf der ersten Silbe betont.

And hearing your high majesty is touched
With that malignant cause wherein the honor
Of my dear father's gift stands chief in power,
I come to tender it and my appliance,
With all bound humbleness.

KING. We thank you, maiden;
But may not be so credulous of cure,
When our most learnèd doctors leave us, and
The congregated college have concluded
That laboring art can never ransom nature
From her inaidable estate. I say we must not
So stain our judgment, or corrupt our hope,
To prostitute our past-cure malady
To empirics, or to dissever so
Our great self and our credit, to esteem
A senseless help, when help past sense we deem.

HELENA. My duty then shall pay me for my pains.
I will no more enforce mine office on you,
Humbly entreating from your royal thoughts
A modest one, to bear me back again.

KING. I cannot give thee less, to be called grateful.
Thou thought'st to help me, and such thanks I give
As one near death to those that wish him live.
But what at full I know, thou know'st no part,
I knowing all my peril, thou no art.

111–12. *honor ... power* F; Johnson *power ... honor.*

---

54 *credit:* Nach Riverside zeigt sich der König besorgt um die Integrität von innerer *(our credit)* und äußerer Person *(our great self).*

55 *senseless help ... help ... sense:* Zu *sense* vgl. I.1.217 und Anm. – *Senseless* heißt entweder a) 'unfähig, mit dem Verstand wahrzunehmen' *(Cymb.* II.3.53), 'vernunftlos', 'vernunftwidrig' *(Cymb.* V.4.147) oder b) 'unfähig, mit den Sinnen wahrzunehmen' *(Haml.* V.2.358), 'empfindungslos' *(Two Gent.* IV.4.196). Die chiastische Anordnung von *senseless* und *sense* unterstützt eine Differenzierung der Bedeutung in den beiden Gliedern des Chiasmus: *A senseless help* 'ein vernunftwidriger Heilungsversuch', wogegen *help past sense,* 'Hilfe jenseits sinnlicher Wahrnehmung', auf eine göttlich inspirierte Providenz anspielen dürfte (vgl. I.2.53–67). – *help* heißt bei Sh. oft 'Heilung' (vgl. das Verb in I.3.231, II.1.189 und II.3.18).

56 *thoughts ... modest:* Adjektivierung eines präpositionalen Attributs: 'ehrbarer Gedanke' steht für 'Gedanke an meine Ehrbarkeit'. New Arden (S.XLII) verweist im Zusammenhang mit dieser Stelle auf die traditionelle Assoziation von Keuschheit mit magischen Kräften.

57 *bear:* 'begleiten', aber auch spezieller 'führen von Gefangenen' *(Tr. and Cr.* III.3.30, *Com. Err.* V.1.158). Ev. als Anspielung auf die Möglichkeit einer Rückführung Helenas in die Gefangenschaft ihrer Liebe zu Bertram (I.1.177) zu verstehen.

HELENA. Zu versuchen, was ich vermag, kann nichts schaden, da Ihr [ohnehin] den ganzen Einsatz gegen eine Heilung aufs Spiel setzt.[59] Er, der die größten Werke vollendet, bedient sich dazu oft des schwächsten Dieners. So weiß die heilige Schrift von Urteilskraft bei Kindern, wo Richter Kinder waren. Große Fluten sind schon aus unbedeutenden Quellen geflossen und große Meere sind ausgetrocknet, nachdem Wunder von den Größten geleugnet worden waren.[60] Oft wird die Erwartung enttäuscht, und zwar am häufigsten dort, wo sie am meisten verspricht, und oft wird sie erfüllt, wo die Hoffnung am kältesten ist und die Vezweiflung am nächsten liegt.

KÖNIG. Ich darf dich nicht anhören; leb wohl, gütiges Mädchen. Deine [von mir] ungenützte Mühe muß von dir selbst bezahlt werden. Abgewiesene Angebote ernten nur Dank als Lohn.

HELENA. [Göttlich] inspiriertes Verdienst wird auf diese Weise durch [menschliche] Worte[61] gehemmt. Für Ihn, der alles weiß, gilt nicht, was für uns gilt, die wir unsere Vermutungen nach äußeren Zeichen richten; aber größte Anmaßung bedeutet es, wenn wir die Hilfe des Himmels für Taten der Menschen halten. Teurer Herr, stimmt meinen Bemühungen zu; stellt den Himmel, nicht mich, auf die Probe. Ich bin keine Schwindlerin, wenn ich mich als meiner Aufgabe gewachsen bezeichne.[62] Sondern wißt, ich glaube – und glaubt es: ich weiß ganz sicher, meine Kunst ist nicht bar aller Macht, noch [seid] Ihr bar aller Heilung.

KÖNIG. Bist du so zuversichtlich? Innerhalb welcher Zeit erhoffst du meine Heilung?

---

[58] *give ... live:* Der Übergang zum Paarreim in Vers 130 markiert einen Wechsel im Ton der Rede. Der Dialog zwischen Helena und dem König entfernt sich von der rein persönlichen Ebene und wird, während Helena sich auf übernatürliche Kräfte beruft, zusehends förmlicher. Bereits oben Z.123–24 macht sich diese Tendenz bemerkbar: Ein erstes Reimpaar bricht in den Blankvers ein, und ein Chiasmus *(senseless help ... help past sense,* vgl. II.1.124 und Anm.) markiert die gegensätzlichen Positionen von Helena und dem König. Die antinomische Struktur des Dialogs findet angemessenen Ausdruck in einer großen Zahl von rhetorischen Figuren, die alle die Gegensätzlichkeit der Dialogpartner betonen: Chiasmen, die jeweils eine Antithese enthalten in Z.132 und Z.138–39 oder parallel konstruierte Sätze oder Satzteile mit antithetischem Inhalt in Z.133. Ihren rhetorischen Höhepunkt findet Helenas Rede unten in Z.139–44.

[59] *set up your rest:* Ein Ausdruck aus dem in der noblen elisabethanischen Gesellschaft beliebten Kartenspiel *Primero:* 'alle in Reserve gehaltenen Karten aufs Spiel setzen' und daher 'entschlossen sein' *(Com.Err.* IV.3.24, *Rom. and Jul.* IV.5.6).

HELENA. What I can do can do no hurt to try,
Since you set up your rest 'gainst remedy.
He that of greatest works is finisher
Oft does them by the weakest minister.
So holy writ in babes hath judgment shown
When judges have been babes; great floods have flown
From simple sources, and great seas have dried
When miracles have by the greatest been denied.
Oft expectation fails, and most oft there
Where most it promises; and oft it hits
Where hope is coldest and despair most fits.
KING. I must not hear thee; fare thee well, kind maid.
Thy pains, not used, must by thyself be paid;
Proffers not took reap thanks for their reward.
HELENA. Inspirèd merit so by breath is barred.
It is not so with Him that all things knows
As 'tis with us that square our guess by shows;
But most it is presumption in us, when
The help of heaven we count the act of men.
Dear sir, to my endeavors give consent;
Of heaven, not me, make an experiment.
I am not an impostor, that proclaim
Myself against the level of mine aim;
But know I think, and think I know most sure,
My art is not past power, nor you past cure.
KING. Art thou so confident? Within what space
Hop'st thou my cure?

---

144. *fits* Collier (1842–44, Konj. Theobald); F *shifts* 'für sich selber sorgt', 'auf unlautere Art ihre Ziele verfolgt'.

---

[60] *greatest works ... denied:* Eine Reihe biblischer Anspielungen (vgl. 1 Kor. I.27, Matt. XI.25, sowie die Geschichte von Susanna und dem jungen Daniel in den Apokryphen). Das formale Grundprinzip 'Reihung unmöglicher Dinge' *(Impossibilia)* ist antiker Herkunft. (Zum Topos der verkehrten Welt vgl. Ernst R.Curtius, *Europäische Literatur und lateinisches Mittelalter, Bern* 1961, S.104–08). – Die Hartnäckigkeit, mit der der König sich jedem Versuch Helenas, ihn von einer möglichen Heilung zu überzeugen, widersetzt, läßt in dem wiederholten *babes* (Z.139) ev. die Bedeutung 'kindische Person' anklingen (vgl. dazu auch *Lear* I.3.19 *Old fools are babes again* 'Alte Narren sind wieder wie Kinder') – *by the greatest:* Ev. als Akkusativ zu lesen: 'den Größten'.

[61] *Inspired ... breath:* Die Antithese wird unterstützt durch die wörtliche Bedeutung von *inspired* 'eingehaucht' – *breath:* 'Atem', steht bei Sh. oft metonymisch für 'Worte', 'Sprache'.

[62] *impostor ... level ... aim: to proclaim one thing against another* 'eine Sache als einer anderen überlegen bezeichnen' (Arden). – *level* 'Schußlinie', 'Ziellinie' *(Rom. and Jul.* III.3.103, *Haml.* IV.1.42) und *aim* sind Teil einer Bogenschützenmetapher.

HELENA. [Vorausgesetzt, daß] die höchste Gnade uns Kraft[63] verleiht, noch ehe die Pferde des Sonnengottes ihren feurigen Fackelträger[64] zweimal seine tägliche Bahn durchlaufen lassen, eh' zweimal im düsteren, abendlichen Dunst der feuchte Hesperus sein Nachtlicht gelöscht, oder das Stundenglas[65] vierundzwanzigmal gezählt, wie die diebischen Minuten verfließen,[66] soll, was krank ist, aus Eurem genesenden Körper[67] entfliehen, Gesundheit soll in Freiheit leben und Krankheit aus freien Stücken sterben.

KÖNIG. Welchen Einsatz wagst du auf deine Gewißheit und dein Vertrauen?

HELENA. Anklage wegen Unverschämtheit, [wegen] einer Dirne Vermessenheit, meine Schande öffentlich verbreitet, verschrien durch häßliche Schimpflieder; meinen jungfräulichen Namen [noch] auf andere Art gebrandmarkt; noch mehr als der schlimmere [Teil] des Schlimmsten: bereitet meinem Leben unter schrecklichsten Folterqualen ein Ende.[68]

KÖNIG. Mich dünkt, aus dir spricht ein segensreicher Geist durch ein schwaches Organ mächtige Worte, und was nach gewöhnlichem Menschenverstand als unfaßbar abgetan würde, das rettet

---

63 *grace lending grace:* 'göttliche Gnade' oder, metonymisch, deren Quelle 'Gott'. Ferner begegnet das Wort in der Bedeutung 'innere oder äußere Vorzüge', 'Tugenden göttlichen Ursprungs' sowie 'Kräfte', 'Ausstrahlung' *(Meas. for M.* III.1.181, II.2.36, I.4.69). Die Wiederholung von *grace* unterstreicht die Variation in der Bedeutung: 'göttliche Gnade' – 'Kraft' (vgl. *Macb.* V.8.72 *by the grace of Grace).*

64 *torcher:* Eine ad-hoc Bildung (OED), wohl synonym mit *torchbearer* (Onions). Die Lesart *coacher* erhält durch die Belege des OED für *coacher* 'Kutscher' von 1587 bis 1609 eine gewisse Stütze. In *Rom. and Jul.* III.2.2 verwendet Sh. eine analoge Wortbildung: *wagoner,* womit an jener Stelle Phaeton gemeint ist, der Sohn des Sonnengottes Helios. Auch diese Stelle dürfte auf das Gespann des Phaeton anspielen. Dagegen erscheint Helios in der bildenden Kunst nicht als Fackelträger.

65 *pilot's glass:* Wörtlich das 'Glaß des Steuermanns' *(pilot* heißt bei Sh. noch nicht 'Lotse'), eine Sanduhr, mit der jeweils eine Stunde gemessen wurde *(Merch. V* I.1.25).

66 *Ere twice ... they pass:* Der Kerngedanke 'bevor vierundzwanzig Stunden abgelaufen sind' erfährt in den Versen 161–66 eine Breitenamplifizierung (Lausberg § 366). Dreimal wird ein Vorgang beschrieben, zu dessen Vollzug vierundzwanzig Stunden nötig sind. Dieselbe rhetorische Figur findet sich in dem an Redefiguren reichen Dialog noch öfters: Z.106–07, 115, 119 ff, 132–33, 134–44, 146–47, 170–73.

67 *sound parts: sound* steht als proleptisches Adj. zu *parts: What is infirm from your parts shall fly and thus make them sound.* Vgl. *Macb.* III.4.75, wo *gentle* in proleptischer Stellung erscheint (Lausberg § 316).

68 *Tax of impudence ... life be ended:* Das Hauptproblem stellt die äußerst elliptische Syntax, welche keine eindeutige Subjekt-Prädikat-Objekt Zuordnung erkennen läßt. *Tax* 'Anklage', 'Tadel' ist hier wohl Subst., obwohl *tax* bei Sh. in den Bedeutungen 'anklagen' *(Meas. for M.* V.1.308) und 'schmähen' *(Meas. for M.* II.4.79) nur als Verb belegt ist. – *A divulged shame* proleptisch für 'eine Schande, welche öffentlich bekannt gemacht werden soll'. – *Traduced* 'in Verruf gebracht' *(Ant. and Cl.* III.7.14) fungiert

HELENA. The great'st grace lending grace,
Ere twice the horses of the sun shall bring
Their fiery torcher his diurnal ring,
Ere twice in murk and occidental damp
Moist Hesperus hath quenched her sleepy lamp,
Or four and twenty times the pilot's glass
Hath told the thievish minutes how they pass,
What is infirm from your sound parts shall fly,
Health shall live free, and sickness freely die.
KING. Upon thy certainty and confidence
What dar'st thou venture?
HELENA. Tax of impudence,
A strumpet's boldness, a divulgèd shame
Traduced by odious ballads; my maiden's name
Seared otherwise; nay, worse of worst, extended
With vilest torture let my life be ended.
KING. Methinks in thee some blessèd spirit doth speak
His powerful sound within an organ weak;
And what impossibility would slay
In common sense, sense saves another way.

---

162. *torcher* F; New Arden *coacher* 'Wagenlenker'.

173. *Seared otherwise* Pelican; F *Seard otherwise;* Singer (1856) *Sear'd otherwise;* New Sh. *Seared; otherwise.*

173. *otherwise; nay, worse of* Singer (1856); F *otherwise, ne worse of;* F2 *otherwise, no worse of;* New Arden *otherwise; ne worse of;* New Sh. *otherwise – ne worse of.*

173. *worst, extended with* Sisson (1954 Konj.Perring); F *worst extended with;* Rowe (1709) *worst extended, with.*

---

als Prädikativum zu *Tax, boldness, shame* (die Kollokation von *(to) tax* mit *traduced* ist auch in *Haml.* I.4.18 belegt.). – *Ballads:* Bänkelsänger trugen in ihren Gassenhauern vorzugsweise Geschichten von Verbrechern vor *(Ant. and Cl.* V.2.215). – *otherwise* ließe sich auch mit 'andernfalls', d.h. 'wenn ich mein Versprechen nicht erfülle' übersetzen. – *nay ... extended:* F *ne* war bereits zu Sh.'s Zeit archaisch für *nor* (Franz § 587, Anm.3). Es wird deshalb häufig zu *no* (wie in F2) oder zu *nay* (wie in unserem Grundtext) emendiert. Sowohl das emphatische *nay* als auch F *ne* in der Bedeutung 'oder' (OED *ne* conj.1.2) fügen sich gut in das rhetorische Muster (*Auxesis* oder *Incrementum*), wonach diese Rede gebaut ist: Helena argumentiert stufenweise: a) 'ich nehme in Kauf, daß ich zurechtgewiesen werde, wie dies einer Hure gebührt, die ihre Dienste in großsprecherischer Art anbietet'; b) '..., daß meine Schande öffentlich bekannt gemacht wird'; c) '..., daß ich als Hure gebrandmarkt werde; – *extended:* 1. 'gerichtlich verfolgt' (Arden); 2. 'ausgestreckt (i.e. auf die Streckfolter'), was durch die Metaphorik *(Seared, torture)* gestützt wird (New Arden); 3. nach A.Walker ("Six Notes") legt die Rhetorik der Rede nahe, *extended* zusammen mit *worse of worst* zu lesen: Wenn 'der schlimmere Teil des Schlimmsten' um noch eine Stufe erhöht wird *(extended)* ist der nicht mehr weiter zu steigernde Höhepunkt erreicht: 'der schlimmste Teil des Schlimmsten'.

[ein anderer] Verstand.[69] Dein Leben ist kostbar, denn all das, was das Leben erst des Lebens wert macht, erhält [seinen] Wert durch dich: Jugend, Schönheit, Klugheit, Mut – lauter [Eigenschaften], die Glück und Jugendjahre glücklich [um sich] versammeln können. Daß du dieses [dein Leben] aufs Spiel setzest, kündet notwendig von unbegrenzten oder [aber] sehr gefährlichen Fähigkeiten[70] [bei dir]. Liebster Arzt, ich will deine Medizin versuchen, die dir den eigenen Tod verabreicht,[71] wenn ich sterbe.

HELENA. Wenn ich die Frist nicht einhalte oder im Wesentlichen[72] von dem, was ich sagte, abweiche, so laßt mich erbarmungslos und wohlverdient sterben; heile ich Euch nicht, so sei der Tod mein Lohn. Aber wenn ich Euch heile, was versprecht Ihr mir [dafür]?

KÖNIG. Stelle deine Forderung.

HELENA. Aber werdet Ihr sie erfüllen?[73]

KÖNIG. Ja, bei meinem Zepter und meiner Hoffnung auf den Himmel.[74]

HELENA. So sollst du[75] mir mit deiner königlichen Hand denjenigen in deiner Macht [Stehenden] geben, den ich zum Gatten wünsche. Fern sei mir die Anmaßung, unter dem königlichen Blut Frankreichs meine Wahl zu treffen, um meine niedrige Stellung[76] mit irgend einem Zweig oder Abbild[77] deines Standes zu erhöhen.

---

[69] *impossibility ... saves:* Gegenüber der Normalsyntax sind die Positionen des Vorher und Nachher vertauscht. Eine Gedankenfigur (Lausberg § 413), welche das affektisch interessierende Endstadium eines Geschehensablaufs (hier: *impossibility)* syntaktisch vorzieht. Normal wäre *what common sense would slay as impossible.* – *common sense* bezeichnet in der elisabethanischen Psychologie die jedem Menschen eigene Fähigkeit des Gehirns, verschiedene Sinneseindrücke zu einer Gesamtwahrnehmung zu integrieren (Anderson, "Elisabethan Psychology" S.17). *sense* meint – hier wohl in Antithese zu *common sense* – den geschulten Verstand, die höhere Einsicht (vgl. II.1.124 und Anm.). Die chiastische Anordnung *(slay ... sense, sense saves)* stützt die Annahme einer Variation in der Bedeutung des wiederholten *sense,* die Alliteration betont die Förmlichkeit. Delius paraphrasiert: "Den Glauben an deine Wunderkraft, den der gesunde Menschenverstand als eine Unmöglichkeit vernichten würde, den rettet ein anderer, höherer Verstand oder Sinn".

[70] *intimate ... skill ... monstrous desperate:* Sh. verwendet *intimate* sonst nur als Verb in den Bedeutungen 'formell erklären, bekanntmachen' *(L.L.L.* II.1.127) sowie 'eingeben, veranlassen' *(Twel.N.* II.5.78). – *monstrous:* nicht nur 'ungeheuerlich', sondern ebenso oft auch neutral 'außergewöhnlich, unvorstellbar (groß)'; – *desperate* heißt hier 'gefährlich, risikoreich' (vgl. die enge Parallele in *A.Y.L.* V.4.32 *this boy* (...) *hath been tutored in the rudiments/Of many desperate studies by his uncle,/Whom he reports to be a great magician).* Sonst, meist mit Bezug auf eine Person, 'unbesonnen, leichtsinnig, tollkühn'.

Thy life is dear, for all that life can rate
Worth name of life in thee hath estimate:
Youth, beauty, wisdom, courage – all
That happiness and prime can happy call.
Thou this to hazard needs must intimate
Skill infinite, or monstrous desperate.
Sweet practiser, thy physic I will try,
That ministers thine own death if I die.

HELENA. If I break time or flinch in property
Of what I spoke, unpitied let me die,
And well deserved; not helping, death's my fee.
But if I help, what do you promise me?

KING. Make thy demand.

HELENA. But will you make it even?

KING. Ay, by my sceptre and my hopes of heaven.

HELENA. Then shalt thou give me with thy kingly hand
What husband in thy power I will command.
Exempted be from me the arrogance
To choose from forth the royal blood of France,
My low and humble name to propagate

---

192. *heaven* Theobald (1733 Konj.Thirlby); F *helpe* 'Heilung'.

---

[71] *minister:* Nicht nur 'dienen', 'an die Hand geben', sondern auch 'verabreichen' (Essen, Medizin, vgl. *Meas. for M.* II.2.86 und *Two Gent.* II.4.147) und 'verursachen', 'herbeiführen', 'mit sich bringen' *(Meas. for M.* IV.5.6: *As cause does minister* 'wie es die Sache mit sich bringt'.)

[72] *property:* 'das, was wesentlich zu einer Person oder Sache gehört'.

[73] *even* bedeutete ursprünglich 'auf gleicher Ebene', 'gleichermaßen' mit der Konnotation 'gerecht'. Bei Sh. meist in den Bedeutungen 'ganz und gar' oder 'genau' (Brook, S.40). Die Wendung *to make even* enstammt dem kommerziellen Bereich: 'Soll und Haben in Übereinstimmung bringen' (vgl. I.3.3. und Anm.).

[74] *hopes ... heaven* oder ähnliche Formulierungen finden sich als idiomatische Beteuerungsformeln häufig bei Sh. (vgl. aber Z.154, wo Helena sich als ein Werkzeug des Himmels versteht). Die F Lesart *help* 'Heilung' ergibt durchaus einen Sinn, führt aber zu einem – ev. beabsichtigten – Bruch im Reim.

[75] *thou:* Helena wechselt in ihrer Anrede des Königs von dem einer Respektperson gebührenden *you* zu vertraulicherem *thou*. Ein solcher Wechsel hin zur affektiv markierten Anrede ist in den Fällen, wo sie sich an einen König richtet, meist Ausdruck besonderer Verehrung. Eine weitere Erklärung für das verbindliche *thou* liefert der Kontext sowie der deklamatorische Stil der Verse hier: sie sind weitgehend von überpersönlichen Mächten inspiriert, vor denen Rangunterschiede belanglos erscheinen.

[76] *low ... humble name:* Eine tautologische Doppelfügung, wie sie sich häufig in formelhafter oder emphatischer Rede finden *(Meas. for M.* I.1.49). – *name* heißt nicht nur 'Name', sondern auch 'gesellschaftlicher Rang', 'Titel'.

[77] *branch ... image:* Der Wendung liegt wohl das Bild des Familienstammbaums, von dessen Ästen die Wappen der Familienmitglieder hängen, zugrunde.

Einen solchen jedoch [wähle ich], [welcher] dein Vasall [ist], und von dem ich weiß, daß ich ihn erbitten darf, und daß du ihn mir geben kannst.

KÖNIG. Hier ist meine Hand. [Sind] die Bedingungen erfüllt, so wird deinem Willen durch meine Tat[78] Genüge getan. Wähle also die dir gemäße Zeit, denn ich, entschlossen dein Patient zu sein, verlasse mich von jetzt an[79] auf dich. Mehr sollte ich, und mehr muß ich von dir erfragen, obwohl mehr wissen nicht mehr vertrauen hieße – woher du kamst, wer dir half – doch sei uns ohne Fragen willkommen und ohne Zweifel gesegnet. Helft mir ein wenig, he![80] – Wenn dein Tun so hoch kommt wie dein Wort,[81] so soll meine Tat der Deinen gleichkommen.

Ein Trompetenstoß. Ab.

II.2 *Die Gräfin und [Lavatch] der Clown treten auf.*[1]

GRÄFIN. Kommt her, Freund, ich will Eure Erziehung[2] auf die höchste Probe stellen.

LAVATCH. Ich werde mich als wohlgenährt und wenig unterrichtet erweisen. Ich weiß, ich werde bloß an den Hof geschickt.

GRÄFIN. [Bloß] an den Hof? Ei, welchen Ort seht Ihr [denn] als etwas Besonderes an, wenn Ihr [sogar] diesen mit soviel Verachtung verschmäht? Bloß an den Hof?

LAVATCH. Wahrhaftig, Madame, hat Gott einem Mann [gute] Manieren[3] geliehen, so vermag er sie mit Leichtigkeit am Hof an den Mann zu bringen:[4] Wer keinen Kratzfuß machen, seinen Hut nicht abnehmen, seine Hand nicht küssen und nichts sagen kann, hat weder Fuß, Hand, Lippe noch Hut; und wirklich wäre ein solcher Kerl, um's genau zu sagen, nicht für den Hof

---

[78] *performance:* 'was einer getan, vollbracht hat'. Bei Sh. oft auch 'Erfüllung eines Versprechens' *(2 Hen. VI* I.4.2).

[79] *still:* 'dauernd, 'immer'.

[80] *Give ... ho!:* Eine Aufforderung des Königs an die Adresse der anwesenden Höflinge, ihn beim Abgang von der Bühne zu stützen (vgl. II.1.BA und Anm.). Möglich ist auch, daß diese hinter der Szene gewartet haben. Der Aufruf Ho! richtet sich oft auch an Entferntere *(Macb.* III.3.9).

[81] *as high as word:* Unsere Übersetzung ist Delius verpflichtet.

[1] *Enter Countess:* Ort der Szene ist der gräfliche Palast zu Roussillon. Das Wortgeplänkel zwischen der Gräfin und Lavatch folgt stellenweise einer eigenen Logik. Da die Gräfin das gegenüber einem Hausnarren angebrachte Standespronomen *thou* zugunsten von *you* fallen läßt, darf angenomen werden, daß sie sich hier in ein Rollenspiel mit Lavatch einläßt, in dem sie eine Bittstellerin mimt, während er den galanten Höfling spielt (vgl. I.3.20. und Anm.)

With any branch or image of thy state;
But such a one, thy vassal, whom I know
Is free for me to ask, thee to bestow.

KING. Here is my hand. The premises observed,
Thy will by my performance shall be served.
So make the choice of thy own time; for I,
Thy resolved patient, on thee still rely.
More should I question thee, and more I must,
Though more to know could not be more to trust –
From whence thou cam'st, how tended on – but rest
Unquestioned welcome, and undoubted blest.
Give me some help here, ho! – If thou proceed
As high as word, my deed shall match thy deed.

Flourish. Exeunt.

II.2 Enter Countess and [Lavatch, the] Clown.

COUNTESS. Come on, sir, I shall now put you to the height of your breeding.

LAVATCH. I will show myself highly fed and lowly taught.
I know my business is but to the court.

COUNTESS. To the court? Why, what place make you special, when you
6 put off that with such contempt? But to the court?

LAVATCH. Truly, madam, if God have lent a man any manners, he may easily put it off at court: he that cannot make a leg, put off's cap, kiss his hand, and say nothing, has neither leg, hands, lip, nor cap; and indeed such a fellow, to say precisely, were not for

---

[2] *breeding* im Mund der Gräfin: 'Erziehung'. In Lavatchs Replik erhält es dagegen die ganz materielle Bedeutung 'Aufzucht', indem er nämlich auf *fed* größeren Wert legt als auf *taught.* Seine Replik variiert zudem das Sprichwort *Better fed than taught* (Tilley F 174). Die Antithese *highly – lowly* ist dabei ihrerseits doppeldeutig: 'in hohem Maße' – 'in geringem Maße', aber auch 'in hoher gesellschaftlicher Position' (hier wohl: 'am Hof') – 'in niedriger gesellschaftlicher Position'.

[3] *manners:* 1. 'gutes Betragen' (V.1.15); 2. 'sittliches Verhalten', 'Charakter' (I.1.57, vgl. auch das Wortspiel mit den zwei Bedeutungen von *manners* in *A.Y.L.* III.2.38).

[4] *put off ... kiss his hand:* Die Gräfin verwendet *put off* (Z.6) in der Bedeutung 'beiseite schieben', 'abtun'. Lavatch greift das Wort wieder auf in der Bedeutung 'verkaufen' (OED j.), 'jemand etwas andrehen' (OED k.). – *kiss his hand:* Das Küssen der eigenen Hand galt als elegante Form, eine Frau zu grüßen *(Oth.* II.1.171, *Twel.N.* III.4.30).

[geeignet]. Was aber mich betrifft, so habe ich eine Antwort, die allen Leuten recht ist.

GRÄFIN. Ei, das ist aber eine ergiebige Antwort, wenn sie auf alle Fragen paßt.

LAVATCH. Sie ist wie der Barbierstuhl, der für jeden Hintern paßt,[5] – den spitzen Hintern, den fetten Hintern, den prallen Hintern, oder für jeden Hintern.

GRÄFIN. Wird deine Antwort auch auf jede Frage so gut passen?

LAVATCH. So gut wie zehn Groschen in die Hand eines Anwalts, wie eine französische Krone zu einer taftgeschmückten Dirne,[6] wie Tibs Binsenring[7] zu Toms Zeigefinger, wie ein Pfannkuchen zum Fastnachtsdienstag,[8] wie der Morris-Tanz zum ersten Mai,[9] wie der Nagel in sein Loch, wie der Hahnrei zu seinem Horn, wie ein keifendes Weib zu einem hadernden Mann, wie die Nonnenlippe zum Mönchsmund; ja, wie die Wurst in ihre Haut.

GRÄFIN. Hast du wirklich eine so gute Antwort, daß sie auf alle Fragen paßt?

LAVATCH. Vom Herzog herunter bis unter den Konstabler hinab, wird sie auf jede Frage passen.[10]

GRÄFIN. Das muß eine Antwort von ganz ungeheurer Größe sein, wenn sie allen Ansprüchen genügen muß.

LAVATCH. Im Gegenteil, bloß eine Kleinigkeit, wahrhaftig, vorausgesetzt, daß die Gelehrten die Wahrheit darüber sagen. Hier ist sie, mit allem, was dazu gehört: Fragt mich, ob ich ein Höfling bin; es wird nicht schaden, es zu erfahren.

GRÄFIN. Noch einmal jung zu sein,[11] wenn wir [das bloß] könnten! Ich will fragen wie ein Narr, in der Hoffnung, durch deine Antwort weiser zu werden. Ich bitte Euch, mein Herr, seid Ihr ein Höfling?

LAVATCH. Ach Gott, Herr! – Das ist einfach zu erledigen. Mehr, mehr, hundert solche Fragen.

GRÄFIN. Herr, ich bin eine arme Freundin von Euch, die Euch liebt.

---

[5] *barber's ... buttocks:* Der Vergleich mit einem Barbierstuhl war sprichwörtlich zur Bezeichnung eines Gegenstandes, der zu jedem paßt (Tilley B 74).

[6] *French crown ... punk:* Ein Wortspiel mit *crown:* 1. 'Münze', hier: 'Lohn einer Dirne'; 2. *French crown* nannte man das Kahlwerden infolge einer Erkrankung an Syphilis (vgl. *Sh.Engl.I*, S.438).

[7] *Tib's rush:* Ringe aus Binsenstroh *(rush)* wurden in ländlichen Gegenden anläßlich einer Verlobung ausgetauscht. *Tib* und *Tom* stehen verächtlich für 'Mann und Frau'. Z.23 unten macht die sexuelle Anspielung unmißverständlich (vgl. *Merch. V.* V.1.307).

the court. But for me, I have an answer will serve all men.

COUNTESS. Marry, that's a bountiful answer that fits all questions.

LAVATCH. It is like a barber's chair that fits all buttocks – the pin-buttock, the quatch-buttock, the brawn-buttock, or any buttock.

COUNTESS. Will your answer serve fit to all questions?

LAVATCH. As fit as ten groats is for the hand of an attorney, as your French crown for your taffety punk, as Tib's rush for Tom's forefinger, as a pancake for Shrove Tuesday, a morris for May-day, as the nail to his hole, the cuckold to his horn, as a scolding quean to a wrangling knave, as the nun's lip to the friar's mouth; nay, as the pudding to his skin.

COUNTESS. Have you, I say, an answer of such fitness for all questions?

LAVATCH. From below your duke to beneath your constable, it will fit any question.

COUNTESS. It must be an answer of most monstrous size that must fit all demands.

LAVATCH. But a trifle neither, in good faith, if the learned should speak truth of it. Here it is, and all that belongs to't: ask me if I am a courtier; it shall do you no harm to learn.

COUNTESS. To be young again, if we could! I will be a fool in question, hoping to be the wiser by your answer. I pray you, sir, are you a courtier?

LAVATCH. O Lord, sir! – There's a simple putting off. More, more, a hundred of them.

COUNTESS. Sir, I am a poor friend of yours, that loves you.

---

[8] *pancake ... Shrove Tuesday:* Sicher hat *pan-cake* in der hier vorliegenden Kollokation eine sexuelle Nebenbedeutung: 'Hure', 'Weibsstück'. Das Wort *cake* hat bei Sh. stets diese Konnotation (für Belege vgl. *A.Y.L.* [ed.Trautvetter] Anm. zu I.2.60). – *Shrove Tuesday* heißt auch *pancake-day*. Die drei Tage vor Aschermittwoch werden als *shrovetide*, wörtlich: 'Beichtezeit' bezeichnet. Die Fasnachtszeit war von so ausgelassener Natur, daß *shroving* (aus der past tense Form *shrove* zu *shrive* 'die Beichte abnehmen') bald gleichbedeutend war mit *merrymaking (2 Hen.IV* V.3.32–36).

[9] *morris ... May-day:* Der Morristanz besteht aus einer Reihe traditioneller, aus Sagen und Balladen entlehnter Figuren, welche am 1. Mai durch die Straßen der Städte zogen (vgl. A.Brissenden, "Sh. and the Morris", *Review of English Studies* 30, 1979, S.1–11).

[10] *your duke ... your constable: your* ist kein possessives Adj., sondern wird wie hier oft in einem vagen Sinn verwendet, der neben (angemaßter) Vertrautheit mit dem Adressaten impliziert, daß dieser von dem Gegenstand des Gesprächs weiß, oder irgend etwas damit zu tun hat (OED 5b).

[11] *To be young again* hängt direkt ab von *it shall do you no harm to learn.*

LAVATCH. Ach Gott, Herr! – Rasch, rasch,[12] schont mich nicht.

GRÄFIN. Ich denke, mein Herr, Ihr könnt wohl nichts von dieser bäurischen Speise essen.

LAVATCH. Ach Gott, Herr! – Nur zu, gebt mir zu schaffen, ich erlaub's Euch.

GRÄFIN. Ihr wurdet kürzlich ausgepeitscht, mein Herr, wie ich annehme.

LAVATCH. Ach Gott, Herr! – schont mich nicht.

GRÄFIN. Schreit ihr 'Ach Gott, Herr' anläßlich Eurer Auspeitschung und 'Schont mich nicht'? Wirklich, Euer 'Ach Gott, Herr' folgt unmittelbar auf Eure Auspeitschung; Ihr hättet damit eine sehr passende Antwort auf Eure Auspeitschung bereit, wenn man sie einmal von Euch verlangen sollte.[13]

LAVATCH. Ich hatte in meinem Leben nie größeres Pech mit meinem 'Ach Gott, Herr'! Ich sehe, [gewisse] Dinge mögen ihren Dienst zwar lange tun, aber nicht ewig.

GRÄFIN. Ich mime die noble Hausfrau/Schlampe[14] [im Umgang] mit der Zeit, daß ich sie so munter mit einem Narren verbringe.

LAVATCH. Ach Gott, Herr! – seht, das paßt sich wieder gut.

GRÄFIN. Schluß, mein Herr, zu Eurem Geschäft: Gebt Helena dies, und drängt sie zu einer sofortigen Rückantwort. Empfehlt mich meinen Verwandten und meinem Sohn. Das ist nicht viel.

LAVATCH. Nicht viel Empfehlung für sie?

GRÄFIN. Nicht viel Mühe für Euch. Ihr versteht mich doch?

LAVATCH. Reichlich![15] Ich bin noch vor meinen Beinen dort.

GRÄFIN. Seid rasch zurück.

Ab.

II.3 *Graf [Bertram], Lafew und Parolles treten auf.*[1]

LAFEW. Man sagt, Wunder gäb's nicht mehr, und wir hätten jetzt unsere philosophischen Köpfe, um die übernatürlichen und unerklärlichen Dinge alltäglich[2] und vertraut zu machen. Daher kommt es, daß wir den Schrecken zur Lappalie machen, indem

---

[12] *Lord, sir ... thick: O Lord sir* war eine Modephrase der Zeit, die als Lückenbüßer diente, wenn das Gespräch abflaute oder eine unbequeme Frage beantwortet werden sollte (vgl. dazu Ben Jonson, *Every Man Out of His Humour,* III.1.125). – *thick* heißt bei Sh. auch sonst 'schnell, rasch'.

[13] *answer ... bound to't:* Die meisten Hrsg. erkennen hier einen Doppelsinn, beruhend auf zwei Bedeutungen von *answer:* 1. 'erwidern' (OED II.12 d.), 2. 'sich auszahlen' (OED I.8 obs.); sowie von *bound to't:* 1. 'verpflichtet (zu einer Antwort)', 2. 'festgebunden (an einen Pfahl)'. Der unterschwellige Sinn der Stelle wäre demnach etwa: 'Euch auszupeitschen müßte sich als lohnend erweisen, hätte man Euch nur erst an einen Pfahl gebunden'.

LAVATCH. O Lord, sir! – Thick, thick, spare not me.

COUNTESS. I think, sir, you can eat none of this homely meat.

LAVATCH. O Lord, sir! – Nay, put me to't, I warrant you.

COUNTESS. You were lately whipped, sir, as I think.

LAVATCH. O Lord, sir! – Spare not me.

COUNTESS. Do you cry, 'O Lord, sir!' at your whipping, and 'Spare not me'? Indeed, your 'O Lord, sir!' is very sequent to your whipping; you would answer very well to a whipping, if you were but bound to't.

LAVATCH. I ne'er had worse luck in my life in my 'O Lord, sir!' I see things may serve long, but not serve ever.

COUNTESS. I play the noble housewife with the time,
To entertain it so merrily with a fool.

LAVATCH. O Lord, sir! – Why, there't serves well again.

COUNTESS. An end, sir! To your business: give Helen this,
And urge her to a present answer back.
Commend me to my kinsmen and my son.
This is not much.

LAVATCH. Not much commendation to them?

COUNTESS. Not much employment for you. You understand me?

LAVATCH. Most fruitfully. I am there before my legs.

COUNTESS. Haste you again. *Exeunt.*

II.3 *Enter Count [Bertram], Lafew, and Parolles.*

LAFEW. They say miracles are past, and we have our philosophical persons, to make modern and familiar, things supernatural and causeless. Hence is it that we make trifles of terrors, ensconcing

---

54–55. *I ... fool* (in Versen) wie Knight (1842–44); F in Prosa.

---

14 *play the housewife* auch: 'schlimm behandeln' (vgl. *Henr. V* V.1.72 *Doth Fortune play the huswife* [= *hussy* 'Schlampe'] *with me now?*).

15 *fruitfully:* 'üppig, reichlich, fruchtbar'. Lavatch reagiert mit dem Wort auf ein Trinkgeld, welches ihm die Gräfin in die Hand drückt, signalisiert damit aber auch, daß er die sexuelle Konnotation von *understand* (Z.62) mitverstanden wissen will (vgl. I.1.202 und Anm.).

1 *Enter ... Parolles:* Die Szenen II.3 bis II.5 hat man sich am königlichen Hof in Paris zu denken.

2 *modern* heißt bei Sh. immer 'gewöhnlich, alltäglich'.

wir uns hinter [unserem] scheinbaren Wissen verschanzen,[3] wo wir uns der Furcht vor dem Unbekannten[4] unterwerfen sollten.

PAROLLES. Nun, es ist der außergewöhnlichste Gegenstand der Ver-
8 wunderung, der in unserer modernen Zeit auftauchte.[5]

BERTRAM. So ist es.

LAFEW. Von den Heilkundigen[6] aufgegeben –

PAROLLES. Das sage ich ja – sowohl von [den Anhängern des] Galen,[7]
11 wie [des] Paracelsus –

LAFEW. Von all den gelehrten und maßgebenden Mitgliedern des Kollegiums –

PAROLLES. Richtig! Das sage ich ja.

LAFEW. Die ihn für unheilbar ausgaben –

PAROLLES. Ja, da liegt's. Das sage ja auch ich.

LAFEW. Für rettungslos –

PAROLLES. Richtig! Für einen der gleichsam gefaßt sein müsse auf ein –

LAFEW. Ungewisses Leben und einen sicheren Tod.

PAROLLES. Richtig! Ihr sagt es gut. Eben das wollte ich auch sagen.

LAFEW. Ich darf wohl behaupten, es ist dies eine Neuigkeit für die Welt.

PAROLLES. Das ist es in der Tat. Wenn's einer vor Augen[8] haben will, so
22 soll er's lesen, da in dem Wie-nennt-Ihr's [gleich].[9]

LAFEW. *[Liest.]:* 'Ein Erscheinen göttlicher Wirkung in einem irdischen Werkzeug.'[10]

PAROLLES. Das ist [genau], was ich gesagt hätte, eben dasselbe.

LAFEW. Wer hätte das gedacht, der Delphin/Dauphin[11] ist nicht lebens-

---

[3] *ensconcing:* Eine der häufigen militärischen Metaphern.

[4] *miracles .. fear:* Rossiter *(Angel with Horns,* S.102) vermutet in diesen erratischen Zeilen eine Anspielung auf die Welt der respektvollen und frommen Traditionalisten einerseits und andererseits die der Modernen, welche die erwähnten Qualitäten entbehren. Sh. dramatisiert das Thema aber nicht weiter. New Arden (S.XXXVI) erkennt darin eine Assoziation der moralischen Verderblichkeit der jüngeren Generation mit den neuen Wissenschaften, wogegen Helenas Tugend gerade dadurch entsteht, daß sie sich auf übernatürliche Kräfte beruft. – *unknown fear* meint *fear of the unknown;* eine der häufigen Adjektivierungen präpositionaler Attribute.

[5] *shot out* evoziert das Bild des Unheil verkündenden Kometen. Vgl. I.3.82 und Anm.

[6] *artists:* An den drei Stellen, wo das Wort bei Sh. vorkommt, heißt es 'Gelehrter', 'Gebildeter' *(Tr. and Cr.* I.3.24, *Per.* II.3.15), nie jedoch 'Künstler' im modernen Sinn.

[7] *Galen ... authentic fellows:* Einzig die Schule des Galen genoß Autorität, nicht jedoch die des Paracelsus (vgl. Cole, *The All's Well Story,* S.100–104 und R.K. Stensgaard, "All's Well and the Galenico-Paracelsian Controversy" *Renaissance Quarterly* 25, 1972, S.179–88). – *authentic* hat die Bedeutung von mod.engl. *authoritative* 'maßgebend' *(Tr. and Cr.* III.2.174). – *fellow* 'Mitglied eines Kollegiums'. In diesem Fall wahrscheinlich eine Anspielung auf die Mitglieder des *Royal College of Physicians.* Vgl. II.1.117 und Anm.

ourselves into seeming knowledge when we should submit ourselves to an unknown fear.

PAROLLES. Why, 'tis the rarest argument of wonder that hath shot out in our latter times.

BERTRAM. And so 'tis.

LAFEW. To be relinquished of the artists –

PAROLLES. So I say – both of Galen and Paracelsus –

LAFEW. Of all the learned and authentic fellows –

PAROLLES. Right! So I say.

LAFEW. That gave him out incurable –

PAROLLES. Why, there 'tis! so say I too.

LAFEW. Not to be helped –

PAROLLES. Right! as 'twere a man assured of a –

LAFEW. Uncertain life, and sure death.

PAROLLES. Just! you say well. So would I have said.

LAFEW. I may truly say it is a novelty to the world.

PAROLLES. It is indeed. If you will have it in showing, you shall read it in What-do-ye-call there.

LAFEW. *[reads]* 'A showing of a heavenly effect in an earthly actor.'

PAROLLES. That's it I would have said, the very same.

LAFEW. Why, your dolphin is not lustier. Fore me, I speak in respect –

---

22. *What* Pelican; F *what.*
22. *what-do-you-call there* Case (Konj.Glover); F *what do ye call there;* New Sh. *what-do-ye-call't there;* Harrison *what do you call these.*
23. *[Reads]* Pelican; nicht in F; Alexander *[Reading the Ballad title].*
23. *'A ... actor'* Pelican; F *A ... actor;* Warburton *A ... actor* (kursiv).
25. *dolphin* Theobald; F *Dolphin* ev. 'Dauphin, Kronprinz'.

---

[8] *in showing:* 'augenfällig' (New Arden, New Penguin), 'sichtbar', d.h. gedruckt (Riverside).

[9] *What-do-ye-call:* Die Bindestriche fehlen in F, ebenso die Majuskel bei *What.* New Sh. nimmt an, daß Parolles sich mit diesen Worten nach einer Ballade erkundigt, die Lafew in Form eines Flugblatts in Händen hält (vgl. II.3.23 und Anm.).

[10] *[reads] ... showing ... actor:* Die BA findet sich nicht in F, ebensowenig die Anführungszeichen für die erstmals von Warburton als Titel einer Ballade aufgefaßte Zeile. New Arden erklärt die Stelle damit, daß Lafew den Titel einer Ballade vorliest, wie sie aus Anlaß der Genesung des Königs wahrscheinlich in Umlauf gebracht worden wäre (vgl. dazu auch *Wint. T.* V.2.27 sowie *Sh. Engl.II,* S.520). – *showing:* hier wohl 'Erscheinen'. Die substantivierte Form begegnet sonst nur noch in *Haml.* V.2.108: *of great showing* 'von edler Erscheinung' (Schmidt).

[11] *dolphin* ist eine elisabethanische Schreibvariante für *Dauphin.* Danach wäre der König nach seiner Genesung wieder so lebensfroh wie sein Kronprinz. Wahrscheinlicher ist, daß Sh. hier an den Delphin dachte, der in der antiken Sage von Arion als Heilszeichen erscheint (Lurker, S.221) und nach Giampietro Valeriano *(Hieroglyphica,* Basel 1556) als Symbol jugendlicher Liebe galt. Die Parallele zu *Ant. and Cl.* V.2.28 *his delights were dolphin-like* unterstützt diese Annahme. – *your* ist kein possessives Adj. (vgl. II.2.29 und Anm.).

froher. Auf mein Wort,[12] ich spreche in Erwägung,[13] [der Tatsache, daß] –

PAROLLES. Wirklich, es ist sonderbar, es ist sehr sonderbar! Das ist das kurz[weilige] und das langwierige daran; und der muß von äußerst verruchtem[14] Geist sein, der nicht anerkennen will, es sei die –

LAFEW. Eigentliche Hand des Himmels –

PAROLLES. Gewiß, das meine ich.

LAFEW. In einem schwachen –

PAROLLES. Und gebrechlichen Werkzeug; große Macht, große Transzendenz, was uns in der Tat zu weitergehender Anwendung gegeben sein sollte, als allein zur Heilung des Königs, wofür wir –

LAFEW. Allgemein dankbar wären.

Der König, Helena und Diener treten auf.

PAROLLES. Das hätte ich auch gesagt. Gut gesagt. Hier kommt der König.

LAFEW. Lustick![15] wie der Deutsche sagt. Ich schätze ein Mädchen umso mehr, so lange ich einen Zahn[16] im Kopf habe. Ei, er ist imstande, sie in einer Courante zu führen.

PAROLLES. Mort du vinaigre![17] Ist das nicht Helena?

LAFEW. Bei Gott, ich denke es [mir fast].[18]

KÖNIG. Geh' rufe alle Edlen am Hof vor mich. *[Ein Diener ab.]*
Setz dich, meine Retterin, an deines Patienten Seite und aus dieser gesunden Hand, deren verbannte Sinne du zurückgerufen hast,[19] empfange ein zweites Mal die Bestätigung meiner versprochenen Gabe, welche bloß darauf wartet, von dir benannt zu werden.

Drei oder vier Adlige treten auf.[20]

---

[12] *Fore me:* Eine stereotype Beteuerungsformel 'auf mein Wort', 'meiner Treu', 'mein Seel'.

[13] *in respect:* Die landläufige Übersetzung 'mit aller Hochachtung' nimmt an, daß Lafew den Kronprinzen im Sinn hat (vgl. II.3.26 und Anm.), oder gar den König selbst, dem er mit dem Attribut *lusty* 'voller Lebenskraft', welches auch *lustful* 'lüstern' konnotiert, nicht zu nahe treten möchte: 'Bei aller Hochachtung [vor dem König]'; *in respect* ließe sich dagegen auch auffassen als *in respect that* 'in Erwägung der Tatsache, daß' wie in *A.Y.L.* III.2.13–17. Lafew, der in diesem Dialog dauernd von Parolles unterbrochen wird, hatte wohl die Absicht, seinen Vergleich, in dem er den König mit dem die jugendliche Liebe symbolisierenden Delphin gleichsetzte, etwas abzuschwächen: 'Ich spreche in Erwägung der Tatsache, [daß der König als todkrank galt]'.

[14] *facinerious,* eine orthographische Variante von *facinorous* (OED), ist nur hier belegt (vgl. altfrz. *facinereux* 'gottlos', 'verrucht'). Mit Wörtern wie diesem und ähnlichen, wie etwa *transcendence* (Z.34), das auch nur hier belegt ist, charakterisiert Sh. das pseudogelehrte Palaver von Parolles, von dem sich Lafew zusehends überrollen läßt.

[15] *Lustick* ist nur hier belegt. Das OED zitiert dieses Stelle als Beleg für die Bedeutung 'fröhlich' 'lustig', besonders mit Bezug auf Trinkgelegenheiten.

PAROLLES. Nay, 'tis strange, 'tis very strange! that is the brief and the tedious of it; and he's of a most facinerious spirit that will not acknowledge it to be the –

LAFEW. Very hand of heaven –

PAROLLES. Ay, so I say.

LAFEW. In a most weak –

PAROLLES. And debile minister; great power, great transcendence, which should indeed give us a further use to be made than alone the recovery of the king, as to be –

LAFEW. Generally thankful.

Enter King, Helena, and Attendants.

PAROLLES. I would have said it! you say well. Here comes the king.

LAFEW. Lustick! as the Dutchman says. I'll like a maid the better whilst I have a tooth in my head. Why, he's able to lead her a coranto.

PAROLLES. Mort du vinaigre! Is not this Helen?

LAFEW. Fore God, I think so.

KING. Go, call before me all the lords in court. *[Exit an Attendant.]*
Sit, my preserver, by thy patient's side,
And with this healthful hand whose banished sense
Thou hast repealed, a second time receive
The confirmation of my promised gift,
Which but attends thy naming.

Enter three or four Lords.

---

42. *Mort du vinaigre!* Rowe (1714); F *Mor du vinager!*
50. *Enter ... Lords* F; Sisson (1954) *[Enter four Lords and Bertram.]*

---

16 *tooth* ist in der Bedeutung 'Geschmack', 'Vorliebe' seit dem späten Mittelalter belegt (vgl. auch die Wendung *to have a sweet tooth* 'eine Vorliebe für sinnliche Vergnügungen haben', Tilley T 420).

17 *Mort du vinaigre* ist wahrscheinlich eine besonders blasphemische Pervertierung des geläufigen *Mort et sang de Dieu,* wobei *vinaigre* als Slangausdruck für *sang* 'heiliges Blut' steht. (New Sh.)

18 *I think so:* Sind diese Worte als Antwort auf Parolles' Frage aufzufassen, so spricht Lafew wahrscheinlich ironisch auf Parolles' Kosten, denn jener kann nicht erstaunt sein über den erneuten Auftritt Helenas zusammen mit dem König, da er es ja war, der sie beim König eingeführt hatte (II.1.94). Möglich ist auch, daß Lafew Parolles' Frage gar nicht beachtet, sondern gleichzeitig mit diesem spricht, indem er seinem Erstaunen über die eben gemachte Beobachtung (Z.41) Ausdruck verleiht.

19 *banished sense ... repealed: sense:* Vgl. II.1.124 und Anm. – *repeal,* ein juristischer Fachausdruck, bedeutet '(Verbannte) zurückrufen', 'wiedereinsetzen (in Ämter und Würden)' (vgl. *Rich. II* II.2.49).

20 *three or four Lords:* Ungenaue BA wie diese (vgl. die BA zu IV.1, IV.3) wären in einem Regiebuch *(prompt-copy)* undenkbar. Ihr Auftreten in F läßt daher für die Druckvorlage auf ein frühes Manuskript *(foul-papers)* schließen. (vgl. Einl.S. 11–12.)

Schönes Mädchen, laß deinen Blick schweifen. Diese jugendliche Gruppe edler Junggesellen untersteht meiner Verfügungs[gewalt]. Über sie kann ich sowohl königliche Macht als auch eines Vaters Wort gebrauchen. Triff deine freie Wahl. Du hast die Macht zu wählen, sie [haben] keine, sich dir zu versagen.

HELENA. Jedem von Euch falle eine schöne und tugendhafte Dame zu, sobald es dem Liebesgott gefällt; gewiß, jedem außer einem.

LAFEW. *[Beiseite]* Ich gäbe meinen gestutzten Braunen samt Zaumzeug, wären meine Zahnreihen ebenso undurchbrochen wie die dieser Knaben, und hätte ich ebensowenig Bart zu beanspruchen.[21]

KÖNIG. Prüfe sie eingehend: Nicht einer [ist] unter ihnen, der nicht einen adligen Vater hatte.

HELENA. [Edle] Herren,[22] der Himmel hat durch mich des Königs Gesundheit wiederhergestellt.

ALLE. Wir wissen es und danken dem Himmel für Euch.

HELENA. Ich bin ein einfaches Mädchen und darin am reichsten, daß ich bekenne, einfach eine Jungfrau zu sein. Wenn es Eurer Majestät beliebt, ich bin schon zu Ende. Die Schamröte auf meinen Wangen flüstert mir zu, 'ich erröte [darüber], daß du wählst, [solltest du] aber abgewiesen[23] [werden], so möge der weiße Tod für immer auf deiner Wange sitzen, ich kehre nie mehr dorthin zurück.'

KÖNIG. Triff deine Wahl und du wirst sehen; wer deine Liebe verschmäht, verschmäht [auch] all meine Liebe für ihn.

HELENA. Jetzt entfliehe ich deinem Altar, Diana, und hin zur beherrschenden Liebe,[24] jenem höchsten Gott, strömen meine Seufzer.

Sie wendet sich an einen der Adligen.[25]

Herr, wollt Ihr meine Bitte hören?

1. ADLIGER Und sie [Euch] gewähren.

HELENA. Danke, mein Herr, alles Weitere ist Stillschweigen.

---

[21] *broken ... writ: mouth ... broken* läßt sich bildlich: *break to the bit* '(junge Pferde) an die Kandare nehmen' oder wörtlich verstehen: vgl. II.3.41 und Anm. – *writ:* Präteritum von *write* (Franz §§ 166, 168) 'Anspruch erheben auf', welches in ähnlichen Wendungen auch sonst bei Sh. begegnet (vgl. z.B. unten Z.197 sowie *2 Hen.IV* I.2.25).

[22] *Gentlemen:* Der abgebrochene Vers enthält eine Regieanweisung: Helena zögert.

[23] *but be refused:* Elliptisch für *but should'st thou be refused.*

[24] *Dian ... fly ... Love:* Personifikationen der Keuschheit, bzw. der (sinnlichen) Liebe. – *fly:* Sh. unterscheidet die Bedeutungen 'fliegen' und 'flüchten' nicht *(A.Y.L.* .I.3.96, *Mids.N.D.* I.1.203, *Com.Err.* III.2.152).

Fair maid, send forth thine eye. This youthful parcel
Of noble bachelors stand at my bestowing,
O'er whom both sovereign power and father's voice
I have to use. Thy frank election make.
Thou hast power to choose, and they none to forsake.
HELENA. To each of you one fair and virtuous mistress
Fall, when Love please; marry, to each but one.
LAFEW. *[aside]* I'd give bay Curtal and his furniture
My mouth no more were broken than these boys',
And writ as little beard.
KING. Peruse them well:
Not one of those but had a noble father.
HELENA. Gentlemen,
Heaven hath through me restored the king to health.
ALL. We understand it, and thank heaven for you.
HELENA. I am a simple maid, and therein wealthiest
That I protest I simply am a maid.
Please it your majesty, I have done already.
The blushes in my cheeks thus whisper me,
'We blush that thou shouldst choose; but be refused,
Let the white death sit on thy cheek forever,
We'll ne'er come there again.'
KING. Make choice and see;
Who shuns thy love shuns all his love in me.
HELENA. Now, Dian, from thy altar do I fly,
And to imperial Love, that god most high,
Do my sighs stream.
She addresses her to a Lord.
Sir, will you hear my suit?
I. LORD. And grant it.
HELENA. Thanks, sir, all the rest is mute.

---

75. *She addresses her to a Lord* New Sh.; in F nach 61; in Capell nach 55.
75. *Sir,* F; *Sirs* Konj.Thiselton

---

[25] *She addresses her to a Lord:* Die BA folgt in F auf Z.61. Helena wendet sich nun der Reihe nach den vier Mündeln des Königs zu. Die sich dabei ergebenden Dialoge stellen ein grundsätzliches Interpretationsproblem. Es stellt sich die Frage, ob die für Helena uninteressanten Mündel ihrerseits ein Interesse an Helena bekunden (was New Sh. annimmt, unter Hinweis darauf, daß dies einer natürlichen als auch einer dramatischen Notwendigkeit entspreche), oder ob sie mit ihren knappen zustimmenden Antworten lediglich ihrer Gehorsamspflicht gegenüber dem König nachkommen, und also nicht die Absicht haben, Helena zur Frau zu nehmen (wie Delius und J.Price, *Unfortunate Comedy,* S.155, annehmen) (vgl. II.3.85 und Anm.).

LAFEW. *[Beiseite.]* Ich würde lieber hier zur Wahl stehen, als um mein Leben zu würfeln.[26]

HELENA. *[Zu einem anderen.]* Der Adel, Herr, der in Euren schönen
80 Augen aufflammt, antwortet mir allzu bedrohlich, noch bevor ich spreche. Die Liebe möge Euch einem Geschick[27] zuführen, das zwanzigmal über der, die solches wünscht, und ihrer bescheidenen Liebe steht.

2. ADLIGER Kein besseres [Geschick], mit Verlaub.

HELENA. Meinen Wunsch empfangt, welchen [der große Gott der]
84 Liebe erfüllen möge; und so verabschiede ich mich.

LAFEW. *[Beiseite.]* Schlagen alle sie aus?[28] Wären sie meine Söhne, so würde ich sie auspeitschen lassen, oder ich würde sie zu den Türken schicken, damit man Eunuchen aus ihnen macht.

HELENA. *[Zu einem dritten.]* Habt keine Angst, daß ich Eure Hand ergreife; ich werde Euch um Eurer selbst willen nicht kränken.
90 Gesegnet sei Euer [Ehe]gelöbnis, und in Eurem Bett sollt Ihr ein größeres Glück finden, wenn Ihr Euch je vermählt.

LAFEW. *[Beiseite.]* Diese Knaben sind Knaben aus Eis; keiner von ihnen will sie haben. Sicher sind es englische Bastarde;[29] Franzosen haben sie nicht gezeugt.

HELENA. *[Zu einem vierten.]* Ihr seid zu jung, zu glücklich und zu gut,
96 Euch einen Sohn aus meinem Blut zu zeugen.

4. ADLIGER Schöne, so denke ich nicht.

LAFEW. *[Beiseite.]* Es ist noch eine Traube übrig; ich bin sicher, dein Vater trank Wein. Aber wenn du nicht ein Esel bist, dann bin ich ein Junge von vierzehn [Jahren]; ich habe dich bereits durchschaut.[30]

HELENA. *[Zu Bertram.]* Ich wage nicht zu sagen, ich nehme Euch,
102 sondern gebe mich und meinen Dienst,[31] solange ich lebe, in Eure lenkende Gewalt. – Dies ist der Mann.

KÖNIG. Gut denn, Bertram, nimm sie; sie ist deine[32] Frau.

BERTRAM. Meine Frau, mein Lehensherr? Ich muß[33] Eure Hoheit anfle-

---

26 *ames-ace ... life:* Ein ironischer Vergleich. *ames(ambs)-ace* 'Doppelass' ist der niedrigste Wurf beim Würfelspiel und bedeutet übertragen 'Pech, Unglück'.

27 *fortunes:* 'das, was jemand widerfahren ist, die Lebensumstände' *(Twel.N.* I.4.39 und *A.Y.L.* II.7.200); der Singular *fortune* ist semantisch neutral: 'Geschick'. Die Bedeutung 'Glück' entsteht erst durch die Ergänzung mit *good* (II.3.176, II.4.15).

28 *deny her:* Nimmt man an, daß die Äußerungen der vier Adligen aufrichtig sind, und daß somit jeder von ihnen bereit wäre, Helena zu ehelichen, so muß diese Bemerkung Lafews als ein Mißverständnis gedeutet werden. Es ließe sich allenfalls damit erklären, daß Lafew und Parolles so weit vom zentralen Bühnengeschehen entfernt stehen, daß sie den Gesprächsverlauf zwischen Helena und den Adligen nicht verfolgen können. Wahrscheinlicher ist aber, daß Lafews Frage, ebenso wie seine Kommentare weiter unten (Z.92f, Z.98f) die wirkliche Situation erfassen, zumal da Lafew sonst ein

LAFEW. *[aside]* I had rather be in this choice than throw ames-ace for my life.

HELENA. *[to another]* The honor, sir, that flames in your fair eyes,
Before I speak, too threat'ningly replies.
Love make your fortunes twenty times above
Her that so wishes, and her humble love!

2. LORD. No better, if you please.

HELENA. My wish receive,
Which great Love grant; and so I take my leave.

LAFEW. *[aside]* Do all they deny her? An they were sons of mine, I'd have them whipped, or I would send them to th' Turk to make eunuchs of.

HELENA. *[to a third]* Be not afraid that I your hand should take;
I'll never do you wrong for your own sake.
Blessing upon your vows, and in your bed
Find fairer fortune, if you ever wed.

LAFEW. *[aside]* These boys are boys of ice; they'll none have her. Sure they are bastards to the English; the French ne'er got'em.

HELENA. *[to a fourth]* You are too young, too happy, and too good,
To make yourself a son out of my blood.

4. LORD. Fair one, I think not so.

LAFEW. *[aside]* There's one grape yet; I am sure thy father drunk wine. But if thou be'st not an ass, I am a youth of fourteen; I have known thee already.

HELENA. *[to Bertram]* I dare not say I take you, but I give
Me and my service, ever whilst I live,
Into your guiding power. – This is the man.

KING. Why then, young Bertram, take her; she's thy wife.

BERTRAM. My wife, my liege? I shall beseech your highness,

---

verläßlicher Kommentator des Geschehens ist, wie Price *(Unfortunate Comedy,* S.155) gezeigt hat. So erweist sich denn auch Lafews Befürchtung (Z.98–100), Helena könnte von Bertram ebenso verschmäht werden wie von den übrigen Adligen als richtig (vgl. II.3.74 und Anm.).

[29] *bastards ... English:* Eine Reminiszenz an den Hundertjährigen Krieg zwischen Frankreich und England (1339–1453) (vgl. *Hen.V* IV.5.11–17).

[30] *grape ... wine ... known:* Ein Anklang an das Sprichwort *Good wine makes good blood* (Tilley W 461). Lafew will sagen: 'obwohl du adeliger Herkunft bist, bist du dennoch ein Esel'. – *know:* 'durchschauen' *(1 Hen.IV* III.3.61, *Lear* II.2.11).

[31] *service:* 'Liebesdienst' (vgl. unten IV.2.17).

[32] *thy:* In den folgenden Versen spricht der König Bertram wieder konsequent mit 'du' an, nachdem er in dem jungen Grafen den zu belehrenden Jüngling erkannt hat (vgl. I.2.31 und Anm.).

[33] *shall* ist normalerweise rein futurisch. Hier enthält es jedoch ein Element des Zwangs, der Unvermeidbarkeit (Brook, S.114).

hen, erlaubt mir, in solcher Sache die Hilfe meiner eigenen Augen zu gebrauchen.

KÖNIG. Weißt du nicht, Bertram, was sie für mich getan hat?

BERTRAM. Doch, mein guter Herr. Aber ich glaube nicht, daß ich je verstehen werde, weshalb ich sie heiraten sollte.

KÖNIG. Du weißt, sie ließ mich von meinem Krankenbett aufstehen.

BERTRAM. Aber folgt daraus, mein Herr, daß mein Herunterkommen[34] Eurem Aufkommen entsprechen muß? Ich kenne sie gut; sie wurde auf Kosten[35] meines Vaters aufgezogen. Eines armen Arztes Tochter[36] meine Frau? Eher soll mich meine Abneigung [gegen sie] für immer verderben!

KÖNIG. Es ist einzig [Mangel an] Rang,[37] den du bei ihr verachtest, welchen [Rang] ich [jedoch] erhöhen kann. Seltsam ist es [doch], daß unser verschiedenes Blut sich nach Farbe,[38] Gewicht und Hitze gar nicht unterscheiden ließe, gösse man es zusammen, und sich dennoch in so gewaltigen Unterschieden voneinander abhebt. Wenn sie all das ist, was die Tugend ausmacht – allein, was du verabscheust, eines armen Arztes Tochter – so verabscheust du die Tugend wegen eines [fehlenden] Titels. Tu das aber nicht. Nimmt Tugend von niedrigster Stellung ihren Ausgang, so wird diese durch des Tugendhaften Tat erhöht. Wo groß[tönende] Titel uns aufblähen und Tugend fehlt, ist der Adel wassersüchtig.[39] Gutes allein ist gut, ohne einen Titel; ebenso verhält es sich mit der Schlechtigkeit: die [Charakter]eigenschaft sollte ihren Wert durch sich selbst erhalten, nicht durch einen Titel. Sie ist jung, klug, schön; darin ist sie die unmittelbare Erbin der Natur; und diese [Eigenschaften] bringen den Adel hervor. Wer sich rühmt, des Adels Kind zu sein, aber nichts vom Vater hat, gereicht dem Adel zum Spott. Adel[40] blüht, wenn wir ihn mehr von unseren eigenen Taten

---

[34] *bring me down:* Die Institution des Mündelwesens gab dem König das Recht, seine Mündel – unter Wahrung der Standesschranken – zu verheiraten *(Sh. Engl. I,* S.387). Bertrams heftige Reaktion ließe ich eventuell als Auflehnung gegen die Verletzung eben dieser Bedingung rechtfertigen. Immerhin ist der König hier (Z.116–17) – im Gegensatz zur Quelle – bereit, Helena adligen Rang zu verleihen, was Bertrams Reaktion in den Augen eines Elisabethaners nachträglich als ungebührlich erscheinen läßt (zum Mündelwesen vgl. Einleitung, Kap. Interpretation).

[35] *charge:* Vgl. *charge-house* 'Erziehungsanstalt' in *L.L.L.* V.1.72.

[36] *a poor physician's daughter:* Der König wiederholt diese Worte in seiner Rede über Geburts- und Verdienstadel unten Z.122, was als Hinweis darauf aufgefaßt werden kann, daß Bertrams Argument gegen die nicht standesgemäße Heirat von einem elisabethanischen Publikum durchaus ernstgenommen wurde. Der Arztstand rangierte ganz am Schluß der Liste, welche mögliche Kandidaten für die privilegierte Position eines 'Gentleman' vorsah, und einige Gesellschaftstheoretiker verweigerten den Ärzten dieses Privileg ganz und gar (vgl. dazu Cook, "Sh.'s Gentlemen", S.21).

In such a business give me leave to use
The help of mine own eyes.

KING. Know'st thou not, Bertram,
What she has done for me?

BERTRAM. Yes, my good lord;
But never hope to know why I should marry her.

KING. Thou know'st she has raised me from my sickly bed.

BERTRAM. But follows it, my lord, to bring me down
Must answer for your raising? I know her well;
She had her breeding at my father's charge.
A poor physician's daughter my wife? Disdain
Rather corrupt me ever!

KING. 'Tis only title thou disdain'st in her, the which
I can build up. Strange is it that our bloods,
Of color, weight, and heat, poured all together,
Would quite confound distinction, yet stands off
In differences so mighty. If she be
All that is virtuous – save what thou dislik'st,
A poor physician's daughter – thou dislik'st
Of virtue for the name. But do not so.
From lowest place when virtuous things proceed,
The place is dignified by th' doer's deed.
Where great additions swell's, and virtue none,
It is a dropsied honor. Good alone
Is good without a name; vileness is so:
The property by what it is should go,
Not by the title. She is young, wise, fair;
In these to nature she's immediate heir;
And these breed honor. That is honor's scorn
Which challenges itself as honor's born
And is not like the sire. Honors thrive
When rather from our acts we them derive

---

37 *title ... virtue:* Die Rede des Königs zum Begriff *honor* markiert einen Angelpunkt in der gedanklichen Entwicklung des Stücks. Bradbrook *(Poetry,* S.162, 166) erkennt in ihr das strukturelle Zentrum von *All's Well.* Sentenzhafte und redensartliche Teile (Z.117–120, 124–130, 132–136) wechseln ab mit Apellen an Bertrams Vernunft. – *only title* steht elliptisch für *only lack of title.*

38 *Of color:* Vgl. das Sprichwort *There is no difference of bloods in a basin* (Tilley D 335). – *of* heißt bei Sh. häufig 'hinsichtlich, betreffs'.

39 *additions ... dropsied: additions* (OED 4) 'Titel'. – *dropsied:* OED zitiert diese Stelle als ersten Beleg für die übertragene Bedeutung 'aufgebläht'.

40 *honors:* Metaphorische Verwendung eines juristischen Fachbegriffs: 'Herrschaftsdomäne, bestehend aus verschiedenen Rittergütern *(manors)* unter einem Lehensherrn' (meist einem Baron) *(K.John* II.1.484–94).

herleiten als von unsern Vorfahren. Bloße Worte sind Sklaven, dazu verleitet, als Trophäen auf jedem Grabstein, auf jedem Grab zu lügen/liegen und sind dafür oft stumm,[41] wo Staub und schmähliches Vergessen[42] zum Grab für wahrhaft edles Gebein wird. Was soll man dazu sagen? Wenn du dieses Wesen als Mädchen lieben kannst, so kann ich den Rest erschaffen. Tugend und sie selbst sind ihre eigene Mitgift;[43] Adel und Reichtum [erhält sie] von mir.

BERTRAM. Ich kann sie nicht lieben und will auch nicht versuchen, es zu tun.

KÖNIG. Du setzest dich ins Unrecht, wenn du versuchen solltest, deine eigene Wahl zu treffen.[44]

HELENA. Daß Ihr genesen seid, mein Herr, macht mich froh. Laßt den Rest hingehen.

KÖNIG. Meine Ehre steht auf dem Spiel, und um das abzuwenden, muß ich meine Macht gebrauchen.[45] Hier nimm ihre Hand, [du] stolzer verachtungsvoller Jüngling, unwürdig dieser guten Gabe, der du meine Liebe [für dich] und Ihr Verdienst [um mich] in schmählicher Geringschätzung[46] gefangenhältst; der du nicht träumen kannst, daß wir, sobald wir unser Gewicht in ihre allzu leichte Schale legen, dich bis zum Waagebalken aufwiegen; der du nicht wissen willst, daß es an uns liegt, deine Ehre dort zu pflanzen, wo es uns beliebt, daß sie wachse. Zügle deine Verachtung. Folge unserem Willen, der sich um dein Wohl bemüht. Glaube deiner Verachtung nicht, sondern erweise deinem Geschick sogleich jenes gehörige Recht,[47] das sowohl deine Pflicht verlangt, als auch unsere Macht fordert; sonst will ich dich für immer aus meiner Fürsorge verstoßen,

---

[41] *slave ... deboshed ... lying ... dumb:* Eine kombinierte Metapher, in der Worte – im Gegensatz zu Taten (Z.135) – verglichen werden mit: 1. Siegestrophäen auf einem Grab; 2. verachtenswerten Menschen (*slave* war gebräuchlich als Wort zum Ausdruck von Verachtung ganz allgemein), die sich dazu hergeben (*deboshed* = *debauched* 'zum Aufgeben loyalen Verhaltens verleitet'), Lügen zu verbreiten und die dafür dort schweigen, wo die Wahrheit einen Fürsprecher nötig hätte.

[42] *dust ... oblivion:* Die Thematik von der Zeitgebundenheit des Ruhms spielt im entstehungszeitlich nahen Stück *Tr. and Cr.* eine zentrale Rolle.

[43] *virtue ... dower:* Vgl. *Lear* I.1.241 *she is herself a dowry.*

[44] *choose:* 'seine eigenen Wege gehen' (Kellner). Zur Bedeutung 'eigenmächtig handeln' vgl. *Merch.V.* I.2.21 und 44.

[45] *My honor ... my power* dürfte beiseite gesprochen sein. Ein Indiz dafür liefert der Wechsel von *I* zu *we* im Kernstück des Monologs. Gegenüber Bertram vermag der König seine Rollen als Vormund und als Monarch nur schwer zu trennen (vgl. I.2.31 und Anm.) – *at the stake* heißt wörtlich 'am Pfahl'. Die Bärenhatzmetapher, auf die das Idiom zurückgeht, lebt bei Sh. noch an drei Stellen: *Twel.N.* III.1.115; *Tr. and Cr.*

Than our foregoers. The mere word's a slave,
Deboshed on every tomb, on every grave
A lying trophy, and as oft is dumb,
Where dust and damned oblivion is the tomb
Of honored bones indeed. What should be said?
If thou canst like this creature as a maid,
I can create the rest. Virtue and she
Is her own dower; honor and wealth from me.
BERTRAM. I cannot love her, nor will strive to do't.
KING. Thou wrong'st thyself if thou shouldst strive to choose.
HELENA. That you are well restored, my lord, I'm glad.
Let the rest go.
KING. My honor's at the stake, which to defeat,
I must produce my power. Here, take her hand,
Proud scornful boy, unworthy this good gift,
That dost in vile misprision shackle up
My love and her desert; that canst not dream,
We, poising us in her defective scale,
Shall weigh thee to the beam; that wilt not know,
It is in us to plant thine honor where
We please to have it grow. Check thy contempt.
Obey our will, which travails in thy good.
Believe not thy disdain, but presently
Do thine own fortunes that obedient right
Which both thy duty owes and our power claims;
Or I will throw thee from my care forever,

III.3.227; *Jul. Caes.* IV.1.48. – *which* ist einer der häufigen lockeren relativen Anschlüsse. Es bezieht sich nicht auf *stake* , sondern – auf dem Hintergrund der Bärenhatzmetapher – ganz konkret auf die den Bären (die Ehre) bedrohenden wilden Tiere. – *produce:* Bildlich: 'aus der Scheide ziehen' (Arden).

46 *misprision:* 'Geringschätzung, Verachtung' (Onions, Schmidt; vgl. dazu das Verb *misprise* 'verachten' in *A.Y.L.* I.1.157, I.2.165 und *Much Ado* III.1.52). Die Kollokation mit *shackle up* 'fesseln' *(Ant. and Cl.* V.2.6) suggeriert eine weitere Bedeutung von *misprision:* 'irrtümliche Gefangennahme' (vgl. *L.L.L.* IV.3.93, wo dasselbe Wortspiel vorliegt).

47 *obedient right* meint *right of obedience* 'Lehensgehorsam'.

hinab in das Taumeln und das sorglose[48] Straucheln der Jugend und der Unwissenheit, indem ich sowohl meine Rache als auch meinen Haß auf dich loslasse, im Namen der Gerechtigkeit und ohne alles mäßigende Mitleid. Rede! Deine Antwort!

BERTRAM. Verzeiht, gütiger Herr, ich unterwerfe meine Laune Eurer Sicht.[49] Wenn ich bedenke, welch große Schöpfung und welches Maß an Ehre[50] von einem Befehl von Euch ausgehen,[51] dann erkenne ich, daß sie, die mir vor kurzem in meinen edleren Gedanken[52] als sehr gering erschien, jetzt die vom König Gepriesene ist. Und indem sie auf diese Weise geadelt ist, erscheint es, als wäre sie schon immer adlig gewesen.[53]

KÖNIG. Nimm sie bei der Hand, und sag ihr, sie gehöre zu dir; [ihr], der ich ein Gegengewicht verspreche, wenn auch nicht [im Verhältnis] zu deinem Besitz, [so doch um] ein vollkommeneres Gleichgewicht[54] [zu schaffen].

BERTRAM. Ich nehme ihre Hand.

KÖNIG. Glück und die Gunst des Königs lächeln dieser Verbindung zu, deren Zeremoniell auf den soeben gefaßten Beschluß rasch folgen[55] und heute abend vollzogen werden soll. Das feierliche Fest soll auf eine spätere Zeit[56] verschoben werden, während wir auf abwesende Freunde warten. Wenn du *sie* liebst, so ist mir deine Liebe heilig, wenn nicht, so hat sich [deine Liebe] verirrt.

Der König, Helena, Bertram und Bediente ab.

---

[48] *staggers ... careless: staggers* 'Schwindel' *(Cymb.* V.5.233) und daher 'Straucheln', auch ein Fachbegriff aus der Veterinärmedizin: 'Koller, Drehkrankheit' *(Tam.Shr.* III.2.53). – *careless: S.Lesarten.* Für eine Emendation zu *cureless* spricht 1. Die unangemessene Wiederholung desselben Wortkörpers in Z.161 und 162; 2. die Häufigkeit von a/u Druckfehlern auch sonst; 3. eine enge Parallele zu *Merch.V.* IV.1.141–42: *Repair thy wit, good youth, or it will fall/To cureless ruin.* Auf der andern Seite paßt *careless* besser zu *youth and ignorance* als *cureless.*

[49] *fancy ... eyes: fancy* hat ein weites Bedeutungsspektrum: 1. 'Liebe'; 2. 'Phantasie, Einbildungskraft'; 3. 'von der Laune diktierte Bevorzugung, Zuneigung'. *Fancy* wird häufig auf die Haltung angewandt, in der Impulse und Leidenschaften die Vernunft überwältigen.

[50] *creation ... honor:* Die Z.168 kombiniert zwei bei Sh. häufige Wortfiguren: 1. Das Adj. *great* gehört sinngemäß zu *dole* 'Anteil', nicht zu *creation;* 2. Syntaktische Koordination *(what ... creation and what ... dole)* anstelle von Subordination *(what ... creation of ... dole),* nach deren Auflösung sich der folgende Sinn ergibt: 'Welche Schöpfung großen Anteils an Ehre'.

[51] *Flies: to fly from* in der übertragenen Bedeutung 'ausgehen von, herrühren' (Schmidt 4) findet sich auch unten in III.1.20, sowie in *Twel.N.* III.4.353 und *2 Hen.IV* I.2.93.

[52] *my nobler thoughts:* Adjektivierung eines präpositionalen Attributs: *thoughts of my being nobler than her* 'im Bewußtsein meiner hohen Geburt'. *noble* heißt aber auch 'im Besitz von hohen moralischen Idealen' (OED adj. A.4). Diese zweite Bedeutung von *noble,* die eventuell hier mitschwingt, erfährt eine gewisse Bestätigung durch die analoge Zweideutigkeit von *base* und *ennobled.*

Into the staggers and the careless lapse
Of youth and ignorance, both my revenge and hate
Loosing upon thee, in the name of justice,
Without all terms of pity. Speak! thine answer!

BERTRAM. Pardon, my gracious lord; for I submit
My fancy to your eyes. When I consider
What great creation and what dole of honor
Flies where you bid it, I find that she, which late
Was in my nobler thoughts most base, is now
The praised of the king; who, so ennobled,
Is as 'twere born so.

KING. Take her by the hand,
And tell her she is thine; to whom I promise
A counterpoise, if not to thy estate,
A balance more replete.

BERTRAM. I take her hand.

KING. Good fortune and the favor of the king
Smile upon this contract, whose ceremony
Shall seem expedient on the now-born brief,
And be performed to-night. The solemn feast
Shall more attend upon the coming space,
Expecting absent friends. As thou lov'st her,
Thy love's to me religious; else, does err.

Exeunt.

---

162. *careless* F; Dyce (1864–67 Konj. W.S.Walker) *cureless* 'heillose, unrettbare'.
167. *eyes. When* Rowe (1709); F *eies, when.*
169. *it,* Capell; F *it:* indiziert eine Sprechpause.

---

[53] *born* verwendet Sh. häufig, wenn von Phänomenen und ihrer Entstehung, ihrem Zutagetreten ganz allgemein die Rede ist (vgl. unten Z.178).

[54] *counterpoise ... replete:* Es bieten sich zwei Interpretationsmöglichkeiten an: a) *a balance more replete* 'ein vollkommeneres Gleichgewicht' (OED *replete* a.4) wird als Apposition aufgefaßt zu *A counterpoise* 'ein [ausgleichendes] Gegengewicht' (unsere Übersetzung); b) man faßt *if not ... more replete* als syntaktische Einheit, was zu einem leicht veränderten Sinn führt: 'ein ausgleichendes Gegengewicht, wenn nicht sogar eine vollere Waagschale im Vergleich zu deinem Besitz.'

[55] *ceremony ... seem ... brief: ceremony* meint die 'kirchliche Trauung'. (Über die verschiedenen Stadien der Trauung vgl. K.P. Wentersdorf, "The Marriage Contracts in Meas.f.M. A Reconsideration", *ShS* 32, 1979, S.129–44 sowie Ranald, "English Marriage"). – *expedient:* entweder 'vorteilhaft', 'gehörig' *(Much Ado* V.2.83) oder 'rasch, prompt' *(Rich.II* I.4.39). – *seem:* Vgl. III.1.4 und Anm. – *brief* heißt bei Sh. immer 'zusammenfassender, schriftlicher oder mündlicher Bericht'. Die Bedeutung 'königlicher Erlaß' ist sonst nicht belegt, fällt aber hier auch in Betracht. Obiges zusammenfassend: 'die vorläufige, summarische Trauung gemäß meinem Erlaß.'

[56] *space* in der Bedeutung 'Zeit(raum)' begegnet häufig bei Sh.

Parolles und Lafew bleiben zurück, diese Hochzeit kommentierend.[57]

LAFEW. Habt Ihr gehört, Monsieur? Auf ein Wort mit Euch.

PAROLLES. Was beliebt, mein Herr?

LAFEW. Euer Herr und Gebieter tat wohl daran, zu widerrufen.

PAROLLES. Widerrufen? Mein Herr? Mein Gebieter?

LAFEW. Jawohl, spreche ich keine [verständliche] Sprache?

PAROLLES. Eine von der rauhesten Art und nicht ohne blutige Folgen
190 verständlich. Mein Gebieter?

LAFEW. Seid Ihr der Gefährte[58] des Grafen von Roussillon?

PAROLLES. Jedes beliebigen Grafen; aller Grafen; all derer, die Mann sind.

LAFEW. All derer, die des Grafen Mann sind; [derer, die] des Grafen
193 Gebieter [sind,] verlangte eine andere Art [als die Eure].[59]

PAROLLES. Ihr seid zu alt, Herr, laßt es genug sein, Ihr seid zu alt.

LAFEW. Ich muß dir [wohl] sagen, Kerl, ich bin Mann,[60] welchen Titel
198 dir nicht [einmal] das Alter verschaffen kann.

PAROLLES. Was ich nur allzu leicht vermöchte, wage ich nicht zu tun.

LAFEW. Ich hielt dich zwei Mahlzeiten lang[61] für einen hübsch gescheiten Kerl; du hast aus deiner [Wort]arbeit immer ganz passablen Ertrag gezogen;[62] es mochte angehen. Doch die Schärpen und Wimpel[63] an dir brachten mich auf mannigfaltige Art davon ab,
203 dich für ein Schiff von allzu großem Tiefgang zu halten. Ich habe dich jetzt gefunden/durchschaut; wenn ich dich wieder [aus den Augen] verliere, so kümmert's mich nicht. Schließlich bist du zu nichts weiter gut, als daß man dich zurechtweist,[64] und [selbst] dazu bist du kaum gut genug.

PAROLLES. Hättest du nicht das Vorrecht des Alters auf deiner Seite –

LAFEW. Stürze dich nicht allzu tief in [deine] Wut, damit du nicht etwa
210 deine Prüfung [dadurch] beschleunigst; in welchem Fall – Gott

---

57 *commenting of this wedding:* Eine der in All's Well häufigen ungenauen oder keine direkte Regieanweisung enthaltenden BA (Vgl. Einl. S. 11–12).

58 *companion:* 'Gefährte, Genosse'. In Lafews Mund klingen in erster Linie die negativen Konnotationen an: 'Kumpan, Schurke, Halunke' (vgl. unten V.3.250 sowie *Oth.* IV.2.141); Parolles versteht *companion* als 'Standesgenosse' *(1 Hen.IV* I.3.149).

59 *man ... man ... master:* In Z.192–93 liegt ein Wortspiel mit *man* 'Mann'/'Diener' vor. Z.193–94 sind elliptisch (vgl. unsere Übersetzung).

60 *write man:* Vgl. II.3.60 und Anm.

61 *ordinaries ... travel: ordinary:* 'tägliche Mahlzeit in einem öffentlichen Wirtshaus zu festgesetztem Preis'. Die Wirtshaustafel kommt auch bei Sh.s Zeitgenossen als ein Ort vor, wo man Fremde und Abenteurer treffen konnte, um sich von deren zum Teil erfundenen Geschichten unterhalten zu lassen (vgl. unten III.5.27–30 und *K.John* I.1.189 ff sowie Marlowe, *Edward II* I.1.28–31).

Parolles and Lafew stay behind, commenting of this wedding.

LAFEW. Do you hear, monsieur? A word with you.

PAROLLES. Your pleasure, sir?

LAFEW. Your lord and master did well to make his recantation.

PAROLLES. Recantation? my lord? my master?

LAFEW. Ay. Is it not a language I speak?

PAROLLES. A most harsh one, and not to be understood without bloody succeeding. My master?

LAFEW. Are you companion to the Count Rossillion?

PAROLLES. To any count; to all counts; to what is man.

LAFEW. To what is count's man; count's master is of another style.

PAROLLES. You are too old, sir. Let it satisfy you, you are too old.

LAFEW. I must tell thee, sirrah, I write man, to which title age cannot bring thee.

PAROLLES. What I dare too well do, I dare not do.

LAFEW. I did think thee, for two ordinaries, to be a pretty wise fellow; thou didst make tolerable vent of thy travel; it might pass. Yet the scarfs and the bannerets about thee did manifoldly dissuade me from believing thee a vessel of too great a burden. I have now found thee; when I lose thee again, I care not. Yet art thou good for nothing but taking up, and that thou'rt scarce worth.

PAROLLES. Hadst thou not the privilege of antiquity upon thee –

LAFEW. Do not plunge thyself too far in anger, lest thou hasten thy trial; which if – Lord have mercy on thee for a hen! So, my

---

62 *vent ... travel: vent* hat bei Sh. immer die Grundbedeutung 'das, was herauskommt', daher nicht nur 'Ereignis', sondern auch 'Ertrag'. – Kellner interpretiert *to make vent of* hier als 'Kapital schlagen aus' (vgl. frz. *vente*). – *travel:* Die Bedeutungen 'Reise' und 'Arbeit, Mühe' sind im elisabethanischen Englisch semantisch noch nicht klar unterschieden. – Eine andere Übersetzung dieser Stelle könnte daher lauten: 'du machtest deine Reisen zu ganz passablen Ereignissen'; was dem Umstand Rechnung trägt, daß Parolles auch sonst in aufschneiderischer Art von Ereignissen berichtet, bei denen er angeblich zugegen war (vgl. oben II.1.26 ff.).

63 *scarfs ... bannerets:* Lafew vergleicht Parolles mit einem mit Bändern und Wimpeln geschmückten Schiff (vgl. *Merch.V.* II.6.14, wo umgekehrt ein beflaggtes Schiff die Vorstellung eines jungen Kavalier evoziert). Nach *Sh.Engl.I.* (S.20) war das Tragen von Schärpen als eines Wahrzeichens des Soldatenstandes eine neue Mode der Zeit. Kleidermetaphorik dient wiederholt zur Charakterisierung von Parolles.

64 *found ... lose ... taking up:* Für das Wortspiel mit *found* vgl. II.4.31–34 und V.2.41–42 sowie die Redewendung *Better Lost Than Found* (Tilley L 454). – *taking up:* Vgl. *Cymb.* II.1.4; drei weitere Bedeutungen klingen ev. an: 1. 'vom Boden aufheben' (aufgrund der Kollokation mit *found* und *lose*); 2. 'für die Armee ausheben' (*2 Henr. IV* II.1.178); 3. 'bei sich aufnehmen, unterstützen', was Lafew schließlich tun wird (V.2.49–51).

erbarme sich deiner als einer Henne![65] Nun denn, mein gutes Rautenfenster,[66] leb wohl; deine Fensterflügel brauche ich nicht zu öffnen, denn ich sehe durch dich hindurch. Reich' mir deine Hand.

PAROLLES. Mylord, Ihr fügt mir unerhörten Schimpf zu.

LAFEW. Ja, von ganzem Herzen, und du hast ihn verdient.

PAROLLES. Ich habe ihn nicht verdient, Mylord.

LAFEW. Und ob, jedes Quentchen, und ich will dir auch nicht einen
218 Skrupel[67] davon erlassen.

PAROLLES. Nun, ich werde klüger sein.

LAFEW. Sobald du nur irgend kannst. Denn du wirst noch einen Schluck vom Gegenteil nehmen müssen. Falls du je mit deiner Schärpe gefesselt und verprügelt werden solltest, wirst du herausfinden, was es heißt, stolz auf seine Verbindungen zu sein.[68]
223 Ich habe den Wunsch, meine Bekanntschaft mit dir aufrechtzuerhalten, oder vielmehr mein Wissen [um dich], damit ich gegebenenfalls[69] sagen kann: Das ist einer, den ich kenne.

PAROLLES. Mylord, Ihr bereitet mir unerträglichsten Ärger.

LAFEW. Ich wollte um deinetwillen[70] es wären Höllenqualen. Und ich wünschte, mein schwaches Vermögen, [sie dir zuzufügen, wäre] ewig [vorhanden]. Mit dem Zufügen[71] ist's bei mir vorbei, genau so wie ich an dir vorbei[gehen] werde,[72] so behend
229 als immer mein Alter es mir erlaubt. *Ab.*

PAROLLES. Gut, du hast einen Sohn, der diese Schande von mir nehmen wird, schäbiger, alter, gemeiner, schäbiger Lord! Nun, ich muß geduldig sein; hohes Ansehen läßt sich nicht fesseln. Ich will ihn schlagen, bei meinem Leben, wenn ich ihm nur bei irgend einer günstigen Gelegenheit begegnen kann, und wär' er dop-
234 pelt und dreifach ein Lord. Ich will nicht mehr Mitleid mit seinem Alter haben, als ich mit – Ich will ihn schlagen, wenn ich ihn nur wieder treffen kann.

Lafew tritt auf.

LAFEW. Kerl, Euer Herr und Gebieter ist verheiratet; da habt Ihr das Neueste. Ihr habt eine neue Gebieterin.

PAROLLES. Ich ersuche Eure Lordschaft aufrichtigst, Euren Beleidigun-

---

[65] *for a hen:* Vgl. die Wendung *a hen-hearted fellow* 'ein Hasenherz' (Arden).

[66] *window of lattice ... casement:* Rotgestrichene Rautenfenster *(lattice)* waren das Wahrzeichen der Bierschenken. – *casement:* 'Fenster(flügel)'; – *look through* 'hindurchsehen', aber auch 'entlarven' (OED 20 zitiert diese Stelle als ersten Beleg). Lafew meint ev. ganz konkret rautenförmige Muster auf Parolles' Kostüm.

[67] *dram ... scruple:* 'Drachme' ('Quentchen') und 'Skrupel' sind Namen für Apothekergewichteinheiten, wobei eine Drachme (3,9 g) in 3 Skrupel (1,3 g) unterteilt wird.

good window of lattice, fare thee well; thy casement I need not open, for I look through thee. Give me thy hand.

PAROLLES. My lord, you give me most egregious indignity.

LAFEW. Ay, with all my heart; and thou art worthy of it.

PAROLLES. I have not, my lord, deserved it.

LAFEW. Yes, good faith, every dram of it, and I will not bate thee a scruple.

PAROLLES. Well, I shall be wiser.

LAFEW. Ev'n as soon as thou canst, for thou hast to pull at a smack o' th' contrary. If ever thou be'st bound in thy scarf and beaten, thou shall find what it is to be proud of thy bondage. I have a desire to hold my acquaintance with thee, or rather my knowledge, that I may say, in the default, 'He is a man I know.'

PAROLLES. My lord, you do me most insupportable vexation.

LAFEW. I would it were hell-pains for thy sake, and my poor doing eternal; for doing I am past, as I will by thee, in what motion age will give me leave. *Exit.*

PAROLLES. Well, thou hast a son shall take this disgrace off me, scurvy, old, filthy, scurvy lord! Well, I must be patient; there is no fettering of authority. I'll beat him, by my life, if I can meet him with any convenience, an he were double and double a lord. I'll have no more pity of his age than I would have of – I'll beat him, an if I could but meet him again.

Enter Lafew.

LAFEW. Sirrah, your lord and master's married; there's news for you. You have a new mistress.

PAROLLES. I most unfeignedly beseech your lordship to make some

---

68 *bondage:* 'das, was bindet', daher übertragen 'Untertänigkeit', 'Ergebenheit', 'Dienstbarkeit', 'Treue' (aufgrund der Kollokation mit *proud of thy bondage),* aber auch 'Gefesseltsein' *(bound in thy scarfs and beaten).*

69 *in the default:* Lafew will sagen: 'Sollte mir einmal der Gesprächsstoff ausgehen', aber auch 'solltet Ihr einmal versagen' (vgl. *default* 'Versagen' in *1 Hen.IV* II.1.60). Lafews Worte nehmen auch sonst mehrfach prophetischen Charakter an (oben Z.209–10, 221–23 und unten Z.250–51).

70 *I would ... for thy sake:* Mit diesem Gemeinplatz ließ sich ein Kompliment als den Verdiensten des Adressaten noch zu wenig gemäß bezeichnen. Sowohl Parolles als auch Lafew kleiden ihre gegenseitigen Angriffe in Klischees aus dem höfischen Gesprächsstil, zu dessen Parodierung sie auf diese Weise beitragen (Z.214–16, 238–39).

71 *do ... doing:* Die polyptotische Wiederholung von *do* macht das Double-entendre in Z.228 unmißverständlich:das erste *doing* bedeutet 'Tun', 'Handeln' – Riverside paraphrasiert die Wendung *my poor doing* mit 'mein ganz unzulängliches Bemühen, Euch zu ärgern' –, das zweite konnotiert 'sexuelle Aktivität' (vgl. I.1.145 und Anm.).

72 *past ... will by thee:* Elliptisch. Z.228 müßte lauten: *as I will pass by thee.* In *past/pass* liegt ein auf Homophonie beruhendes Wortspiel vor, da finales *-t* im elisabethanischen Englisch oft nicht ausgesprochen wurde *(Sh. Pron.,* S.302).

239 gen etwas Einhalt zu gebieten. Er ist mein Schirmherr;[73] wem
ich da oben diene, der ist mein Gebieter.

LAFEW. Wer? Gott?

PAROLLES. Jawohl, mein Herr.

LAFEW. Der Teufel ist dein Gebieter.[74] Weshalb legst du deinen
244 Armeln Strumpfbänder an? Machst du Hosen aus deinen
Ärmeln? Tun das auch andere Diener? Am besten würde man
dir dein Unterteil dorthin setzen, wo deine Nase sitzt. Bei
meiner Ehre, wäre ich auch nur zwei Stunden jünger, so würde
ich dich schlagen. Mich dünkt, du bist ein öffentliches Ärger-
nis, und jedermann sollte dich schlagen. Ich glaube, du wurdest
251 geschaffen, damit Männer sich an dir ertüchtigen[75] können.

PAROLLES. Das ist ein hartes und unverdientes Verfahren, Mylord.

LAFEW. Kommt schon, mein Herr. In Italien wurdet Ihr verprügelt,
weil Ihr einen Kern aus einem Granatapfel stahlt.[76] Ihr seid bloß
ein Vagabund, kein wirklicher Reisender. Ihr geht frecher um
mit Edelleuten und ehrenhaften Persönlichkeiten, als die
257 Urkunde[77] Eurer Geburt und Eure Tugend Euch [dazu] heral-
disches Recht[78] geben. Ihr seid keines weiteren Wortes würdig,
sonst nennte ich Euch Schuft. Ich verlasse Euch.

Ab.

[Bertram,] der Graf von Roussillon tritt auf.

PAROLLES. Gut, sehr gut! Es ist also so. Gut, sehr gut! Es soll eine
260 Zeitlang verborgen bleiben.

BERTRAM. Erledigt und auf immer den Sorgen verfallen!

PAROLLES. Was gibt's, Herzliebster?

BERTRAM. Obwohl ich es vor dem Priester feierlich geschworen habe, will ich ihr nicht beiwohnen.

PAROLLES. Was? Was, Herzliebster?

BERTRAM. O mein Parolles, sie haben mich verheiratet! Ich will in den
267 toskanischen Krieg ziehen und niemals die Ehe mit ihr vollziehen.

PAROLLES. Frankreich ist ein Hundeloch und verdient nicht länger, daß eines Mannes Fuß darin geht. Auf in den Krieg!

BERTRAM. Es ist ein Brief von meiner Mutter eingetroffen. Welchen
271 Inhalts, weiß ich noch nicht.

---

[73] *my good Lord:* Nach Clarke ist *to be a good lord* gleichbedeutend mit 'Protektion gewähren'.

[74] *devil ... master: the devil it is* ist ein Idiom zum Ausdruck starker Negation. Möglich wäre demnach auch: 'Ganz sicher ist Gott nicht dein Gebieter.'

[75] *breathe:* 'ertüchtigen', 'üben' (vgl. I.2.17).

[76] *picking ... pomegranate:* Wahrscheinlich spielt Lafew auf ein unehrenhaftes amouröses

239 reservation of your wrongs. He is my good lord; whom I serve
above is my master.

LAFEW. Who? God?

PAROLLES. Ay, Sir.

LAFEW. The devil it is that's thy master. Why dost thou garter up
244 thy arms o' this fashion? Dost make hose of thy sleeves? Do
other servants so? Thou wert best set thy lower part where thy
nose stands. By mine honor, if I were but two hours younger,
I'd beat thee. Methink'st thou art a general offense, and every
man should beat thee. I think thou wast created for men to
251 breathe themselves upon thee.

PAROLLES. This is hard and undeserved measure, my lord.

LAFEW. Go to, sir. You were beaten in Italy for picking a kernel out of
a pomegranate. You are a vagabond, and no true traveller. You
are more saucy with lords and honorable personages than the
257 commission of your birth and virtue gives you heraldry. You
are not worth another word, else I'd call you knave. I leave
you. *Exit.*

Enter [Bertram] Count Rossillion.

PAROLLES. Good, very good! It is so then. Good, very good! Let it be
260 concealed a while.

BERTRAM. Undone, and forfeited to cares forever!

PAROLLES. What's the matter, sweetheart?

BERTRAM. Although before the solemn priest I have sworn,
I will not bed her.

PAROLLES. What? what, sweetheart?

BERTRAM. O my Parolles, they have married me!
267 I'll to the Tuscan wars, and never bed her.

PAROLLES. France is a dog-hole, and it no more merits
The tread of a man's foot. To th' wars!

BERTRAM. There's letters from my mother. What th' import is,
271 I know not yet.

Abenteuer von Parolles an. In der griechischen Mythologie gilt der Granatapfel als Symbol für den Liebesgenuß (Hunger).

77 *commission:* 'Vollmacht, Erlaubnis, Autorität'. Sh. verwendet das Wort sowohl im konkreten *(Haml.* V.2.26: 'Brief, Urkunde') als auch abstrakten Sinn *(A.Y.L.* IV.1.125: 'Erlaubnis').

78 *heraldry:* 'heraldisch verbrieftes Recht' *(Haml.* I.1.87 *well ratified by law and heraldry).* Die Heraldik war Teil des ritterlichen Ehrenkodex, einer Reihe ungeschriebener Gesetze, die für Ritter im Kampf Gültigkeit hatten. So verpflichtete das Tragen eines Wappens, zu dem nur der Adel berechtigt war, seinen Träger zu strikter Einhaltung jenes Kodex. Erst der Eintrag ins offizielle Wappenbuch machte aus einem gemeinen Mann einen *gentleman. (Sh.Engl. II,* S.74 sowie Cook, "Sh. 's Gentlemen", S.12).

PAROLLES. Nun, das ist nötig zu wissen.[79] Auf in den Krieg, mein Junge, auf in den Krieg! Der trägt seine Ehre in einem Behältnis verborgen, der seine Herzallerliebste hier zu Hause an sich drückt, in ihrem Arm sein männliches Mark[80] vergeudend, das doch den hohen Sprung und die Kurbetten[81] von Mars' feurigem Hengst nähren sollte. Auf in andere Regionen! Frankreich ist ein Stall; und wir, die drin wohnen, Schindmähren. Deshalb fort in den Krieg!

BERTRAM. So soll es sein. Ich schicke sie in mein Haus, mache meine Mutter mit dem Haß, den ich gegen sie hege, bekannt und auch, weshalb ich floh; schreibe dem König das, was ich nicht auszusprechen wagte. Seine jüngste Gabe soll mich rüsten für jene italienischen Schlachtfelder, auf denen edle Männer streiten. Der Krieg ist keine Mühe im Vergleich zum düsteren Haus[82] und der verhaßten Frau.

PAROLLES. Wird diese Laune[83] auch beständig sein in dir, bist du sicher?

BERTRAM. Begleite mich in meine Kammer und berate mich. Ich schicke sie sogleich fort. Morgen ziehe ich in den Krieg, sie zu ihrem einsamen Kummer.[84]

PAROLLES. Ei, diese Bälle springen; das tönt nur so! Es ist hart: Ein junger Ehemann ist ein verdorbener Mann.[85] Deshalb weg von hier und laß sie mutig zurück; geh'. Der König hat dir Unrecht getan; aber still, so ist's [nun mal].

Beide ab.

---

[79] *would be known:* Vgl. *Macb.* I.7.34, *Haml.* III.3.75, Abbott § 329.

[80] *wear ... marrow:* Parolles' Rede enthält eine Reihe von sexuellen Anspielungen: *wear* 'sexuell ermüden' (OED 10, 2b und Partridge, *Bawdy*, S.219); *box unseen* 'unsichtbares Gehäuse' ist ähnlich wie im Fall von *case* (vgl. oben I.3.23) eine Anspielung auf das weibliche Geschlechtsteil; *kicky-wicky* ist nur hier belegt. Das OED vermutet darin eine scherzhafte Bezeichnung für 'Ehefrau'; *spending* aus *to spend* 'ejakulieren' (F.& H. zitieren diese Stelle); *manly marrow:* Das Mark galt als der Sitz animalischer Vitalität und Kraft (OED 2b zitiert diese Stelle), nach F.& H. bedeutet jedoch *marrow* hier 'Sperma' (vgl. *Timon* IV.1.25, wo *marrow* in der Kollokation mit *lust* und *liberty* eine ähnliche Konnotation erfährt; vgl. Hulme, S.128).

[81] *bound ... curvet: bound* 'Sprung' (vgl. franz. *bond); curvet* 'Kurbette, Bogensprung', ein Fachausdruck aus der Reitkunst. Das Wort wird auf der 2. Silbe betont.

[82] *dark house:* Auch 'Irrenhaus'. Geisteskranke wurden zur Sh.zeit in dunkle Räume gesperrt (vgl. *Twel.N.* V.1.332).

[83] *capriccio* verwendet Sh. nur hier (vgl. aber die wortspielerische Verwendung des Adj. *capricious* wörtlich: 'ziegenhaft' [aus lat. *capra* 'Ziege'] in *A.Y.L.* [ed.Trautvetter] III.3.6 und Anm.).

PAROLLES. Ay, that would be known. To th' wars, my boy, to th' wars!
He wears his honor in a box unseen
That hugs his kicky-wicky here at home,
Spending his manly marrow in her arms,
Which should sustain the bound and high curvet
Of Mars's fiery steed. To other regions!
France is a stable; we that dwell in't jades.
Therefore to th' war!
BERTRAM. It shall be so. I'll send her to my house,
Acquaint my mother with my hate to her,
And wherefore I am fled; write to the king
That which I durst not speak. His present gift
Shall furnish me to those Italian fields
Where noble fellows strike. Wars is no strife
To the dark house and the detested wife.
PAROLLES. Will this capriccio hold in thee? art sure?
BERTRAM. Go with me to my chamber, and advise me.
I'll send her straight away. To-morrow
I'll to the wars, she to her single sorrow.
PAROLLES. Why, these balls bound; there's noise in it! 'Tis hard:
A young man married is a man that's marred.
Therefore away, and leave her bravely; go.
The king has done you wrong; but hush, 'tis so. *Exeunt.*

---

286. *detested* Rowe (1714); F *detected* 'entdeckte'.

---

84 *I'll ... sorrow:* Vierhebige Verse – unterteilt in zweihebige Halbverse wie in *Ant. and Cl.* IV.2.27, oder, wie hier in Z.289, in eine Reihe von drei Hebungen und eine Einzelhebung getrennt durch eine Pause: *I'll send/her Straight/away./'/To-morrow* (Abbott § 507) – finden sich auch sonst an Stellen, wo ein Umschwung des Gedankens stattfindet: Bertram wendet sich endgültig ab von Helena und hin zu der bevorstehenden Teilnahme am Krieg. – In der Wendung *single sorrow* liegt dramatische Ironie: Bertrams Verdikt über Helena wird sich in für ihn nicht geahnter Weise erfüllen: *single sorrow* versteht er als *sorrow of singleness* 'Kummer über ihre Unberührtheit' (vgl. *Mids.N.D.* I.1.78 *single blessedness* 'heilige Unberührtheit'). Der weitere dramatische Verlauf unterstützt jedoch auch eine zweite Bedeutung von *single sorrow,* nämlich 'einzige Sorge': Helenas einzige Sorge wird es sein, Bertram für sich zu gewinnen.

85 *married ... marred:* Ein auf Homophonie beruhendes Wortspiel *(Sh. Pron.,* S.79, vgl. auch das Sprichwort *Marrying is marring,* Tilley M 701).

II.4 *Helena und [Lavatch] der Clown treten auf.*

HELENA. Meine Mutter grüßt mich herzlich. Geht es ihr gut?

LAVATCH. Es geht ihr nicht gut,[1] aber dennoch ist sie bei Gesundheit; sie ist sehr fröhlich, aber dennoch geht es ihr nicht gut. Aber dank sei [dem Himmel], es geht ihr sehr gut und ihr fehlt nichts in der Welt. Aber noch geht es ihr nicht gut.

HELENA. Wenn es ihr [doch] sehr gut geht, woran leidet sie [denn], daß es ihr nicht sehr gut geht?

LAVATCH. Wahrhaftig, es geht ihr wirklich sehr gut, bis auf zwei Dinge.

HELENA. Welche zwei Dinge?

LAVATCH. Das erste, daß sie nicht im Himmel ist, wohin Gott sie rasch schicken möge; das zweite, daß sie auf Erden ist, von wo Gott sie schnell hinwegschicken möge.

Parolles tritt auf.

PAROLLES. [Gott] segne Euch, meine glückliche Frau!

HELENA. Ich hoffe, Herr, ich habe Euren guten Willen, damit ich mein eigenes Glück mache.[2]

PAROLLES. Ihr hattet meine Gebete, um es Euch herbeizulocken, und es Euch zu bewahren, habt Ihr sie immer noch. O mein Bursche, wie geht es meiner alten Dame?

LAVATCH. Hättet Ihr ihre Runzeln und ich ihr Geld, wollte ich [schon], es ginge ihr,[3] wie Ihr sagt.

PAROLLES. Nanu, ich sage [ja] nichts.

LAVATCH. Nun gut, desto klüger seid Ihr; denn manch eines Mannes[4] Zunge plappert seines Herrn Verhängnis herbei. Nichts sagen, nichts tun, nichts wissen, nichts haben wird ein groß Teil Eures Titels[5] ausmachen, der ganz nahe beim Nichts ist.

PAROLLES. Fort! Du bist ein Schurke.

LAVATCH. Ihr hättet sagen sollen, Herr, 'In den Augen eines Schurken bist du ein Schurke', das heißt: 'In meinen Augen bist du ein Schurke'.[6] Das hätte der Wahrheit entsprochen, Herr.

PAROLLES. Komm, komm,[7] du bist ein schlauer Narr; ich habe dich durchschaut.

LAVATCH. Habt Ihr mich von selbst/in Euch selbst gefunden/durchschaut, Herr, oder hat man Euch gelehrt, mich (in Euch) zu durchschauen/finden? ... Die Suche, Herr, war einträglich; und

---

[1] *well ... well:* Lavatch spielt in seiner Replik mit einer elisabethanischen Redensart: *She is well since she is in heaven* 'Es geht ihr gut, sie ist im Himmel' (Tilley H 347) als Euphemismus für 'sie ist tot.' Vgl. *Ant. and Cl.* II.5.32 f.

[2] *good fortunes:* Vgl. II.3.81 und Anm.

[3] *did:* Wortspielerisch: Für den elisabethanischen Zuschauer klang in dem *did* auch die Bedeutung des homophonen *died* an.

II.4 *Enter Helena and [Lavatch, the] Clown.*

HELENA. My mother greets me kindly. Is she well?

LAVATCH. She is not well, but yet she has her health; she's very merry, but yet she is not well. But thanks be given, she's very well and wants nothing i' th' world. But yet she is not well.

HELENA. If she be very well, what does she ail that she's not very well?

LAVATCH. Truly she's very well indeed, but for two things.

HELENA. What two things?

LAVATCH. One, that she's not in heaven, whither God send her quickly; the other, that she's in earth, from whence God send her quickly.

Enter Parolles.

PAROLLES. Bless you, my fortunate lady!

HELENA. I hope, sir, I have your good will to have mine own good fortunes.

PAROLLES. You had my prayers to lead them on, and to keep them on have them still. O, my knave, how does my old lady?

LAVATCH. So that you had her wrinkles and I her money, I would she did as you say.

PAROLLES. Why, I say nothing.

LAVATCH. Marry, you are the wiser man; for many a man's tongue shakes out his master's undoing. To say nothing, to do nothing, to know nothing, and to have nothing, is to be a great part of your title, which is within a very little of nothing.

PAROLLES. Away! th' art a knave.

LAVATCH. You should have said, sir, 'Before a knave th' art a knave'; that's 'Before me th' art a knave.' This had been truth, sir.

PAROLLES. Go to, thou art a witty fool; I have found thee.

LAVATCH. Did you find me in yourself, sir, or were you taught to find me? ... The search, sir, was profitable; and much fool may you

---

33. *find me? ... The* New Arden; F *find me?* CLO. [= LAVATCH] The; Rowe (1709) *find me? The;* New Sh. (Konj.Nicholson) *find me?* PAR. In myself. CLO. The; Sisson (1954) *find me? [Parolles shakes his head] The.*

---

4 *man:* 1. 'Mann'; 2. 'Diener' (vgl. II.3.192 f und Anm.).

5 *title:* Ein Wortspiel mit den Homophonen *title* 'Anspruch' (OED 7, vgl. oben I.3.97) und *tittle* 'Tüpfelchen' *(L.L.L.* IV.1.82, *Rich.II* II.3.75, sowie *Sh.Pron.*, S.84).

6 *Before ... knave:* Ein Wortspiel mit zwei Bedeutungen von *before:* 1. 'in jmd.s Vorstellung'; 2. *before me* ist idiomatisch: 'auf mein Wort', 'in der Tat'.

7 *go to* entspricht etwa mod.engl. *come, come* und kann Entrüstung, Ungeduld, Beschwichtigung, Einlenken oder Einverständnis ausdrücken (vgl. unten V.2.51).

viel von einem Narren mögt Ihr in Euch selbst finden,[8] so recht zum Entzücken der Welt und zur Vermehrung des Lachens.

PAROLLES. Ein guter Bursche, wirklich, und gut genährt.[9] Madame, mein Herr wird heute nacht abreisen; sehr wichtige Geschäfte rufen ihn. Das große Vorrecht der Liebesfeier,[10] das Euch zusteht und das die Zeit erfordert, anerkennt er; doch schiebt er es auf als Folge einer unfreiwilligen Einschränkung.; dieser Mangel und Aufschub ist [aber] überstreut mit süßen Blumen, die im Gefäß der Zeit destilliert werden, um künftige Stunden vor Genuß überfließen und Freude den Rand [des Gefäßes] überspülen zu lassen.[11]

HELENA. Was verlangt er noch?

PAROLLES. Daß Ihr Euch sogleich vom König verabschiedet und diese Hast zu Eurem eigenen, wohlerwogenen Entschluß macht, unterstützt durch irgendeine Erklärung, von der Ihr glaubt, daß sie sie auf einleuchtende Art als notwendig erscheinen läßt.[12]

HELENA. Was befiehlt er noch?

PAROLLES. Daß, nachdem Ihr dies erreicht habt, Ihr sogleich seine weiteren Wünsche abwartet.

HELENA. In allem entspreche ich seinem Wunsch.

PAROLLES. Ich werde es so berichten.

Parolles ab.

HELENA. Ich bitte Euch darum. Kommt her, Bursch'.

Ab [mit Lavatch.]

II.5 *Lafew und Bertram treten auf.*

LAFEW. Ich hoffe doch, Eure Lordschaft hält ihn nicht für einen Soldaten.

---

[8] *found thee ... find in you:* Wortspielerische Verwendung von *to find:* 1. 'finden'; 2. 'durchschauen' (vgl. II.3.204 und Anm.) und von *in yourself:* 1. 'von selbst', 'ohne fremde Hilfe' (Franz § 504a); 2. 'innewohnend, zugehörig, angeboren' (OED 25): 'Habt Ihr mich (d.h. den Narren, den Ihr in mir erkennt) in Euch selbst gefunden?' – *find me? ... The search:* S.Lesarten. Aufgrund der in F wiederholten Rollenbezeichnung für Lavatch innerhalb seiner Rede, nehmen verschiedene Hrsg. an, daß hier eine oder mehrere Zeilen verlorengegangen sind, die irgendeine Replik von Parolles enthielten, welche ihrerseits Lavatchs Bemerkung *The search, sir, was profitable* hervorrief. Eine solche Annahme verwirft F.Bowers ("Foul Papers", S.78–79) unter Hinweis auf die Möglichkeit, daß entweder der erste (Z.31–33) oder aber der zweite Teil (Z.33–35) von Lavatchs Rede erst nachträglich in Sh.s Manuskript eingefügt wurde. Welcher Teil dabei welchen ersetzen sollte, oder ob es sich in jedem Fall um einen Zusatz handelt, läßt sich schwer entscheiden.

[9] *and well fed:* Impliziert den zweiten Teil der Redewendung: *Better fed than taught* (Tilley F 174), wie schon oben II.2.3.

find in you, even to the world's pleasure and the increase of laughter.

PAROLLES. A good knave, i'faith, and well fed.
Madam, my lord will go away to-night;
A very serious business calls on him.
The great prerogative and rite of love,
Which, as your due, time claims, he does acknowledge;
But puts it off to a compelled restraint;
Whose want, and whose delay, is strewed with sweets,
Which they distil now in the curbed time,
To make the coming hour o'erflow with joy
And pleasure drown the brim.

HELENA. What's his will else?

PAROLLES. That you will take your instant leave o'th'king,
And make this haste as your own good proceeding,
Strength'ned with what apology you think
May make it probable need.

HELENA. What more commands he?

PAROLLES. That, having this obtained, you presently
Attend his further pleasure.

HELENA. In everything I wait upon his will.

PAROLLES. I shall report it so. *Exit Parolles.*

HELENA. I pray you. Come, sirrah. *Exit [with Lavatch].*

II.5 *Enter Lafew and Bertram.*

LAFEW. But I hope your lordship thinks not him a soldier.

---

10 *prerogative ... love:* In *rite* 'Ritus' klingt *right* 'Recht' an. Wahrscheinlich sind beide Bedeutungen hier in dem einen Wort verschmolzen (vgl. Mahood, S.16): 'das Vorrecht des Liebesritus.'

11 *delay ... brim:* Der Aufschub beim Vollzug der Ehe macht den künftigen Genuß umso größer. Als Träger dieses Gedankens fungieren zwei ineinandergreifende Metaphern: a) das Bild der Zeit als eines gezügelten Pferdes: *curbed time* 'die Zeit der Enthaltsamkeit' (so Kellner, indem er Adjektivierung eines präpositionalen Attributs annimmt: *the time of curbing);* b) das Bild eines Destillationsvorgangs, wobei *the curbed time* aufgefaßt wird als das Gefäß, in welchem das Destillationsgut *(want and ... delay strewed with sweets)* verdampft wird, bis das Destillat *(joy, pleasure)* den Rand des auffangenden Gefäßes *(the coming hour)* überspült.

12 *make it probable need: probable* heißt hier, wie öfters bei Sh., soviel wie *plausible* 'einleuchtend'. Das Adj. erscheint in proleptischer Stellung: *make the need (for leaving in haste) probable.*

BERTRAM. Doch, Mylord, und [für einen] von erprobter Tapferkeit.[1]

LAFEW. Ihr wißt das aufgrund von seinem eigenen Bericht.

BERTRAM. Und von anderen verbürgten Zeugnissen.

LAFEW. Dann geht mein Kompaß nicht richtig; ich hielt diese Lerche für eine Ammer.[2]

BERTRAM. Ich versichere Euch, Mylord, er verfügt über großes Wissen und [ist] ebenso tapfer.

LAFEW. So habe ich mich also versündigt gegen seine Erfahrung und mich vergangen gegen seine Tapferkeit, und mein Zustand erscheint umso gefährdeter, als ich noch zu keiner Reue in meinem Herzen fähig bin.[3]

Parolles tritt auf.

Hier kommt er. Ich bitte Euch, versöhnt uns wieder. Ich will mich um seine Freundschaft bemühen.

PAROLLES. *[Zu Bertram.]* Eure Anordnungen[4] werden befolgt werden, mein Herr.

LAFEW. Ich bitte Euch, mein Herr, [sagt mir,] wer ist sein Schneider?

PAROLLES. [Wie bitte,] mein Herr?

LAFEW. Oh, ich kenne ihn gut, mein Herr. Er, mein Herr, ist ein guter Handwerker, ein sehr guter Schneider.[5]

BERTRAM. *[Beiseite zu Parolles]* Hat sie sich zum König begeben?

PAROLLES. Das hat sie, jawohl.

BERTRAM. Wird sie heute nacht abreisen?

PAROLLES. Wie Ihr es von ihr wollt.

BERTRAM. Ich habe meinen Brief geschrieben, mein Geld verpackt, unsere Pferde bestellt; und heute nacht, wenn ich von meiner Braut Besitz ergreifen sollte, mache ich [allem] ein Ende, noch eh' ich [damit] beginne.[6]

---

[1] *of valiant approof:* Eine Wortfigur (Hypallage): *of proved valour* (wie in *Much Ado* II.1.337). – *approof* heißt nicht 'Billigung', sondern 'Probe', 'Versuch', 'Beweis' *(Ant. and Cl.* III.2.27).

[2] *dial ... bunting: dial:* Hier eher 'Kompaß(nadel)' als 'Uhr(zifferblatt)'. – *lark ... bunting:* Die Umkehrung der sprichwörtlichen Wendung *To take a bunting for a lark* (Tilley B 722) 'einen Ortolan für eine Lerche halten'. Lafews ironische Bemerkung also: 'Ich habe ihn unterschätzt.'

[3] *sinned ... transgressed ... dangerous ... repent* entstammen alle dem Vokabular der puritanischen Erbauungsliteratur. Man darf darin einen Seitenhieb Sh.s auf den puritanischen Sprachgebrauch der Zeit erkennen.

[4] *These things:* Nämlich Bertrams Auftrag an Helena, dem König ihre Abreise anzukündigen.

[5] *Pray you ... his tailor:* Mit seiner ev. an Bertram, ev.an Parolles gerichteten Frage (Z.15) zielt Lafew auf Parolles' äußere Erscheinung, über die er sich lustig macht. Verschiedene Interpretationsmöglichkeiten bieten sich an: a) Frage an Bertram: Welcher Schneider hat diese Puppe gemacht? (cf. Lear II.2.50–53 sowie unten Z.42–43) (New Arden);

BERTRAM. Yes, my lord, and of very valiant approof.

LAFEW. You have it from his own deliverance.

BERTRAM. And by other warranted testimony.

LAFEW. Then my dial goes not true; I took this lark for a bunting.

BERTRAM. I do assure you, my lord, he is very great in knowledge and accordingly valiant.

LAFEW. I have then sinned against his experience and transgressed against his valor; and my state that way is dangerous, since I cannot yet find in my heart to repent.

Enter Parolles.

Here he comes. I pray you make us friends; I will pursue the amity.

PAROLLES. *[to Bertram]* These things shall be done, sir.

LAFEW. Pray you, sir, who's his tailor?

PAROLLES. Sir?

LAFEW. O, I know him well, I, sir. He, sir, 's a good workman, a very good tailor.

BERTRAM. *[aside to Parolles]*
Is she gone to the king?

PAROLLES. She is.

BERTRAM. Will she away to-night?

PAROLLES. As you'll have her.

BERTRAM. I have writ my letters, casketed my treasure,
Given order for our horses; and to-night,
When I should take possession of the bride,
End ere I do begin.

---

15. *sir* F; New Arden *"sir"*.
16. *Sir?* F; New Arden *Sir!*
17. *well, I, sir. He, sir, 's a good* Pelican; F *well, I sir, hee sirs a good;* Capell *well. Ay sir, he, sir, 's a good;* New Arden *well. Ay, "sir", he, sir, 's a good*
26. *End* Collier (1842–44 nach MS in einem Exemplar von F); F *And.*

---

b) Frage an Parolles (his = your; Arden): Wer ist der Schneidermeister, dessen Bursche du bist? (Clarke); c) Indem er Parolles mit *sir* anredet, kritisiert Lafew dessen häufigen und impertinenten Gebrauch dieser Ranggleichheit suggerierenden und also in seinem Fall gegenüber einem Grafen nicht angebrachten Anrede (vgl. Z.14, ferner II.3.184–98, 238–44). *Sir* aus dem Munde Lafews müßte mit deutlich verächtlichem Tonfall gesprochen werden. Parolles' fragendes *Sir?* 'Wie bitte, mein Herr?' wird von Lafew als Frage ignoriert und stattdessen als direkte Antwort aufgefaßt: als ob der Name des fraglichen Schneiders 'Sir' wäre. Der Tadel, der in dieser Parodie enthalten ist, erreicht jedoch seinen Adressaten nicht. Lafew spricht ins Leere, nachdem sich Parolles Bertram zugewandt hat.

[6] *End ... begin:* Die Emendation erfährt eine gewisse Stütze durch die parallele Stelle in *Two.Gent.* II.4.30 *You always end ere you begin.*

LAFEW. Ein guter Reisender ist etwas [Willkommenes] nach dem
Essen;[7] aber einer, der drei Drittel lügt und eine bekannte
Wahrheit braucht, um damit tausend Nichtigkeiten passieren
29 zu lassen, sollte einmal angehört und dreimal verprügelt werden. Gott beschütze Euch, Hauptmann.

BERTRAM. Gibt es irgendeine Unstimmigkeit zwischen Mylord und Euch, Monsieur?

PAROLLES. Ich weiß nicht, wie ich es verdient habe, bei Mylord in
34 Ungnade zu fallen.

LAFEW. Ihr habt es fertiggebracht, hineinzurennen, Hals über Kopf, wie der, der in den Eierkuchen sprang; und [Ihr] werdet [wohl] eher wieder herausrennen wollen, als es leiden, daß man Euren Aufenthalt [in Ungnade] zum Gegenstand der Unterhaltung macht.[8]

BERTRAM. Ihr habt ihn vielleicht falsch eingeschätzt, Mylord.

LAFEW. Und ich werde es immer tun,[9] selbst wenn ich ihn beim Beten
41 antreffen sollte. Lebt wohl, Mylord, und glaubt mir, in dieser leichten Nuß kann kein Kern sein; die Seele dieses Mannes sind seine Kleider. Vertraut ihm nicht in Dingen von großer Wichtigkeit. Ich habe diese Sorte zahm gehalten und kenne [daher] ihre Natur. Lebt wohl, Monsieur. Ich habe besser von Euch gesprochen, als Ihr es von mir verdient habt oder je verdienen
47 werdet;[10] aber wir sollen Böses mit Gutem vergelten.

[Ab.]

PAROLLES. Ein eitler Lord, auf Ehre.

BERTRAM. Das denke ich auch.[11]

PAROLLES. Wie denn, kennt Ihr ihn [etwa] nicht?

BERTRAM. O ja, ich kenne ihn sehr gut, und allgemein steht er in gutem
52 Ruf.

Helena tritt auf.

Hier kommt mein Fesseleisen.

HELENA. Ich habe, Herr, wie mir von Euch befohlen wurde, mit dem König gesprochen und mir seine Erlaubnis für eine sofortige

---

[7] *traveller ... dinner:* Vgl. II.3.200 und Anm.

[8] *run into ... residence:* Parolles verwendet *run into* in der Bedeutung 'sich aufladen, zufügen (Unmut, Schuld)'. In seiner Replik behält Lafew diese Bedeutung vorerst bei, stellt sie aber in einen konkreten bildlichen Zusammenhang: Anläßlich des Londoner *Lord Mayor's Feast* war der Sprung eines Narren in einen riesigen Eierkuchen üblich (vgl. dazu in Ben Jonsons Stück *The Devil is an Asse,* I.1.95 ff). – *question:* Bei Sh. oft 'Unterhaltung, Diskussion'.

[9] *mistaken ... do so ever:* Lafew spielt mit einer weiteren Bedeutung von *mistake*: 'beleidigen'.

LAFEW. A good traveller is something at the latter end of a dinner; but one that lies three thirds and uses a known truth to pass a thousand nothings with, should be once heard and thrice beaten. God save you, captain.

BERTRAM. Is there any unkindness between my lord and you, monsieur?

PAROLLES. I know not how I have deserved to run into my lord's displeasure.

LAFEW. You have made shift to run into't, boots and spurs and all, like him that leapt into the custard; and out of it you'll run again rather than suffer question for your residence.

BERTRAM. It may be you have mistaken him, my lord.

LAFEW. And shall do so ever, though I took him at's prayers. Fare you well, my lord, and believe this of me: there can be no kernel in this light nut; the soul of this man is his clothes. Trust him not in matter of heavy consequence. I have kept of them tame and know their natures. – Farewell, monsieur. I have spoken better of you than you have or will to deserve at my hand; but we must do good against evil. *[Exit.]*

PAROLLES. An idle lord, I swear.

BERTRAM. I think so.

PAROLLES. Why, do you not know him?

BERTRAM. Yes, I do know him well, and common speech
Gives him a worthy pass.

Enter Helena.

Here comes my clog.

HELENA. I have, sir, as I was commanded from you,
Spoke with the king, and have procured his leave

---

49. *I think so* F; Singer (1856) *I think not so.*
50. *not know* F; Singer (1856) *know.*

---

[10] *will to deserve:* Die Präposition *to* wurde schon in F2 weggelassen, obwohl die Konstruktion *will to* nicht ungewöhnlich ist bei Sh. (Franz §§ 650 ff). – *will* ist in der Regel nicht rein futurisch – wie *shall* – sondern impliziert 'Absicht, Wunsch, Bereitschaft'

[11] *I think so* ist nicht eine Replik auf Parolles' unmittelbar vorausgehende Bemerkung über Lafew, sondern eine Bestätigung von Lafews Bemerkung *we must do good against evil.* Z.48 und 49 dürften gleichzeitig gesprochen werden, wobei Parolles – ohne beiseite zu sprechen – wohl niemanden direkt anspricht. Parolles' an Bertram gerichtete Frage in Z.50 ließe sich etwa folgendermaßen paraphrasieren: 'Nanu, kennt Ihr ihn denn nicht als den alten Schwätzer für den ich ihn halte?' Eine Emendation der Z.49 zu *I think not so* erübrigt sich so.

Abreise verschafft; er verlangt einzig eine persönliche Unterredung mit Euch.

BERTRAM. Ich werde Folge leisten. Ihr dürft Euch nicht über mein Vorgehen wundern, Helena, welches weder die Farbe der Zeit trägt, noch sich der Verrichtung des von mir verlangten Dienstes verschreibt.[12] Vorbereitet war ich nicht auf ein solches Geschäft; deshalb scheine ich [wohl] sehr unschlüssig. Die Umstände veranlassen mich [dennoch], Euch zu bitten, sofort den Weg nach Hause einzuschlagen und Euch eher zu wundern, als mich zu fragen, weshalb ich Euch darum bitte; denn meine Gründe[13] sind besser, als sie scheinen, und meine Anordnungen folgen einer Notwendigkeit, die größer ist, als sie sich Euch, die Ihr sie nicht kennt, auf den ersten Blick zeigt. Dies an meine Mutter.

[Übergibt einen Brief.]

Ehe ich Euch wiedersehe, werden zwei Tage vergehen; also überlasse ich Euch Eurer Klugheit.

HELENA. Herr, ich vermag nichts weiter zu sagen, als daß ich Eure ergebenste Dienerin bin.

BERTRAM. Geht, geht; nichts mehr davon.

HELENA. Und werde stets bemüht sein, das wettzumachen, was meine bescheidenen Sterne verfehlt haben, zu meinem hohen Geschick beizutragen.[14]

BERTRAM. Laßt das gut sein; meine Eile ist sehr groß. Lebt wohl; eilt nach Hause.

HELENA. Ich bitte Euch Herr, vergebt mir.

BERTRAM. Nun, was wollt Ihr [mir] noch sagen?

HELENA. Ich verdiene den Reichtum nicht, den ich besitze, noch wage ich zu sagen, er ist mein; und doch ist er es – aber wie ein scheuer Dieb möchte ich allzu gerne stehlen, was mir nach dem Gesetz zusteht.

BERTRAM. Was wollt Ihr?

HELENA. Etwas und kaum so viel; eigentlich nichts. Ich möchte Euch nicht sagen, was ich möchte, mein Herr. Gewiß, doch –

---

[12] *course ... ministration ... office:* Eine Wortfigur (Hendiadyoin), welche Delius in der folgenden Weise auflöst: *my course does not minister the office required on my particular* 'mein Vorgehen läßt die Verrichtung des von mir verlangten Dienstes außer acht'. Vgl. II.3.168 und Anm.

[13] *respects* heißt im Plural stets 'Grund', 'Anlaß', 'Erwägung', 'Berücksichtigung'.

For present parting; only he desires
Some private speech with you.
BERTRAM. I shall obey his will.
You must not marvel, Helen, at my course,
Which holds not color with the time, nor does
The ministration and required office
On my particular. Prepared I was not
For such a business; therefore am I found
So much unsettled. This drives me to entreat you
That presently you take your way for home,
And rather muse than ask why I entreat you;
For my respects are better than they seem,
And my appointments have in them a need
Greater than shows itself at the first view
To you that know them not. This to my mother.
[Gives a letter.]
'T will be two days ere I shall see you; so
I leave you to your wisdom.
HELENA. Sir, I can nothing say
But that I am your most obedient servant.
BERTRAM. Come, come; no more of that.
HELENA. And ever shall
With true observance seek to eke out that
Wherein toward me my homely stars have failed
To equal my great fortune.
BERTRAM. Let that go;
My haste is very great. Farewell. Hie home.
HELENA. Pray, sir, your pardon.
BERTRAM. Well, what would you say?
HELENA. I am not worthy of the wealth I owe,
Nor dare I say 'tis mine; and yet it is –
But, like a timorous thief, most fain would steal
What law does vouch mine own.
BERTRAM. What would you have?
HELENA. Something, and scarce so much; nothing, indeed.
I would not tell you what I would, my lord.
Faith, yes –

---

[14] *homely stars ... fortune:* Die Sternkonstellation bei der Geburt als eine schicksalbestimmende Macht – insbesondere mit Bezug auf die soziale Stellung – war eine geläufige Vorstellung. – *stars* kann deshalb metonymisch für 'Rang, Stellung' stehen (vgl. oben I.1.177). – *homely* 'einfach' mit der Konnotation 'von niederem sozialem Rang' findet sich auch sonst bei Sh.

Fremde und Feinde gehen auseinander ohne sich zu küssen.[15]

BERTRAM. Ich bitte Euch, zögert nicht länger, sondern [geht] rasch zu Pferd.

HELENA. Ich werde mich Eurem Geheiß nicht widersetzen, mein guter Herr.

BERTRAM. Wo sind meine restlichen Leute, Monsieur? Lebt wohl.[16] Geh du nach Hause –

[Helena] ab.

wohin ich nie [zurück]kehren werde, solange ich mein Schwert führen und Heerpauken vernehmen kann. Fort, ergreifen wir die Flucht.

PAROLLES. Nur Mut, Coraggio.

[Ab.]

III.1 *Ein Trompetenstoß. Der Herzog von Florenz, die beiden Franzosen[1] und ein Trupp Soldaten treten auf.*

HERZOG. So daß[2] Ihr jetzt die tieferen Gründe für diesen Krieg Punkt für Punkt erfahren habt, dessen große Entscheidung schon viel Blut gekostet hat und nach noch mehr dürstet.

1. ADLIGER. Geheiligt erscheint[3] der Streit auf Euer Gnaden Seite; schwarz und furchtbar auf der des Gegners.

---

[15] *would ... a kiss:* Die Optativform des Präteritums von *will* findet bei Sh. reiche Verwendung zum Ausdruck eines Wunsches in der Gegenwart (Franz 619). – *kiss:* Der Kuß auf den Mund war im England des 16. bis 18. Jahrhunderts die übliche Begrüßungs- und Verabschiedungsgebärde zwischen Personen verschiedenen Geschlechts. In dieser Funktion war der Kuß frei von allen erotischen Bedeutungen (für Belege durch Zitate, u.a. von Erasmus und Michael Drayton, vgl. Stone, *The Family, Sex and Marriage,* S. 520–21; zum Wandel der Grußformen vgl. T.Finkenstaedt, "'I like kissing people: Handshakes are abhorrent'. Zu Gruß und Gebärde in England", *Aspekte der Kultursoziologie.* Festschrift für Mohammed Rassem, hrsg.v. J.Stagel, Berlin 1982).

[16] *where ... farewell:* Gemäß F spricht nicht Bertram sondern Helena diesen Vers unmittelbar vor ihrem Abgang. New Arden übernimmt hier die F Lesart, unter Hinweis darauf, daß auch sonst Entschlossenheit und Würde Helenas Handlungsweise charakterisierten und also nicht einzusehen sei, weshalb sie nicht auch hier mit derselben Bestimmtheit abgehen sollte. Zudem stehe ihr als der Favoritin des Königs und Gemahlin eines Grafen sehr wohl Befehlsgewalt über ein Gefolge zu.

[1] *the two Frenchmen:* Alle Hrsg. nehmen an, daß 'die zwei Franzosen' identisch sind mit den – in der BA nicht namentlich erwähnten – Adligen in I.2. und II.1 *(diverse young*

Strangers and foes do sunder, and not kiss.
BERTRAM. I pray you stay not, but in haste to horse.
HELENA. I shall not break your bidding, good my lord.
BERTRAM. Where are my other men, monsieur? Farewell.
Go thou toward home – *Exit [Helena].*
where I will never come
Whilst I can shake my sword or hear the drum.
Away, and for our flight!
PAROLLES. Bravely, coraggio! *[Exeunt.]*

III.1 *Flourish. Enter the Duke of Florence, the two Frenchmen, with a Troop of Soldiers.*

DUKE. So that from point to point now have you heard
The fundamental reasons of this war,
Whose great decision hath much blood let forth,
And more thirsts after.
I. LORD. Holy seems the quarrel
Upon your grace's part; black and fearful
On the opposer.

---

88. BERTRAM. *Where ... men, monsieur? Farewell.* Theobald (1740); F HELENA. [...] *my lord./Where ... men? Monsieur, farewell;* Keightly BERTRAM. *Where ... men?* HELENA. *Monsieur farewell.*

---

lords), ebenso wie mit *[the] two [French] Gentlemen* in III.2.43, *the Frenchmen* in III.6, *one of the Frenchmen (the Second Lord)* in IV.1 und *the two French captains* in IV.3., die schließlich den Namen *Dumain* erhalten (vgl. IV.3.165, 265). New Arden (Introduction, S.XV-XVII) liefert die detaillierteste Argumentation zur Stützung dieser Annahme. Auf der andern Seite kommt Carson ("Textual Implications") aufgrund einer Reihe von Unstimmigkeiten, wie sie sich aus obiger Annahme ergeben, zum Schluß, daß die Möglichkeit einer Aufspaltung der zwei *Dumain* Rollen in vier, sechs, oder gar acht verschiedene Rollen – zumal für eine Inszenierung – gegeben sei. Gemäß Carson rechtfertigen dramaturgische Überlegungen eine Revision der Hunterschen Theorie.

[2] *so that:* Gleitender Einsatz. Die Figuren befinden sich bei der Szeneneröffnung mitten im Gespräch (vgl. auch die Eröffnungen der Szenen II.1., III.6, III.7, IV.5, V.1). Die Konj. *so that* leitet entweder einen Bedingungssatz ein: 'vorausgesetzt, daß' oder aber einen Folgesatz: 'so daß'. Möglicherweise fungiert hier *so* als Adv., *that* als Pronomen und Z.2 als Apposition dazu: 'Also habt ihr davon nun Punkt für Punkt gehört, was die tieferen Gründe dieses Kriegs betrifft'.

[3] *seems:* Wie fast immer bei Sh. nicht 'scheinen (im Gegensatz zur Wirklichkeit)', sondern 'offenkundig sein' (OED II.46).

HERZOG. Daher wundern wir uns sehr, daß unser Vetter, [der König von] Frankreich, in einer so gerechten Sache sein Herz gegen unsere hilfesuchenden Bitten verschließt.

2. ADLIGER. Mein guter Herr, die Gründe unseres Staats kann ich [Euch] nicht anders angeben, als ein uneingeweihter Mann aus dem Volk [es kann], der sich den großen Plan eines [Staats]rats gemäß seinem eigenen, unzulänglichen Denken entwirft;[4] deshalb wage ich [auch] nicht zu sagen, was ich davon halte, da ich mich auf meinem unsicheren Boden im Irrtum fand, sooft ich mich Vermutungen hingab.

HERZOG. Es sei sein Wille.

1. ADLIGER. Doch ich bin sicher, daß die jüngeren von unserem Schlag, die übersatt sind vor lauter Wohlergehen, Tag für Tag hierher zur Kur[5] kommen werden.

HERZOG. Sie sollen willkommen sein, und alle Auszeichnungen, die wir verleihen können, sollen ihnen zukommen. Ihr kennt Euren Rang. Werden [dereinst] bessere [Stellungen] frei, so werden sie zu Eurem Nutzen frei geworden sein. Morgen ins Feld.

Ein Trompetenstoß. [Ab.]

III.2 *Die Gräfin und [Lavatch], der Clown, treten auf.*[1]

GRÄFIN. Es ist ganz so geschehen, wie ich es haben wollte, außer, daß er nicht mit ihr kommt.

LAVATCH. Meiner Treu, ich halte meinen jungen Herrn für einen sehr melancholischen Mann.[2]

GRÄFIN. Aufgrund welcher Beobachtung, bitte?

LAVATCH. Nun denn, er schaut immerzu[3] auf seinen Stiefel und singt; zupft an der Halskrause und singt; stellt Fragen und singt;

---

[4] *great figure ... self-unable motion: figure* ist ein astrologischer Terminus zur Bezeichnung der Karte, auf der die Sternkonstellation zu einer gegebenen Zeit festgehalten ist (OED 14). – *motion* verwendet Sh. auch sonst für die Bewegung der Sterne (*1 Hen.IV* V.4.64). – *self* entspricht mod.engl. *own*. - *by self-unable motion* also etwa 'aufgrund der eigenen Unfähigkeit, sich wie ein Stern am Himmel zu bewegen'. Die Mitglieder des Staatsrats werden mit Sternen am Firmament verglichen, deren Bewegungen als Bild für die Entscheidungen des Rats dienen.

[5] *surfeit ... physic:* Eine der Stellen, wo die leitmotivische Thematik von Krankheit und Genesung metaphorisch anklingt. Nach geläufiger elisabethanischer Auffassung führte das selbstgefällige Leben in Friedenszeiten sowohl im Staat als auch im Inidividuum zu

DUKE. Therefore we marvel much our cousin France
Would in so just a business shut his bosom
Against our borrowing prayers.
2. LORD. Good my lord,
The reasons of our state I cannot yield
But like a common and an outward man
That the great figure of a council frames
By self-unable motion – therefore dare not
Say what I think of it, since I have found
Myself in my incertain grounds to fail
As often as I guessed.
DUKE. Be it his pleasure.
I. LORD. But I am sure the younger of our nature,
That surfeit on their ease, will day by day
Come here for physic.
DUKE. Welcome shall they be;
And all the honors that can fly from us
Shall on them settle. You know your places well;
When better fall, for your avails they fell.
To-morrow to th'field. *Flourish. [Exeunt.]*

III.2 *Enter Countess and [Lavatch, the] Clown.*

COUNTESS. It hath happened all as I would have had it, save that he comes not along with her.

LAVATCH. By my troth, I take my young lord to be a very melancholy man.

COUNTESS. By what observance, I pray you?

LAVATCH. Why, he will look upon his boot, and sing; mend the ruff, and sing; ask questions, and sing; pick his teeth, and sing. I

17. *nature* F; Rowe (1709) *nation.*

Störungen, die mit körperlicher Krankheit verglichen wurden und für die der Krieg als das probate Heilmittel galt (Riverside). Die Vorstellung des 'Übersattseins' verwendet Sh. häufig bildlich (vgl. etwa *Meas.f.M.* I.2.122, *Mids.N.D.* II.2.137, *Merch.V.* I.2.6).

1 *Enter .. Clown:* Als Ort der Szene hat man sich das Haus der Gräfin in Roussillon vorzustellen.

2 *melancholy man:* Die negativ-parodistischen Bedeutungskomponenten stehen im Vordergrund, wenn Lavatch das Wort *melancholy* verwendet (vgl. I.2.56 und Anm.).

3 *will* dient hier dem Ausdruck gewohnheitsmäßigen Tuns. (Franz §§ 616, 620).

stochert in den Zähnen und singt. Ich kenne einen Mann, der dieser melancholischen Eigenart[4] verfallen war [und der] einen stattlichen Herrensitz für einen Pappenstiel verkaufte.

GRÄFIN. Laßt mich sehen, was er schreibt und wann er zu kommen gedenkt.

[Sie öffnet einen Brief.]

LAVATCH. Ich hab's nicht mehr auf Isabel abgesehen, seit ich am Hof war. Unsere Stockfische[5] und Isabels vom Land sind nichts gegen die Stockfische und Isabels am Hof. Man hat Cupidos Hirn in mir zerschlagen, und ich beginne, [auf die Art] zu lieben, wie ein alter Mann sein Geld liebt, ohne Appetit.[6]

GRÄFIN. Was haben wir denn da?

LAVATCH. Genau das, was ihr da habt.[7]

Ab.

[GRÄFIN *liest einen] Brief:* 'Ich sende Euch eine Schwiegertochter. Sie hat den König geheilt und mich zugrunde gerichtet. Ich habe sie geheiratet, die Ehe nicht vollzogen und geschworen dieses 'Nicht'[8] ewig dauern zu lassen. Ihr werdet hören, ich sei weggerannt; wißt es, bevor die Nachricht kommt. Wenn Raum genug ist in der Welt, so werde ich mich in großer Entfernung halten. Ich bin Euch ergeben.

Euer unglücklicher Sohn,

Bertram.'

Das ist nicht wohl[getan], [du] unbedachter, zügelloser Knabe. Die Gunst eines so gütigen Königs zu fliehen, dir seine Empörung aufs Haupt zu laden, dadurch, daß du eine Jungfrau verschmähst, [die] zu tugendhaft [ist], als daß selbst ein Kaiser[9] sie verachten dürfte.

[Lavatch], der Clown tritt auf.

LAVATCH. Oh, Madame, dort drin gibt's bedrückende Neuigkeiten zwischen zwei Soldaten und meiner jungen Gebieterin!

GRÄFIN. Was gibt es?

LAVATCH. Immerhin, ein wenig Trost liegt schon in der Neuigkeit, ein

---

[4] *trick:* Die vielen Bedeutungsnuancen, die das Wort bei Sh. annehmen kann, lassen sich erklären als Varianten eines Bedeutungskerns *oddity* 'seltsame, individuell kennzeichnende Eigenart' (vgl. IV.5.57 und Anm. sowie V.3.239 und *Meas.f.M.* [ed.Leisi], Introduction, S.28 und Anm. zu V.1.552).

[5] *old lings: ling* ist ein Slangausdruck für die auf ihre sexuellen Funktionen reduzierte Frau (F.& H., S.203). Die sexuelle Anspielung hier erschließt sich auf dem Weg einer Assoziation über *salted cod* 'in Salz eingelegter Dorsch', den man auch als *old ling* (OED) bezeichnet: sowohl *salt* 'brünstig, lüstern, geil' *(Oth.* III.3.404, *Timon* IV.3.86,

know a man that had this trick of melancholy sold a goodly manor for a song.

COUNTESS. Let me see what he writes, and when he means to come.
[Opens a letter.]

LAVATCH. I have no mind to Isbel since I was at court. Our old lings and our Isbels o'th' country are nothing like your old ling and your Isbels o' th' court. The brains of my Cupid's knocked out, and I begin to love, as an old man loves money, with no stomach.

COUNTESS. What have we here?

LAVATCH. E'en that you have there. *Exit.*

[COUNTESS *reads] a letter.* 'I have sent you a daughter-in-law. She hath recovered the king, and undone me. I have wedded her, not bedded her, and sworn to make the "not" eternal. You shall hear I am run away; know it before the report come. If there be breadth enough in the world, I will hold a long distance. My duty to you.

Your unfortunate son,

Bertram.'

This is not well, rash and unbridled boy,
To fly the favors of so good a king,
To pluck his indignation on thy head
By the misprizing of a maid too virtuous
For the contempt of empire.

Enter [Lavatch, the] Clown.

LAVATCH. O madam, yonder is heavy news within between two soldiers and my young lady!

COUNTESS. What is the matter?

LAVATCH. Nay, there is some comfort in the news, some comfort –

12–13. *old lings ... old ling* F; F2 *old Ling ...old Ling;* Arden (Konj. Kinnear 1883) *codlings ...codlings* 'Liebchen' (Arden), 'ungehobelten Bengel' (OED).

Meas.f.M. V.1.397) wie *cod,* 'Penis' *(Oth.* II.1.154; vgl. *cod-piece* 'Schamkapsel' an den zeitgenössischen Hosen) enthalten sexuelle Konnotationen.

[6] *stomach:* Der Magen galt als Sitz der Leidenschaften, der geheimen Gedanken und Gefühle (vgl. I.1.139 und Anm.).

[7] *E'en that:* In Anbetracht der auch sonst häufig prophetischen Worte Lavatchs liegt nahe anzunehmen, daß er auch hier in vorausdeutender Art den noch nicht eröffneten Inhalt von Bertrams Brief meint: Es werde sich dort genau das *(E'en that)* finden, worauf er (Lavatch) eben (Z.12–16) angespielt hat.

[8] *not:* Ein Wortspiel mit zwei Bedeutungen des homophonen *knot:* 1. 'Ehebündnis' *(Rom. and Jul.* IV.2.24 f); 2. 'Keuschheit' *(Temp.* IV.1.15 und *Per.* IV.2.138). Sh. spielt auch sonst häufig mit der Lautfolge */not/* (vgl. unten IV.5.16 und V.3.248).

[9] *empire:* 'kaiserlicher Rang' steht metonymisch für dessen Inhaber.

wenig Trost schon – Euer Sohn wird nicht so rasch getötet werden, wie ich dachte.

GRÄFIN. Weshalb sollte er [denn] getötet werden?

LAVATCH. Das frage ich mich auch, Madame, wenn er doch davonrennt, wie ich höre. Die Gefahr liegt im Standhalten;[10] das bedeutet Verlust von Männern, mag's auch zur Erzeugung von Kindern führen. Die hier kommen, werden Euch mehr erzählen. Ich jedenfalls habe gehört, Euer Sohn sei weggerannt.

[Ab.]

Helena und [die] zwei [französischen] Adligen[11] treten auf.

2. ADLIGER. [Gott] grüße Euch, edle Frau.

HELENA. Madame, mein Herr ist fort, für immer fort!

1. ADLIGER. Sagt das nicht.

GRÄFIN. Faßt Euch. Ich bitte Euch, meine Herren [tretet näher] – ich habe so viele Wechselfälle von Glück und Kummer erlebt, daß weder das plötzliche Auftreten des einen noch des anderen mich zum Weib machen kann.[12] Sagt mir bitte, wo ist mein Sohn?

1. ADLIGER. Madame, er ist weggegangen, um dem Herzog von Florenz zu dienen. Wir trafen ihn unterwegs dorthin, denn dorther kommen wir. Und sobald wir ein uns aufgetragenes Geschäft bei Hof erledigt haben, kehren wir wieder dorthin zurück.

HELENA. Seht sein Schreiben, Madame. Hier ist mein Laufpaß.[13]

[Liest.] 'Wenn du den Ring an meinem Finger erhalten kannst, der sich niemals davon lösen soll, und mir ein Kind zeigen [kannst], das deinem Schoß entsprungen ist und dem ich Vater bin, dann nenne mich Gemahl; aber in solches "dann" schreibe ich ein "nie".'

Das ist ein furchtbares Urteil.

GRÄFIN. Brachtet Ihr diesen Brief, meine Herren?

1. ADLIGER. Jawohl, Madame, und um des Inhalts willen bereuen wir unsere Mühe.

GRÄFIN. Ich bitte dich, Mädchen, sei besseren Muts. Erhebst du alleinigen Anspruch auf all deinen Kummer, so beraubst du mich meines Anteils daran.[14] Er war mein Sohn, doch wasche ich seinen Namen aus meinem Blut und du allein bist mein Kind. Nach Florenz ist er gegangen?

---

[10] *standing to't:* Ein Wortspiel mit zwei Bedeutungen von *stand to:* 1. 'festbleiben, standhalten' (in einer Schlacht); 2. 'einer Frau sexuell begegnen' (F.& H. führen Belege für diese Bedeutung seit 1595 an). Dasselbe Wortspiel findet sich auch in *Macb.* II.3.31 und *2 Hen.IV* II.1.4. Vermutlich spielt Lafew schon mit *be killed* auf die sexuelle Konnotation von *die* an (vgl. I.1.138 und Anm. – Zur Zuordnung der Begriffsfelder Liebe – Krieg – Sexualität vgl. II.1.21 und Anm.).

your son will not be killed so soon as I thought he would.

COUNTESS. Why should he be killed?

LAVATCH. So say I, madam, if he run away, as I hear he does. The danger is in standing to't; that's the loss of men, though it be the getting of children. Here they come will tell you more. For my part, I only hear your son was run away. *[Exit.]*

Enter Helena and [the] two [French] Gentlemen.

2. LORD. Save you, good madam.

HELENA. Madam, my lord is gone, forever gone!

I. LORD. Do not say so.

COUNTESS. Think upon patience. Pray you, gentlemen –
I have felt so many quirks of joy and grief
That the first face of neither on the start
Can woman me unto't. Where is my son, I pray you?

I. LORD. Madam, he's gone to serve the Duke of Florence.
We met him thitherward, for thence we came;
And after some dispatch in hand at court,
Thither we bend again.

HELENA. Look on his letter, madam. Here's my passport. *[Reads.]* 'When thou canst get the ring upon my finger, which never shall come off, and show me a child begotten of thy body that I am father to, then call me husband; but in such a "then" I write a "never".' This is a dreadful sentence.

COUNTESS. Brought you this letter, gentlemen?

I. LORD. Ay, madam,
And for the contents' sake are sorry for our pains.

COUNTESS. I prithee, lady, have a better cheer.
If thou engrossest all the griefs are thine,
Thou robb'st me of a moiety. He was my son,
But I do wash his name out of my blood,
And thou art all my child. Towards Florence is he?

---

11 *two [French] gentlemen:* Vgl. III.1. BA und Anm.

12 *quirks ... woman: quirks:* 'plötzliche Schläge'. – Die genaue Bedeutung von *on the start* ist nicht geklärt. Onions paraphrasiert mit *when it suddenly appears,* Riverside mit *with startling suddenness.* Kellner übersetzt *start* hier mit 'Überraschung' und verweist auf die Parallele in *Lear* I.1.299 *Such unconstant starts are we like to have from him as that of Kent's banishment.* – *woman:* 'zu einem Verhalten bewegen, wie es gemeinhin von Frauen erwartet wird'. Die Verbalisierung von Substantiven ist keine ungewöhnliche Erscheinung im elisabethanischen Englisch (Abbott § 290).

13 *passport:* Die Bedeutung 'Entlassung, Abweisung' (OED 5 fig.a) steht im Vordergrund. Gleichzeitig kommt die Bedeutung 'Reisedokument' zum Tragen.

14 *engross:* 'mit einem Monopol belegen' (OED II.4, *Merry W.* II.2.179) und *moiety* 'Anteil' (*1 Hen.IV* III.1.96) sind Fachausdrücke aus der Welt des Handels und der Finanzen.

1. ADLIGER. Jawohl, Madame.

GRÄFIN. Und um Soldat zu werden?

1. ADLIGER. Das ist seine edle Absicht, und glaubt mir, der Herzog wird
70 ihm soviel Ehre zuteil werden lassen, wie Recht und Billigkeit verlangen.

GRÄFIN. Kehrt Ihr dorthin zurück?

2. ADLIGER. Jawohl, Madame, auf schnellen Flügeln.

HELENA. *[Liest.]* 'Bis ich keine Frau mehr habe, habe ich nichts in
73 Frankreich [verloren].' Das ist bitter.

GRÄFIN. Steht das dort?

HELENA. Jawohl, Madame.

2. ADLIGER. Es ist vielleicht bloß die Verwegenheit seiner Hand, der sein Herz nicht zustimmte.

GRÄFIN. Nichts in Frankreich, bis er keine Frau mehr hat! Hier gibt es
78 nichts, was zu gut für ihn wäre, außer ihr, und sie verdient einen Herrn, dem zwanzig solche Rüpel dienen und sie stündlich Herrin nennen sollten. Wer war bei ihm?

2. ADLIGER. Nur ein Diener und ein Herr, mit dem ich einmal Bekannt-
83 schaft machte.

GRÄFIN. Parolles, nicht wahr?

2. ADLIGER. Jawohl, Madame, der.

GRÄFIN. Ein sehr lasterhafter Kerl, und voller Bosheit. Mein Sohn
86 erliegt seinen Verführungen und verdirbt sich so eine Natur von guter Abstammung.

2. ADLIGER. In der Tat, Madame, der Kerl vereinigt allzu viel von jener [Kunst der Verführung] auf sich, was ihm sehr zustatten kommt.

GRÄFIN. Seid mir willkommen, meine Herren. Ich möchte Euch bitten,
90 meinem Sohn zu sagen, wenn Ihr ihn seht, daß sein Schwert die Ehre, die er verliert, niemals zurückgewinnen kann. Weiteres bitte ich Euch, schriftlich mitzunehmen.

1. ADLIGER. Wir dienen Euch, Madame, darin [genauso] wie in allen [anderen] ehrenwerten Belangen.

GRÄFIN. Nicht anders, als daß wir uns gegenseitig[15] Gefälligkeiten
96 erweisen. Wollt Ihr bitte eintreten?

Ab [mit den Herren.]

HELENA. 'Bis ich keine Frau mehr habe, habe ich in Frankreich nichts verloren.' Nichts in Frankreich, bis er keine Frau mehr hat! Du

---

[15] *change:* Hier wie in *Meas.f.M.* I.4.47 gleichbedeutend mit *exchange.*

I. LORD. Ay, madam.
COUNTESS. And to be a soldier?
I. LORD. Such is his noble purpose, and believe't,
70 The duke will lay upon him all the honor
That good convenience claims.
COUNTESS. Return you thither?
2. LORD. Ay, madam, with the swiftest wing of speed.
HELENA. *[reads]* 'Till I have no wife, I have nothing in France.'
73 'Tis bitter.
COUNTESS. Find you that there?
HELENA. Ay, madam.
2. LORD. 'Tis but the boldness of his hand haply, which his heart was not consenting to.
COUNTESS. Nothing in France until he have no wife!
78 There's nothing here that is too good for him
But only she, and she deserves a lord
That twenty such rude boys might tend upon
And call her hourly mistress. Who was with him?
2. LORD. A servant only, and a gentleman
83 Which I have sometime known.
COUNTESS. Parolles, was it not?
2. LORD. Ay, my good lady, he.
COUNTESS. A very tainted fellow, and full of wickedness.
86 My son corrupts a well-derived nature
With his inducement.
2. LORD. Indeed, good lady,
The fellow has a deal of that too much
Which holds him much to have.
COUNTESS. Y'are welcome, gentlemen.
90 I will entreat you, when you see my son,
To tell him that his sword can never win
The honor that he loses. More I'll entreat you
Written to bear along.
I. LORD. We serve you, madam,
In that and all your worthiest affairs.
COUNTESS. Not so, but as we change our courtesies.
96 Will you draw near? *Exit [with the Gentlemen].*
HELENA. 'Till I have no wife I have nothing in France.'
Nothing in France until he has no wife!

85–94. In Versen wie Capell; F in Prosa.

sollst keine mehr haben, Roussillon, keine in Frankreich; dann hast du alles wieder. Armer Herr, bin ich es, die dich aus deinem Land verjagt und deine zarten Glieder dem nichts verschonenden Kriegsgeschehen aussetzt? Und bin ich es, die dich vom leichtlebigen Hof vertreibt, wo du von schönen Augen getroffen wurdest, um zum Ziel rauchender Musketen[16] zu werden? Oh, ihr bleiernen Boten, die ihr auf dem heftigen Ungestüm des Feuers reitet, fliegt mit falschem Ziel; bewegt bloß die sich immer wieder zusammenfügende Luft,[17] die beim Durchstoßenwerden singt; berührt nicht meinen Herrn! Wer auch auf ihn schießt, ich hab ihn dorthin geschickt. Wer auch anlegt auf seine vorrückende Brust, ich bin der Schurke,[18] der ihn solchem aussetzt. Und obwohl ich ihn nicht selber töte, bin ich doch die Ursache für seinen Tod, wenn er so erfolgt. Besser wär's, ich begegnete dem gierigen, verschlingenden Löwen, wenn er aus heftigem Hungerdrang brüllt; besser wär's, wenn aller Jammer der Natur sogleich mein eigener wäre. Nein, komm du nach Hause, Roussillon, von dort, wo die Ehre der Gefahr bloß eine Narbe abgewinnt und ebensooft alles verliert.[19] Ich will mich fortmachen. Mein Hiersein ist's, was dich fernhält. Soll ich dazu hier bleiben? Nein, nein, selbst wenn Paradiesesluft das Haus kühlend durchzöge und Engel den Dienst [im Haus] versähen. Ich will mich fortmachen, so daß das mitleidvolle Gerücht[20] meine Flucht vermelde, um dein Ohr zu trösten. Komm, Nacht; ende, Tag,[21] denn mit dem Dunkel stehle ich arme Diebin mich weg.[22]

Ab.

---

[16] *shot ... muskets:* In übertragener *(with fair eyes)* und wörtlicher Bedeutung *(mark of smoky muskets)* fungiert *shot* als semantischer Angelpunkt für die Antithese von Hofleben und Soldatenleben.

[17] *move the still-piecing air:* Die Emendation *still-piecing* (gestützt durch *Haml.* IV.1.44 *hit the woundless air* 'unverwundbare Luft') wird von den meisten modernen Hrsg. übernommen, einzig Riverside druckt die F-Lesart, welche sich mit Delius allenfalls verteidigen ließe als eine aphetische Form von *still-appearing* 'still erscheinend' im Gegensatz zu *move.* - *still* als erster Teil von Komposita mit der Bedeutung 'unablässig' findet sich häufig in Texten der Tudor- und Stuartzeit (Onions).

[18] *caitiff:* 'Elender, Schurke', bis 1603 nach OED aber auch noch in der Bedeutung 'Gefangener' belegt, welche eventuell auch hier noch anklingt (vgl. oben II.1.128).

[19] *honor ... loses all:* Ein Gedanke, der im entstehungszeitlich nahen Stück *Tr. and Cr.* thematisch wird: Der Ehrgeizige findet das, was er sucht, nicht auf dem Schlachtfeld. Dort werden ihm höchstens Verletzungen beigebracht, wenn nicht der Tod.

[20] *pitiful rumor:* Als Allegorie tritt das Gerücht in der Induktion zu *2 Hen.IV* auf, wo es sein Wirken mit folgenden Worten beschreibt: *From Rumor's tongues/They [posts] bring smooth comforts false, worse than true wrongs* 'Aus dem Mund des Gerüchts bringen sie [die Boten] falsche Trostworte zur Berughigung, [was] schlimmer [ist] als

Thou shalt have none, Rossillion, none in France;
Then hast thou all again. Poor lord, is't I
That chase thee from thy country, and expose
Those tender limbs of thine to the event
Of the none-sparing war? And is it I
That drive thee from the sportive court, where thou
Wast shot at with fair eyes, to be the mark
Of smoky muskets? O you leaden messengers
That ride upon the violent speed of fire,
Fly with false aim; move the still-piecing air,
That sings with piercing; do not touch my lord!
Whoever shoots at him, I set him there.
Whoever charges on his forward breast,
I am the caitiff that do hold him to't.
And though I kill him not, I am the cause
His death was so effected. Better 'twere
I met the ravin lion when he roared
With sharp constraint of hunger; better 'twere
That all the miseries which nature owes
Were mine at once. No; come thou home, Rossillion,
Whence honor but of danger wins a scar,
As oft it loses all. I will be gone.
My being here it is that holds thee hence.
Shall I stay here to do't? No, no, although
The air of paradise did fan the house
And angels officed all. I will be gone,
That pitiful rumor may report my flight
To consolate thine ear. Come, night; end, day;
For with the dark, poor thief, I'll steal away. *Exit.*

---

108. *still-piecing* Steevens (1778); F *still-peering;* F2 *still-piercing* 'immerdurchdringende'; *still-'pearing* Delius (1872) 'still erscheinende'.

---

wahre Unglücksbotschaften.' Auch Bertram wird durch das Gerücht von Helenas Pilgerfahrt zu einer falschen Sicherheit gelangen.

[21] *Come ... day:* Klingt dunkel an *Rom. and Jul.* III.3.17 an: *Come, night; come, Romeo; come, thou day in night.*

[22] *no wife ... poor thief:* Der Kern des Monologs *(O you leaden ... loses all)* besteht aus einer Sonettstruktur mit halbversigem Variationsausgleich (Wendel, S.70–74), deren 1. Quartett und Schlußcouplet je eine Apostrophe enthält, und die als ganze wiederum von zwei längeren Apostrophen eingerahmt wird. Die unmittelbar vorausgehenden Verse (Z.97–106) heben sich ab durch die Form der rhetorischen Frage, die unmittelbar folgenden (Z.120–27) durch ihren Situationsbezug. Klagen, Selbstanklagen, oft in der rhetorischen Form der Apostrophe, Invocatio oder der rhetorischen Frage gestaltet Sh. häufig als Sonettstrukturen (vgl. I.1.81–94 und Anm.; für Belege vgl. Wendel, S.141).

III.3 *Ein Trompetenstoß. Der Herzog von Florenz, [Bertram, Graf von] Roussillon treten auf, Paukisten und Trompeter, Soldaten, Parolles.*[1]

HERZOG. Du bist jetzt der Befehlshaber über unsere Reiterei;[2] und wir, voller Hoffnung, setzen unsere Zuneigung [zu dir] und unser Vertrauen [in dich] auf dein vielversprechendes Geschick.

BERTRAM. Herr, diese Last ist zu schwer für meine Kraft, aber wir werden uns bemühen, sie um Euer Ehren willen bis an den äußersten Rand der Gefahr[3] zu tragen.

HERZOG. So gehe denn, und möge Fortuna als deine glückbringende Geliebte deinen von Erfolg gekrönten Helm umspielen![4]

BERTRAM. An eben diesem Tag, mächtiger Mars, stelle ich mich in deine Reihen. Mache mich so wie meine Gedanken sind, und ich werde mich als Liebhaber deiner [Heer]pauke und als Hasser der Liebe erweisen.

Alle ab.

III.4 *Die Gräfin und der Verwalter treten auf.*

GRÄFIN. Ach! So habt Ihr wirklich[1] den Brief von ihr entgegengenommen? Hättet Ihr nicht wissen können, daß sie das tun würde, was sie getan hat, indem sie mir einen Brief sendet? Lest ihn noch einmal vor.

[Der Verwalter liest den] Brief:[2]

---

[1] *Drums and Trumpets ... Parolles:* Die F-Lesart der BA hält die ständische Rangfolge nicht ein. Parolles erscheint kaum zufällig am Schluß der Liste zusammen mit den übrigen Soldaten. Effektvoll und sinnbezogen hat Guthrie Parolles' stumme Rolle inszeniert: Bertram überantwortet die soeben vom Herzog empfangenen Feldzeichen, Heerpauke und Fahne, an Parolles, der sie mit komisch wirkender Feierlichkeit entgegennimmt, nur um die Pauke sogleich an einen Untergebenen weiterzureichen und schließlich allein mit der Fahne die Bühne zu verlassen. Auf diese Weise wird das ganz und gar unbegründete Vertrauen Bertrams in Parolles theatralisch sichtbar. (Carson, "Textual Implications", S.53)

[2] *horse* verwendet Sh. häufig metonymisch.

[3] *hazard:* Ursprünglich: 'die Falle beim Tennisspiel der Tudorzeit' und daher übertragen 'Glücksspiel' (vgl. die ausführliche Metapher in *Hen.V* II.1.262) sowie 'Spieleinsatz' *(Merch.V.* I.1.151).

[4] *Fortune ... mistress* liegt ev. ein Emblem zugrunde: Unter der Überschrift *Imperatoris Virtutes* (Feldherrntugenden) zeigt die Abbildung einen Feldherrn zwischen der Fortuna und seinem Heer stehend. (H.& S., Sp.1060 f). – *prosperous* steht proleptisch zum metonymischen *helm: play upon thy helm* (für: *course of war) and thus make it prosperous* (vgl. die ähnliche Prolepsis in *Macb.* III.4.76).

III.3 *Flourish. Enter the Duke of Florence, [Bertram Count] Rossillion, Drum and Trumpets, Soldiers, Parolles.*

DUKE. The general of our horse thou art; and we,
Great in our hope, lay our best love and credence
Upon thy promising fortune.

BERTRAM. Sir, it is
A charge too heavy for my strength, but yet
We'll strive to bear it for your worthy sake
To th' extreme edge of hazard.

DUKE. Then go thou forth,
And Fortune play upon thy prosperous helm
As thy auspicious mistress!

BERTRAM. This very day,
Great Mars, I put myself into the file.
Make me but like my thoughts, and I shall prove
A lover of thy drum, hater of love.

Exeunt omnes.

III.4 *Enter Countess and Steward.*

COUNTESS. Alas! and would you take the letter of her?
Might you not know she would do as she has done,
By sending me a letter? Read it again.

[STEWARD. reads the] letter.

---

1 *and would you* hat hier lediglich emphatische Funktion. (Abbott § 99), *would* heißt soviel wie *were you willing, could you bring yourself to* (Abbott § 331; vgl. auch *Hen. V* II.2.99 *woulds't thou have practised on me for thy use* 'so hast du also gegen mich ein böses Spiel gespielt'). – *might,* als Präteritumform von *may* bedeutete ursprünglich *was able, could.* (Abbott § 312).

2 *letter:* Der Brief ist in der englischen Sonettform abgefaßt: einer Folge von drei Quartetten und einem Couplet. Damit bricht Sh. hier eine für das gesamte elisabethanische Drama gültige Regel, wonach für Briefe ein fest etablierter Prosastil verwendet wurde (Sh.-Handbuch, S.325). Mit der Sonettform wird hier eine Distanzierung erreicht. Stil und Vokabular der Verse unterstreichen noch die Künstlichkeit der im Brief ausgedrückten Haltung. Sie erweist sich denn auch als weitgehend der petrarkistischen Dichtungskonvention verhaftet. Dazu gehört auch die Vorstellung von der Liebe als einer Pilgerfahrt (vgl. J. Vyvyan, *Sh. and Platonic Beauty,* London 1961, S.152) und ganz allgemein eine Vorliebe für Paradoxa, welche zum Beispiel aufgrund religiöser Metaphern für sinnlich erfahrbare Liebe entstehen (vgl. den ebenfalls in Sonettform stehenden Dialog zwischen Romeo und Julia anläßlich ihrer ersten Begegnung in *Rom. and Jul.* I.5.93–110). Unterschwellig verweisen die Verse hier also auf Helenas Entschlossenheit, Bertrams Liebe für sich zu gewinnen, ja sie sinnlich zu erfahren (vgl. I.1.176. und Anm.).

'Ich bin Sankt Jakobs Pilgerin,[3] unterwegs zu ihm. Die ehrgeizige Liebe in mir hat sich so versündigt, daß ich mich barfuß über den kalten Boden schleppe, um mit heiligem Gelübde[4] mein Vergehen wiedergutzumachen. Schreibt, schreibt, damit mein liebster Herr, Euer lieber Sohn, dem blutigen Verlauf des Krieges enteilen möge. Laßt ihn gesegnet und in Frieden zu Hause leben, während ich aus der Ferne seinen Namen mit eifriger Inbrunst heilige. Bittet ihn, mir seine [um meinetwillen] unternommenen Mühen zu vergeben. Ich, seine boshafte Juno,[5] sandte ihn weg von seinen Freunden am Hof, damit er unter sich bekämpfenden Feinden lebe, wo Tod und Gefahr dem Edelmut auf den Fersen folgen.[6] Er ist zu gut und zu schön für den Tod und für mich; welchen[7] ich selbst umarme, um ihn zu befreien!

GRÄFIN. Ah, welch spitze Stacheln doch ihre sanftesten Worte tragen! Rinaldo, Euch fehlte es nie so sehr an Überlegung,[8] wie als Ihr sie so ziehen ließet. Hätte ich mit ihr gesprochen, so hätte ich sie wohl von ihrem Vorhaben abbringen können; dem ist sie nun zuvorgekommen.

VERWALTER. Verzeiht, Madame. Hätte ich Euch dies gestern nacht überbracht, so hätte sie wohl noch eingeholt werden können; und doch schreibt sie, [sie] zu suchen, wäre vergeblich.

GRÄFIN. Welcher Engel soll diesen unwürdigen Gatten segnen? Er kann nicht gedeihen, es sei denn, ihre Gebete, die der Himmel mit Entzücken hört und gern gewährt, entziehen ihn dem Zorn der höchsten Gerechtigkeit. Schreib', schreib', Rinaldo, an diesen seiner Frau nicht würdigen Gatten. Laß jedes Wort schwer wiegen von ihrem Wert, dem er zu leichtes Gewicht[9] gibt. Meinen übergroßen Kummer, mag er ihn auch kaum fühlen, haltet eindringlich fest. Schickt den geeignetsten Boten.

---

[3] *Saint Jaques' Pilgrim:* Gemeint ist Santiago de Compostela in Spanien, der wohl volkstümlichste Wallfahrtsort des Mittelalters. Daran, daß Florenz nicht am Weg dorthin liegt, sollte ein elisabethanisches Publikum keinen Anstoß nehmen (vgl. Komm.). Sh. verwendet häufig realitätswidrige geografische Angaben, so z.B. Böhmen als am Meer liegend in *Wint.T.*

[4] *sainted vow:* 'Gelübde an einen Heiligen'.

[5] *Juno:* Der Vergleich mit der eifersüchtigen Zeusgattin wirkt ironisch und deutet voraus auf Helenas schließliche Überlegenheit über die Geschicke Bertrams, der – implizit – hier in der Rolle des die zwölf Heldentaten vollbringenden Herkules erscheint.

[6] *death ... worth:* Als Hunde werden die Attribute des Kriegs – hier: *death and danger* - auch im Prolog zu *Hen.V* dargestellt. Die Singularform *dogs,* 'wie ein Hund an den Fersen sein', läßt vermuten, daß es sich bei *death and danger* um ein Hendiadyoin

'I am Saint Jaques' prilgrim, thither gone.
Ambitious love hath so in me offended
That barefoot plod I the cold ground upon,
With sainted vow my faults to have amended.
Write, write, that from the bloody course of war
My dearest master, your dear son, may hie.
Bless him at home in peace, whilst I from far
His name with zealous fervor sanctify.
His taken labors bid him me forgive.
I, his despiteful Juno, sent him forth
From courtly friends, with camping foes to live,
Where death and danger dogs the heels of worth.
He is too good and fair for death and me;
Whom I myself embrace to set him free.'

COUNTESS. Ah, what sharp stings are in her mildest words!
Rinaldo, you did never lack advice so much
As letting her pass so. Had I spoke with her,
I could have well diverted her intents,
Which thus she hath prevented.

STEWARD. Pardon me, madam.
If I had given you this at overnight,
She might have been o'erta'en; and yet she writes
Pursuit would be but vain.

COUNTESS. What angel shall
Bless this unworthy husband? He cannot thrive,
Unless her prayers, whom heaven delights to hear
And loves to grant, reprieve him from the wrath
Of greatest justice. Write, write, Rinaldo,
To this unworthy husband of his wife.
Let every word weigh heavy of her worth
That he does weigh too light. My greatest grief,
Though little he do feel it, set down sharply.
Dispatch the most convenient messenger.

---

handelt: 'tödliche Gefahr'. – *worth* dürfte metonymisch stehen für 'tüchtige, edelmütige Männer'. Zum Gedanken, daß sich Tapferkeit, Edelmut und Ehrgefühl der tödlichen Gefahr des Kriegs ausliefern vgl. oben III.2.119.

7 *Whom* bezieht sich auf *death, him* auf Bertram. Die paradox anmutende, epigrammhafte Schlußzeile legt aber auch einen Bezug von *Whom* auf Bertram nahe (New Penguin).

8 *advice:* Bei Sh. nicht nur 'Rat eines anderen' sondern ebenso oft auch 'eigene Überlegung' (*2 Hen.IV* II.2.68).

9 *weigh:* Die Wägemetaphorik aus II.3.153 f wird wiederaufgenommen.

Wenn er hört, daß sie weggegangen ist, wird er vielleicht zurückkehren; und ich darf hoffen, daß sie, sowie sie dies vernimmt, eiligst umkehren wird, von reiner Liebe hierher geführt. Wen von den beiden ich am meisten liebe, vermag ich nach meinem Gefühl[10] nicht zu entscheiden. Schickt diesen Boten. Mein Herz ist schwer und mein Alter schwach. Der Kummer verlangt nach Tränen, aber die Sorge heißt mich sprechen.

Ab.

III.5 *Ein Trompetensignal*[1] *in der Ferne. Die alte Witwe von Florenz, ihre Tochter [Diana], Violenta*[2] *und Mariana treten auf, zusammen mit weiteren Bürgern.*

WITWE. So kommt doch; sonst entgeht uns das ganze Schauspiel, wenn sie in die Stadt einmarschieren.

DIANA. Man sagt, der französische Graf habe sehr ehrenvolle Dienste geleistet.

WITWE. Es wird berichtet, er habe ihren größten Feldherrn [gefangen-] genommen und den Bruder des Herzogs eigenhändig getötet.

[Ein Trompetenstoß.]

Unsere Mühe war vergebens,[3] sie haben einen anderen Weg eingeschlagen. Horcht! An ihren Trompeten hört Ihr's.

MARIANA. Kommt, laßt uns umkehren und uns mit dem Bericht davon begnügen. Also Diana, nimm dich in acht vor diesem französischen Grafen.[4] Die Ehre einer Jungfrau ist ihr guter Name, und kein Vermächtnis ist so reich wie die Ehrbarkeit.[5]

---

[10] *sense:* Vgl. II.1.124 und Anm.

[1] *tucket:* Vgl. frz. *toquet.* Sh. verwendet das Wort zur Bezeichnung eines zu einer bestimmten Person gehörigen Trompetensignals (Naylor, S.180 f).

[2] *Violenta:* Diese stumme Figur tritt sonst im Stück nicht auf und wird auch nie namentlich erwähnt. New Arden nimmt deshalb an, daß Diana ursprünglich Violenta heißen sollte, eine Idee, die zwar im Verlauf der Niederschrift des Stücks verworfen wurde, jedoch in den *foul-papers,* die als Druckvorlage für F dienten, bewahrt blieb. Carson ("Textual Implications", S.56 f) ist der Meinung, daß Sh. die vorliegende Szene ursprünglich enger an die Vorlage anzulehnen gedachte: bei Paynter ist nicht die Tochter der Witwe, sondern die Tochter der Nachbarin das Ziel der Nachstellungen von Beltramo (vgl. New Arden, S.149). Die BA zu III.5 dürfte also ein Hinweis auf Sh.s ursprünglichen Plan sein, die Nachbarstochter mit dem Namen Violenta zu versehen, um sie – genau wie in der Quelle – die Rolle der Diana spielen zu lassen. Für den Fortgang des Stücks wurde dieser Plan schließlich fallengelassen, ohne daß die Szene III.5 entsprechend den gegenüber der Quelle nunmehr veränderten Namen

When haply he shall hear that she is gone,
He will return; and hope I may that she,
Hearing so much, will speed her foot again,
Led hither by pure love. Which of them both
Is dearest to me, I have no skill in sense
To make distinction. Provide this messenger.
My heart is heavy, and mine age is weak.
Grief would have tears, and sorrow bids me speak.

Exeunt.

III.5 *A tucket afar off. Enter old Widow of Florence, her Daughter [Diana], Violenta, and Mariana, with other Citizens.*

WIDOW. Nay, come; for if they do approach the city, we shall lose all the sight.

DIANA. They say the French count has done most honorable service.

WIDOW. It is reported that he has taken their great'st commander, and that with his own hand he slew the duke's brother. *[Tucket.]* We have lost our labor; they are gone a contrary way. Hark! You may know by their trumpets.

MARIANA. Come, let's return again, and suffice ourselves with the report of it. Well, Diana, take heed of this French earl. The honor of a maid is her name, and no legacy is so rich as honesty.

---

umgeschrieben worden wäre. Dies wiederum würde erklären, weshalb die Witwe in einem eher unpersönlichen Ton von ihrer eigenen Tochter spricht (Z.65) und auch weshalb Helena die intrigant wirkende Nachbarin Mariana zu einem Gespräch einlädt (Z.93–97), bei dem sie ihre wahre Identität und ihren Plan kundzutun gedenkt (III.7). Gerade die Zeilen 93–97 faßt New Arden als Beweis dafür auf, daß sich lediglich vier Personen auf der Bühne befinden: Mariana *(this matron)*, Diana *(this gentle maid)*, sowie die Witwe selbst und Helena *(us)*. Violenta wäre demnach ein *ghost-character*. Carson dagegen nimmt an, daß Helena sich mit *this matron and this gentle maid* und *this virgin* (Z.93 bzw. 96) an Mariana und ihre stumme Tochter Violenta wendet. Diese Annahme beseitigt auch die Verwirrung, die daraus entsteht, daß Helena Diana *(this gentle maid* in Hunters Interpretation) zum Essen im Haus ihrer eigenen Mutter einlädt (Z.93) und also der Mutter Tochter Beziehung zwischen der Witwe und Diana nicht gewahr wird. (Für die Inszenierung der Szene angesichts dieser Problematik vgl. Carson. Vgl. auch IV.2.BA und Anm.).

3 *lost ... labor:* Eine sprichwörtliche Wendung (Tilley L 19).

4 *earl:* Sh. verwendet das germanische Wort abwechselnd mit dem frz. *count* unterschiedslos für 'Graf'.

5 *honesty:* Auch 'Keuschheit' (vgl. unten Z.60).

WITWE. Ich habe meiner Nachbarin erzählt, wie Ihr von einem der Herren in seinem Gefolge bestürmt wurdet.

MARIANA. Ich kenne diesen Schurken, zum Henker mit ihm! Ein
gewisser Parolles; der ist ein schmutziger Diener seines Herrn
16 mit seinen Einflüsterungen an den jungen Grafen. Hüte dich
vor ihnen, Diana; ihre Versprechungen, Lockungen, Schwüre,
[Liebes]beweise und alle diese Werkzeuge[6] der Lust sind nicht
die Dinge, wofür sie sich ausgeben. Manch ein Mädchen ist von
ihnen verführt worden; und zu allem Unglück vermag das
Beispiel, das sich so furchterregend im Ruin der Jungfräulich-
22 keit offenbart, andere nicht von der Nachfolge abzuschrecken,
bevor sie den Ruten, die sie bedrohen, wieder auf den Leim
gehen.[7] Ich glaube nicht, daß ich Euch weiter Rat erteilen muß,
sondern nehme an, daß Eure eigene Tugend[8] Euch halten wird,
wo Ihr seid, wüßte man auch von keiner anderen Gefahr als
der, auf diese Weise seine Keuschheit zu verlieren.

DIANA. Ihr braucht Euch um mich nicht zu sorgen.

Helena tritt auf [verkleidet als Pilgerin.]

WITWE. Das hoffe ich. Seht, hier kommt eine Pilgerin. Ich weiß, sie
29 wird in meinem Haus übernachten; dorthin schicken sie einander. Ich will sie fragen. Gott behüte Euch, Pilgerin! Wohin
führt Euch Euer Weg?

HELENA. Zu Sankt Jakob dem Älteren. Sagt mir doch bitte, wo über-
33 nachten die Pilger?

WITWE. Im Heiligen Franziskus, hier neben dem Tor.

HELENA. Ist dies der Weg?

WITWE. Ja, in der Tat, das ist er.

Ein Marsch in der Ferne.

36 Hört! Sie schlagen diese Richtung ein. Wenn Ihr nur noch
etwas verweilen wollt, fromme Pilgerin, bis die Truppen vor-
40 beikommen, so will ich Euch dorthin führen, wo Ihr übernachten werdet, zumal da ich Eure Wirtin so gut kenne wie mich
selbst.

HELENA. Seid Ihr es [wohl] selbst?

WITWE. Wenn's Euch beliebt, Pilgerin.

HELENA. Ich danke Euch und warte hier, bis Ihr Zeit habt.

WITWE. Ihr kommt wohl aus Frankreich.

HELENA. Ja.

WITWE. Ihr werdet hier einen Landsmann sehen, der ruhmvollen
46 Dienst geleistet hat.

---

[6] *engine:* Hier auch 'Falle, Köder, Schlinge' (OED 5c). Sonst auch 'Kriegswerkzeug, Folter' (*Lear* I.4.259) oder abstrakt 'Machenschaft, Anschlag' (*Oth.* IV.2.215).

WIDOW. I have told my neighbor how you have been solicited by a
gentleman his companion.
MARIANA. I know that knave, hang him! one Parolles, a filthy officer he
16 is in those suggestions for the young earl. Beware of them,
Diana; their promises, enticements, oaths, tokens and all these
engines of lust, are not the things they go under. Many a maid
hath been seduced by them; and the misery is, example, that so
terrible shows in the wrack of maidenhood, cannot for all that
22 dissuade succession but that they are limed with the twigs that
threatens them. I hope I need not to advise you further, but I
hope your own grace will keep you where you are, though
there were no further danger known but the modesty which is
so lost.
DIANA. You shall not need to fear me.

Enter Helena [like a pilgrim].

WIDOW. I hope so. Look, here comes a pilgrim. I know she will lie at
29 my house; thither they send one another. I'll question her.
God save you, pilgrim! Whither are you bound?
HELENA. To Saint Jaques le Grand.
33 Where do the palmers lodge, I do beseech you?
WIDOW. At the Saint Francis here, beside the port.
HELENA. Is this the way?
WIDOW. Ay, marry, is't.

A march afar.

36 Hark you! they come this way.
If you will tarry, holy pilgrim,
But till the troops come by,
I will conduct you where you shall be lodged,
40 The rather for I think I know your hostess
As ample as myself.
HELENA. Is it yourself?
WIDOW. If you shall please so, pilgrim.
HELENA. I thank you, and will stay upon your leisure.
WIDOW. You came, I think, from France?
HELENA. I did so.
WIDOW. Here you shall see a countryman of yours
46 That has done worthy service.

---

[7] *limed ... twigs:* Das Bild ist einer gebräuchlichen Art des Vogelfangs entlehnt. Sh. verwendet die Metapher häufig.

[8] *grace:* Vgl. II.1.160 und Anm.

HELENA. Seinen Namen, bitte [sagt mir].

DIANA. Der Graf von Roussillon. Ist Euch einer dieses Namens bekannt?

HELENA. Nur meinem Ohr, das ihn hat rühmen hören. Sein Gesicht kenne ich nicht.

DIANA. Was immer er ist, hier genießt er hohes Ansehen. Er stahl sich aus Frankreich weg, wie berichtet wird, weil der König ihn gegen seinen Willen verheiratet hatte. Glaubt Ihr, daß das wahr ist?

HELENA. O ja, gewiß, die reine Wahrheit; ich kenne seine Frau.

DIANA. Da ist ein Herr in des Grafen Dienst, der nur Gemeines von ihr berichtet.

HELENA. Wie heißt er?

DIANA. Monsieur Parolles.

HELENA. Oh, ich stimme mit ihm überein; was ihre eigene Lobwürdigkeit betrifft, oder gar verglichen mit dem großen Ansehen des Grafen selbst, ist sie zu gewöhnlich, als daß man ihren Namen zu nennen brauchte. Ihr ganzes Verdienst besteht in der Keuschheit, die sie sich bewahrt, und von dieser habe ich noch nicht gehört, daß sie auf die Probe gestellt worden wäre.

DIANA. Weh ihr, arme Frau! Es ist ein hartes Los, die Frau eines Abscheu empfindenden Mannes zu werden.

WITWE. Ich halte sie für ein gutes Geschöpf.[9] Wo auch immer sie sich aufhält, ihr Herz wiegt schwer. Dieses junge Mädchen könnte ihr einen bösen Streich spielen,[10] wenn es nur wollte.

HELENA. Wie meint Ihr das? Wirbt der verliebte Graf vielleicht in unrechtmäßiger Absicht um sie?

WITWE. Das tut er in der Tat und bedient sich aller Mittel,[11] die bei solcher Werbung die zarte Ehre des Mädchens beschmutzen können; aber sie ist gegen ihn gerüstet und hält ihre Stellung, indem sie sie ehrenvoll verteidigt.[12]

Paukisten und Fahnen[träger]. [Bertram], Graf von Roussillon, Parolles und die ganze Armee treten auf.[13]

---

[9] *I write* in der Bedeutung 'jmd. halten für' findet sich auch sonst bei Sh. (vgl. II.3.60 und Anm. und *2 Hen.IV* I.2.25). Vgl. Lesarten.

[10] *shrewd turn: turn* begegnet oft mit sexueller Konnotation: 'Bruch der sexuellen Treue' (*Cymb.* II.4.142, *Ant. and Cl.* II.5.59). Die ganze Wendung gebraucht die Witwe hier wohl in der Bedeutung 'böser Streich'; die weitere Entwicklung der Handlung legt aber auch eine andere Bedeutung nahe: 'schlauer Trick'.

[11] *brokes:* Das Verb enthält die Aspekte des Kuppelns und Feilschens.

[12] *guard* 'Parade' bezeichnet eine Verteidigungsstellung beim Fechten. Eine Wiederaufnahme der Metaphorik von Angriff und Verteidigung in Liebesangelegenheiten (vgl.

HELENA. His name, I pray you?
DIANA. The Count Rossillion. Know you such a one?
HELENA. But by the ear, that hears most nobly of him;
His face I know not.
DIANA. Whatsome'er he is,
He's bravely taken here. He stole from France,
As 'tis reported, for the king had married him
Against his liking. Think you it is so?
HELENA. Ay, surely, mere the truth; I know his lady.
DIANA. There is a gentleman that serves the count
Reports but coarsely of her.
HELENA. What's his name?
DIANA. Monsieur Parolles.
HELENA. O, I believe with him,
In argument of praise or to the worth
Of the great count himself, she is too mean
To have her name repeated. All her deserving
Is a reservèd honesty, and that
I have not heard examined.
DIANA. Alas, poor lady!
'Tis a hard bondage to become the wife
Of a detesting lord.
WIDOW. I write, good creature, whereso'er she is,
Her heart weighs sadly. This young maid might do her
A shrewd turn, if she pleased.
HELENA. How do you mean?
May be the amorous count solicits her
In the unlawful purpose.
WIDOW. He does indeed,
And brokes with all that can in such a suit
Corrupt the tender honor of a maid;
But she is armed for him, and keeps her guard
In honestest defense.
Drum and Colors. Enter [Bertram] Count Rossillion,
Parolles, and the whole Army.

---

64. *I write, good* Pelican; F *I write good;* F2–4 *I right good;* Rowe (1709) *Ah! right good;* Capell *Ay, right good;* Steevens (1778) *A right good;* Globe *I warrant, good* 'Dafür bürge ich'.

I.1.107–18). – *honestest defence* meint *defence of honesty:* 'indem sie ihre Ehre verteidigt.'

[13] *Army:* Für eine selbstironische Betrachtung über das Darstellen von Armeen auf der Bühne vgl. den Prolog zu *Hen.V* - *drum:* Die Heerpauke hat den Wert eines Feldzeichens (vgl. III.6.58 *instrument of honor).*

MARIANA. Mögen die Götter anderes verhüten!

WITWE. So, jetzt kommen sie. Dort ist Antonio, des Herzogs ältester Sohn; dort Escalus.

HELENA. Welches ist der Franzose?

DIANA. Der [dort] – jener mit der Feder. Er ist ein ganz schön galanter Mann; ich wünschte, er liebte seine Frau. Wenn er aufrichtiger wäre, wäre er viel gewinnender. Ist er nicht ein stattlicher Kavalier?

HELENA. Mir gefällt er gut.

DIANA. Es ist ein Jammer, daß er kein Ehrenmann ist. Jener dort ist eben der Schurke, der ihn an diese Orte führt. Wäre ich seine Frau, ich würde diesen schändlichen Halunken vergiften.

HELENA. Welcher ist es?

DIANA. Der Lackaffe mit den Schärpen. Warum ist er melancholisch?

HELENA. Vielleicht wurde er in der Schlacht verletzt.

PAROLLES. Unsere [Heer]pauke verloren? Nun gut!

MARIANA. Er ist arg verärgert über etwas. Seht, er hat uns erspäht.

WITWE. [Bei] Maria! Zum Henker mit Euch!

MARIANA. Zusammen mit Euren Kratzfüßen, Kuppler der Ihr seid![14]

[Bertram, Parolles und die Armee] ab.

WITWE. Die Truppen sind vorbei. Kommt Pilgerin, ich bringe Euch zu Eurer Unterkunft. Vier oder fünf durch Eid verpflichtete Büßer nach Sankt Jakobus sind schon in meinem Haus.

HELENA. Ergebensten Dank. Falls es dieser Frau und diesem edlen Mädchen[15] beliebt, mit uns zu Nacht zu essen, so werde ich Euch dafür danken und die Kosten übernehmen und, um Euch weiter zu vergelten, will ich der Jungfer[16] ein paar Weisungen erteilen, die es wert sind, befolgt zu werden.

BEIDE. Wir nehmen Euer Angebot gerne an.

III.6 *[Bertram], Graf von Roussillon und die Franzosen treten auf, wie zuvor.*[1]

2. ADLIGER. Aber gewiß,[2] stellt ihn auf die Probe, Mylord; laßt ihn seinen Kopf durchsetzen.

---

[14] *for a ring-carrier: for* vgl. II.3.210 und Anm. – *ring-carrier* ist bei Sh. nur hier belegt. Außerhalb Sh.s ist auch die Bedeutung 'Betrüger' belegt. (New Arden).

[15] *matron ... maid:* Carson nimmt an, daß Helena ihre Einladung an Mariana *(this matron)* und deren Tochter Violenta *(this gentle maid)* richtet (vgl. III.5. BA und Anm.).

MARIANA. The gods forbid else!
WIDOW. So, now they come.
That is Antonio, the duke's eldest son;
That, Escalus.
HELENA. Which is the Frenchman?
DIANA. He–
That with the plume. 'Tis a most gallant fellow;
I would he loved his wife. If he were honester,
He were much goodlier. Is't not a handsome gentleman?
HELENA. I like him well.
DIANA. 'Tis pity he is not honest. Yond's that same knave
That leads him to these places. Were I his lady,
I would poison that vile rascal.
HELENA. Which is he?
DIANA. That jackanapes with scarfs. Why is he melancholy?
HELENA. Perchance he's hurt i' th 'battle.
PAROLLES. Lose our drum? Well!
MARIANA. He's shrewdly vexed at something. Look, he has spied us.
WIDOW. Mary, hang you!
MARIANA. And your curtsy, for a ring-carrier!
Exeunt [Bertram, Parolles, and Army].
WIDOW. The troop is past. Come, pilgrim, I will bring you
Where you shall host. Of enjoined penitents
There's four or five, to great Saint Jaques bound,
Already at my house.
HELENA. I humbly thank you.
Please it this matron and this gentle maid
To eat with us to-night, the charge and thanking
Shall be for me; and, to requite you further,
I will bestow some precepts of this virgin,
Worthy the note.
BOTH. We'll take your offer kindly. *Exeunt.*

III.6 *Enter [Bertram] Count Rossillion and the Frenchmen, as at first.*

2. LORD. Nay, good my lord, put him to't; let him have his way.

---

16 *of this virgin* steht für *on this virgin.* Die Präpositionen *of* und *on,* beide häufig abgekürzt zu *o',* werden ebenso häufig verwechselt.

1 *as at first* bezieht sich wahrscheinlich auf die BA zu II.1 (vgl. Anm. dort), wo die beiden frz. Adligen unter den *divers young lords* erscheinen.

2 *Nay:* Gleitender Einsatz (vgl. I.2.4 und Anm.).

1. ADLIGER. Wenn Eure Lordschaft ihn dann nicht für einen Lumpen hält, so sollt Ihr mir keine Achtung mehr entgegenbringen.

2. ADLIGER. So wahr ich lebe, Mylord, eine Seifenblase [ist er].

BERTRAM. Glaubt Ihr, ich habe mich so sehr in ihm getäuscht?

2. ADLIGER. Glaubt mir, Mylord, aus meiner eigenen Erkenntnis, ohne jede Arglist, sondern als ob ich von ihm als meinem Verwandten spräche, er ist ein ganz außergewöhnlicher Feigling, ein unendlicher und endloser Lügner, ein stündlich Wortbrüchiger, einer, der nicht eine einzige Eigenschaft besitzt, die es wert wäre, von Eurer Lordschaft unterhalten[3] zu werden.

1. ADLIGER. Es wäre von Vorteil [für Euch], ihn zu kennen, denn es steht zu befürchten, daß Ihr Euch allzu sehr auf seine Tugend, die er nicht hat, verlaßt und er Euch einmal in einer wichtigen und Vertrauen erfordernden Sache, mitten in einer großen Gefahr im Stich läßt.

BERTRAM. Ich wollte, ich wüßte, bei welcher Gelegenheit ich ihn auf die Probe stellen könnte.

1. ADLIGER. Keine bessere als die, ihn seine Pauke zurückholen zu lassen, was, wie Ihr hört, er mit so viel Selbstvertrauen zu unternehmen gedenkt.

2. ADLIGER. Ich werde ihn mit einem Trupp von Florentinern überrumpeln.[4] Solche [Leute] will ich auswählen, von denen ich weiß, daß er sie nicht vom Feind zu unterscheiden vermag. Wir werden ihn fesseln und ihm derart die Augen verbinden, daß er nichts anderes vermuten kann, als daß er ins gegnerische Lager[5] gebracht wird, während wir ihn zu unseren eigenen Zelten führen. Möge Eure Lordschaft dann nur bei seiner Befragung zugegen sein. Wenn er sich dann nicht gegen das Versprechen, daß wir ihn am Leben lassen, und unter dem größten Zwang feiger Angst, anerbietet, Euch zu verraten und alles Wissen, über das er verfügt, zu Eurem Schaden preiszugeben, und dies, indem er [sogar] mit seinem Eid seine Seele Gott zum Pfand setzt, so vertraut meinem Urteilsvermögen nie wieder in irgend einer Sache.

1. ADLIGER. Laßt ihn um des Gelächters willen seine Pauke holen. Er sagt, er habe einen Plan[6] dafür. Wenn Eure Lordschaft [erst einmal] erkennt, zu welchem Ende[7] er diese Sache führen wird und auch in welchen Stoff[8] dieser Klumpen falschen Goldes[9]

[3] *entertainment:* Hier 'Unterhalt, Sold', wie in IV.1.17 (vgl. aber auch unten III.6.34 und Anm.). – *entertainment* heißt bei Sh. nie 'Unterhaltung, Belustigung'.

[4] *surprise:* Nicht nur 'überraschen', sondern auch 'gefangennehmen' *(1Hen.IV* I.1.93), die ursprüngliche Bedeutung.

1. LORD. If your lordship finds him not a hilding, hold me no more in your respect.

2. LORD. On my life, my lord, a bubble.

BERTRAM. Do you think I am so far deceived in him?

2. LORD. Believe it, my lord, in mine own direct knowledge, without any malice, but to speak of him as my kinsman, he's a most notable coward, an infinite and endless liar, an hourly promise-breaker, the owner of no one good quality worthy your lordship's entertainment.

1. LORD. It were fit you knew him, lest reposing too far in his virtue, which he hath not, he might at some great and trusty business in a main danger fail you.

BERTRAM. I would I knew in what particular action to try him.

1. LORD. None better than to let him fetch off his drum, which you hear him so confidently undertake to do.

2. LORD. I with a troop of Florentines will suddenly surprise him; such I will have whom I am sure he knows not from the enemy. We will bind and hoodwink him so, that he shall suppose no other but that he is carried into the leaguer of the adversaries when we bring him to our own tents. Be but your lordship present at his examination. If he do not, for the promise of his life and in the highest compulsion of base fear, offer to betray you and deliver all the intelligence in his power against you, and that with the divine forfeit of his soul upon oath, never trust my judgement in anything.

1. LORD. O, for the love of laughter, let him fetch his drum! He says he has a stratagem for't. When your lordship sees the bottom of his success in't, and to what metal this counterfeit lump of ore will be melted, if you give him not John Drum's entertainment,

---

32. *ore* Theobald (1733); F *ours.*

---

[5] *leager:* Das ursprünglich dt. Wort aus der Militärsprache der Zeit kommt sonst bei Sh. nicht vor.

[6] *stratagem:* 'Plan zu einer Kriegstat', aber auch die Tat selbst (vgl. unten III.6.57 und IV.1.48).

[7] *success* ist semantisch neutral: 'Ausgang, Ergebnis', nicht 'Erfolg' (vgl. unten Z.48 und 72).

[8] *metal* meint hier sowohl 'reales Metall' – vgl. die Kollokation mit *ore* '(Gold)erz' – , als auch das 'Metall, der Stoff, aus dem der Mensch gemacht ist und das seinen Charakter bestimmt'. Vgl. I.1.125 und Anm. sowie II.1.41 und Anm.

[9] *counterfeit lump of ore* steht für *lump of counterfeit ore* (Hypallage). Die allgemein akzeptierte Emendation *ore* für F *ours* ist unproblematisch, da *oure* als Schreibvariante von *ore* existiert (OED). *ore* verwendet Sh. sonst nur noch in *Haml.* IV.1.25, wo es 'Gold' bedeutet.

umgeschmolzen werden wird, und wenn Ihr ihn dann nicht behandelt wie John Drum,[10] dann kann Eurer Neigung nicht abgeholfen werden. Hier kommt er.

Parolles tritt auf.

2. ADLIGER. Verhindert um des Gelächters willen nicht seinen ehren-
37 vollen Plan; laßt ihn seine Pauke auf jeden Fall holen.

BERTRAM. Wie steht's Monsieur? Diese Pauke macht Euch schwer zu schaffen.[11]

1. ADLIGER. Hol sie der Teufel, laßt es gut sein! 's war bloß eine Pauke.

PAROLLES. Bloß eine Pauke? War sie bloß eine Pauke? Eine Pauke, die
42 so verloren geht. Das nenne ich einen hervorragenden Befehl: mit unserer Reiterei in unsere eigenen Flanken einfallen und unsere eigenen Soldaten auseinanderreißen.

1. ADLIGER. Die Schuld daran trägt nicht der Befehl für die Aktion; es war ein Kriegsunglück, welches nicht einmal Caesar hätte abwenden können, wäre er dort gewesen, um den Befehl zu erteilen.

BERTRAM. Nun, wir brauchen den Ausgang [für uns] nicht allzu
49 schwarz zu malen. Etwas von unserer Ehre haben wir durch den Verlust dieser Pauke zwar eingebüßt, aber sie läßt sich nun nicht mehr zurückholen.

PAROLLES. Sie hätte zurückgeholt werden können.

BERTRAM. Sie hätte wohl, aber sie ist es jetzt nicht.

PAROLLES. Sie läßt sich zurückholen. Würde nur der Lohn für [geleiste-
54 ten] Kriegsdienst nicht so selten dem wahren und wirklichen Vollbringer bezahlt, wollte ich diese Pauke zurückholen, oder eine andere, oder: hic jacet![12]

BERTRAM. Nun gut, wenn Ihr das Zeug[13] dazu habt, los, Monsieur. Wenn Ihr glaubt, Euer Geschick[14] in [dem Verüben von] Kriegsanschlägen vermag dies ehrenwerte Instrument in sein angestammtes Quartier zurückzubringen, so seid guten Muts[15] in diesem Unterfangen und geht daran; ich werde [schon] dem
60 Versuch die Ehre erweisen, die einer wahren Heldentat gebührt. Wenn Ihr dabei Erfolg habt, so wird der Herzog nicht nur davon sprechen, sondern Euch auch soviel [Ehre] zuteil werden lassen, als seiner Größe ansteht, und zwar bis zur letzten Silbe Eurer Vortrefflichkeit.

PAROLLES. Bei meiner Ehre als Soldat,[16] ich werde es unternehmen.

---

[10] *John Drum's entertainment* ist idiomatisch für 'grob abweisen'. In Holinsheds *History of Ireland* heißt es von einem gastfreien Bürgermeister der Stadt Dublin: "No guest had ever a cold or forbidding look from any part of his family: so that his porter [...] durst not [...] give the simplest man that resorted to his house Tom Drum his entertainment,

your inclining cannot be removed. Here he comes.

Enter Parolles.

2. LORD. O, for the love of laughter, hinder not the honor of his design; let him fetch off his drum in any hand.

BERTRAM. How now, monsieur? This drum sticks sorely in your disposition.

1. LORD. A pox on't, let it go! 'tis but a drum.

PAROLLES. But a drum? Is't but a drum? A drum so lost! There was excellent command: to charge in with our horse upon our own wings and to rend our own soldiers!

1. LORD. That was not to be blamed in the command of the service; it was a disaster of war that Caesar himself could not have prevented if he had been there to command.

BERTRAM. Well, we cannot greatly condemn our success. Some dishonor we had in the loss of that drum, but it is not to be recovered.

PAROLLES. It might have been recovered.

BERTRAM. It might, but it is not now.

PAROLLES. It is to be recovered. But that the merit of service is seldom attributed to the true and exact performer, I would have that drum or another, or *hic jacet*!

BERTRAM. Why, if you have a stomach, to't, monsieur! If you think your mystery in stratagem can bring this instrument of honor again into his native quarter, be magnanimous in the enterprise and go on; I will grace the attempt for a worthy exploit. If you speed well in it, the duke shall both speak of it and extend to you what further becomes his greatness, even to the utmost syllable of your worthiness.

PAROLLES. By the hand of a soldier, I will undertake it.

---

which is to hale a man in by the head and thrust him out by both his shoulders." (zitiert bei Delius).

11 *sticks ... disposition:* Im Englischen ein bildlicher Ausdruck: Der Verlust der Trommel wird mit einer in den Körper eingedrungenen, schmerzhaften Speerspitze verglichen. – *disposition:* 'momentanes körperliches oder seelisches Befinden.'

12 *hic jacet:* 'Hier liegt', eine traditionelle Grabschrift. Parolles will also sagen: 'oder es soll mein Leben kosten.'

13 *stomach:* Vgl. I.1.139 und Anm.

14 *mystery:* Eigentlich 'Zunfthandwerk'.

15 *magnanimous:* 'edel und tapfer'. Wie hier verwendet Sh. das Wort meist in ironischen Zusammenhängen *(L.L.L.* IV.1.65, *Tr. and Cr.* III.3.274, II.2.200, *2 Hen.IV* III.2.154).

16 *hand ... soldier:* Die idiomatische Wendung – sie bekräftigt ganz allgemein eine Aussage (vgl. *Much Ado* IV.1.319: *Tarry sweet Beatrice, by this hand I love thee)* - enthält eine BA: Parolles reicht Bertram die Hand zum Zeichen seiner Entschlossenheit.

BERTRAM. Aber Ihr dürft es jetzt nicht einschlummern lassen.

PAROLLES. Ich will heute abend daran gehen, und ich will sogleich
67 meinen Zweifeln Einhalt gebieten, mich in meiner Zuversicht ermutigen, mich in tödliche Vorbereitungen stürzen;[17] noch vor Mitternacht sollt Ihr wieder von mir hören.

BERTRAM. Darf ich es wagen, seine [herzoglichen] Gnaden wissen zu lassen, daß Ihr es unternommen habt?

PAROLLES. Ich weiß nicht, welchen Ausgang[18] es nehmen wird,
73 Mylord, aber den Versuch gelobe ich.

BERTRAM. Ich weiß, du bist tapfer, und für das, was deine soldatischen Fähigkeiten vermögen, will ich mich verbürgen. Lebwohl.

PAROLLES. Ich liebe [es] nicht, viele Worte [zu machen].

Ab.

2. ADLIGER. Nicht mehr als ein Fisch das Wasser. Ist das nicht ein seltsamer Kerl, Mylord, der diese Sache, von der er doch weiß,
78 daß sie sich nicht machen läßt, offensichtlich[19] mit soviel Zuversicht in Angriff nimmt; sich dazu verdammt, sie zu unternehmen, wo er doch lieber verdammt sein möchte, als sie zu unternehmen.

1. ADLIGER. Ihr kennt ihn nicht so wie wir, Mylord. Es ist erwiesen, daß er sich immer wieder[20] jemandes Gunst erschleicht, um
84 während einer Woche zahlreichen Blößen zu entgehen; aber wenn Ihr ihn einmal entlarvt[21] habt, so habt Ihr ihn für immer [entlarvt].

BERTRAM. Glaubt Ihr denn, er wird überhaupt nichts von all dem, was er so ernsthaft zu tun sich anschickt, in die Tat umsetzen?

2. ADLIGER. Nicht das mindeste; sondern [er wird] mit einer Erfindung
89 zurückkehren und Euch zwei oder drei plausible[22] Lügen auftischen.[23] Aber wir haben ihn schon fast in die Enge getrieben. Heute nacht sollt Ihr seinen Sturz erleben; denn ganz gewiß verdient er Euer Lordschaft Hochachtung nicht.

1. ADLIGER. Wir werden noch unseren Spaß haben mit dem Fuchs, bevor wir ihm das Fell abziehen. Als erster witterte ihn der alte
94 Lord Lafew. Ist er erst einmal von seiner Verstellung getrennt,

---

[17] *pen down ... dilemmas ... mortal preparation:* Der Sinn dieser Zeilen ist nicht völlig geklärt. *To pen* enthält an den Stellen, wo es bei Sh. sonst noch vorkommt, die Bedeutung 'einschließen' *(Cymb.* I.1.153) oder 'einengen' *(Temp.* I.2.236). Die Bedeutung 'niederschreiben' kommt ev. auch in Frage, obwohl sie sonst bei Sh. nicht belegt ist. – *dilemmas* heißt soviel wie 'Verwirrung, Bestürzung, Verlegenheit', hier wohl antithetisch zu *my certainty* (Z.67). Die ganze Wendung dürfte also heißen: 'meine

BERTRAM. But you must not now slumber in it.

PAROLLES. I'll about it this evening, and I will presently pen down my
67 dilemmas, encourage myself in my certainty, put myself into my mortal preparation; and by midnight look to hear further from me.

BERTRAM. May I be bold to acquaint his grace you are gone about it?

PAROLLES. I know not what the success will be, my lord, but the
73 attempt I vow.

BERTRAM. I know th'art valiant, and to the possibility of thy soldiership will subscribe for thee. Farewell.

PAROLLES. I love not many words. *Exit.*

2. LORD. No more than a fish loves water. Is not this a strange fellow,
78 my lord, that so confidently seems to undertake this business, which he knows is not to be done; damns himself to do, and dares better be damned than to do't?

1. LORD. You do not know him, my lord, as we do. Certain it is that he will steal himself into a man's favor, and for a week escape a
84 great deal of discoveries; but when you find him out, you have him ever after.

BERTRAM. Why, do you think he will make no deed at all of this that so seriously he does address himself unto?

2. LORD. None in the world; but return with an invention, and clap
89 upon you two or three probable lies. But we have almost embossed him. You shall see his fall to-night; for indeed he is not for your lordship's respect.

1. LORD. We'll make you some sport with the fox ere we case him. He was first smoked by the old Lord Lafew. When his disguise and
94 he is parted, tell me what a sprat you shall find him, which you

---

Verlegenheit, Zweifel unterdrücken'. – *mortal preparation* kann sowohl 'Vorbereitung auf meinen Tod' als auch 'todbringende Vorbereitungen' heißen (vgl. *mortal woe* 'todbringendes Leid'/'sterbliches Leid' in *Rich.II* [ed.Braun] II.1.152). – *preparation* heißt bei Sh. öfters 'Kriegsmacht' *(Oth.* I.3.14). – *put myself into my mortal preparation* also eher 'auf den Tod meiner Feinde sinnen' als 'mich auf meinen Tod vorbereiten'.

18 *success:* Vgl. III.6.32 und Anm.

19 *seems:* Vgl. III.1.4 und Anm.

20 *will* dient hier dem Ausdruck einer gewohnheitsmäßigen Handlung. (Franz § 616, 620).

21 *find:* Vgl. II.4.31–4 und Anm.

22 *probable:* Vgl. II.4.49 und Anm.

23 *clap upon* enthält bei Sh. stets die Bedeutungskomponente 'rasch, leicht(fertig)'.

so sagt mir, was für einen elenden Fisch[24] Ihr in ihm erkennt; und all das sollt Ihr noch heute nacht sehen.

2. ADLIGER. Ich muß nach meinen [Leim]ruten sehen;[25] er soll gefangen werden.

BERTRAM. Euer Bruder soll mit mir kommen.

2. ADLIGER.[26] Wie es Eurer Lordschaft beliebt. Ich werde Euch allein lassen.

[Ab.]

BERTRAM. Jetzt will ich Euch zu dem Haus führen und Euch das Mädel zeigen, von dem ich sprach.

1. ADLIGER. Aber Ihr sagt doch, sie sei keusch.

BERTRAM. Da liegt das ganze Übel. Ich sprach erst einmal mit ihr und fand, daß sie seltsam kalt blieb. Aber ich sandte dann durch eben diesen Laffen, von dem wir Witterung haben, Liebesbeweise und Briefe an sie, die sie zurücksandte, und das ist alles, was ich unternommen habe. Sie ist ein schönes Geschöpf; wollt Ihr mitkommen, sie zu sehen?

1. ADLIGER. Von ganzem Herzen, Mylord.

Ab.

III.7 *Helena und die Witwe treten auf.*

HELENA. Wenn Ihr mir jetzt nicht glaubt, daß ich sie bin, so weiß ich nicht, wie ich Euch überzeugen soll, ohne daß ich [dabei] die Grundlage für mein Vorgehen verliere.[1]

WITWE. Obwohl ich heruntergekommen bin, bin ich doch von anständiger Geburt und daher nicht vertraut mit derlei Geschäften, und ich möchte meinen Ruf jetzt nicht durch irgend eine entehrende Tat aufs Spiel setzen.

---

[24] *embossed … case … smoked … sprat: emboss,* auch *imbosk,* wörtlich 'ins Gebüsch jagen' entstammt der Jägersprache: 'ein Tier solange jagen, bis es erschöpft zusammenbricht.' Weitere Ausdrücke aus dem Begriffsfeld der Fuchsjagd folgen: *case* 'das Fell abziehen'; *smoke* 'den Fuchs aus seinem Bau herausräuchern', hier aber auch 'wittern' (vgl. unten IV.1.27 sowie die Redensart *I will smoke you,* Tilley S 577). Das Wortspiel mit *smoke* wird aber noch weitergeführt: In *he was first smoked by the old Lord Lafew* klingt auch die Bedeutung 'räuchern zu Konservierungszwecken' an, denn *sprat* (culpea spratus), ein kleiner Meerfisch, wurde wie Hering geräuchert und getrocknet.

[25] *twigs:* Vgl. III.5.23 und Anm.

shall see this very night.
2. LORD. I must go look my twigs; he shall be caught.
BERTRAM. Your brother, he shall go along with me.
2. LORD. As't please your lordship. I'll leave you. *[Exit.]*
BERTRAM. Now will I lead you to the house, and show you
The lass I spoke of.
1. LORD. But you say she's honest.
BERTRAM. That's all the fault. I spoke with her but once
And found her wondrous cold, but I sent to her,
By this same coxcomb that we have i' th' wind,
Tokens and letters, which she did resend,
And this is all I have done. She's a fair creature;
Will you go see her?
1. LORD. With all my heart, my lord. *Exeunt.*

III.7 *Enter Helena and Widow.*
HELENA. If you misdoubt me that I am not she,
I know not how I shall assure you further
But I shall lose the grounds I work upon.
WIDOW. Though my estate be fallen, I was well born,
Nothing acquainted with these businesses,
And would not put my reputation now
In any staining act.

---

97. *2.Lord* Rowe (1714); F *Cap.G.* (= 1.Lord).
99. *1.Lord* Rowe (1714); F *Cap.E.* (= 2.Lord).
106. *1.Lord* Rowe (1714); F *Cap.E.* (= 2.Lord).

---

[26] 2. Lord: Gemäß F ist es der 1. Adlige, der sich mit diesen Worten verabschiedet, und der 2. Adlige begleitet in der Folge Bertram zu Diana. New Sh., Riverside und Pelican vertauschen aber in den Zeilen 97, 99 und 106 die Rollen der beiden Adligen, wohl aufgrund der Überlegung, daß der 2. Adlige, der in Z.95 erklärt, er wolle die Falle für Parolles vorbereiten, nicht derselbe sein kann, der dann Bertram begleitet. Diese Annahme ist aber nicht zwingend, wie Levin ("Two French Lords") gezeigt hat. Auch Bowers ("Sh. at Work", S.69–70) verwirft die Emendation hier (vgl. IV.3. BA und Anm.).

[1] *If ... lose ... grounds: If:* Gleitender Einsatz (vgl. II.1.1 und Anm.). – *lose ... grounds:* nämlich 'indem ich mich Bertram zu erkennen gebe'.

HELENA. Auch ich möchte nicht, daß Ihr das tätet. Schenkt mir erst einmal Glauben, daß der Graf mein Mann ist, und daß das, was ich Euch unter dem Siegel der Verschwiegenheit[2] eröffnet habe, Wort für Wort stimmt; und dann könnt Ihr nicht fehlgehen, indem Ihr mir die Hilfe gewährt, die ich von Euch erbitten werde.

WITWE. Ich muß Euch wohl glauben. Denn was Ihr mir erwiesen habt, beweist zur Genüge, daß Ihr reich an Vermögen seid.

HELENA. Nehmt diesen Beutel Gold, und laßt mich Eure freundliche Hilfe vorläufig erkaufen, die ich mehr als vergelten werde, sobald sie mir zuteil geworden ist. Der Graf wirbt um Eure Tochter, belagert übermütig[3] ihre Schönheit, entschlossen, sie einzunehmen. Erlaubt ihr, schließlich nachzugeben, während wir sie anleiten wollen, wie es sich am besten anstellen läßt.[4] Nun wird sein ungestümes[5] Blut nichts von dem verweigern, was sie verlangt. Der Graf trägt einen Ring, der in seinem Haus über vier oder fünf Generationen weitergegeben wurde, seit der Stammvater ihn trug. Diesen Ring schätzt er sehr hoch; doch in seinem eitlen Feuer, und um sich seinen Willen[6] zu erkaufen, würde er [ihm] nicht zu teuer erscheinen,[7] wie sehr er es auch später bereuen würde.

WITWE. Jetzt sehe ich auf den Grund Eurer Absicht.

HELENA. Dann seht Ihr auch ihre Rechtmäßigkeit; sie besteht in nichts
31 weiter, als daß Eure Tochter, bevor sie sich als gewonnen gibt, diesen Ring begehrt; sich zu einer Begegnung mit ihm verabredet; schließlich mich schickt, die Zeit [der Begegnung] auszufüllen,[8] [während] sie selbst ganz keusch abwesend [bleibt]. Danach[9] werde ich, um sie heiratsfähig zu machen, dreitausend Kronen zu dem hinzufügen, was schon bezahlt wurde.

---

[2] *counsel* erscheint hier in der inzwischen veralteten Bedeutung 'Geheimhaltung, Geheimnis' *(Oth.* III.3.111). Die kurze Wendung drückt in Sh.s komprimierter Syntax aus, was Delius mit "die Verschwiegenheit oder Geheimhaltung, die Ihr mir zugeschworen habt" paraphrasiert (vgl. IV.3.41–43 und Anm.).

[3] *wanton:* Ursprünglich 'unerzogen', bei Sh. stets 'ausgelassen, übermütig', oft mit starker sexueller Konnotation: 'frivol, ausschweifend'. Sexuelle Konnotationen enthalten auch *siege* 'belagern' und *carry* 'stürmen, einnehmen' (vgl. oben I.1.111–13, wo sich Helena derselben Metapher bedient).

[4] *bear* in der Bedeutung 'ausführen, in die Tat umsetzen' begegnet auch in *K.John* III.4.149, *Hen.V* I.2.213, *Macb.* III.6.3.

[5] *important:* Vgl. frz. *emportant* 'dringend, ungestüm' wie in *Much Ado* II.1.61.

[6] *will:* Hier und öfters mit sexueller Konnotation (vgl. IV.3.15 und Anm.).

[7] *seem:* Vgl. III.1.4 und Anm.

[8] *delivers ... time:* Helena legt den Plan für den *bed-trick* in sehr viel verhaltener Art dar als etwa der Herzog in *Meas.f.M.* III.1.233 es tut. Es bedarf denn auch eines weniger

HELENA. Nor would I wish you.
First give me trust the count he is my husband,
And what to your sworn counsel I have spoken
Is so from word to word; and then you cannot,
By the good aid that I of you shall borrow,
Err in bestowing it.

WIDOW. I should believe you,
For you have showed me that which well approves
Y'are great in fortune.

HELENA. Take this purse of gold,
And let me buy your friendly help thus far,
Which I will overpay, and pay again
When I have found it. The count he woos your daughter,
Lays down his wanton siege before her beauty,
Resolved to carry her. Let her in fine consent,
As we'll direct her how 'tis best to bear it.
Now his important blood will naught deny
That she'll demand. A ring the county wears
That downward hath succeeded in his house
From son to son some four or five descents
Since the first father wore it. This ring he holds
In most rich choice; yet in his idle fire,
To buy his will, it would not seem too dear,
Howe'er repented after.

WIDOW. Now I see
The bottom of your purpose.

HELENA. You see it lawful then; it is no more
But that your daughter, ere she seems as won,
Desires this ring; appoints him an encounter;
In fine, delivers me to fill the time,
Herself most chastely absent. After,
To marry her, I'll add three thousand crowns
To what is passed already.

---

großen rhetorischen Aufwands zu seiner Rechtfertigung in *All's Well,* dessen Grundtenor am Ende des 3. Aktes bereits weiter von jeder psychologischen Realität entfernt ist, als in *Meas.f.M.*, wo keinerlei metaphysischen Elemente den Umschwung von psychologischem Realismus in der Charakterzeichnung zu mechanisch-märchenhaften Handlungselementen in den Akten III – V vorbereiten

[9] *absent. After:* Die metrische Pause vor *After* läßt vermuten, daß Helena nur zögernd ihr verlockendes Geldangebot macht, sei es aus Feingefühl (gegenüber der Witwe?) wie New Arden vermutet, oder aber um die immer noch zögernde Witwe mit einem letzten handfesten Argument schließlich ganz für ihre Pläne zu gewinnen.

WITWE. Ich bin gewonnen. Weist meine Tochter an, wie sie sich verhalten soll, damit Zeit und Ort mit dieser so rechtmäßigen Täuschung übereinstimmen. Jeden Abend kommt er mit Spielleuten aller Art und eigens komponierten Liedern, die sie nicht verdient.[10] Es nützt uns nichts, ihn von unserem Dach[11] hinwegzuschelten, denn er verweilt hartnäckig, als ob sein Leben davon abhinge.

HELENA. So laßt uns also heute nacht unseren Plan versuchen, der, wenn er gelingt, eine boshafte Absicht in rechtmäßiges Tun verwandelt und eine rechtmäßige Absicht in einen rechtmäßigen Akt, wobei beide keine Sünde begehen und doch ein Verbrechen.[12] Aber geh'n wir gleich daran.

[Ab.]

IV.1 *Es treten auf, in einem Hinterhalt, einer der Franzosen[1] [der 2. Adlige] mit fünf oder sechs weiteren Soldaten.*

2. ADLIGER. Er kann auf keinem anderen Weg kommen als vorbei an dieser Hecke.[2] Sobald Ihr ihn anfallt, sprecht irgendeine furchterregende Sprache, und wenn Ihr selbst sie nicht versteht, egal; denn wir dürfen nicht den Anschein erwecken, als würden wir ihn verstehen, bis auf einen unter uns, den wir als Dolmetscher ausgeben müssen.

1. SOLDAT. Hauptmann, laßt mich den Dolmetscher spielen.

2. ADLIGER. Bist du [denn auch] nicht bekannt mit ihm? Kennt er [auch] deine Stimme nicht?

1. SOLDAT. Nein, das versichere ich Euch.

2. ADLIGER. Aber was für ein Kauderwelsch[3] hast du, mit dem du uns antworten kannst?

1. SOLDAT. Genau das gleiche, in welchem Ihr zu mir sprechen werdet.

2. ADLIGER. Er muß uns für eine Truppe Fremder halten, die in des Gegners Sold[4] stehen. Nun hat er aber eine Ahnung von allen

---

[10] *to her unworthiness:* Je nachdem wie die Präposition *to* interpretiert wird, bieten sich drei Übersetzungsmöglichkeiten an: 1. 'Lieder, die eigens für sie, die von weit geringerem Stand als er ist, komponiert wurden'; 2. 'Lieder, die ihre Ehre zu Fall bringen sollen'; 3. 'Lieder, die sie [bei den Nachbarn] in Verruf bringen sollen'.

[11] *eaves:* Wörtlich 'Dachtraufe, überhängender Teil des Dachs'.

[12] *wicked ... fact:* Mit *wicked meaning* ist Bertrams ehebrecherische Absicht gemeint, mit *lawful deed* die Vereinigung mit seiner Ehefrau; *lawful meaning* meint Helenas Plan, so wie *lawful act* auf den gesetzlich vorgeschriebenen Vollzug der Ehe anspielt. *a sinful fact* ('Verbrechen', wie oft bei Sh.) wird der so inszenierte *bed-trick* in den Augen Bertrams bis zum Schluß des Stücks bleiben. Auf der formalen Ebene unterstützt die chiastische Anordnung von *wicked ... lawful ... lawful ... sinful* den Grundgedanken dieser an das

WIDOW. I have yielded.
Instruct my daughter how she shall persever,
That time and place with this deceit so lawful
May prove coherent. Every night he comes
With musics of all sorts, and songs composed
To her unworthiness. It nothing steads us
To chide him from our eaves, for he persists
As if his life lay on't.

HELENA. Why then to-night
Let us assay our plot, which if it speed,
Is wicked meaning in a lawful deed,
And lawful meaning in a lawful act,
Where both not sin, and yet a sinful fact.
But let's about it. *[Exeunt.]*

IV.1 *Enter one of the Frenchmen, [the Second Lord,] with five or six other Soldiers, in ambush.*

2. LORD. He can come no other way but by this hedge corner. When you sally upon him, speak what terrible language you will; though you understand it not yourselves, no matter; for we must not seem to understand him, unless some one among us whom we must produce for an interpreter.

1. SOLDIER. Good captain, let me be th' interpreter.

2. LORD. Art not acquainted with him? Knows he not thy voice?

1. SOLDIER. No, sir, I warrant you.

2. LORD. But what linsey-woolsey hast thou to speak to us again?

1. SOLDIER. E'en such as you speak to me.

2. LORD. He must think us some band of strangers i' th' adversary's entertainment. Now he hath a smack of all neighboring

---

Rätsel in *Meas.f.M.* III.2.263–65 anklingenden Verse: Was in der Vorstellung des einen Sünde ist, ist in Wirklichkeit rechtmäßiges Tun (vgl. dazu auch Gorfain, "Riddles and Reconciliation").

1 *one ... Frenchmen ... in ambush:* Vgl. III.1.BA und Anm. – *in ambush:* Diese BA findet sich sonst nicht bei Sh. Wahrscheinlich befinden sich der 2. Adlige und die Soldaten auf der hinteren Seite der Plattformbühne, während Parolles sein Selbstgespräch vorne, in engem Kontakt zum Publikum führt. Ein Requisit als Zeichen für ein Versteck war dank der großen Tiefe der Plattformbühne nicht unbedingt erforderlich. Ein ähnliches Regiekonzept wie hier dürfte auch für die Belauschung Malvolios in *Twel.N.* II.5 verwendet worden sein.

2 *this hedge corner:* Die elisabethanische Bühnenpraxis verlangte hier kein Requisit. Der Gebrauch von *this* veranlaßte die Zuschauer, sich an dieser Stelle eine Hecke vorzustellen (vgl. Dessen, Stage Conventions, S.61–62).

3 *linsey-woolsey:* Ein Gewebe aus Flachs und Wolle, benannt nach dem Ort Lindsey (Suffolk), wo derartige Wollstoffe hergestellt wurden (OED).

Nachbarsprachen, daher muß jeder von uns einen Mann nach seiner eigenen Phantasie[5] darstellen, wobei keiner versteht,[6] was der eine zum anderen spricht; solange wir uns [nur] den Anschein geben, wir verstünden [einander], werden wir unseren Zweck stracks erreichen. Dohlensprache – Geschnatter genug und gut genug. Was Euch betrifft, Dolmetscher, so müßt
21 Ihr Euch als sehr klug erweisen.[7] Aber duckt Euch [jetzt], los! Da kommt er, um sich zwei Stunden im Schlaf zu vertreiben und dann zurückzukehren und auf die Lügen zu schwören, die er geschmiedet hat.

[Sie verstecken sich.]

Parolles tritt auf.

PAROLLES. Zehn Uhr. Nach drei Stunden wird's etwa Zeit sein umzukehren. Was werde ich vorgeben, getan zu haben? Es muß
26 [schon] eine sehr plausible[8] Erfindung sein, die überzeugt. Allmählich bekommen sie Wind von mir,[9] und Demütigungen haben in der letzten Zeit allzu oft an meiner Tür angeklopft. Ich finde, meine Zunge ist zu tollkühn, aber mein Herz sieht sich der Tücke von Mars und seinen Geschöpfen gegenüber und wagt nicht auszuführen, was meine Zunge[10] berichtet.

2. ADLIGER. Das ist die erste Wahrheit, deren deine Zunge je schuldig geworden ist.

PAROLLES. Was zum Teufel hat mich nur dazu bewogen, die Rettung
34 dieser Pauke zu unternehmen, da ich doch die Unmöglichkeit [dieses] Unterfangens nicht verkannte und wußte, daß ich so etwas gar nicht im Sinn hatte? Ich muß mir ein paar Verletzungen beibringen und behaupten, ich hätte sie während der Aktion erhalten. Aber [allzu] leichte werden nicht überzeugend sein. Sie werden sagen: Kamt Ihr mit so wenig davon? Und große wage ich mir nicht beizubringen. Wonach [Ausschau halten], welches sollen meine Beweise sein? Zunge, ich muß
40 dich in den Mund einer Butterfrau stecken und mir dafür einen von Bajazets Mauleseln kaufen,[11] wenn du mich in solche Gefahren hineinschwatzest.

---

[4] *entertainment:* Vgl. III.6.11 und Anm.

[5] *fancy:* Vgl. II.3.166 und Anm.

[6] *not to know:* steht für *not knowing* (Abbot § 356) oder *not seeking to know* (New Arden).

[7] *seem ... politic:* Im elisabethanischen Englisch heißt *politic* 'klug', 'diplomatisch', 'listig', nicht 'politisch' im modernen Sinn. – *seem* hier nicht 'scheinen (im Gegensatz zur Wirklichkeit)' (vgl. III.1.4 und Anm.).

[8] *plausive:* 'bestechend', 'plausibel' (vgl. oben. I.2.53 und Anm.).

[9] *smoke:* Vgl. III.6.93 und Anm.

languages; therefore we must every one be a man of his own fancy, not to know what we speak one to another; so we seem to know, is to know straight our purpose. Choughs' language – gabble enough, and good enough. As for you, interpreter, you
21 must seem very politic. But couch, ho! Here he comes, to beguile two hours in a sleep, and then to return and swear the lies he forges. *[They hide.]*

Enter Parolles.

PAROLLES. Ten o'clock. Within these three hours 't will be time enough to go home. What shall I say I have done? It must be a very
26 plausive invention that carries it. They begin to smoke me, and disgraces have of late knocked too often at my door. I find my tongue is too foolhardy; but my heart hath the fear of Mars before it, and of his creatures, not daring the reports of my tongue.

2. LORD. This is the first truth that e'er thine own tongue was guilty of.

PAROLLES. What the devil should move me to undertake the recovery of
34 this drum, being not ignorant of the impossibility, and knowing I had no such purpose? I must give myself some hurts and say I got them in exploit; yet slight ones will not carry it. They will say, 'Came you off with so little?' And great ones I dare not give. Wherefore, what's the instance? Tongue, I must put you
40 into a butter-woman's mouth, and buy myself another of Bajazet's mule, if you prattle me into these perils.

---

41. *mule* F; Hanmer (Konj. Warburton) *mute* 'Stumme'; New Sh. *mate* 'Frau'.

---

[10] *heart ... tongue:* Die Opposition 'Herz' – 'Zunge' ist eine literarische Konvention, die vom Mittelalter bis ins 17. Jahrhundert reicht (vgl. J.L.Harrison in: *ShQ* 5, 1954, S.1–10 sowie H.& S., Spalte 1047 für ein Emblem, das einen Höfling zeigt, der seine Zunge vor sich her trägt, während er sein Herz hinter seinem Rücken verborgen hält).

[11] *butterwoman ... mule* : Der allgemeine Sinn dieser Zeilen ist klar genug: Parolles wäre gerne bereit, seine geschwätzige Zunge einer Butterfrau zu überlassen, erhielte er dafür eine zurückhaltendere. – *butterwoman* verwendet Sh. sonst nur noch in *A.Y.L.* III.2.93. Dort hat es eine sexuelle Nebenbedeutung: 'Prostituierte' (vgl. dazu auch *A.Y.L.* [ed.Trautvetter] Anm. zu III.2.94). – Worauf genau *Bajazet's mule* anspielt, ist nicht klar und hat in der Folge zu vielen spekulativen Emendationen Anlaß gegeben (vgl. Lesarten). Da Sh. in *Hen.V* I.2.233 von einem Grab spricht, das *like Turkish mute, shall have a tongueless mouth,* emendieren viele Hrsg. *mule* zu *mute*. Sh. assoziiert aber 'Maulesel' und 'Schweigen' auch in *Coriol.* II.1.236: *he would/Have made them mules, silenced their pleaders* - Eine phantasievolle Erklärung für seine Emendation von *mute* zu *mate* gibt New Sh.: *Bajazet's mate,* die Frau von Bajazet in Marlowes *Tamburlaine The Great* (1.Teil) gilt als der unerschrockenste und zanksüchtigste Hausdrache im elisabethanischen Drama. Demnach wünschte sich Parolles ihre Redegewalt, um sich damit aus seiner mißlichen Lage zu befreien. Die harmlosen Scheltreden einer Butterfrau dagegen würden den Zweck nicht erfüllen.

2. ADLIGER. Ist es denn möglich, daß er weiß, was er ist, und es dennoch ist?

PAROLLES. Ich wollte, es genügte für meinen Zweck, daß ich mir das
45 Gewand zerhaue oder meinen spanischen Degen zerbreche.

2. ADLIGER. Das können wir Euch[12] nicht gewähren.

PAROLLES. Oder daß ich mir den [Schnurr]bart abnehme und behaupte, es geschah im Kampf.[13]

2. ADLIGER. Es würde nicht genügen.

PAROLLES. Oder daß ich meine Kleider ins Wasser werfe und sage, ich wurde ausgezogen.

2. ADLIGER. [Würde] kaum dienen.

PAROLLES. Wenn ich auch schwörte, daß ich aus dem Fenster der Zitadelle sprang –

2. ADLIGER. Wie tief?

PAROLLES. Dreißig Faden.

2. ADLIGER. Drei große Schwüre würden das kaum glaubhaft machen.

PAROLLES. Ich wünschte, ich hätte irgend eine Pauke vom Feind; ich
59 würde schwören, ich hätte sie zurückerobert.

2. ADLIGER. Ihr werdet sogleich eine [Pauke] hören.

PAROLLES. Eine Pauke vom Feind also –

Lärm hinter der Bühne.[14]

2. ADLIGER. Throca movousus, cargo, cargo, cargo.

ALLE. Cargo, cargo, cargo, villianda par corbo, cargo.

PAROLLES. Oh, Hilfe, Hilfe! Verbindet mir nicht die Augen!

[Sie legen ihm eine Augenbinde an.]

[1. SOLDAT ALS] DOLMETSCHER. Boskos thromuldo, boskos.

PAROLLES. Ich verstehe, Ihr seid aus dem Regiment der Muskos, und
67 ich werde mein Leben verlieren aus Mangel an [Fremd]sprachen. Falls hier ein Deutscher, Däne, Niederländer, Italiener oder Franzose ist, so laßt ihn mit mir sprechen, ich werde enthüllen, was den Florentinern zum Verhängnis werden wird.

DOLMETSCHER. Boskos vauvado. Ich verstehe dich und spreche deine
72 Sprache. Kerelybonto. Mann, nimm Zuflucht zu deinem Glauben, denn es sind siebzehn Dolche auf deiner Brust.

PAROLLES. Oh!

DOLMETSCHER. Oh, flehe! flehe! flehe! Manka revania dulche.

2. ADLIGER. Oscorbidulchos[15] volivorco.

---

[12] *we ... you:* Die besondere Komik der Zeilen 44–60 basiert darauf, daß die Antworten des 2. Adligen beiseite gesprochen sind. Obwohl sie sich – für das Publikum – anhören wie die Antworten auf Parolles' Äußerungen, vernimmt dieser sie nicht.

[13] *stratagem:* Vgl. III.6.31 und Anm.

[14] *Alarum* bezeichnet in den meisten Fällen ein Trommeln, das den Beginn des Angriffs

2. LORD. Is it possible he should know what he is, and be that he is?

PAROLLES. I would the cutting of my garments would serve the turn, or
45 the breaking of my Spanish sword.

2. LORD. We cannot afford you so.

PAROLLES. Or the baring of my beard, and to say it was in stratagem.

2. LORD. 'Twould not do.

PAROLLES. Or to drown my clothes, and say I was stripped.

2. LORD. Hardly serve.

PAROLLES. Though I swore I leapt from the window of the citadel –

2. LORD. How deep?

PAROLLES. Thirty fathom.

2. LORD. Three great oaths would scarce make that be believed.

PAROLLES. I would I had any drum of the enemy's; I would swear I
59 recovered it.

2. LORD. You shall hear one anon.

PAROLLES. A drum now of the enemy's –

Alarum within.

2. LORD. Throca movousus, cargo, cargo, cargo,

ALL. Cargo, cargo, cargo, villianda par corbo, cargo.

PAROLLES. O, ransom, ransom! Do not hide mine eyes.

[They blindfold him.]

[I. SOLDIER AS] INTERPRETER. Boskos thromuldo boskos.

PAROLLES. I know you are the Muskos' regiment,
67 And I shall lose my life for want of language.
If there be here German, or Dane, Low Dutch,
Italian, or French, let him speak to me,
I'll discover that which shall undo the Florentine.

INTERPRETER. Boskos vauvado. I understand thee, and can speak thy
72 tongue. Kerelybonto. Sir, betake thee to thy faith, for seventeen poniards are at thy bosom.

PAROLLES O!

INTERPRETER. O, pray, pray, pray! Manka revania dulche.

2. LORD. Oscorbidulchos volivorco.

---

signalisiert. Entstanden aus dem italienischen *Alle arme!* 'zu den Waffen!', einem Schlachtruf zur Zeit der Kreuzzüge (Naylor, S.165f).

15 *oscorbidulchos:* Ad-hoc Sprachen und Wörter sind bei Sh. recht häufig (vgl. *Haml.* III.2.131: *this is miching mallecho; it means mischief).* Oft, nicht immer, sind sie italianisierend. Interpretationen, die sich an bekannte Sprachen anlehnen, sind dabei zahlreich (für diese Stelle vgl. O. Vocadlo in *The Slavonic and East European Review* XLIV, 1966, S.36–50, der in *oscorbidulchos* das russische Verb oskorbit 'beleidigen' als einzige nachweisbar russische Lautfolge in dem hier verwendeten Pseudorussisch erkennt. Solche Interpretationen sind aber unnötig, da Sh. bloß mit Klangassoziationen spielt: vgl. z.B. IV.3.112–113).

DOLMETSCHER. Der General geruht, dich noch zu schonen, und er wird dich, so wie du jetzt bist, mit verbundenen Augen abführen, um [Auskünfte] von dir einzuholen.[16] Vielleicht kannst du uns etwas mitteilen und dadurch dein Leben retten.

PAROLLES. O laßt mich leben, und ich will alle Geheimnisse aus unserem Lager offenbaren, ihre Wirkung und ihre Zwecke; wirklich, ich werde [Euch] Dinge erzählen, über die Ihr staunen werdet.

DOLMETSCHER. Aber wirst du auch wahrheitsgemäß[17] [aussagen]?

PAROLLES. Tue ich es nicht, so verdammt mich.

DOLMETSCHER. Accordo linta. Komm; wir gewähren dir eine Frist.[18]

Ab. [Mit Parolles.]

Ein kurzer Alarm hinter der Bühne.

2. ADLIGER. Geht, und sagt dem Grafen von Roussillon und meinem Bruder, daß wir die Schnepfe[19] gefangen haben und ihr die Augen verbunden halten, bis wir von ihnen hören.

2. SOLDAT. Hauptmann, zu Befehl.

2. ADLIGER. Er wird uns alle an uns selbst verraten; laßt sie das wissen.

2. SOLDAT. Zu Befehl, Herr.

2. ADLIGER. Bis dahin werde ich ihn im Dunkeln und sicher eingeschlossen verwahren.

Alle ab.

IV.2 *Bertram und das Mädchen namens Diana treten auf.*

BERTRAM. Man sagte mir, Euer Name sei Fontybell.[1]

DIANA. Nein, mein guter Herr, Diana.

BERTRAM. Der Name einer Göttin, und Ihr seid seiner würdig und anderer [solcher Namen][2] mehr! Aber schönes Geschöpf, weist Eure schöne Gestalt denn dem Liebesgott keinen Platz[3] zu?

---

[16] *hoodwinked ... lead on ... gather:* Zwei Wortspiele: Parolles wurden nicht nur konkret die Augen verbunden, sondern er ist auch im übertragenen Sinn 'geblendet' *(hoodwink,* OED 3 fig.), indem er von seinen Kameraden zum Narren gehalten wird. – Ähnlich bedeutet *lead on* sowohl wörtlich 'wegführen' (Schmidt) als auch, übertragen, 'jmd. (durch Täuschung) zur Verzweiflung/zum Äußersten treiben' *(Merry W.* II.1.86). – *gather* heißt 'erfahren', 'zu wissen bekommen' *(Haml.* II.2.108).

[17] *faithfully:* Ein Wortspiel mit den Bedeutungen 1. 'wahrheitsgemäß', 2. 'loyal'.

[18] *space:* Vgl. II.3.180 und Anm.

[19] *woodcock:* 'Waldschnepfe'. Ihre Dummheit ist im Englischen sprichwörtlich (vgl. Tilley W 746, S 788, O 83, sowie *Haml.* I.3.115).

[1] *the Maid called Diana ... Fontybell: called* findet sich sonst nur noch in *Com.Err.* IV.4.BA *enter ... a Schoolemaster, call'd Pinch* und *3 Hen.VI* III.3.BA *his Admirall, call'd Bourbon.* Im ersten Fall führt *call'd* einen Spitznamen ein, im zweiten dürfte es eine ironische Anspielung auf den Umstand sein, daß der Admiral lediglich ein Bastard ist und eben deshalb kein echter Bourbone. Sollte diese Argumentation auch hier

INTERPRETER. The general is content to spare thee yet,
And, hoodwinked as thou art, will lead thee on
To gather from thee. Haply thou mayst inform
Something to save thy life.
PAROLLES. O, let me live,
And all the secrets of our camp I'll show,
Their force, their purposes; nay, I'll speak that
Which you will wonder at.
INTERPRETER. But wilt thou faithfully?
PAROLLES. If I do not, damn me.
INTERPRETER. Acordo linta. Come on; thou art granted space.
Exit [with Parolles].

A short alarum within.

2. LORD. Go tell the Count Rossillion and my brother,
We have caught the woodcock, and will keep him muffled
Till we do hear from them.
2. SOLDIER. Captain, I will.
2. LORD. 'A will betray us all unto ourselves;
Inform on that.
2. SOLDIER. So I will, sir.
2. LORD. Till then I'll keep him dark and safely locked. *Exeunt.*

IV.2 *Enter Bertram and the Maid called Diana.*

BERTRAM. They told me that your name was Fontybell.
DIANA. No, my good lord, Diana.
BERTRAM. Titled goddess,
And worth it, with addition! But, fair soul,
In your fine frame hath love no quality?

---

zutreffen, so wäre *Diana* lediglich ein (ev. ironischer ?) Spitzname für die Tochter der Witwe, ihr wirklicher Name wäre *Violenta*. – *Fontybell:* Die Einführung dieses Namens entbehrt auf den ersten Blick jeder dramatischen Notwendigkeit. Beabsichtigt ist wahrscheinlich eine Kontrastwirkung mit den Konnotationen von *Diana* (vgl. die sprechenden Namen von anderen leichtlebigen Damen bei Sh.: *Overdone, Tearsheet),* und somit ließe er sich als Argument für die Annahme ins Feld führen, *Diana* sei lediglich ein ironischer Spitzname für *Violenta,* eine Annahme, welche weitreichende Konsequenzen bei der Interpretation von Bertrams Rolle hat (vgl. dazu P.J.Marcotte, "Sh's All's Well That Ends Well, Lines 2017–2018", *Explicator* 41, 1982, S.6–9, sowie oben III.5. BA und Anm.).

[2] *Diana ... goddess:* Diana ist mehr als nur die Keuschheitsgöttin (I.3.205). Sie war auch die Göttin der unteren Volksschichten, der Geburt von Kindern und des Mondes (vgl. P.Harvey, *The Oxford Companion to Classical Literature,* Oxford 1940, S.143), lauter Konnotationen, die ev. hier zum Tragen kommen.

[3] *quality:* 'Rang', 'Stand' (I.3.107). Bertrams Worte erinnern an die von Parolles in I.1.119–158.

Entzündet das lebendige Feuer der Jugend Eure Seele nicht, so seid Ihr kein Mädchen, sondern ein Mahnmal. Wenn Ihr [einmal] tot seid, werdet Ihr wohl[4] so sein wie jetzt, denn [jetzt] seid Ihr kalt und ernst; wo Ihr doch jetzt so sein solltet, wie Eure Mutter war, als Ihr Süße empfangen wurdet.

DIANA. Sie war damals keusch.

BERTRAM. Dann wärt Ihr es [jetzt] auch.

DIANA. Nein, meine Mutter tat bloß ihre Pflicht – so wie Ihr, mein Herr, sie Eurer Frau schuldet.

BERTRAM. Nichts mehr davon; ich bitte dich, kämpfe nicht gegen mein Gelübde[5] an. Sie wurde mir aufgezwungen, aber dich[6] liebe ich, durch der Liebe eigenen süßen Zwang und will dir alle Rechte des Liebesdienstes erweisen.

DIANA. Ja, Ihr dient uns solange, als wir *Euch* dienen;[7] aber wenn Ihr unsere Rosen habt, laßt Ihr unsere Dornen bloß, damit wir uns damit stechen, und macht Euch lustig über unsere Blöße.

BERTRAM. Wie habe ich doch geschworen!

DIANA. Es sind nicht die vielen Eide, die die Wahrheit ausmachen, sondern das einfache, eindeutige[8] Gelübde, das aufrichtig abgelegt wird. Was wäre uns nicht heilig [genug], wenn wir es beschwören, als daß wir nicht den höchsten [Gott] zum Zeugen aufriefen. So sagt mir doch bitte, wenn ich bei den Zeichen des großen Jupiter schwören würde, daß ich Euch innig liebe, würdet Ihr meinen Schwüren glauben, wenn ich Euch gar nicht liebte? Es ist doch ohne Sinn, demjenigen, den ich zu lieben beteuere, [Liebe] zu schwören, um [dann doch] gegen ihn zu verfahren.[9] Deshalb sind Eure Eide bloße Worte und ein wertloser Vertrag ohne [bindendes] Siegel – wenigstens nach meiner Meinung.

---

[4] *should* verwendet Sh. auch, um Unsicherheit auf Seiten des Sprechers auszudrücken (vgl. unten Z.11, Brook, S.114).

[5] *I love thee:* Bertram wechselt in seiner Anrede von *you* zu *thou.* Dieser Wechsel läßt sich auf verschiedene Weise interpretieren: 1. Indem er die Bürgerstochter Diana zu Beginn seiner Werbung mit *you* anredet, respektiert er ihren Stand. Erst nachdem sie sich seinen wahren Absichten widersetzt, wechselt er zum affektischen, ev. Verachtung ausdrückenden (vgl. V.3.187) *thou.* 2. Bertram will mit dem Wechsel der Anrede von *you* zu *thou* die Anredenorm, wie sie zwischen Eheleuten besteht, erzwingen.

[6] *my vows* interpretiert New Arden als 'mein Gelübde, Helena niemals zur Frau zu nehmen'. Da *vows* häufig 'Liebesschwüre' heißt, hat aber Delius auch recht, wenn er annimmt, daß darunter Bertrams Liebesschwüre an die Adresse der Diana zu verstehen sind, ebenso wie auch der kurz darauf folgende Ausruf: *How have I sworn* sich wahrscheinlich auf diese bezieht.

[7] *service ... serve:* Die üblichen sexuellen Bedeutungen von *service* 'Geschlechtsverkehr', *serve* 'begatten', *rose* 'Hymen' sind mitzulesen.

[8] *single:* Ein Wortspiel mit den Bedeutungen: 1. 'einzig' (OED I.5); 2. 'aufrichtig' (OED

If the quick fire of youth light not your mind,
You are no maiden, but a monument.
When you are dead you should be such a one
As you are now, for you are cold and stern;
And now you should be as your mother was
When your sweet self was got.

DIANA. She then was honest.

BERTRAM. So should you be.

DIANA. No.
My mother did but duty – such, my lord,
As you owe to your wife.

BERTRAM. No more o'that;
I prithee do not strive against my vows.
I was compelled to her, but I love thee
By love's own sweet constraint, and will forever
Do thee all rights of service.

DIANA. Ay, so you serve us
Till we serve you; but when you have our roses,
You barely leave our thorns to prick ourselves,
And mock us with our bareness.

BERTRAM. How have I sworn!

DIANA. 'Tis not the many oaths that makes the truth,
But the plain single vow that is vowed true.
What is not holy, that we swear not by,
But take the High'st to witness; then pray you tell me,
If I should swear by Jove's great attributes
I loved you dearly, would you believe my oaths
When I did love you ill? This has no holding,
To swear by Him whom I protest to love,
That I will work against Him. Therefore your oaths
Are words, and poor conditions but unsealed –
At least in my opinion.

---

25. *Jove's* F3–4; F *Ioues;* Grant White (Konj. Johnson) *love's;* Globe (Konj.Cambridge) *God's.*

28–29. *Him ... Him* Neilson; F *him ... him.*

30. *words, and poor conditions but unsealed* New Arden; F *words and poor conditions, but unsealed* ev. als Hendiadyoin zu lesen: 'armselige Worte, ein Vertrag ohne Siegel'

II.14) (vgl. dasselbe Wortspiel in *Much Ado* II.1.250 und in *Mids.N.D.* II.2.50; zu einem anderen Wortspiel mit *single* vgl. II.3.290 und Anm.).

[9] *Jove ... by Him:* Jupiter erscheint nicht gerade als der geeignetste Verteidiger der Keuschheit. Die implizierten Eigenschaften *(attributes)* sind denn auch die des christlichen Gottes. Es ist aber nicht nötig, anzunehmen, daß im F-Text – nachträglich und

BERTRAM. Ändere sie, ändere sie; sei nicht so grausam-heilig;[10] die Liebe ist heilig, und meine Redlichkeit kannte nie die Listen, die Ihr [Frauen] den Männern anlastet. Entzieh dich mir nicht länger, sondern ergib dich meinem kranken Verlangen,[11] damit ich alsdann genese. Sag, du bist mein, und meine Liebe soll, so wie sie beginnt, für immer dauern.

DIANA. Ich sehe, daß die Männer uns mit Fallen fesseln wollen,[12] damit wir uns ihnen ausliefern. Gebt mir jenen Ring.

BERTRAM. Ich will ihn dir leihen, Geliebte, aber ich kann ihn nicht weggeben.

DIANA. Wollt Ihr nicht, mein Herr?

BERTRAM. Er ist ein Zeichen der Ehre unseres Hauses, auf mich vererbt durch viele Vorfahren, und ihn zu verlieren, würde mir die größte Schande der Welt eintragen.

DIANA. Meine Ehre ist [auch] so ein Ring. Meine Keuschheit ist das Juwel *unseres* Hauses, auf mich vererbt durch viele Vorfahren, und es zu verlieren, würde mir die größte Schande der Welt eintragen. So bringt Eure eigene Weisheit den Streiter[13] Ehre auf meine Seite, gegen Euren vergeblichen Angriff.

BERTRAM. Hier, nimm meinen Ring! Mein Haus, meine Ehre, ja mein Leben seien dein, und ich will tun, was du verlangst.

DIANA. Gegen Mitternacht klopft an mein Kammerfenster; ich werde

---

aufgrund eines Gesetzes von 1606, welches die Profanisierung des Namens Gottes verbot – *God* durch *Jove* ersetzt worden wäre; die Elisabethaner versahen gerne heidnische Götter mit christlichen Attributen. – *by Him:* Delius nimmt an, daß mit *by Him* (F: *him)* und mit *against him* (F: *him)* nicht Jupiter gemeint sein kann, sondern daß sich das Pronomen auf einen vorgestellten Geliebten bezieht: "einem gegenüber, im Verkehr mit einem, in Bezug auf einen". Unsere Übersetzung folgt dieser Interpretation von *by him* (vgl. denselben Gebrauch von *by* unten V.3.237). Die andere Möglichkeit von *swear by Him:* 'bei einer höheren Instanz schwören' muß immerhin auch erwogen werden (vgl. *Rom. and Jul.* II.2.109: *swear not by the moon).* Die Lesart *Love* 'Liebesgott' (zu deren Verteidigung New Penguin überzeugende Argumente anführt) unterstützt letztere Interpretation von *by Him.* – *ill* (Z.27) heißt nicht in erster Linie 'moralisch schlecht', obwohl diese Bedeutung sicher auch mitschwingt, sondern fungiert als privative Partikel (OED s.v. *ill* A. adj. 7) zum Verb *love,* analog zum Intensivum *dearly* (Z.26).

[10] *holy-cruel:* 'grausam aus Heiligkeit, Frömmigkeit, Keuschheit'. Komposita wie dieses, in denen ein – oft paradoxer – Gedanke in sprachlich höchst komprimierter Form zum Ausdruck gebracht ist, treten in Sh.s Spätwerk (besonders in *Temp.*) gehäuft auf.

BERTRAM. Change it, change it;
Be not so holy-cruel; love is holy,
And my integrity ne'er knew the crafts
That you do charge men with. Stand no more off,
But give thyself unto my sick desires,
Who then recovers. Say thou art mine, and ever
My love, as it begins, shall so persever.
DIANA. I see that men may rope's in such a snare
That we'll forsake ourselves. Give me that ring.
BERTRAM. I'll lend it thee, my dear, but have no power
To give it from me.
DIANA. Will you not, my lord?
BERTRAM. It is an honor 'longing to our house,
Bequeathèd down from many ancestors,
Which were the greatest obloquy i' th' world
In me to lose.
DIANA. Mine honor's such a ring;
My chastity's the jewel of our house,
Bequeathèd down from many ancestors,
Which were the greatest obloquy i' th' world
In me to lose. Thus your own proper wisdom
Brings in the champion Honor on my part
Against your vain assault.
BERTRAM. Here, take my ring!
My house, mine honor, yea, my life be thine,
And I'll be bid by thee.
DIANA. When midnight comes, knock at my chamber window;

---

38. *may rope's ... snare* Sisson (1954) (Konj. Daniel); F *make rope's ... scarre;* New Penguin *make vows in such a flame* '(Liebes)schwüre ablegen in solcher Flamme (der Leidenschaft)'

---

[11] *sick* begegnet häufig wie hier in übertragener Bedeutung und bezieht sich dann auf einen aus dem Gleichgewicht gebrachten, zerrütteten oder – aus einer religiösen Sicht – verderbten Seelenzustand (Onions, vgl. auch I.3.129 und Anm.).

[12] *I see ... snare:* Eine Crux, für welche bisher keine befriedigendere Emendation vorgeschlagen worden ist als diejenige von Sisson. (Für eine Liste früherer Emendationen vgl. Tannenbaum, S.A.,"Removing a Scar From All's Well", *Sh. Association Bulletin* 18, 1943, S.133–36). – New Arden nimmt an, daß – wie immer der Vers gelautet haben mag – er mit dem Bild der Schlinge oder des Stricks irgendwie zur Erklärung oder Rechtfertigung der unmittelbar folgenden Aufforderung *Give me that ring* gedient haben muß und daher sehr wohl hätte beiseite gesprochen werden können.

[13] *champion:* Ursprünglich 'derjenige, der einen anderen beim Gottesurteil vertritt' *(Lear* V.1.43, OED 1.2). Das Bild hier entstammt dem ritterlichen Turnierkampf.

dafür sorgen, daß meine Mutter nichts hört. Jetzt verlange ich von Euch als ein Zeichen der Aufrichtigkeit,[14] daß Ihr, wenn Ihr mein jungfräuliches Bett erobert habt, nicht länger als eine Stunde verweilt und auch nicht mit mir sprecht; meine Gründe dafür sind die besten, und Ihr werdet sie erfahren, sobald dieser Ring zurückgegeben werden wird. Und an Euren Finger werde ich in der Nacht einen anderen Ring[15] stecken, damit, was die Zeit auch bringt, er der Zukunft unsere vergangenen Handlungen bezeugen möge. Adieu, bis dann; dann bleibt nicht aus; Ihr habt eine Frau in mir gewonnen, trotzdem sich [alle] meine Hoffnungen dadurch zerschlagen haben.[16]

BERTRAM. Einen Himmel auf Erden habe ich gewonnen, indem ich dich gefreit habe.

[Ab.]

DIANA. Wofür Ihr lange leben möget, um dem Himmel und mir dafür zu danken! Schließlich werdet Ihr das wohl auch. Meine Mutter sagte mir genau, wie er werben würde, als ob sie in seinem Herzen säße. Sie sagt, alle Männer haben dieselben Schwüre. Er hat mir geschworen, [17] mich zu heiraten, sobald seine Frau tot ist; daher werde ich [erst] bei ihm liegen, wenn ich begraben bin.[18] Da die Franzosen [nun einmal] so lasterhaft[19] sind, soll heiraten wer will, ich lebe und sterbe als Jungfrau. Dennoch halte ich es für keine Sünde, in diesem Verwirrspiel denjenigen zu täuschen, der [mich] unrechtmäßig [für sich] gewinnen möchte. *Ab.*

---

[14] *band of truth:* Wörtlich: 'das [verpflichtende] Band der Wahrheit, Aufrichtigkeit [das uns verbindet]' (vgl. *Much Ado* III.1.114: *To bind our loves up in a holy band* und *Rich. II* I.1.2 *thy oath and band).*

[15] *Another ring:* Verlobungsringe werden auch in *Two Gent.* II.2.5–7 ausgetauscht. Wie bindend dieser – oft im Geheimen ausgeführte – Tausch nach elisabethanischem Recht war, bleibt hingegen fraglich. Kirchliche Sanktionen wird er in jedem Fall nach sich gezogen haben (vgl. Ranald, "The Betrothals", S.190). Immerhin beruft sich Diana in V.3.173 auf ein bindendes Heiratsversprechen von Seiten Bertrams. – Die sexuelle Konnotation von *ring* 'Vagina' *(Merch. V.* [ed.Heine] V.1.306) unterstreicht die dramatische Ironie dieser Verse.

[16] *proceeds ... deeds ... won ... done:* Die vier paarweise gereimten Schlußverse in Dianas Rede unterstreichen die dramatische Ironie: Bertram ahnt nicht, daß seine Überführung und Rückführung zu Helena hier angekündigt ist: *you have won a wife of me* versteht Bertram als 'Ihr habt eine Frau in mir gewonnen' und *though there my hope be done* als 'trotzdem ich von jetzt an keine Hoffnung mehr habe, [mich je einem Mann zu vermählen]'. Diana jedoch bezieht ihre Aussage auf Bertrams Situation: 'Ihr habt aber eine Frau [Helena] durch mich [zurück]gewonnen; und so wird sich meine Hoffnung, [daß Euch Eure wirkliche Frau empfängt,] erfüllen'. Als semantische Angelpunkte für die Ambiguität dienen einerseits *done* in den Bedeutungen 1. 'ruiniert', 2. 'erfüllt',

I'll order take my mother shall not hear.
Now will I charge you in the band of truth,
When you have conquered my yet maiden bed,
Remain there but an hour, nor speak to me;
My reasons are most strong, and you shall know them
When back again this ring shall be delivered.
And on your finger in the night I'll put
Another ring, that what in time proceeds
May token to the future our past deeds.
Adieu till then; then fail not; you have won
A wife of me, though there my hope be done.

BERTRAM. A heaven on earth I have won by wooing thee. *[Exit.]*

DIANA. For which live long to thank both heaven and me!
You may so in the end.
My mother told me just how he would woo,
As if she sat in's heart. She says all men
Have the like oaths. He had sworn to marry me
When his wife's dead; therefore I'll lie with him
When I am buried. Since Frenchmen are so braid,
Marry that will, I live and die a maid.
Only, in this disguise I think't no sin
To cozen him that would unjustly win. *Exit.*

---

andererseits die Präposition *of* in den Bedeutungen 1. 'in mir', 2. 'durch mich' sowie ein Spiel mit der Konj. *though* 'trotzdem' und dem Adv. *though* 'aber'.

[17] *had sworn:* Diese Form ist bei Sh. zwar oft conditionalis irrealis: 'Er hätte mir geschworen, mich zu heiraten, sobald seine Frau gestorben wäre, [wenn ich ihm nur Gelegenheit zu diesem Schwur gegeben hätte]', vgl. aber unten V.3.139–140 und 254, 261.

[18] *lie ... buried:* Wahrscheinlich mehrdeutig. *To lie with* heißt 'geschlechtlich verkehren mit', aber aufgrund der Kollokation mit *buried* 'begraben' ergibt sich für *to lie* auch die Bedeutung '(auf dem Totenbett) liegen'. Dieselbe Mehrdeutigkeit findet sich auch in *Rich. III* I.2.113 und *Rom. and Jul.* IV.5.36. Der unterschwellige Sinn der Verse ist demnach: 'Wenn er und ich einmal tot nebeneinander liegen, wird dies der intimste Verkehr sein, den ich je mit ihm gehabt haben werde'.

[19] *braid* 'verdorben, lasterhaft' (OED) ist einzig hier belegt (vgl. me. *forbreiden,* 'betrügerisch' (Onions, Schmidt) aufgrund von *braid* 'verworren, ineinandergeflochten'). Die meisten modernen Hrsg. geben der Bedeutung 'verwoben, verflochten' und daher 'täuschend, betrügerisch' den Vorzug (vgl. aber auch das Subst. *braid* 'List, Kniff' Trick', das nach OED bis 1570 belegt ist).

IV.3 *Die zwei französischen Hauptleute und etwa zwei oder drei Soldaten treten auf.*[1]

2. ADLIGER. Ihr habt ihm den Brief von seiner Mutter noch nicht gegeben?

1. ADLIGER. Ich habe ihn vor einer Stunde übergeben. Er enthält etwas, das ihn in seinem Innersten trifft, denn während er ihn las, verwandelte er sich fast in einen anderen Menschen.[2]

2. ADLIGER. Er hat sich verdienten Tadel zugezogen, indem er eine so
6 gute Gattin und liebenswerte Dame abgeschüttelt hat.

1. ADLIGER. Vor allem hat er sich den dauernden Unmut des Königs zugezogen, der gerade[3] sein Wohlwollen darauf eingestimmt hatte, ihn glücklich zu preisen. Ich will Euch etwas anvertrauen, aber Ihr sollt es verborgen bei Euch behalten.

2. ADLIGER. Sobald Ihr es ausgesprochen habt, ist es tot, und ich bin sein Grab.

1. ADLIGER. Er hat eine junge Dame von keuschestem Ruf hier in
14 Florenz verführt, und heute nacht befriedigt er seine Lust durch den Ruin ihrer Ehre.[4] Er hat ihr seinen Familienring[5] gegeben und hält sich selbst für einen gemachten Mann in dem unehrenhaften Handel.[6]

2. ADLIGER. Möge Gott unseren Aufruhr verhindern![7] Wenn wir ganz uns selbst[8] sind, was sind wir da!

1. ADLIGER. Ganz und gar unsere eigenen Verräter. Und wie nach dem
21 gewöhnlichen Verlauf allen Verrates wir die Verräter sich selbst entdecken sehen, bevor sie ihre abscheulichen Zwecke erreichen, so wird der, der bei dieser Tat gegen seinen eigenen Adel vorgeht, von seinem eigenen [Handlungs]strom überspült.[9]

---

[1] *Enter ... soldiers:* Ort der Szene dürfte ein Feldlager außerhalb von Florenz sein. – *two ... Captains:* vgl. III.1. BA und Anm. – 2.Lord: Die Rollenzuteilung für den 1. und 2. Adligen ist gegenüber F vertauscht. Erst von Z.75 an stimmt sie wieder mit jener überein. Die Vertauschung der Rollen hier ergibt sich aus der Umkehrung der Rollenzuteilung in III.6.98–106 (vgl. Anm. dort), wie sie von verschiedenen Hrsg. vorgenommen wird.

[2] *stings ... man: stings* wörtlich 'sticht'. Es ist nicht klar, ob lediglich eine Veränderung in Bertrams Äußerem, ein Bleichwerden, gemeint ist, oder ob die angespielte Veränderung tiefer rührt. In Anbetracht von Bertrams Rolle im 4. und 5. Akt hält es jedoch schwer, hier eine Anspielung auf eine tiefgreifende Veränderung in seinem Wesen zu erkennen. New Arden räumt diese Möglichkeit immerhin ein, wenn er in dieser Zeile einen Hinweis auf die bevorstehende Veränderung von Bertrams Haltung am Schluß des Stücks vermutet.

[3] *even:* 'in eben diesem Augenblick' *(Haml.* IV.3.20)

[4] *fleshes ... will ... spoil ... honor: flesh* und *spoil* fungieren als semantische Angelpunkte für zwei Metaphern: 1. eine Jagdmetapher: *to flesh a hound/hawk with the spoil* 'dem Hund/Falken ein Stück seiner Beute zum Fraß vorwerfen' *(2 Hen.IV* IV.5.132: *The wild dog shall flesh his tooth on every innocent);* 2. eine Kriegsmetapher: *to flesh one's*

IV.3 *Enter the two French Captains and some two or three Soldiers.*

2. LORD. You have not given him his mother's letter?

1. LORD. I have delivered it an hour since. There is something in't that stings his nature, for on the reading it he changed almost into another man.

2. LORD. He has much worthy blame laid upon him for shaking off so good a wife and so sweet a lady.

1. LORD. Especially he hath incurred the everlasting displeasure of the king, who had even tuned his bounty to sing happiness to him. I will tell you a thing, but you shall let it dwell darkly with you.

2. LORD. When you have spoken it, 'tis dead, and I am the grave of it.

1. LORD. He hath perverted a young gentlewoman here in Florence, of a most chaste renown, and this night he fleshes his will in the spoil of her honor. He hath given her his monumental ring, and thinks himself made in the unchaste composition.

2. LORD. Now God delay our rebellion! As we are ourselves, what things are we!

1. LORD. Merely our own traitors. And as in the common course of all treasons, we still see them reveal themselves till they attain to their abhorred ends, so he that in this action contrives against his own nobility, in his proper stream o'erflows himself.

---

18. *delay* F; Hanmer *allay* 'dämpfen'; New Sh. *lay* '(Geister, Teufel) austreiben'.

(virgin) sword 'sein Schwert zum ersten Mal gebrauchen'. – *will* erfährt wie hier oft eine sexuelle Konnotation ('Penis' wie in *Ant. and Cl.* II.5.8, *Sonn.* 134, 135, 136, 137). Daneben steht es auch allgemein für 'sexuelle Kraft, Begierde', 'Wollust' *(Oth.* I.3.320, *Ant. and Cl.* III.13.3): Bertram stillt *(fleshes)* sein sexuelles Verlangen *(will)* durch die Zerstörung *(spoil)* der jungfräulichen Ehre *(honor)*.

5 *monumental ring:* 1. 'Familienring' (vgl. unten V.3.197 und Anm.); 2. 'Erkennungszeichen' aus *monument* 'Zeichen, Beweis' *(Tam.Shr.* III.2.91).

6 *composition:* Vgl. I.1.197 und Anm.

7 *delay ... rebellion:* Der vorliegende Kontext legt die sexuelle Bedeutung von *rebellion* nahe: 'sexuelles Verlangen' wie in *Meas.f.M.* III.2.107: Das Fleisch rebelliert gegen die Vorherrschaft der Vernunft (vgl. auch E.Leisi, *Aufsätze,* Heidelberg 1978, S.114). – *delay:* Sh. verwendet *delay* sonst immer in der Bedeutung 'zeitlich aufschieben', was hier keinen rechten Sinn ergibt. Einige Hrsg. emendieren deshalb zu *allay* 'dämpfen'. Der Fehler *god allay – god delay* läßt sich auf plausible Art als beim Diktat zustande gekommen erklären. Möglich erscheint auch die Emendation von New Sh.: *God delay* wäre demnach aufgrund falscher Trennung aus *Godde lay* 'Gott treibe ... aus' entstanden.

8 *ourselves:* d.h. unsere animalische Natur.

9 *common ... himself:* Unsere Übersetzung ist Delius verpflichtet: "Wie die Verräter sich allemal selbst entdecken, noch ehe sie ihre bösen Zwecke erreichen, so ist auch Graf Roussillon bei dem Plan, den er gegen seinen angeborenen Adel geschmiedet, über die Grenzen seines eigenen Strombettes hinausgetreten, d.h. er hat seine verbrecherischen Absichten auf die Diana verrathen, ehe er sie ausgeführt."

2. ADLIGER. Sind wir nicht verdammenswert, wenn wir unsere unrecht-
26 mäßigen Vorhaben [in alle Welt] posaunen? Wir werden also heute nacht auf seine Gesellschaft verzichten müssen?

1. ADLIGER. Nur bis nach Mitternacht, denn er darf nicht länger als die vereinbarte Stunde bleiben.[10]

2. ADLIGER. Die nähert sich rasch. Ich würde ihn gerne zusehen lassen, wenn sein Gefährte seziert wird, damit er an sein eigenes Urteil, in das er diesen falschen Stein so sorgfältig[11] gefaßt hat, Maß anlegen kann.

1. ADLIGER. Wir werden uns nicht mit ihm [Parolles] einlassen, bis er
34 kommt, denn seine Gegenwart muß dem anderen Peitsche sein.

2. ADLIGER. Unterdessen [sagt mir], was hört Ihr von dem Kriegsgeschehen?

1. ADLIGER. Ich habe gehört, es besteht ein Friedensangebot.

2. ADLIGER. Mehr, ich versichere Euch, es wurde ein Friede geschlossen.

1. ADLIGER. Was wird der Graf von Roussillon nachher tun? Wird er
39 weiterreisen[12] oder nach Frankreich zurückkehren?

2. ADLIGER. Ich schließe aus dieser Frage, daß Ihr nicht völlig in seine Pläne eingeweiht seid.

1. ADLIGER. Gott behüte, mein Herr! Dann wäre ich ja auch zum großen Teil an seinen Handlungen mitbeteiligt.[13]

2. ADLIGER. Seine Gattin floh vor etwa zwei Monaten aus seinem Haus,
45 mit dem Plan,[14] eine Pilgerfahrt zu Sankt Jakob dem Älteren zu unternehmen; welch frommes Unterfangen sie in strengster Heiligkeit beendet hat; und während sie sich dort aufhielt, fiel ihre zarte Natur ihrem Kummer zum Opfer; schließlich wurde ihr der letzte Atemzug zum Seufzer, und jetzt singt sie im Himmel.

1. ADLIGER. Wie ist das bewiesen?

2. ADLIGER. Den größeren Teil davon beweisen ihre Briefe, welche ihre
53 Geschichte bewahrheiten bis zum [Zeit]punkt ihres Todes. Ihr Tod selbst, den mitzuteilen nicht ihr eigenes Geschäft sein konnte, wurde vom [geistlichen] Vorsteher[15] am Ort glaubhaft bestätigt.

---

[10] *his hour:* Vgl. oben IV.2.58.

[11] *curiously ... counterfeit:* Ein bildlicher Ausdruck: Bertrams Einschätzung des Parolles wird verglichen mit der Fassung für einen falschen Edelstein (vgl. unten IV.3.93 und Anm.). – *curiously:* vgl. I.2.20 und Anm.

[12] *travel higher:* Vgl. II.1.12 und Anm.

[13] *council ... act:* Alle Hrsg. übernehmen die Lesart *council.* Die zwei – etymologisch verschiedenen – Wörter *counsel* und *council* wurden im elisabethanischen Englisch nicht

2. LORD. Is it not meant damnable in us to be trumpeters of our unlawful intents? We shall not then have his company to-night?

1. LORD. Not till after midnight, for he is dieted to his hour.

2. LORD. That approaches apace. I would gladly have him see his company anatomized, that he might take a measure of his own judgments, wherein so curiously he had set this counterfeit.

1. LORD. We will not meddle with him till he come, for his presence must be the whip of the other.

2. LORD. In the meantime, what hear you of these wars?

1. LORD. I hear there is an overture of peace.

2. LORD. Nay, I assure you, a peace concluded.

1. LORD. What will Count Rossillion do then? Will he travel higher, or return again into France?

2. LORD. I perceive by this demand you are not altogether of his council.

1. LORD. Let it be forbid, sir! So should I be a great deal of his act.

2. LORD. Sir, his wife some two months since fled from his house. Her pretense is a pilgrimage to Saint Jaques le Grand; which holy undertaking with most austere sanctimony she accomplished; and there residing, the tenderness of her nature became as a prey to her grief; in fine, made a groan of her last breath, and now she sings in heaven.

1. LORD. How is this justified?

2. LORD. The stronger part of it by her own letters, which makes her story true, even to the point of her death. Her death itself, which could not be her office to say is come, was faithfully confirmed by the rector of the place.

---

41. *council* Rowe (1714); F *councell.*

---

unterschieden (OED). F *councell* könnte deshalb stehen für: 1. 'eine Versammlung von Ratgebern' (mod.engl. *council);* 2. 'eine (geheime) Absicht, Plan, Meinung' (mod.engl. *counsel).* Unsere Übersetzung beruht auf der Annahme eines Wortspiels mit a) *counsel* 'Resultat einer Überlegung', 'Entschluß, Absicht, Plan' und b) *of counsel with a person* 'in die Geheimnisse einer Person eingeweiht' (vgl. dazu auch oben III.7.9 und Anm. sowie *Jul. Caes.* I.2.2 und *Merry W.* I.1.107, wo ein Wortspiel mit den Bedeutungen 1. und 2. (s.o.) von *councell* vorliegt). – *act* 'Handlungen, Taten' (vgl. schon oben I.2.30).

[14] *pretense:* Die Bedeutung 'Absicht', 'Plan' findet sich auch in *Macb.* II.3.127: *Against the undivulged pretense I fight of treasonous malice* 'Ich kämpfe gegen den geheimen Plan einer verräterischen Bosheit'. – Die Bedeutung 'Vorwand' ist aufgrund des Texts wenig wahrscheinlich, trotzdem sie von einigen Interpreten hier bevorzugt wird.

[15] *rector:* Jeder Vorsteher einer religiösen Institution (bes. eines Jesuitenkollegs) (OED 4a).

1. ADLIGER. Hat der Graf Kunde von all dem?

2. ADLIGER. Jawohl, samt den einzelnen Bestätigungen, Punkt für Punkt, zur vollen Bekräftigung der Wahrheit.

1. ADLIGER. Es tut mir herzlich leid, daß er froh darüber sein wird.

2. ADLIGER. Wie sehr wir doch manchmal unsere Verluste in Freude verkehren!

1. ADLIGER. Und wie sehr wir ein anderes Mal unseren Gewinn in Tränen ertränken! Der hohen Würde, welche ihm seine Tapferkeit hier eingetragen hat, wird zu Hause eine ebenso große Schande begegnen.

2. ADLIGER. Das Gewebe unseres Lebens ist aus einem gemischten Garn, gut und schlecht zusammen; unsere Tugenden würden sich stolz brüsten, wenn nicht unsere Fehler sie geißelten, und unsere Vergehen würden verzweifeln, wenn sie nicht von unseren Tugenden aufgemuntert würden.

Ein Bote tritt auf.

Wie steht's, wo ist Euer Herr?

BOTE. Er traf den Herzog auf der Straße, Herr, und er hat sich inzwischen gebührend von ihm verabschiedet; seine Lordschaft will morgen nach Frankreich [abreisen]. Der Herzog hat ihm ein Empfehlungsschreiben an den König mitgegeben.

[Ab.]

2. ADLIGER. Es wird dort nicht mehr [sein] als nötig ist, [selbst] wenn es mehr [Lob] enthält, als [eine gewöhnliche] Empfehlung..

[Bertram,] Graf von Roussillon tritt auf.

1. ADLIGER. Es kann dem König in seiner Bitterkeit gar nicht süß genug sein. Hier kommt seine Lordschaft. Wie steht's Mylord, ist es nicht [schon] nach Mitternacht?

BERTRAM. Ich habe heute nacht sechzehn Geschäfte erledigt, jedes von der Länge eines Monats. Abgekürzt und in dieser Reihenfolge[16] habe ich dem Herzog meine Aufwartung gemacht,[17] mich von seinen nächsten [Angehörigen] verabschiedet, eine Gattin begraben, um sie getrauert, meiner Frau Mutter geschrieben, daß ich zurückkehre, mir ein Gefährt besorgt[18] und zwischen diesen hauptsächlichsten Geschäften noch vielerlei delikatere Dinge erledigt.[19] Das letzte war das Bedeutendste, aber das habe ich noch nicht zu Ende gebracht.

---

[16] *abstract of success:* Der Sinn dieser Wendung ist umstritten. – *success* heißt (neutral) 'Ergebnis, Ausgang', nicht 'Erfolg' (vgl. oben I.3.240 und Anm.) – *abstract:* Kellner übersetzt *by an abstract of success* mit 'durch ein abgekürztes Verfahren'. Delius ebenso. Einige moderne Hrsg. (New Sh., New Arden, Penguin, Pelican) geben der Bedeutung 'zusammenfassender Bericht' den Vorzug *(Haml.* II.2.512: *they [the players] are the*

I. LORD. Hath the count all this intelligence?

2. LORD. Ay, and the particular confirmations, point from point, to the full arming of the verity.

I. LORD. I am heartily sorry that he'll be glad of this.

2. LORD. How mightily sometimes we make us comforts of our losses!

I. LORD. And how mightily some other times we drown our gain in tears! The great dignity that his valor hath here acquired for him shall at home be encountered with a shame as ample.

2. LORD. The web of our life is of a mingled yarn, good and ill together; our virtues would be proud if our faults whipped them not, and our crimes would despair if they were not cherished by our virtues.

Enter a Messenger.

How now? Where's your master?

MESSENGER. He met the duke in the street, sir, of whom he hath taken a solemn leave; his lordship will next morning for France. The duke hath offered him letters of commendations to the king.

[Exit.]

2. LORD. They shall be no more than needful there, if they were more than they can commend.

Enter [Bertram] Count Rossillion.

I. LORD. They cannot be too sweet for the king's tartness. Here's his lordship now. How now, my lord, is't not after midnight?

BERTRAM. I have to-night dispatched sixteen businesses, a month's length apiece. By an abstract of success: I have congied with the duke, done my adieu with his nearest, buried a wife, mourned for her, writ to my lady mother I am returning, entertained my convoy, and between these main parcels of dispatch effected many nicer needs. The last was the greatest, but that I have not ended yet.

---

abstract and brief chronicles of the time und *Rich. III* IV.4.28: *Brief abstract and record of tedious days,)* und interpretieren *by an abstract of success* entsprechend als Einleitung zur folgenden Aufzählung der erledigten Geschäfte. Mit unserer Übersetzung schließen wir uns dieser Deutung an.

17 *congied:* Vgl. frz. congier (15. Jh.). 'sich feierlich verabschieden'. Sh. verwendet das Wort einzig hier.

18 *entertained:* 'in Dienst nehmen' (vgl. auch oben III.6.11 und Anm.) – *convoy:* Bei Sh. immer 'Transportmittel'.

19 *nicer deeds: nice* bedeutete ursprünglich 'unwissend' (lat. nescius). In Sh.s Zeit hatte sich die Bedeutung gewandelt zu 'anspruchsvoll, eigen, schwer zu befriedigen' und – von Frauen und mit Bezug auf Liebesangelegenheiten – 'spröde, zurückhaltend' *(Hen. V* V.2.265, *L.L.L.* V.2.220). Besonders letztere Bedeutung dürfte in *nicer deeds* konnotiert sein.

2. ADLIGER. Wenn die Angelegenheit irgendwie heikel ist und Eure
88 Abreise heute morgen bevorsteht, so verlangt dies Eile von Eurer Lordschaft.

BERTRAM. Ich meine, die Sache ist insofern noch nicht erledigt, als ich noch weiterhin davon zu hören fürchte. Aber werden wir uns jetzt diesen Dialog zwischen dem Narren und dem Soldaten[20] anhören? Kommt, heraus mit diesem falschen Abklatsch,[21] der mich wie ein doppelzüngiger Wahrsager getäuscht hat.

2. ADLIGER. Bringt ihn her. *[Soldaten ab.]*
Er hat die ganze Nacht über in einem Fußblock gesessen, der
96 arme wackere Schurke.

BERTRAM. Macht nichts, seine Fersen haben's verdient, nachdem sie so lange und unrechtmäßig die Sporen getragen haben. Wie hält er sich?

2. ADLIGER. Ich hab's Eurer Lordschaft schon gesagt: die Fußblöcke halten ihn. Aber um Euch so zu antworten, wie Ihr verstanden werden wolltet, er weint wie ein junges Weib, das seine Milch
101 verschüttet hat; er hat Morgan, den er für einen Klosterbruder hält, gebeichtet, soweit er sich zurückerinnern kann bis zu diesem gegenwärtigen Unglück, da er im Fußblock sitzt. Und was, glaubt Ihr, hat er gebeichtet?

BERTRAM. Nichts über mich, oder?

2. ADLIGER. Seine Beichte wurde aufgenommen und wird ihm ins
108 Gesicht gelesen werden. Wenn Eure Lordschaft darin vorkommt, wie ich glaube, müßt Ihr es leiden, es anzuhören.

Parolles [, bewacht,] tritt auf, mit [dem 1. Soldaten als] seinem Dolmetscher.

BERTRAM. Zum Teufel mit ihm! [Die Augen] verbunden! Er kann nichts über mich [aus]sagen.

1. ADLIGER. Still, still! Die blinde Kuh[22] kommt! Portotartarossa.

DOLMETSCHER. Er verlangt die Folter. Was wollt Ihr ohne sie aussagen?

PAROLLES. Ich will gestehen, was ich weiß, ohne Einschränkung, aber
116 wenn Ihr an mir zupft wie an Pastetenteig, kann ich nichts mehr sagen.

DOLMETSCHER. Bosko chimurcho.

---

[20] *Fool ... soldier:* Beide beziehen sich auf Parolles. Gemeint sind zwei stehende Figuren aus den mittelalterlichen Moralitäten: der der heimischen Bühnentradition entstammende Narr, oder Hanswurst sowie der *miles gloriosus,* der prahlerische Soldat, aus der plautinischen Komödie.

2. LORD. If the business be of any difficulty, and this morning your departure hence, it requires haste of your lordship.

BERTRAM. I mean the business is not ended, as fearing to hear of it hereafter. But shall we have this dialogue between the Fool and the Soldier? Come, bring forth this counterfeit module has deceived me like a double-meaning prophesier.

2. LORD. Bring him forth. *[Exeunt Soldiers.]* Has sat i' th' stocks all night, poor gallant knave.

BERTRAM. No matter, his heels have deserved it, in usurping his spurs so long. How does he carry himself?

2. LORD. I have told your lordship already: the stocks carry him. But to answer you as you would be understood, he weeps like a wench that had shed her milk; he hath confessed himself to Morgan, whom he supposes to be a friar, from the time of his remembrance to this very instant disaster of his setting i' th' stocks. And what think you he hath confessed?

BERTRAM. Nothing of me, has 'a?

2. LORD. His confession is taken, and it shall be read to his face. If your lordship be in't, as I believe you are, you must have the patience to hear it.

Enter Parolles [guarded,] with [First Soldier as] his Interpreter.

BERTRAM. A plague upon him! muffled! He can say nothing of me.

I. LORD. Hush, hush! Hoodman comes! Portotartarossa.

INTERPRETER. He calls for the tortures; what will you say without 'em?

PAROLLES. I will confess what I know without constraint. If ye pinch me like a pasty, I can say no more.

INTERPRETER. Bosko chimurcho.

---

21 *counterfeit module: module* und *model* wurden zu Beginn des 17. Jahrhunderts nicht unterschieden (Cotgrave, s.v. *module). model* heißt bei Sh. immer 'Kopie', '(zweidimensionales) Abbild' (E.Leisi, *Praxis der englischen Semantik,* Heidelberg, 1973, S.141–42). – *module* kommt sonst nur noch in *K. John* V.7.58 vor: *all this thou seest is but a clod/And module of confounded royalty* 'alles, was du siehst, ist ein bloßer Klumpen und ein Abbild meiner zugrundegerichteten Königswürde'. – *counterfeit module* hier ev. auch 'falscher Siegelring' (vgl. dazu *Haml.* V.2.50, wo der Siegelring des Königs als *model* des dänischen Staatssiegels bezeichnet wird). Diese Bedeutung von *counterfeit module* wird gestützt durch IV.3.31–2 (vgl. oben IV.3 32 und Anm.).

22 *hoodman:* heißt die 'blinde Kuh' in dem Spiel, welches zu Sh.s Zeit *hoodman blind* hieß (mod.engl. *blind-man's buff;* Delius; vgl. auch *Haml.* III.4.78, Thiselton-Dyer, S.384, sowie III.6.21 und Anm.).

1. ADLIGER. Boblibindo chicurmurco.

DOLMETSCHER. Ihr seid ein barmherziger General. Unser General verlangt, daß Ihr mir die Fragen beantwortet, die ich Euch von einer Liste ablesen werde.

PAROLLES. Und wahrheitsgemäß, so wahr ich lebe.

DOLMETSCHER. *[Liest]* 'Fragt ihn zuerst, wie stark des Herzogs Reiterei
123 ist.' Was sagt Ihr dazu?

PAROLLES. Fünf- oder sechstausend, aber sehr schwach und untauglich. Die Truppen sind alle verstreut und die Befehlshaber kümmerliche Schurken, bei meinem Ruf und meinem Ansehen und sowahr ich lebe.

DOLMETSCHER. Soll ich Eure Antwort so festhalten?

PAROLLES. Tut das. Ich nehme das Sakrament darauf, wie und auf
130 welche Weise Ihr wollt.

BERTRAM. Ihm gilt alles gleich. Was für ein unrettbarer Schurke er doch ist!

1. ADLIGER. Ihr täuscht Euch, Mylord, das ist Monsieur Parolles, der kühne Soldat – das waren seine eigenen Worte – der die ganze Kriegstheorie im Knoten seiner Schärpe hatte und die Praxis in
135 der Scheide seines Dolchs.[23]

2. ADLIGER.[24] Ich werde keinem Mann mehr trauen, nur weil er seinen Degen sauber halten kann, noch glauben, daß alles in ihm steckt, nur weil er seine Kleider artig trägt.

DOLMETSCHER. Gut, das ist aufgeschrieben.

PAROLLES. 'Fünf- oder sechstausend Reiter' sagte ich – ich will wahrheitsgemäß aussagen – 'oder so ungefähr,' schreibt das dazu,
141 denn ich will die Wahrheit sagen.

1. ADLIGER. Damit kommt er der Wahrheit sehr nahe.

BERTRAM. Aber ich schulde ihm keinen Dank dafür,[25] bedenkt man die Absicht, mit der er sie spricht.

PAROLLES. 'Erbärmliche Schurken', bitte schreibt das auf.

DOLMETSCHER. Gut, das ist aufgeschrieben.

PAROLLES. Ergebensten Dank, Herr; eine Wahrheit ist eine Wahrheit –
148 die Schurken sind erbärmlich zum Verwundern.

DOLMETSCHER. [Liest] 'Fragt ihn, wie stark ihr Fußvolk ist'. Was sagt Ihr dazu?

---

[23] *theoric ... practice:* Fachausdrücke aus den Militärwissenschaften. Sie erscheinen im Titel von zwei zeitgenössischen Werken über die Kriegskunst: *Hobys Theorique and Practice of War* (1597), einer Übersetzung von Barnardino Mendozas *Theorica e practica de guerra* und Barrets *The Theorike and Practice of Modern Warres* (1598) (vgl. auch *Oth.* I.1.24–26).

I. LORD. Boblibindo chicurmurco.

INTERPRETER. You are a merciful general. Our general bids you answer to what I shall ask you out of a note.

PAROLLES. And truly, as I hope to live.

INTERPRETER. *[reads]* 'First demand of him how many horse the duke is strong.' What say you to that?

PAROLLES. Five or six thousand, but very weak and unserviceable. The troops are all scattered, and the commanders very poor rogues, upon my reputation and credit, and as I hope to live.

INTERPRETER. Shall I set down your answer so?

PAROLLES. Do. I'll take the sacrament on't, how and which way you will.

BERTRAM. All's one to him. What a past-saving slave is this!

I. LORD. Y'are deceived, my lord. This is Monsieur Parolles, the gallant militarist – that was his own phrase – that had the whole theoric of war in the knot of his scarf, and the practice in the chape of his dagger.

2. LORD. I will never trust a man again for keeping his sword clean, nor believe he can have everything in him by wearing his apparel neatly.

INTERPRETER. Well, that's set down.

PAROLLES. 'Five or six thousand horse,' I said – I will say true – 'or thereabouts' set down, for I'll speak truth.

I. LORD. He's very near the truth in this.

BERTRAM. But I con him no thanks for't, in the nature he delivers it.

PAROLLES. 'Poor rogues,' I pray you say.

INTERPRETER. Well, that's set down.

PAROLLES. I humbly thank you, sir; a truth's a truth – the rogues are marvellous poor.

INTERPRETER. *[reads]* 'Demand of him of what strength they are afoot.' What say you to that?

---

[24] 2. Lord: Die Z. 136–38 dürften ursprünglich von Bertram gesprochen worden sein.
[25] *con ... thanks:* Vgl. ae. *þanc cunnan* 'Dank wissen'.

PAROLLES. Meiner Treu, Herr, sollte ich [auch nur noch] diese eine
Stunde leben, so will ich doch die Wahrheit sagen. Laßt mich
überlegen: Spurio, hundertfünfzig; Sebastian, ebensoviele;
153 Corambus, ebensoviele; Jaques, ebensoviele; Guiltian, Cosmo,
Lodowick und Gratii, je zweihundertundfünfzig; meine eigene
Kompanie, Chitopher, Vaumond, Bentii, je Zweihundertundfünfzig; so daß die Stammrolle, Verfaulte und Gesunde [zusam-
men], so wahr ich lebe, keine fünfzehntausend Mann ausmacht,
von denen die Hälfte es nicht mal wagt, den Schnee von ihren
159 Übermänteln[26] zu schütteln, aus Furcht, sie könnten sich selbst
in Stücke schütteln.

BERTRAM. Was soll mit ihm geschehen?

1. ADLIGER. Nichts, außer daß wir ihm danken. Erfragt von ihm meine Stellung[27] und in welchem Ansehen ich beim Herzog stehe.

DOLMETSCHER. Gut, das ist aufgeschrieben. *[Liest]* 'Fragt ihn, ob ein
165 gewisser Hauptmann Dumain sich im Lager befindet, ein Franzose; in welchem Ansehen er beim Herzog steht; über wieviel
Mut, Ehre und Kriegsgeschick er verfügt; oder ob er denkt, es
wäre vielleicht möglich, ihn mit einer gewichtigen Summe
Goldes zu einem Seitenwechsel[28] anzustiften.' Was sagt Ihr
dazu? Was wißt Ihr darüber?

PAROLLES. Ich bitte Euch, laßt mich jede Frage gesondert beantworten.
172 Stellt sie einzeln.

DOLMETSCHER. Kennt Ihr diesen Hauptmann Dumain?

PAROLLES. Ich kenne ihn. Er war eines Flickschusters Gesell in Paris, von wo er weggejagt wurde, weil er das Mündel des Sheriffs[29] schwängerte – eine blöde Schwachsinnige, die sich ihm nicht verweigern konnte.

[Der 1. Adlige will ihn schlagen.][30]

BERTRAM. Nein, mit Eurer Erlaubnis, zügelt Eure Hand, obwohl ich
179 weiß, daß sein Gehirn dem nächstbesten fallenden Ziegel an-
heimfällt.

DOLMETSCHER. Nun gut, ist dieser Hauptmann im Lager des Herzogs von Florenz?

PAROLLES. Soviel ich weiß, ist er das und lausig [dazu].

---

[26] *cassock:* Sh. verwendet das Wort einzig hier (vgl. frz. casaque). Die Bedeutung 'Soldatenrock' ist inzwischen obsolet.

[27] *condition:* 'gesellschaftliche Stellung, sozialer Rang' wie in *Temp.* III.1.59 (vgl. auch unten Z.242 und Anm.).

[28] *well-weighing ... revolt: well-weighing:* Sowohl im konkreten als auch im abstrakten Sinn (vgl. auch Falstaffs wortspielerische Replik in *2 Hen.IV* I.2.157–59). – *revolt:* Nicht 'Aufstand, Rebellion', sondern 'Kehrtwendung' *(Cymb.* III.4.55, *L.L.L.* V.2.74).

PAROLLES. By my troth, sir, if I were to live this present hour, I will tell true. Let me see: Spurio, a hundred and fifty; Sebastian, so many; Corambus, so many; Jaques, so many; Guiltian, Cosmo, Lodowick, and Gratii, two hundred fifty each; mine own company, Chitopher, Vaumond, Bentii, two hundred fifty each; so that the muster file, rotten and sound, upon my life amounts not to fifteen thousand poll, half of the which dare not shake the snow from off their cassocks, lest they shake themselves to pieces.

BERTRAM. What shall be done to him?

I. LORD. Nothing, but let him have thanks. Demand of him my condition, and what credit I have with the duke.

INTERPRETER. Well, that's set down. *[Reads]* 'You shall demand of him whether one Captain Dumain be i' th' camp, a Frenchman; what his reputation is with the duke; what his valor, honesty, and expertness in wars; or whether he thinks it were not possible, with well-weighing sums of gold, to corrupt him to a revolt.' What say you to this? What do you know of it?

PAROLLES. I beseech you let me answer to the particular of the inter'gatories. Demand them singly.

INTERPRETER. Do you know this Captain Dumain?

PAROLLES. I know him. 'A was a botcher's prentice in Paris, from whence he was whipped for getting the shrieve's fool with child – a dumb innocent, that could not say him nay.

[First Lord makes as if to strike him.]

BERTRAM. Nay, by your leave, hold your hands, though I know his brains are forfeit to the next tile that falls.

INTERPRETER. Well, is this captain in the Duke of Florence's camp?

PAROLLES. Upon my knowledge he is, and lousy.

---

151. *live* F; Dyce (1864–67) (Konj. W.S.Walker) *die* 'sterben'; New Sh. (Konj. Staunton) *leave* 'von dieser Welt gehen'.

151. *this* F; Hanmer *but this* 'nur noch diese eine'

---

29 *shrieve's fool:* Unvermögende Schwachsinnige wurden vom König in die Obhut eines *sheriff, (shrieve* ist eine Nebenform), eines königlichen Statthalters an der Spitze einer Grafschaft gegeben, während die Vermögenden samt Besitz und Person Eigentum der Krone waren (New Arden).

30 *strike:* Die BA fehlt in der Folio. Wahrscheinlich führt der Adlige seine Hand zum Degengriff oder macht eine auffahrende Bewegung, worauf Bertram dazwischentritt. In jedem Fall stehen Bertram und der Adlige zu weit von Parolles entfernt, als daß ein Ausholen zu einem Schlag auf Parolles wahrscheinlich erscheint.

1. ADLIGER. Seht mich nur nicht so an; wir werden sogleich von Eurer Lordschaft hören.[31]

DOLMETSCHER. In welchem Ansehen steht er beim Herzog?

PAROLLES. Der Herzog kennt ihn nur als einen meiner schwachen Offiziere und schrieb mir kürzlich, ich solle ihn aus der Truppe werfen. Ich denke, ich habe seinen Brief in der Tasche.

DOLMETSCHER. Nun gut, wir werden suchen.

PAROLLES. In allem Ernst,[32] ich weiß nicht; entweder ist er dort, oder er ist in einem Bündel in meinem Zelt zusammen mit anderen Briefen des Herzogs.

DOLMETSCHER. Hier ist er; hier ist ein Papier; soll ich es Euch vorlesen?

PAROLLES. Ich weiß nicht, ob es das ist oder nicht.

BERTRAM. Unser Dolmetscher verfährt geschickt.

1. ADLIGER. Ausgezeichnet.

DOLMETSCHER. *[Liest]* 'Diana, der Graf ist ein Narr und voll[gestopft] mit Gold'.

PAROLLES. Das ist nicht des Herzogs Brief, Herr; das ist ein heimlicher Rat[33] an die Adresse einer ehrenhaften Jungfrau in Florenz, einer gewissen Diana, damit sie sich in acht nimmt vor den Verlockungen eines gewissen Grafen von Roussillon, eines dumm-eitlen, aber dabei doch sehr lüsternen Jungen. Ich bitte Euch, mein Herr, steckt ihn wieder ein.

DOLMETSCHER. Im Gegenteil, ich werde ihn zuerst vorlesen, mit Eurer Erlaubnis.

PAROLLES. Die Absicht, die ich dabei hatte, war sehr ehrbar, das versichere ich, und zum Nutzen der Jungfrau; denn ich kannte den jungen Grafen als einen gefährlichen und lüsternen Jungen, einen Wal im Umgang mit der Keuschheit, der all die jungen Fische verschlingt, die er findet.[34]

BERTRAM. Verfluchter zweiseitiger Schurke![35]

DOLMETSCHER. *[Liest]* 'Wenn er Eide schwört, dann verlangt von ihm, daß er Gold herausmacht, und nehmt es; hat er einmal etwas auf dem Kerbholz, so kommt er nie mehr dafür auf.[36] Ein gut

---

[31] *your Lordship:* Diese Worte sind an Bertram gerichtet. Die Komik der Szene entsteht aufgrund der Unsicherheit bei den Adligen darüber, was in Parolles' Aussagen Lüge ist und was Wahrheit.

[32] *in good sadness:* Mit der älteren Bedeutung von *sad* 'ernsthaft', 'im Ernst'.

[33] *advertisement: to advertise* heißt bei Sh. immer '(heimlich) in Kenntnis setzen'. Das Nomen entsprechend '(heimliche) Mitteilung' (vgl. *Much Ado* V.1.32: *My griefs cry louder than advertisement).*

[34] *whale ... fry:* In dem Bild des die sexuelle Lust symbolisierenden Walfischs vereinigen sich ein klassisches und ein mittelalterliches Motiv: Die Geschichte vom Wal, der eine Jungfrau verzehrt, findet sich auch in den *Gesta Romanorum* (vgl. Hazlitt, *Sh.'s*

I. LORD. Nay, look not so upon me; we shall hear of your lordship anon.

INTERPRETER. What is his reputation with the duke?

PAROLLES. The duke knows him for no other but a poor officer of mine, and writ to me this other day to turn him out o' th' band. I think I have his letter in my pocket.

INTERPRETER. Marry, we'll search.

PAROLLES. In good sadness, I do not know; either it is there, or it is upon a file with the duke's other letters in my tent.

INTERPRETER. Here 'tis; here's a paper; shall I read it to you?

PAROLLES. I do not know if it be it or no.

BERTRAM. Our interpreter does it well.

I. LORD. Excellently.

INTERPRETER. *[reads]* 'Dian, the count's a fool, and full of gold.'

PAROLLES. That is not the duke's letter, sir; that is an advertisement to a proper maid in Florence, one Diana, to take heed of the allurement of one Count Rossillion, a foolish idle boy, but for all that very ruttish. I pray you, sir, put it up again.

INTERPRETER. Nay, I'll read it first, by your favor.

PAROLLES. My meaning in't, I protest, was very honest in the behalf of the maid; for I knew the young count to be a dangerous and lascivious boy, who is a whale to virginity, and devours up all the fry it finds.

BERTRAM. Damnable both-sides rogue!

INTERPRETER. *[reads].*

'When he swears oaths, bid him drop gold, and take it;
After he scores, he never pays the score.

Library, 1. Bd., S.363–4). Nach dem mittelalterlichen Physiologus, einer geistlich gedeuteten Naturgeschichte, hatte der Wal einen betörend riechenden Atem, kraft dessen er ganze Schwärme von Fischen in seinen Mund zu locken vermochte. Dieser wiederum symbolisierte – nach einer Reihe früher *miracle plays* zu schließen – das Höllentor (vgl. dazu P.A.Robin, *Animal Lore in English Literature,* London 1932, S.125, sowie *Per.* II.1.30–32, wo ebenfalls beide Vorstellungen zum Tragen kommen).

35 *both-sides:* Parolles spielt den Kuppler für Bertram bei Diana und warnt diese gleichzeitig vor dem Grafen.

36 *scores ... score: to score:* wörtlich 'ritzen', 'kerben' (hier mit einer sexuellen Konnotation), übertragen: 'eine Schuld auf schreiben'. – *score:* wörtlich: die 'Kerbe, mit der auf einem Holzstab Zahlen festgehalten wurden'. Daher auch das, was verzeichnet wird, z.B. eine Schuld. – Der Brief folgt einem Reimschema, zudem weist jeder Vers eine deutliche Zäsur auf, die den antithetischen Charakter des Inhalts unterstreicht. Zusammen mit dem ebenfalls in Versen abgefaßten Schlußmonolog von Parolles stellt der Brief an die Adresse der Diana das wichtigste sympathielenkende Element innerhalb der sonst ganz in Prosa stehenden Szene IV.3. dar.

abgeschlossener Handel ist schon ein halber Gewinn; handle aus,[37] aber mach' es gut; er zahlt keine Restschulden, nimm alles vorher. Und, Diana, sag' [ihm], von einem Soldaten hättest du [dies] erfahren: Mit Männern soll man sich einlassen,[38] Knaben [dagegen] nicht einmal küssen. Und dessen sei
215 gewiß: Der Graf ist ein Narr, ich weiß es, der [wohl] zum voraus zahlt, aber nie, wenn er etwas schuldig geworden ist. Dein, der dir dies ins Ohr gelobt, Parolles. '

BERTRAM. Er wird durch die ganze Armee gepeitscht werden mit diesem Gereime auf seiner Stirne.

2. ADLIGER. Das ist Euer ergebenster Freund, der versierte Sprachen-
222 kenner und waffengewaltige Soldat.

BERTRAM. Ich konnte bis jetzt alles ertragen, außer einer falschen Katze, und jetzt ist er mir eine falsche Katze.[39]

DOLMETSCHER. Aus dem Gesicht, das unser Befehlshaber macht, schließe ich, Herr, daß wir Euch wohl werden hängen müssen.

PAROLLES. *[Schont]* mein Leben, mein Herr, in jedem Fall! Nicht daß
228 ich Angst hätte zu sterben, aber, zumal meiner Sünden viele sind, möchte ich den Rest meines Lebens[40] in Reue verbringen. Laßt mich leben, in einem Kerker, im Fußblock, oder irgendwo, wenn ich nur leben darf.

DOLMETSCHER. Wir werden sehen, was sich machen läßt, vorausgesetzt, Ihr gesteht freimütig. Deshalb noch einmal zurück zu diesem Hauptmann Dumain: Ihr habt Rechenschaft abgelegt über sein
233 Ansehen beim Herzog und über seine Tapferkeit. Wie steht es mit seiner Ehrbarkeit?

PAROLLES. Herr, der stiehlt Euch ein Ei aus einem Kloster.[41] Im Vergewaltigen und Schänden gleicht er Nessus.[42] Das Nichteinhalten seiner Eide ist ihm Beruf;[43] im Eidebrechen ist er stärker
238 als Herkules. Der lügt Euch so leicht, daß Ihr glauben würdet, die Wahrheit sei ein Narr; Trunkenheit ist seine erste Tugend, denn für gewöhnlich ist er stockbetrunken und im Schlaf richtet er wenig Schaden[44] an, ausgenommen an den Bettlaken um ihn

---

[37] *match:* ein Wortspiel mit dem Subst. und dem Verb *match* in den Bedeutungen 1. 'Handel', 2. 'Paarung'.

[38] *mell:* eine Nebenform von *meddle.* Vgl. das Idiom *to make or meddle with* 'sich (sexuell) einlassen mit' *(Coriol.* IV.5.46: *Do you meddle with my master? - Ay, 'tis an honester service than to meddle with my mistress.)*

[39] *cat:* als Ausdruck der Verachtung (Onions) begegnet auch weiter unten: Z.248, 258 sowie V.2.20.

[40] *nature:* 'Leben' (vgl. oben I.1.19 und Anm.).

Half-won is match well made; match, and well make it;
He ne'er pays after-debts, take it before.
And say a soldier, Dian, told thee this:
Men are to mell with, boys are not to kiss.
For count of this, the count 's a fool, I know it,
Who pays before, but not when he does owe it.
Thine, as he vowed to thee in thine ear,
Parolles.'

BERTRAM. He shall be whipped through the army with this rhyme in's forehead.

2. LORD. This is your devoted friend, sir, the manifold linguist and the armipotent soldier.

BERTRAM. I could endure anything before but a cat, and now he's a cat to me.

INTERPRETER. I perceive, sir, by our general's looks, we shall be fain to hang you.

PAROLLES. My life, sir, in any case! Not that I am afraid to die, but that my offenses being many, I would repent out the remainder of nature. Let me live, sir, in a dungeon, i' th' stocks, or anywhere, so I may live.

INTERPRETER. We'll see what may be done, so you confess freely. Therefore, once more to this Captain Dumain: you have answered to his reputation with the duke and to his valor. What is his honesty?

PAROLLES. He will steal, sir, an egg out of a cloister. For rapes and ravishments he parallels Nessus. He professes not keeping of oaths; in breaking 'em he is stronger than Hercules. He will lie, sir, with such volubility that you would think truth were a fool; drunkenness is his best virtue, for he will be swine-drunk, and in his sleep he does little harm, save to his bedclothes about

---

225. *our* Capell; F *your;* F3 *the.*

---

41 *egg ... cloister:* Eier waren sprichwörtlich für 'Wertlosigkeit' (vgl. die Redewendung *to take eggs for money,* [Tilley E 90], die Sh. in *Wint. T.* I.2.161 verwendet).

42 *Nessus:* Eine Anspielung auf die versuchte Vergewaltigung der Deianira, Gemahlin des Herkules, durch den Kentauren Nessus.

43 *professes not keeping:* Vgl. *Tr. and Cr.* III.3.267: *he professes not answering* 'das Nichtantworten ist ihm Beruf' (Kellner).

44 *harm:* Die konkrete Bedeutung 'Fleck' spielt auch mit.

herum. Aber man kennt seine Eigenart[45] und legt ihn auf Stroh. Ich habe nur wenig mehr zu sagen, Herr, über seine Ehrbarkeit:
244 er hat alles, was ein ehrenhafter Mann nicht haben sollte, was ein ehrenhafter Mann hingegen haben sollte, das hat er überhaupt nicht.

1. ADLIGER. Ich beginne ihn darum zu schätzen.

BERTRAM. Um dieser Beschreibung Eurer Ehrbarkeit willen? Zum Teu-
248 fel mit ihm! Für mich ist er mehr und mehr die falsche Katze.

DOLMETSCHER. Was sagt Ihr zu seinem kriegerischen Können?

PAROLLES. Wirklich, Herr, er hat die Trommel vor den englischen Tragöden gerührt[46] – ich will ihn nicht verleumden[47] – und mehr weiß ich nicht über sein Soldatentum, außer, daß er in jenem Land [England] die Ehre hatte, an einem Ort, den sie
253 dort Mile-end nennen,[48] ein Offizier zu sein, der Instruktionen für das Aufstellen in zwei Reihen erteilt. Ich möchte dem Mann soviel Ehre erweisen, wie ich vermag, aber jener Sache bin ich nicht [einmal] sicher.

1. ADLIGER. Er hat die Schurkerei selbst so sehr übertroffen,[49] daß ihn die Einzigartigkeit [seiner Leistung] rettet.

BERTRAM. Zum Teufel mit ihm, er ist und bleibt eine falsche Katze.

DOLMETSCHER. Da seine Qualitäten schon so niedrig veranschlagt werden, brauche ich Euch wohl nicht zu fragen, ob er sich mit
260 Gold bestechen ließe, die Seite zu wechseln.

PAROLLES. Für eine Viertelkrone[50] verkauft er seinen eigenen Anspruch auf die Seligkeit, zusammen mit dem [ganzen] Erbanspruch, von dem er allfällige Erben auf diese Weise für immer und auf ewig abschneidet.[51]

DOLMETSCHER. Was für einer ist sein Bruder, der andere Hauptmann Dumain?

2. ADLIGER. Weshalb fragt er ihn über mich aus?

DOLMETSCHER. Was für einer ist er?

PAROLLES. Exakt eine Krähe aus demselben Nest; nicht gerade so groß
268 im Guten, aber ein gutes Stück größer im Bösen. Als Feigling übertrifft er seinen Bruder, wo doch sein Bruder im Ruf steht, einer der größten zu sein, die es gibt. Bei einem Rückzug überholt er jeden Lakai; dafür hat er den Krampf beim Vorrücken.

---

[45] *conditions:* Der Plural bedeutet bei Sh. oft 'charakteristische Eigenart', wie in *Much Ado* III.2.59, *Tam. Shr.* V.2.172.

[46] *drum ... tragedians:* New Arden verweist auf die bei wandernden Schauspielertruppen übliche Praxis, ihre Ankunft mit einer Trommel anzukündigen. Bei Sh. findet sich jedoch einzig diese eine Erwähnung der Trommel im Zusammenhang mit Schauspielern (Naylor, S.163).

him; but they know his conditions and lay him in straw. I have but little more to say, sir, of his honesty: he has everything that an honest man should not have; what an honest man should have, he has nothing.

I. LORD. I begin to love him for this.

BERTRAM. For this description of thine honesty? A pox upon him! For me, he's more and more a cat.

INTERPRETER. What say you to his expertness in war?

PAROLLES. Faith, sir, has led the drum before the English tragedians – to belie him I will not – and more of his soldiership I know not, except in that country he had the honor to be the officer at a place there called Mile-end, to instruct for the doubling of files. I would do the man what honor I can, but of this I am not certain.

I. LORD. He hath out-villained villainy so far that the rarity redeems him.

BERTRAM. A pox on him! He's a cat still.

INTERPRETER. His qualities being at this poor price, I need not to ask you if gold will corrupt him to revolt.

PAROLLES. Sir, for a cardecue he will sell the fee simple of his salvation, the inheritance of it, and cut th' entail from all remainders, and a perpetual succession for it perpetually.

INTERPRETER. What's his brother, the other Captain Dumain?

2. LORD. Why does he ask him of me?

INTERPRETER. What's he?

PAROLLES. E'n a crow o' th' same nest; not altogether so great as the first in goodness, but greater a great deal in evil. He excels his brother for a coward, yet his brother is reputed one of the best that is. In a retreat he outruns any lackey; marry, in coming on he has the cramp.

---

248. *him! For me* Alexander (1951); F *him for me* 'von mir aus soll ihn der Teufel holen'.

---

[47] *to belie:* Sh. verwendet oft den Infinitiv mit *to,* wo im modernen Englisch der reine Infinitiv oder eine Partizipialkonstruktion stehen würde.

[48] *Mile-end ... files: Mile-end Greene,* im Osten Londons, war der Exerzierplatz der Bürgermiliz, einer allgemein in schlechtem Ruf stehenden Truppe (New Arden).

[49] *out-villained villany:* Vgl. die analogen Bildungen in *Lear* V.3.6 *outfrown false fortune's frown* und in *Haml.* III.2.13 *out-herod Herod.*

[50] *revolt ... cardecue:* Zu *revolt* vgl. IV.3.260 und Anm. – *cardecue:* 8 Pence (frz. quart d'écu).

[51] *fee simple ... entail ... remainders:* Juristische Begriffe: *fee simple* 'uneingeschränkter Landbesitz ohne festgelegte Erbfolge' (C.& W., S.51–54). – *entail* bezeichnet ein Landgut, für welches die Erbfolge festgelegt ist (C.& W., S.54–63). – *remainders* heißen gewisse unveräußerliche Besitzrechte (C.& W., S.75–78, besonders S.77).

DOLMETSCHER. Wenn wir Euer Leben schonen, werdet Ihr es dann auf
273 Euch nehmen, den Herzog von Florenz zu verraten?

PAROLLES. Jawohl, und den Hauptmann seiner Reiterei, Graf Roussillon [dazu].

DOLMETSCHER. Ich werde mit unserem General beiseite sprechen und seinen Willen erfahren.

PAROLLES. *[Beiseite]* Ich will nichts mehr mit Pauken zu tun haben; zum Teufel mit allen Pauken. Bloß um verdienstvoll zu erschei-
279 nen und mir die [gute] Meinung dieses liederlichen Jungen, dieses Grafen, zu erschwindeln, habe ich mich dieser Gefahr ausgesetzt; doch wer hätte einen Hinterhalt vermutet, wo ich gefangen wurde.

DOLMETSCHER. Es gibt keine Rettung, Herr, Ihr müßt sterben. Der General sagt, daß Ihr, der Ihr in so verräterischer Weise die Geheimnisse Eurer Armee gelüftet habt und so schändlich über Männer spracht, die in hohem Ansehen stehen, zu nichts
285 Ehrlichem in der Welt nützlich sein könnt; deshalb müßt Ihr sterben. Kommt, Scharfrichter, ab mit dem Kopf!

PAROLLES. Ach Gott, Herr, laßt mich leben, oder laßt mich meinen Tod [wenigstens] sehen!

DOLMETSCHER. Das werdet Ihr, und Euch von all Euren Freunden verabschieden.

[Nimmt die Augenbinde ab.]

290 Nun, seht Euch um. Kennt Ihr hier jemand?

BERTRAM. Guten Morgen, edler Hauptmann.

2. ADLIGER. Gott segne Euch, Hauptmann Parolles.

1. ADLIGER. Gott behüte Euch, edler Hauptmann.

2. ADLIGER. Hauptmann, welche Grüße wollt Ihr Lord Lafew [bestellen
295 lassen]? Ich reise nach Frankreich.

1. ADLIGER. Guter Hauptmann, wollt Ihr mir ein Exemplar von dem Sonett geben, das Ihr Diana sandtet im Interesse von Graf Roussillon? Wäre ich nicht der vollkommene Feigling, so würde ich es Euch abzwingen, aber so lebt denn wohl.

[Bertram und die Adligen] ab.

DOLMETSCHER. Ihr seid enthüllt/erledigt, Hauptmann – ganz und gar,
301 bis auf Eure Schärpe; die hat noch eine Schleife.[52]

PAROLLES. Wer könnte nicht mit einem Komplott vernichtet werden?

DOLMETSCHER. Könntet Ihr ein Land ausfindig machen, wo nur Frauen lebten, denen [eben]soviel Schande zuteil geworden ist [wie Euch], so vermöchtet Ihr eine unverschämte Nation zu grün-

[52] *undone ... knot:* Ein Wortspiel mit *undone* 1. 'vernichtet', 2. 'gelöst'.

INTERPRETER. If your life be saved, will you undertake to betray the Florentine?

PAROLLES. Ay, and the captain of his horse, Count Rossillion.

INTERPRETER. I'll whisper with the general, and know his pleasure.

PAROLLES. *[aside]* I'll no more drumming; a plague of all drums! Only to seem to deserve well, and to beguile the supposition of that lascivious young boy, the count, have I run into this danger; yet who would have suspected an ambush where I was taken?

INTERPRETER. There is no remedy, sir, but you must die. The general says, you that have so traitorously discovered the secrets of your army, and made such pestiferous reports of men very nobly held, can serve the world for no honest use; therefore you must die. Come, headsman, off with his head!

PAROLLES. O Lord, sir, let me live, or let me see my death!

INTERPRETER. That shall you, and take your leave of all your friends.

[Unmuffles him.]

So, look about you. Know you any here?

BERTRAM. Good morrow, noble captain.

2. LORD. God bless you, Captain Parolles.

1. LORD. God save you, noble captain.

2. LORD. Captain, what greeting will you to my Lord Lafew? I am for France.

1. LORD. Good captain, will you give me a copy of the sonnet you writ to Diana in behalf of the Count Rossillion? An I were not a very coward, I'd compel it of you; but fare you well.

Exeunt [Bertram and Lords].

INTERPRETER. You are undone, captain – all but your scarf; that has a knot on't yet.

PAROLLES. Who cannot be crushed with a plot?

INTERPRETER. If you could find out a country where but women were that had received so much shame, you might begin an impudent

den. Lebt wohl, Herr, ich reise auch nach Frankreich, wir werden dort von Euch sprechen.

Ab [mit Soldaten.]

PAROLLES. Und dennoch bin ich dankbar. Wäre mein Herz angeschwollen, so würde es darüber brechen.[53] Hauptmann will ich nicht mehr sein, aber essen, trinken und schlafen werde ich so gut als ein Hauptmann. Bloß was ich eben bin, soll mich am Leben erhalten. Wer in sich den Prahler erkennt, soll sich davor fürchten; denn einmal geschieht es, daß jeder Prahler sich als Esel entlarvt. Roste, Schwert! Kühle aus, Schamröte! und Parolles, lebe am sichersten in deiner Schande. Nachdem du genarrt worden bist, sollst du [auch] von der Narrheit leben. Stellung und Unterhalt gibt's für jeden, der lebt. Ich gehe mit ihnen.

Ab.

IV.4 *Helena, die Witwe und Diana treten auf.*[1]

HELENA. Damit Ihr wohl erkennt, daß ich Euch kein Unrecht getan habe, soll einer der Größten in der christlichen Welt mein Bürge sein; vor dessen Thron ich notwendigerweise knien muß, bevor ich meinen Plan vollenden kann. Einst erwies ich ihm einen erwünschten Dienst, der ihm genauso teuer war wie sein Leben, wofür die Dankbarkeit noch durch die steinerne Brust[2] des Tartaren hervorlugen würde, um sich erkenntlich zu zeigen. Ich habe sichere Kunde erhalten, wonach sich seine Majestät in Marseille[3] aufhält, und für [die Reise] dorthin verfügen wir über ein passendes Gefährt.[4] Ihr müßt wissen, man glaubt mich tot; die Armee löst sich auf, und mein Mann eilt nach Hause, wo wir eintreffen werden, noch bevor man sich dort auf unseren Empfang gefaßt machen kann, sofern der Himmel uns beisteht und mein guter Herr,[5] der König, es uns erlaubt.

[53] *heart ... great:* Heftige Gefühlsregungen, gleich welcher Art (Mut, Zorn, Kummer, Stolz), lassen gemäß elisabethanischer Physiologie das Blut zum Herzen strömen und das Herz also anschwellen (vgl. Anderson, *Elizabethan Psychology*, S.12f und S.86 sowie *Oth.* [ed.Engler] Anm. 134 zu V.2.361). – *great heart* heißt aber auch 'Mut' (vgl. *Rich. III* V.3.348: *A thousand hearts are great within my bosom!* [...] *Our ancient word of courage, fair Saint George,/Inspire us).* Möglich erscheint deshalb auch die folgende Übersetzung: 'Steckte Mut in mir, so würde ich ihn jetzt verlieren'.

nation. Fare ye well, sir; I am for France too; we shall speak of you there.

Exit [with Soldiers].

PAROLLES. Yet am I thankful. If my heart were great,
'T would burst at this. Captain I'll be no more,
But I will eat and drink and sleep as soft
As captain shall. Simply the thing I am
Shall make me live. Who knows himself a braggart,
Let him fear this; for it will come to pass
That every braggart shall be found an ass.
Rust, sword! cool, blushes! and, Parolles, live
Safest in shame; being fooled, by foolery thrive.
There's place and means for every man alive.
I'll after them. *Exit.*

IV.4 *Enter Helena, Widow, and Diana.*

HELENA. That you may well perceive I have not wronged you,
One of the greatest in the Christian world
Shall be my surety; 'fore whose throne 'tis needful,
Ere I can perfect mine intents, to kneel.
Time was I did him a desirèd office,
Dear almost as his life; which gratitude
Through flinty Tartar's bosom would peep forth
And answer thanks. I duly am informed
His grace is at Marseilles, to which place
We have convenient convoy. You must know
I am supposèd dead; the army breaking,
My husband hies him home, where, heaven aiding,
And by the leave of my good lord the king,
We'll be before our welcome.

---

[1] *Enter ... Diana:* Ort der Szene ist das Haus der Witwe in Florenz.
[2] *Flinty ... bosom:* Vgl. die Parallelstelle in *Merch.V.* IV.1.31–32: *hearts of flint/From stubborn Turks and Tartars.*
[3] *Marseilles:* dreisilbig; in F2, F3 *Marsellis* geschrieben.
[4] *convoy:* Vgl. IV.3.84 und Anm.
[5] *my good Lord:* Vgl. II.3.239 und Anm.

WITWE. Verehrte Frau, Ihr hattet nie eine Dienerin, in deren Obhut Eure Sache willkommener gewesen wäre.

HELENA. Noch [hattet] Ihr je eine Freundin, deren Gedanken sich eifriger mühten, Eure Liebe zu vergelten. Zweifelt nicht, daß der Himmel mich großgezogen hat, damit ich zur Mitgift Eurer Tochter werde, so wie er sie dazu bestimmt hat, mir ein Werkzeug und Helfer[6] zu einem Mann zu sein. Aber, o welch seltsame Männer! die so süßen Gebrauch von dem machen können, was sie hassen, solange nur die lüsterne Leichtgläubigkeit der betrogenen Gedanken die pechschwarze Nacht befleckt.[7] Auf diese Weise treibt die Lust ihr Spiel mit dem, was sie verabscheut, [indem sie es] für etwas [hält], was abwesend ist. Mehr davon später. Ihr, Diana, müßt unter meiner bescheidenen Anweisung [vorläufig] noch etwas für mich leiden.

DIANA. Selbst wenn Ihr den Tod und die Ehrbarkeit[8] Euren Aufträgen beigesellt, bin ich die Eure, bereit, nach Eurem Willen zu dulden.

HELENA. Noch, ich bitte Euch. Aber mit diesem Wort wird die Zeit auch den Sommer [wieder] hervorbringen,[9] wenn die wilden Rosensträucher Blüten und Dornen[10] [zugleich] tragen und ebenso süß wie stechend sind. Wir müssen fort; unser Wagen steht bereit, und die [zukünftige] Zeit wird uns neu beleben. Ende gut, alles gut; immer ist das Ende die Krönung. Wie immer der Verlauf, das Ende verschafft den Ruhm.[11]

Ab.

---

[6] *motive ... helper: motive* 'das, was eine Sache in Bewegung versetzt' (vgl. unten V.3.215 sowie *Rich.II* I.1.193, wo die Zunge als *slavish motive of recanting fear,* als 'sklavisches Werkzeug einer widerrufenden Furcht', bezeichnet wird).

[7] *saucy ... night: saucy:* vgl. II.3.255 und Anm. – Sogar die zu Entehrung und Schändung führende Schwärze der Nacht wird ihrerseits beschmutzt durch die einer Täuschung erliegenden lüsternen Gedanken.

[8] *death and honesty:* Eine rhetorische Figur (Hendiadyoin): 'ein ehrbarer Tod'. Diana will sagen: 'solange ich dabei ehrbar sterbe, will ich Eure Aufgaben erfüllen'.

[9] *word ... summer:* New Penguin hält dafür, daß sich Helena mit *But with the word* auf das eben mit Nachdruck wiederholt *yet* (Z.27, 30) in all seinen komplexen Bedeutungsnuancen (vgl. I.1.159 und Anm.) beziehe: 'wie bisher/auch in Zukunft noch/trotzdem/dennoch/schließlich wird es Sommer werden'. Z.31–33 spielen mit dem Bild des ebenso dornigen wie blühenden Strauchs einerseits und dem des ebenso süßen wie stechenden Dufts der Rose andererseits metaphorisch auf die bevorstehende Begegnung mit Bertram an, nachdem die von ihm gestellten Bedingungen erfüllt sind (vgl. A.Walker, "Six Notes").

WIDOW. Gentle madam,
You never had a servant to whose trust
Your business was more welcome.

HELENA. Nor you, mistress,
Ever a friend whose thoughts more truly labor
To recompense your love. Doubt not but heaven
Hath brought me up to be your daughter's dower,
As it hath fated her to be my motive
And helper to a husband. But, O strange men!
That can such sweet use make of what they hate,
When saucy trusting of the cozened thoughts
Defiles the pitchy night; so lust doth play
With what it loathes, for that which is away.
But more of this hereafter. You, Diana,
Under my poor instructions yet must suffer
Something in my behalf.

DIANA. Let death and honesty
Go with your impositions, I am yours
Upon your will to suffer.

HELENA. Yet, I pray you.
But with the word the time will bring on summer,
When briars shall have leaves as well as thorns,
And be as sweet as sharp. We must away;
Our wagon is prepared, and time revives us.
All's well that ends well; still the fine's the crown.
Whate'er the course, the end is the renown. *Exeunt.*

30–31. *pray you./But with the word the* Pelican; F *pray you:/But with the word the;* New Arden *pray you;/But with the word: "the;* New Sh. *pray you ... /But with the word that.*

---

10 *briars ... thorns:* Vgl. oben I.3.133–23.

11 *All's well ... renown:* Der Stücktitel ist ein seit 1536 belegtes Sprichwort (Tilley A 154). Der zweite Teil des Verses hier ist eine Variation der bei Sh.und seinen Zeitgenossen gebräuchlichen Redensart *The end crowns all* (Tilley E 116) (vgl. unten V.1.25 sowie *2 Hen.IV* V.2.28 und *Tr. and Cr.* IV.5.223–25).

IV.5 *[Lavatch,] der Clown, die alte Frau [Gräfin] und Lafew treten auf.*

LAFEW. Nein, nein, nein, Euer Sohn wurde von einem samtseidenen Kerl[1] verführt, dessen niederträchtiger Safran die ungebackene und teigige Jugend einer ganzen Nation nach seiner Art eingefärbt haben möchte.[2] Eure Schwiegertochter wäre zur Stunde noch am Leben, und Euer Sohn hier zu Hause, besser vom König gefördert, als von jener rotschwänzigen Hummel, von der ich spreche.

GRÄFIN. Ich wollte, ich hätte ihn nie gekannt; es bedeutete den Tod der tugendhaftesten Dame, für deren Schöpfung die Natur jemals Lob verdiente. Selbst wenn sie ein Teil von meinem Fleisch wäre und mich das schwerste[3] Stöhnen einer Mutter gekostet hätte, könnte ich ihr keine tieferwurzelnde Liebe geschuldet haben.

LAFEW. Sie war eine gute Frau; sie war eine gute Frau. Wir können gut und gerne tausend Salat[pflanzen] abernten, bevor wir von neuem auf solch eine Pflanze stoßen.

LAVATCH. In der Tat, mein Herr, sie war der süße Majoran im Salat, oder vielmehr, die bittere Raute.

LAFEW. Das sind doch keine [Salat]kräuter,[4] du dummer Kerl; das sind Duftkräuter.

LAVATCH. Ich bin kein großer Nebukadnezar, mein Herr; ich habe nicht viel Kenntnis von Gras.[5]

LAFEW. Wofür gibst du dich denn aus: für einen Schurken oder einen Narren?

LAVATCH. Für einen Narren im Dienst der Frau und einen Schurken in dem des Mannes.

LAFEW. Eure Unterscheidung?

---

[1] *snipped-taffeta fellow:* "Ein Kerl, der ein Wams von ausgeschnittenem Taffet trägt, – ein Kennzeichen des Gecken. So in *Twel. N.* II.4.73." (Delius).

[2] *saffron ... doughy ... color:* Delius sieht in dem *saffron* eine Anspielung auf die Mode der Zeit, die Hand- und Halskrausen mit safrangelber Stärke zu steifen und verweist auf Tomkins' *Albumazar* (II.1): *"Trincalo, what price bears wheat and saffron that your band is so stiff and yellow?"* – Safran diente auch zum Färben von Teig. Lafew hat wohl diese Assoziation im Sinn, wenn er die von Parolles verführte Jugend als *doughy* und *unbaked* bezeichnet. *doughy* in der übertragenen Bedeutung 'leicht beeinflußbar' begegnet nach OED erstmals hier. – *color* in den Bedeutungen 'Farbe' und 'Art' verwendeten die Elisabethaner gerne wortspielerisch (vgl. etwa *A.Y.L.* III.2.389, *Twel. N.* II.3.154).

[3] *dearest: dear* (ae. *deor,* mod. engl. *dire)* 'schwer, schlimm, streng' ist nach Etymologie und Bedeutung zu unterscheiden von *dear* (ae. *deore)* 'teuer, kostbar'.

IV.5 *Enter [Lavatch, the] Clown, Old Lady [Countess], and Lafew.*

LAFEW. No, no, no, your son was misled with a snipped-taffeta fellow there, whose villainous saffron would have made all the unbaked and doughy youth of a nation in his color. Your daughter-in-law had been alive at this hour, and your son here at home, more advanced by the king than by that red-tailed humblebee I speak of.

COUNTESS. I would I had not known him; it was the death of the most virtuous gentlewoman that ever nature had praise for creating. If she had partaken of my flesh and cost me the dearest groans of a mother, I could not have owed her a more rooted love.

LAFEW. 'T was a good lady, 'twas a good lady. We may pick a thousand sallets ere we light on such another herb.

LAVATCH. Indeed, sir, she was the sweet marjoram of the sallet, or rather, the herb of grace.

LAFEW. They are not herbs, you knave; they are nose herbs.

LAVATCH. I am no great Nebuchadnezzar, sir; I have not much skill in grass.

LAFEW. Whether dost thou profess thyself, a knave or a fool?

LAVATCH. A fool, sir, at a woman's service, and a knave at a man's.

LAFEW. Your distinction?

---

16. *not herbs* F; Rowe (1709) *not Sallet-Herbs* 'Salatpflanzen'; New Sh. *knot-herbs* 'Gartenpflanzen, Blumen'.

19. *grass* Rowe (1709); F *grace.*

---

[4] *marjoram ... herb of grace ... not herbs:* Wenn Lafew Majoran und Raute als *not herbs* bezeichnet, so spielt er mit der Bedeutung des homophonen *knot* 'Blumenbeet': (Süsser) Majoran und (bittere) Raute (ruta graveolens) wurden in Blumenbeete gesetzt, um deren Duft zu verstärken. – Eine Emendation von F *not herbs* zu *not sallet herbs* würde das Wortspiel *not* - *knot* zerstören *(Sh. Pron.,* S.121). – *herb of grace:* Wörtlich 'Gnadenkraut', ein durch den Zusammenfall im Me. von *rue* 'Reue' (ae. *hreow)* mit *rue* 'Raute' (gr./lat. ruta) volksetymologisch entstandener Name. Im Mittelalter und auch noch später wurde die Raute als Bannkraut gegen Hexen verwendet und taucht also in vielen Zaubersprüchen auf. Die Raute soll daneben auch das Hellsehen ermöglicht haben (vgl. M. Grieve, *A Modern Herbal,* ed. C.F. Leyel, London 1931).

[5] *grass:* Ein Wortspiel mit *grace* 'Gnade'. Dasselbe Wortspiel findet sich ev. auch schon oben in Z.15 *(Sh. Pron.,* S.110, 176). Die Lesart *grass* wird unterstützt durch *Daniel* IV, 25ff, wo die dem babylonischen König Nebukadnezar widerfahrene Prophezeiung erzählt wird, er werde – nachdem er im Wahnsinn zum Tier geworden – Gras fressen wie die Ochsen.

LAVATCH. Ich wollte dem Mann die Frau abschwindeln und seinen Dienst verrichten.

LAFEW. Also wärst du in der Tat ein Schurke in seinem Dienst.

LAVATCH. Und ich wollte seiner Frau meine Pritsche schenken, damit
27 ich in ihren Dienst treten kann.[6]

LAFEW. Ich verbürge mich für dich, du bist sowohl Schurke als auch Narr.

LAVATCH. Zu Euren Diensten.

LAFEW. Nein, nein, nein!

LAVATCH. Nun gut, mein Herr, wenn ich Euch nicht dienen kann, so
34 kann ich doch einem Fürsten dienen, der ebenso groß ist wie Ihr.

LAFEW. Wer ist er? ein Franzose?

LAVATCH. Wahrhaftig, mein Herr, er trägt einen englischen Namen,[7] aber seine Physiognomie ist hier in Frankreich erhitzter[8] als dort.

LAFEW. Was für ein Fürst ist das?

LAVATCH. Der schwarze Prinz/Fürst, mein Herr, alias der Fürst der
40 Finsternis, alias der Teufel.

LAFEW. Warte, hier ist mein Geldbeutel. Ich gebe dir diese [Münze] nicht, um dich von deinem Herrn, von dem du eben sprachst, wegzulocken; diene ihm nur weiter.

LAVATCH. Ich bin [zwar] aus einem Waldland, mein Herr, und bin einer, der schon immer ein großes Feuer liebte, und der Herr, von dem ich spreche, hat von jeher ein gutes Feuer unterhalten.
46 Aber er ist gewiß auch der Fürst der Welt;[9] soll er mit samt seinem Adel an seinem Hof bleiben; ich gehe in das Haus mit der schmalen Pforte, die ich für zu klein halte, als daß die Pracht durch sie eintreten könnte. Einige, die sich bescheiden, mögen wohl [eintreten], aber die meisten werden allzu kalt und verzärtelt[10] sein, und diese werden sich auf den blumengeschmückten Weg[11] begeben, der zum weiten Tor und zum großen Feuer führt.

---

[6] *bauble ... service: bauble* 'Narrenpritsche'. Die sexuelle Bedeutung 'Penis' (F.& H., s.v. *prick*) begegnet auch in *Rom. and Jul.* II.4.87. – *service:* Die vorliegende Kollokation mit *bauble* macht die sexuelle Bedeutung 'Decken von weiblichen Tieren' unzweifelhaft (vgl. das Wortspiel in IV.2.17 und Anm. sowie das Verb in dieser Bedeutung in *2 Hen.IV* II.4.47).

[7] *English ... name:* "Die Folio hat *maine* statt *name*, was Henley als *mane* beibehalten wollte, in einer Anspielung auf den dicken Haarwulst, mit dem der Teufel *(the black prince)* auf dem Theater in den ae. Mysterien dargestellt wurde." (Delius) (vgl. dazu auch *Lear* III.4.134). – Im Zusammenhang mit dem Folgenden ist aber wohl doch

LAVATCH. I would cozen the man of his wife, and do his service.
LAFEW. So you were a knave at his service indeed.
LAVATCH. And I would give his wife my bauble, sir, to do her service.
LAFEW. I will subscribe for thee, thou art both knave and fool.
LAVATCH. At your service.
LAFEW. No, no, no!
LAVATCH. Why, sir, if I cannot serve you, I can serve as great a prince as you are.
LAFEW. Who's that? a Frenchman?
LAVATCH. Faith, sir, 'a has an English name, but his fisnomy is more hotter in France than there.
LAFEW. What prince is that?
LAVATCH. The Black Prince, sir, alias the prince of darkness, alias the devil.
LAFEW. Hold thee, there's my purse. I give thee not this to suggest thee from thy master thou talk'st of; serve him still.
LAVATCH. I am a woodland fellow, sir, that always loved a great fire, and the master I speak of ever keeps a good fire. But sure he is the prince of the world; let his nobility remain in's court; I am for the house with the narrow gate, which I take to be too little for pomp to enter. Some that humble themselves may, but the many will be too chill and tender, and they'll be for the flowery way that leads to the broad gate and the great fire.

---

36. *name* Rowe (1709); F *maine* (= meinie) 'Dienerschaft' (New Penguin).

Rowes Emendation *name* vorzuziehen: *The Black Prince* ist deshalb ein englischer Name, weil er auch dem ältesten Sohn Edwards III., dem Vater von Richard II., zugelegt wurde.

[8] *Fisnomy ... more hotter:* Doppelte Komparative sind bei Sh. nicht unüblich. Sehr wahrscheinlich liegt ein Wortspiel mit zwei Bedeutungen von *hot* vor: 1. 'heißblütig' (hinsichtlich der vom Schwarzen Prinzen in Frankreich geführten Kriege); 2. 'geil, wollüstig', in einer Anspielung auf die das Gesicht *(fisnomy)* verunstaltende Syphilis, die sogenannte französische Krankheit.

[9] *prince of the world:* Ein Anklang an Johannes 12.31: *"Now is the iudgement of this worlde: now shal the prince of this worlde be cast out."* (Geneva Bible).

[10] *chill and tender:* Ev. als Hendiadyoin zu lesen: 'kälteempfindlich'. Für *tender* 'empfindlich gegen' vgl. oben III.2.102 und *Cymb.* III.5.40: *She's a lady/So tender of rebukes that words are strokes,/and strokes death to her.*

[11] *flowery way:* Vgl. Matt. VII.13: *Enter in at the streicte gate: for it is the wide gate, and broade way that leadeth to destruction.*" (Geneva Bible). – Sh.s Änderung von *broad way* zu *flowery way* entbehrt einer biblischen Entsprechung. Vgl. aber *the primrose way to the everlasting bonfire* (*Macb.* II.3.21).

LAFEW. Geh' deiner Wege. Ich fange an, deiner müde zu werden; und
53 ich sage dir das schon jetzt, denn ich möchte nicht in Streit geraten mit dir. Geh' deiner Wege; sieh' zu, daß meine Pferde wohl bestellt werden, ohne irgendwelche Kniffe.

LAVATCH. Wenn ich irgendwelche Kniffe auf sie anwende, mein Herr, so sollen es Mährenkniffe[12] sein, auf die sie nach dem Gesetz der Natur ein Recht haben.

Ab.

LAFEW. Ein scharfzüngiger Kerl, und ohne Glück.[13]

GRÄFIN. Das ist er. Mein dahingegangener Herr hatte viel Spaß mit
61 ihm. Seinem Willen gemäß bleibt er hier, und das hält er für einen Freibrief für seine Unverschämtheit; und in der Tat läßt er sich nicht zügeln, sondern rennt, wohin er will.

LAFEW. Ich mag ihn gut; er tut kein Unrecht. Ich war eben dabei, Euch zu sagen, da ich vom Tod der guten Frau hörte, und daß mein
66 Herr Euer Sohn sich auf dem Heimweg befinde, daß ich meinen Herrn, den König, dazu bewegt habe, für meine Tochter zu sprechen, was seine Majestät als erster und aus gütiger Erinnerung bedachte, als beide noch minderjährig waren. Seine Hoheit hat mir versprochen, es zu tun; und um die Ungnade abzuwenden, die er gegen Euren Sohn gefaßt hat, gibt es keine
72 passendere Sache. Wie gefällt Mylady das?

GRÄFIN. Ich bin es sehr zufrieden, Mylord, und wünsche mir, es möge glücklich zustande kommen.

LAFEW. Seine Majestät, von so kräftiger Statur wie damals, als er dreißig Jahre zählte, kommt auf dem schnellsten Weg von Marseille; er wird morgen hier sein, oder einer, der in solcher
78 Kundschaft selten fehlgeht, hätte mich getäuscht.

GRÄFIN. Es ist mir eine Freude, daß ich hoffen darf, ihn noch zu sehen, bevor ich sterbe. Ich habe Nachricht, daß mein Sohn heute abend hier sein wird. Ich werde Eure Lordschaft ersuchen, hier zu bleiben, bis sie[14] sich begegnet sind.

LAFEW. Madame, ich überlegte mir eben, auf welche Weise ich am
84 besten Zutritt erhalten könnte.

GRÄFIN. Ihr braucht Euch bloß auf Euer adliges Privileg[15] zu berufen.

---

[12] *tricks ... jades' tricks:* Mit *without any tricks* spielt Lafew auf den Mißbrauch an, die Zähne eines Pferdes *(jade* 'alte Mähre') mit Kerzenwachs zu versehen, um auf diese Weise den Haferkonsum zu verringern (vgl. dazu F. Beaumont, *The Knight of the Burning Pestle,* II.362–64, wo ebenfalls auf diesen Mißbrauch angespielt wird). Hier nimmt Lavatch das Wort *trick* in der für ihn üblichen Art wieder auf: Er verwendet es zunächst in der von Lafew intendierten Bedeutung und gleich darauf als Teil einer stehenden Wendung: *a jade's trick* 'ein schlechter Witz' *(Much Ado* I.1.129). *jade's*

LAFEW. Go thy ways; I begin to be aweary of thee; and I tell thee so
53 before, because I would not fall out with thee. Go thy ways; let my horses be well looked to, without any tricks.

LAVATCH. If I put any tricks upon 'em, sir, they shall be jades' tricks, which are their own right by the law of nature. *Exit.*

LAFEW. A shrewd knave and an unhappy.

COUNTESS. So 'a is. My lord that's gone made himself much sport out
61 of him. By his authority he remains here, which he thinks is a patent for his sauciness; and indeed he has no pace, but runs where he will.

LAFEW. I like him well; 'tis not amiss. And I was about to tell you, since I heard of the good lady's death, and that my lord your
66 son was upon his return home, I moved the king my master to speak in the behalf of my daughter; which, in the minority of them both, his majesty out of a self-gracious remembrance did first propose. His highness hath promised me to do it; and to stop up the displeasure he hath conceived against your son there
72 is no fitter matter. How does your ladyship like it?

COUNTESS. With very much content, my lord, and I wish it happily effected.

LAFEW. His highness comes post from Marseilles, of as able body as when he numbered thirty; 'a will be here to-morrow, or I am
78 deceived by him that in such intelligence hath seldom failed.

COUNTESS. It rejoices me that I hope I shall see him ere I die. I have letters that my son will be here to-night. I shall beseech your lordship to remain with me till they meet together.

LAFEW. Madam, I was thinking with what manners I might safely be
84 admitted.

COUNTESS. You need but plead your honorable privilege.

---

tricks ist aber auch wörtlich zu verstehen: *trick* ist bei Sh. stets ungefähr synonym mit *oddity* 'Unregelmäßigkeit', 'Seltsamkeit', 'individuell kennzeichnende Eigenart' (vgl. III.2.8 und Anm.); *jade's trick* daher – als genitivus subiectivus – 'die (Unheil anrichtenden) unberechenbaren Verhaltensweisen von Mähren'; oder – als genitivus obiectivus – 'die im Umgang mit Mähren anzuwendenden Kniffe'. Letztere Bedeutung erscheint im Zusammenhang mit dieser Stelle sinnvoller.

13 *shrewd ... unhappy:* Für *shrewd* kommen hier mehrere Bedeutungen in Frage: 'scharfzüngig, beißend, böse', 'schadenfroh', 'gescheit'. – *unhappy:* auch 'glücklos' und 'Schaden stiftend' *(L.L.L.* V.2.12), ev. eine pleonastische Doppelfügung, wie sie für Lafews Redeweise charakteristisch ist.

14 *they:* D.i. Bertram und der König

15 *honorable privilege:* 'Vorrecht aufgrund Eures Adels'.

LAFEW. Milady, davon habe ich bereits ausgiebigen Gebrauch gemacht, und ich danke Gott dafür, daß es immer noch gilt.

[Lavatch], der Clown tritt auf.

LAVATCH. O Madame, dort kommt mein Herr, Euer Sohn, mit einem
89 Verband von Samt auf dem Gesicht. Ob sich eine Narbe darunter verbirgt oder nicht, weiß allein der Samt,[16] aber es ist ein gehöriges Stück Samt; seine linke Wange ist eine Wange von zweieinhalbflorigem [Samt], doch seine rechte Wange trägt er bloß.

LAFEW. Eine auf ehrenhafte Weise erhaltene Narbe, oder eine ehrenhafte Narbe, ist ein gutes Zeichen des Adels; so wohl auch jene.

LAVATCH. Aber es ist nun mal das zerschnittene Gesicht.[17]

LAFEW. Laßt uns Eurem Sohn entgegengehen, ich bitte Euch. Ich sehne
97 mich danach, mit dem jungen edlen Soldaten zu sprechen.

LAVATCH. Wahrhaftig, draußen steht ein Dutzend von ihnen, mit köstlich schönen Hüten und überaus höflichen Federn, die sich verneigen und jedermann zunicken.

Alle ab.

V.1 *Helena, die Witwe und Diana treten auf, mit zwei Gefolgsleuten.*[1]

HELENA. Doch dieses übermäßig schnelle Reisen[2] bei Tag und bei Nacht muß Eure Lebensgeister bedrücken. Wir können es nicht ändern. Doch da Ihr die Tage und die Nächte zu einem Ganzen macht und darin Eure freundlichen Glieder in meinem
5 Interesse ermüdet, seid zuversichtlich,[3] [denn] Ihr seid so sehr gewachsen in meiner Schuld, daß Euch nichts [daraus] entwurzeln kann.

Ein Herr tritt auf.[4]

---

[16] *velvet:* Samt diente als Wundpflaster. Den Wundverband, von dem hier die Rede ist, faßt Dessen *(Stage Conventions,* S.136–38) als ein bühnenwirksames Symbol für Bertrams verlorene Ehre auf. Lavatch spielt denn auch auf die Möglichkeit an, daß sich unter dem Wundpflaster gar keine Wunde verbirgt und die von Lafew vermutete heroische Tat also bloßer äußerer Schein ist.

[17] *your carbonadoed face: your:* Vgl. II.2.29 und Anm. – *carbonadoed:* Vgl. Cotgrave, s.v. *carbonade:* "A carbonadoe, a rasher on the coales; also, a slash over the face, which fetcheth the flesh with it." (*Lear* IV.4.32) – Lavatch will wohl sagen, es bestehe kein Unterschied zwischen auf ehrenhafte oder unehrenhafte Art erhaltenen Gesichtswunden (vgl. oben III.2.119). Dafür, daß er auf die Möglichkeit anspielt, Bertrams Gesichtswunden hätten ihren Ursprung in einer Erkrankung an Syphilis – wie das einige Hrsg. vermuten – liefert der Text keinen Anhaltspunkt.

[1] *Enter ... Attendants:* Als Ort der Szene wird seit Capell (1768) eine Straße in Marseille angenommen (IV.4.9, vgl. aber unten V.1.6 und Anm.).

LAFEW. Lady, of that I have made a bold charter, but I thank my God it holds yet.

Enter [Lavatch, the] Clown.

LAVATCH. O madam, yonder's my lord your son with a patch of velvet on's face. Whether there be a scar under't or no, the velvet knows, but 'tis a goodly patch of velvet; his left cheek is a cheek of two pile and a half, but his right cheek is worn bare.

LAFEW. A scar nobly got, or a noble scar, is a good livery of honor; so belike is that.

LAVATCH. But it is your carbonadoed face.

LAFEW. Let us go see your son, I pray you. I long to talk with the young noble soldier.

LAVATCH. Faith, there's a dozen of 'em, with delicate fine hats, and most courteous feathers which bow the head and nod at every man. *Exeunt.*

V.1 *Enter Helena, Widow, and Diana, with two Attendants.*

HELENA. But this exceeding posting day and night
Must wear your spirits low. We cannot help it;
But since you have made the days and nights as one,
To wear your gentle limbs in my affairs,
Be bold you do so grow in my requital
As nothing can unroot you.

Enter a Gentleman.

---

6. *[Enter a gentleman]* Rowe (1709); F *Enter a gentle Astringer 'ein adliger Falkner'*; F2 *Enter a gentle Astranger;* F3 nach time (Z.6) *Enter a gentleman, a stranger.*

---

2 *post* bezeichnete ursprünglich das eilige Reisen mit Pferden, die an Stationen gewechselt wurden.

3 *bold:* 'sicher', 'gewiß' wie in *Cymb.* II.4.2: *I would I were so sure/To win the king as I am bold her honor/Will remain hers.*

4 *Enter a Gentleman:* Vgl. Lesarten. Walker ("Six Notes") möchte die BA emendiert wissen zu *a gentle Astringer to the King* und hält dafür, daß der Auftritt eines königlichen Falkners an dieser Stelle dem Zuschauer zur Lokalisierung der Szene – nämlich der königlichen Residenz in Marseilles – dient. – Dessen *(Stage Conventions,* S.132–35) betont den symbolischen und bildlichen Kontext, in dem der Falkner auftritt: Ein Falke mit übergestülpter Kapuze wäre geeignet, die mannigfachen metaphorischen Anspielungen auf Sehen und Blindheit, Einsicht und Verblendung in einem für den Zuschauer sichtaren Symbol am Schluß des Stücks auf eindrückliche Weise zusammenzufassen.

Eben im richtigen Augenblick –
Dieser Mann kann mir beim König Gehör verschaffen, wenn er nur seinen Einfluß geltend machen will. Gott grüße Euch, mein Herr!

HERR. Und Euch ebenso.

HELENA. Mein Herr, ich habe Euch am französischen Hof gesehen.

HERR. Ich war früher[5] dort.

HELENA. Ich nehme doch an, mein Herr, daß Ihr den Ruf nicht eingebüßt habt, in dem Eure Güte steht; und daher, angespornt durch dringendsten Anlaß, wo man umständliche Höflichkeit beiseite legt, dränge ich Euch zum Gebrauch Eurer Tugenden, wofür ich ewig dankbar sein werde.

HERR. Was ist Euer Wunsch?

HELENA. Daß es Euch beliebe, diese bescheidene Bittschrift[6] dem König zu übergeben und unter Verwendung jenes Vorrats von Einfluß, über den Ihr verfügt, mir dazu zu verhelfen, in seine Gegenwart zu kommen.

HERR. Der König ist nicht hier.

HELENA. Nicht hier, mein Herr?

HERR. In der Tat nein; er ist gestern abend von hier weggereist, und zwar mit mehr Eile, als bei ihm üblich ist.

WITWE. Gott, wie waren unsere Mühen vergebens!

HELENA. Dennoch: Ende gut, alles gut,[7] obwohl die Zeit sich gegen uns stellt und unsere Mittel ungenügend sind. Ich bitte Euch, [sagt], wohin ist er gegangen?

HERR. Nun, ich nehme an nach Roussillon, wohin auch ich gehe.

HELENA. Ich bitte Euch mein Herr, da Ihr den König wahrscheinlich vor mir seht, übergebt dies Papier seiner gnädigen Hand, was, wie ich annehme, Euch keinen Tadel einträgt, sondern Euch eher Eure Mühen lohnen wird. Ich werde Euch mit der Eile folgen, die uns unsere Mittel erlauben.[8]

HERR. Das will ich für Euch tun.

HELENA. Und Ihr werdet Euch wohl bedankt finden, was immer auch geschehen mag. – Wir müssen wieder zu Pferd. Geht, geht, macht [sie] bereit.[9]

[Alle ab.]

---

[5] *sometimes:* Ev. auch 'zuweilen'.
[6] *poor petition* meint *petition of a poor (woman).*
[7] *All's Well:* Vgl. IV.4.35 und Anm.

In happy time –
This man may help me to his majesty's ear,
If he would spend his power. God save you, sir!
GENTLEMAN. And you.
HELENA. Sir, I have seen you in the court of France.
GENTLEMAN. I have been sometimes there.
HELENA. I do presume, sir, that you are not fall'n
From the report that goes upon your goodness;
And therefore, goaded with most sharp occasions,
Which lay nice manners by, I put you to
The use of your own virtues, for the which
I shall continue thankful.
GENTLEMAN. What's your will?
HELENA. That it will please you
To give this poor petition to the king,
And aid me with that store of power you have
To come into his presence.
GENTLEMAN. The king 's not here.
HELENA. Not here, sir?
GENTLEMAN. Not indeed;
He hence removed last night, and with more haste
Than is his use.
WIDOW. Lord, how we lose our pains!
HELENA. All's well that ends well yet,
Though time seem so adverse and means unfit.
I do beseech you, whither is he gone?
GENTLEMAN. Marry, as I take it, to Rossillion,
Whither I am going.
HELENA. I do beseech you, sir,
Since you are like to see the king before me,
Commend the paper to his gracious hand,
Which I presume shall render you no blame,
But rather make you thank your pains for it.
I will come after you with what good speed
Our means will make us means.
GENTLEMAN. This I'll do for you.
HELENA. And you shall find yourself to be well thanked,
Whate'er falls more. – We must to horse again.
Go, go, provide. *[Exeunt.]*

---

[8] *means ... means:* Wortspielerisch: 1. 'Unterhalt, (Geld)mittel' *(Meas.f.M.* II.4.24); 2. 'Weg (zur Erreichung eines Ziels)'.

[9] *provide:* Eine Aufforderung an die Adresse der zwei Gefolgsleute.

V.2 *[Lavatch], der Clown und Parolles treten auf.*

PAROLLES. Guter Meister Lavatch, übergebt Lord Lafew diesen Brief. Ich war Euch ehemals besser bekannt, Herr, als ich noch mit frischen Kleidern vertrauten Umgang hatte; doch jetzt bin ich von Fortunas [übler] Laune beschmutzt[1] und rieche etwas stark
5 nach ihrem großen Unmut.

LAVATCH. Fortunas Unmut muß wahrhaft schmutzig sein, wenn er so stark riecht, wie du sagst; ich werde künftig keinen Fisch aus Fortunas Butter[küche][2] mehr essen. Bitte, tritt mir aus dem Wind!

PAROLLES. Ihr braucht Euch die Nase gewiß nicht zuzuhalten, mein
11 Herr; ich sprach bloß mit einer Metapher.

LAVATCH. Wirklich, mein Herr, wenn Eure Metapher stinkt, so werde ich mir die Nase zuhalten, so wie gegen irgend jemandes' Metapher. Bitte, mach dich fort.

PAROLLES. Ich bitte Euch, mein Herr, übergebt dieses Papier für mich.

LAVATCH. Pfui, bitte, bleib mir vom Leib! Ein Papier von Fortunas
17 Nachtstuhl einem Edelmann übergeben! Seht, hier kommt er selbst.

Lafew tritt auf.

Hier ist ein (Spitz)bube/Schnurren von [Frau] Fortuna, Herr, oder [vielmehr] von [Frau] Fortunas Katze – keine Moschuskatze[3] – die in den unsauberen Fischteich ihres Unwillens gefallen ist und, wie er sagt, davon beschmutzt ist. Bitte, Herr, behandelt den Karpfen[4] nach Gutdünken, denn er sieht aus wie ein erbärmlich heruntergekommener, uneinsichtiger,[5] närri-
23 scher, schurkischer Bube. Ich zeige Mitleid mit seiner Not in meinen tröstlichen Vergleichen[6] und überlasse ihn Eurer Lordschaft.

[Ab.]

---

[1] *muddied ... mood: mood* (Z.4) ist etwa synonym mit *displeasure* (Z.5) 'Verärgerung, Unwillen, schlechte Laune'. Das Klangspiel *muddied-mood (Sh. Pron.*, S.80) evoziert aber auch *mute* in der inzwischen veralteten Bedeutung 'Fäkalien (besonders von Vögeln)' (OED *mute* sb.2).

[2] *fish ... buttering:* Vgl. dazu das Sprichwort: *Fish bred up in dirty pools will stink of mud* (Tilley F 305). Unten in Z.20–21 spricht Lavatch von Fortunas *unclean fishpond,* in den Parolles gefallen sei. Daher wohl Theobalds Emendation von *mood* (Z.4) zu *moat* 'Fischteich'. Sie ist aber wahrscheinlich gar nicht nötig, da *mood* klanglich ohnehin mit *moat* assoziiert worden sein dürfte.

[3] *pur ... musk-cat: pur* wird von den meisten Hrsg. interpretiert als 'das Schnurren einer Katze' (Schmidt; OED gibt diese Stelle als ersten Beleg für diese Bedeutung), durch das sich Parolles bei Lafew Gunst verschaffen will: Die Katze selbst ist Parolles, der in den 'schmutzigen Fischteich der Fortuna' gefallen ist, d.h. von seinem Aufenthalt im Fußblock *(stocks)* stinkt. – Wegen des üblen Geruchs unterscheidet der Narr aber diese Katze von der wohlriechenden Moschuskatze *(musk-cat* ist auch eine verächtliche

V.2 *Enter [Lavatch, the] Clown, and Parolles.*

PAROLLES. Good Master Lavatch, give my Lord Lafew this letter. I have ere now, sir, been better known to you, when I have held familiarity with fresher clothes; but I am now, sir, muddied in Fortune's mood, and smell somewhat strong of her strong displeasure.

LAVATCH. Truly, Fortune's displeasure is but sluttish if it smell so strongly as thou speak'st of; I will henceforth eat no fish of Fortune's buttering. Prithee, allow the wind!

PAROLLES. Nay, you need not to stop your nose, sir; I spake but by a metaphor.

LAVATCH. Indeed, sir, if your metaphor stink, I will stop my nose, or against any man's metaphor. Prithee, get thee further.

PAROLLES. Pray you, sir, deliver me this paper.

LAVATCH. Foh! prithee, stand away! A paper from Fortune's close-stool, to give to a nobleman! Look, here he comes himself.

Enter Lafew.

Here is a pur of Fortune's, sir, or of Fortune's cat – but not a musk-cat – that has fallen into the unclean fish-pond of her displeasure, and, as he says, is muddied withal. Pray you, sir, use the carp as you may, for he looks like a poor decayed, ingenious, foolish, rascally knave. I do pity his distress in my similes of comfort, and leave him to your lordship. *[Exit.]*

---

4. *mood* F; Theobald (1773) *moat* 'Fischteich'.
23. *ingenious* F; New Sh. (Konj. Arden) *ingenerous* 'gemein, feig'.
24. *similes* Theobald (1773, Konj. Warburton); F *smiles*.

Bezeichnung für einen Gecken, OED), deren Parfüm auch sonst bei Sh. vorkommt (*A.Y.L.* III.2.64–65). – Aufgrund des bei den shakespearschen Clowns immer zu erwartenden Spielens mit Nebenbedeutungen – besonders wenn es wie hier im Umfeld einer ausgedehnten Metapher *(muddied – fish – buttering – Fortune's close-stool – unclean fishpond – carp)* geschieht, wird ev. auch auf die folgenden Bedeutungselemente von *pur* angespielt: 1. *pur* 'Exkrement von Tieren', Vgl. Z.4 und Anm. – 2. Sexuelle Konnotationen aufgrund von *pure* 'Mätresse' (F.& H., *pure,* 1.) und von *cat* 'Prostituierte' (OED *cat,* Belege für dese Bedeutung von 1535–1708). – 3. *pur* als Bezeichnung für den Buben im *post and pair* Spiel, einem Kartenspiel der Zeit; Lafew nimmt diese letzte Bedeutung schließlich auf (vgl. Z.29–30 und Anm. sowie Hulme, S.130–32)

[4] *carp:* Ein Wortspiel mit 1. 'Karpfen', 2. 'Schwätzer'.

[5] *ingenious* steht wahrscheinlich für *un-genious* 'ohne intellektuelle Fähigkeiten' (vgl. analog dazu *illustrious* für *un-lustrous* in *Cymb.* I.6.109). Die Möglichkeit einer ironischen Verwendung des Wortes in seiner modernen Bedeutung 'klug', 'erfinderisch' durch Lavatch ist immerhin auch gegeben.

[6] *similes:* Diese von den meisten modernen Hrsg. übernommene Emendation wird gestützt durch: 1. die wortspielerische Assoziation zu *metaphor* (Z.11–13), 2. die gebräuchliche elisabethanische Wendung *similes, comfortable and profitable,* wo *similes* etwa soviel wie 'lehrhafte Sentenzen, Parabeln' heißt (New Penguin), und 3. durch *1 Hen.IV* I.2.74, wo *smiles* und *similes* in den ältesten Drucken als Varianten erscheinen.

PAROLLES. Mylord, ich bin ein Mann, den Fortuna grausam zerkratzt hat.

LAFEW. Und was wollt Ihr, daß ich tue? Jetzt ist es zu spät, Ihr die
29 Nägel zu schneiden. Auf welche Weise habt Ihr denn mit [Frau] Fortuna den Buben gespielt,[7] daß sie Euch gekratzt hat? Eigentlich ist sie doch eine gutmütige Dame, die es [nur eben] nicht duldet, daß Spitzbuben allzu lange unter ihrem Schutz gedeihen? Hier habt Ihr eine Viertelkrone. Laßt die Richter[8] Euch mit Fortuna versöhnen; ich habe anderes zu tun.

PAROLLES. Ich ersuche Euer Ehren, hört bloß [noch] dieses einzige
36 Wort.

LAFEW. Ihr bittet um einen weiteren Pfennig. Kommt, Ihr sollt ihn haben. Spart Euch Euer Wort.

PAROLLES. Mein Name, guter Herr, ist Parolles.

LAFEW. Ihr bittet also um mehr als *ein* Wort? Bei Gott![9] Reicht mir Eure Hand. Wie steht's um Eure Pauke?

PAROLLES. O mein guter Herr, Ihr wart der erste, der mich durch-
45 schaute.

LAFEW. War ich das wirklich? Und ich war der erste, der dich in Verruf brachte.[10]

PAROLLES. Es liegt an Euch, Mylord, mir zu einiger Gunst zu verhelfen, denn Ihr brachtet mich [daraus] heraus/brachtet mein wirkliches Wesen zum Vorschein.

LAFEW. Pfui über dich! Auferlegst du mir gleichzeitig das Amt Gottes und das des Teufels? Der eine verschafft dir die Gnade, der andere entzieht[11] sie dir. *[Trompeten erschallen.]* Der König kommt; ich erkenne ihn an seinen Trompeten. Bube, fragt
51 weiterhin nach mir; ich sprach gestern abend von Euch; wenn Ihr auch ein Narr und ein Schurke seid, so sollt Ihr doch essen. Kommt schon; folgt [mir].

PAROLLES. Ich lobe Gott für Euch.

[Alle ab.]

---

[7] *played ... Fortune:* Lafew nimmt die Vorstellung des Kartenspiels *(post and pair)* wieder auf (vgl. oben V.2.19–20 und Anm.). Gleichzeitig dürften aber auch die sexuellen Konnotationen von *play the knave* 'wie ein Schurke [an einem Mädchen] handeln' intendiert sein (oben IV.5.20–30, *Merch. V.* II.3.12, vgl. auch Hulme, S.132).

PAROLLES. My lord, I am a man whom Fortune hath cruelly scratched.

LAFEW. And what would you have me to do? 'Tis too late to pare her nails now. Wherein have you played the knave with Fortune that she should scratch you, who of herself is a good lady, and would not have knaves thrive long under her? There's a cardecue for you. Let the justices make you and Fortune friends; I am for other business.

PAROLLES. I beseech your honor to hear me one single word.

LAFEW. You beg a single penny more. Come, you shall ha't; save your word.

PAROLLES. My name, my good lord, is Parolles.

LAFEW. You beg more than word then. Cox my passion! Give me your hand. How does your drum?

PAROLLES. O my good lord, you were the first that found me.

LAFEW. Was I, in sooth? And I was the first that lost thee.

PAROLLES. It lies in you, my lord, to bring me in some grace, for you did bring me out.

LAFEW. Out upon thee, knave! Dost thou put upon me at once both the office of God and the devil? One brings thee in grace, and the other brings thee out. *[Trumpets sound.]* The king 's coming; I know by his trumpets. Sirrah, inquire further after me; I had talk of you last night; though you are a fool and a knave, you shall eat. Go to; follow.

PAROLLES. I praise God for you. *[Exeunt.]*

---

8 *justices:* Das Armengesetz von 1601 sah vor, daß die Friedensrichter sich der Armen annehmen sollten. Ihnen oblag es auch, festzustellen, wer bloß arbeitsfaul und wer arbeitsunfähig war und also Anspruch auf Unterstützung hatte. (New Sh.)

9 *Cox my passion:* Eine korrumpierte Form von *God's my passion* (vgl. *Cock's passion* in *Tam.Shr.* IV.1.103).

10 *found ... lost:* Vgl. oben II.3.204–206 und Anm. Hier liegt ein zusätzliches Wortspiel mit *lose* vor (Z.43): 1. 'verlieren'; 2. 'in Verruf bringen' *(L.L.L.* I.1.170). – Mit seiner Replik lehnt sich Lafew zudem an eine Redensart an: *Here I found you and here (As I found you) I leave you* (Tilley F 224), dt. etwa: 'du bist und bleibst ein ...'

11 *in grace ... out:* Lafew gibt Parolles' Worten (Z.44–45) eine neue Wendung. Er versteht *grace* im Sinne von '(göttliche) Gnade', während Parolles das Wort in der Bedeutung '(persönliche) Gunst' gebrauchte.

V.3 *Ein Trompetensignal ertönt. Der König, die alte Frau [Gräfin], Lafew, die beiden französischen Adligen*[1] *und Diener treten auf.*

KÖNIG. Wir haben ein Juwel an ihr verloren und sind dadurch viel ärmer geworden;[2] doch Eurem Sohn, unverständig in seiner Torheit, fehlte jeder Sinn für ihren vollen Wert.[3]

GRÄFIN. Es ist geschehen, mein Lehensherr, und ich ersuche Eure Majestät, darin einen Akt natürlichen Aufruhrs zu sehen, begangen im jugendlichen Aufsprießen, wenn Öl und Feuer, zu heftig für die Macht der Vernunft, überwallt und weiterlodert.[4]

KÖNIG. Meine verehrte Frau, ich habe alles vergessen und vergeben,[5] obwohl meine Rache fest auf ihn gerichtet war und bloß auf den richtigen Zeitpunkt wartete, um ihn zu treffen.[6]

LAFEW. Dies muß ich sagen – doch zuerst bitte ich um Verzeihung[7] – der junge Herr fügte seinem König, seiner Mutter und seiner Gattin eine schwere Beleidigung zu, am meisten Unrecht jedoch tat er sich selbst. Er verlor eine Gattin, deren Schönheit den Blick [selbst] der verwöhntesten Augen noch erstaunte,[8] deren Worte alle Ohren fesselten, deren Vollkommenheit auch [jene] Herzen, die [sonst] zu dienen verschmähen, demütig Gebieterin nannten.

KÖNIG. Indem wir loben, was verloren ist, wird uns die Erinnerung daran teuer. Nun gut, ruft ihn herein; wir sind versöhnt, und das erste Wiedersehen soll alle Erinnerung[9] vernichten. Laßt ihn uns nicht um Verzeihung bitten; sein Vergehen ist tot und tiefer als im Vergessen begraben wir seine rauchenden Überreste.[10]

---

[1] *two ... Lords:* Vgl. III.1. BA und Anm.

[2] *esteem* – bei Sh. meist synonym mit *estimation* '(guter) Ruf' – läßt sich auf drei verschiedene Arten interpretieren: 1. 'Abschätzung, Einschätzung einer Sache' wie in *Tr. and Cr.* III.3.129: *things/(...)most dear in the esteem/And poor in worth,* was Delius dazu bewog, *by it* (Z.2) nur auf *jewel* und nicht auf den ganzen Satz zu beziehen: "Wir verloren an Helena ein Juwel, neben welchem unsere Abschätzung desselben ärmer erschien, ein Juwel, das reicher war, als wir es schätzten. – Dies steht dann im Gegensatz zum Folgenden, daß Bertram sie gar nicht habe schätzen können."; 2. 'Wertschätzung der eigenen Person' *(Macb.* I.7.43), was zu der folgenden Übersetzung führt: 'Durch den Verlust von Helena haben wir auch selbst an Wert verloren'; 3. 'Wertschätzung durch andere' *(Mids.N.D.* III.2.194): '...haben wir in den Augen anderer an Wert verloren.'

[3] *folly ... home:* Auch 'Leichtfertigkeit im sexuellen Sinn' *(Oth.* II.1.137: *For even her folly helped her to an heir).– home:* 'bis ans Ziel, gänzlich'.

[4] *blade ... fire: blade* 'Sprößling' ergibt zusammen mit *oil* und *fire* eine für Sh.s Sprache typische hybride Metapher. Eine Emendation von *blade* zu *blaze* 'Flamme, Brand' ist unnötig.

[5] *forgiven ... forgotten:* Redensartlich (vgl. *3 Hen.VI* III.3.200; Tilley F 597).

[6] *revenges ... high bent ... watched ... shoot:* Eine Bogenschützenmetapher.

V.3 *Flourish. Enter King, Old Lady [Countess], Lafew, the two French Lords, with Attendants.*

KING. We lost a jewel of her, and our esteem
Was made much poorer by it; but your son,
As mad in folly, lacked the sense to know
Her estimation home.

COUNTESS. 'tis past, my liege,
And I beseech your majesty to make it
Natural rebellion, done i' th' blade of youth,
When oil and fire, too strong for reason's force,
O'erbears it and burns on.

KING. My honored lady,
I have forgiven and forgotten all,
Though my revenges were high bent upon him,
And watched the time to shoot.

LAFEW. This I must say –
But first I beg my pardon – the young lord
Did to his majesty, his mother, and his lady,
Offense of mighty note, but to himself
The greatest wrong of all. He lost a wife
Whose beauty did astonish the survey
Of richest eyes, whose words all ears took captive,
Whose dear perfection hearts that scorned to serve
Humbly called mistress.

KING. Praising what is lost
Makes the remembrance dear. Well, call him hither;
We are reconciled, and the first view shall kill
All repetition. Let him not ask our pardon;
The nature of his great offense is dead,
And deeper than oblivion we do bury

---

6. *blade* F; Capell (Konj. Theobald) *blaze* 'Aufflammen'.

---

7 *pardon:* Vgl. Lafews ähnlich umständliche Art anläßlich der Einführung Helenas beim König (II.1.61–65).

8 *richest eyes ... captive: richest eyes:* vgl. *A.Y.L.* IV.1.21–22: *Then to have seen much ... is to have rich eyes.* – Die Vorstellung von der fesselnden Kraft eloquenter Worte (vgl. auch oben I.2.54) ist ein literarischer Topos der Renaissance, der wohl auf Lukian zurückgeht und in Andreas Alciatus' Emblemen bildlichen Ausdruck fand (H.& S., Spalten 1651–52).

9 *repetition:* 'Wiederholende, erzählende Darstellung' *(Cor.* I.1.43, *K.John* II.1.197), daher 'Erinnerung'.

10 *nature ... relics: the nature ... offense:* Wörtlich: 'das lebendige Wesen seines großen Vergehens' (vgl. oben IV.3.229 und .1.19 und Anm.). – *incensing relics:* Auch übertragen 'Zorn erregende Erinnerung'. – *relics:* Vgl. I.1.94.

Er möge sich uns nähern als ein fremder [Gast],[11] nicht als ein Sünder, und laßt ihn wissen, daß dies unser Wille ist.

HERR. Das werde ich, mein Lehensherr.

[Ab.]

KÖNIG. Was sagt er zu Eurer Tochter? Habt ihr [über sie] gesprochen?

LAFEW. In allem, was er ist, unterwirft er sich Eurer Hoheit.[12]

KÖNIG. Also werden wir eine Hochzeit feiern. Ich erhielt einen Brief, der ihn hoch rühmt.

Graf Bertram tritt auf.

LAFEW. Er sieht ihr wohlwollend entgegen.[13]

KÖNIG. Ich bin kein Tag aus *einer* Jahreszeit, denn du kannst in mir Sonnenschein und Hagel zugleich sehen. Doch den hellsten Strahlen weichen die zerrissenen Wolken; so tritt vor, die Zeit ist [dir] wieder gut [gesinnt].

BERTRAM. Meine Schuld, die ich tief bereue, teurer Herrscher, vergebt mir.

KÖNIG. Alles ist [wieder] heil; kein Wort mehr über die vergangene Zeit. Laßt uns den Augenblick beim Schopfe fassen;[14] denn wir sind alt und unsere eiligst erlassenen Verfügungen stiehlt der unhörbare und geräuschlose Fuß der Zeit, noch bevor wir sie ausführen können. Ihr[15] erinnert Euch doch an die Tochter dieses Edelmanns?

BERTRAM. Mit Bewunderung, mein Lehensherr. Meine Wahl fiel auf sie, noch bevor mein Herz sich erdreisten konnte, die Zunge zu seinem Boten zu machen; nachdem sich der Eindruck [des Mädchens] darin [in meinem Herz] eingegraben hatte,[16] lieh die Geringschätzung mir ihr höhnendes Zerrbild, welches die Züge eines jeden anderen Gesichts entstellte, eine schöne [Gesichts]farbe mit Verachtung strafte oder sie als gestohlen bezeichnete, alles Ebenmaß [der Gestalt] zu etwas Abscheuli-

---

[11] *stranger:* Vgl. oben I.2.42, wo der König mit *creatures of another place* 'Fremdlinge' meint, denen man vorurteilslos und ohne Stolz oder Selbstgefälligkeit begegnen soll.

[12] *hath reference to:* Vgl. *Hen. V* I.2.205: *many things having full reference/To one consent may work contrariously:* 'Unternehmungen dürfen auch sehr verschiedene Wege gehen, solange sie sich demselben Ziel unterordnen'.

[13] *looks ... on it:* Bezieht sich auf Z.30: *Then shall we have a match.* (Delius).

[14] *instant ... forward top:* Redensartlich (vgl. *Oth.* III.1.49; Tilley T 311). Die Redensart findet auch Ausdruck in einer emblematischen Darstellung der Gelegenheit, wie sie von Amor beim Schopf gefaßt wird. (H.& S., Spalte 1811).

[15] *you:* Der König spricht in dieser Szene Bertram abwechslungsweise mit 'Du' und 'Ihr' an. Dieser Wechsel im Anredepronomen kann als Ausdruck einer Verunsicherung beim König gedeutet werden: Bertram erscheint ihm abwechselnd in der Rolle des selbstsi-

Th' incensing relics of it. Let him approach,
A stranger, no offender; and inform him
So 'tis our will he sould.
GENTLEMAN. I shall, my liege. *[Exit.]*
KING. What says he to your daughter? Have you spoke?
LAFEW. All that he is hath reference to your highness.
KING. Then shall we have a match. I have letters sent me
That sets him high in fame.
Enter Count Bertram.
LAFEW. He looks well on't.
KING. I am not a day of season,
For thou mayst see a sunshine and a hail
In me at once. But to the brightest beams
Distracted clouds give way; so stand thou forth,
The time is fair again.
BERTRAM. My high-repented blames,
Dear sovereign, pardon to me.
KING. All is whole;
Not one word more of the consumèd time.
Let's take the instant by the forward top;
For we are old, and on our quick'st decrees
Th' inaudible and noiseless foot of time
Steals ere we can effect them. You remember
The daughter of this lord?
BERTRAM. Admiringly, my liege. At first
I stuck my choice upon her, ere my heart
Durst make too bold a herald of my tongue;
Where the impression of mine eye infixing,
Contempt his scornful perspective did lend me,
Which warped the line of every other favor,
Scorned a fair color or expressed it stol'n,
Extended or contracted all proportions
To a most hideous object. Thence it came

---

cheren Grafen, dann wiederum in der des zu tadelnden Mündels (vgl. I.2.31 und Anm.).

[16] *heart .. tongue ... eye: ere my heart durst make too bold a herald of my tongue* läßt sich auf zwei Arten interpretieren: a) Noch bevor ich es wagte, diese Wahl offen auszusprechen; b) bevor ich dann meiner Zunge freien Lauf ließ (indem ich Helena beleidigte und mir dadurch Euren Unwillen zuzog). – *Where* (Z.47) nimmt *heart* (Z.45) wieder auf, in das nach petrarkistischer Konvention die Eindrücke des Auges sich einprägen (vgl. Sonn. 24 und J.L. Harrison, "The Convention of Heart and Tongue and the Meaning of Meas.f.M.", *ShQ* 5, 1964, S.1–10).

chem überdehnte oder zusammenzog.[17] Daher kam es, daß sie [Helena], welche alle Männer lobten und die ich selber, seit ich sie verlor, geliebt,[18] zum Staub wurde, der mein Auge reizte.

KÖNIG. Gut entschuldigt; daß du sie liebtest, tilgt einige Kerben auf der großen Abrechnung.[19] Doch Liebe, die zu spät kommt, wird, ähnlich einer allzu langsam gewährten, reuevollen Begnadigung, für den großmütigen Spender zum bitteren Vorwurf,[20] indem sie schreit, 'Gut ist, was verloren ist.'[21] Unsere rasch [begangenen] Fehler schätzen wichtige Dinge, die wir haben, gering, indem sie sie nicht erkennen, bis wir sie in ihrem Grab wissen. Oft zerstört unser Unmut, ungerecht gegen uns selbst gerichtet, unsere Freunde und beweint im Nachhinein deren Staub; unsere eigentliche Liebe erwacht und weint, wenn sie sieht, was geschehen ist, während der schändliche Haß den Nachmittag verschläft.[22] Dies sei der lieben Helena Totenglocke, und jetzt vergiß sie. Sende dein Liebespfand der schönen Magdalena. Die hauptsächlichsten Zustimmungen haben wir gehört, und so erwarten wir denn unseres Witwers zweiten Hochzeitstag.

GRÄFIN. Den du, gütiger Himmel, besser als den ersten segnen mögest, [denn] ehe[23] sich die beiden [Hochzeitstage] gleichen, möge das Leben[24] in mir zu einem Ende kommen!

LAFEW. Kommt, mein Sohn, in den der Name meines Hauses eingehen soll, gebt ein Liebeszeichen, damit es in den Adern[25] meiner Tochter funkle und sie schnell komme.

[Bertram übergibt ihm einen Ring.]

Bei meinem alten Bart und jedem einzelnen Haar daran, die tote

---

[17] *perspective ... contracted: perspective* ist bei Sh. nie ein optisches Instrument. – *warped ... extended and contracted* verweist dagegen auf eine anamorphotische Abbildung ähnlich der von William Scrots in der National Portrait Gallery, auf der das Profil Edwards IV. erst zu erkennen ist, wenn man das Bild aus einem spitzen Winkel von rechts betrachtet (vgl. *Rich. II* [ed.Braun] Anm. 6 zu II.2.16–20).

[18] *lost ... loved:* Ein sprichwörtlicher Gemeinplatz (Tilley W 924), den der König in seiner Replik wiederaufnimmt (Z.60–66; vgl. auch *Rom. and Jul.* I.1.23–31, *Much Ado* IV.1.215–20 wo derselbe Gedanke variiert wird).

[19] *great compt* ist wie in *Oth.* V.2.274 ev. als eine Anspielung auf das Jüngste Gericht zu verstehen.

[20] *remorseful pardon ... sour offense:* "Die barmherzige Begnadigung eines zur Hinrichtung Verurtheilten, die zu spät anlangt und dem königlichen Absender nur einen bitteren Vorwurf einbringt" (Delius; vgl. die parallele Stelle in *Hen.VIII* IV.2.120–21); – *sour offense: sour* kann bei Sh. sowohl 'sauer' als auch 'bitter' heißen.

That she whom all men praised, and whom myself,
Since I have lost, have loved, was in mine eye
The dust that did offend it.

KING. Well excused;
That thou didst love her strikes some scores away
From the great compt. But love that comes too late,
Like a remorseful pardon slowly carried,
To the great sender turns a sour offense,
Crying, 'That's good that's gone.' Our rash faults
Make trivial price of serious things we have,
Not knowing them until we know their grave.
Oft our displeasures, to ourselves unjust,
Destroy our friends, and after weep their dust;
Our own love, waking, cries to see what's done,
While shameful hate sleeps out the afternoon.
Be this sweet Helen's knell, and now forget her.
Send forth your amorous token for fair Maudlin.
The main consents are had, and here we'll stay
To see our widower's second marriage day.

COUNTESS. Which better than the first, O dear heaven, bless,
Or, ere they meet, in me, O nature, cesse!

LAFEW. Come on, my son, in whom my house's name
Must be digested, give a favor from you
To sparkle in the spirits of my daughter,
That she may quickly come.
[Bertram gives him a ring.]
By my old beard

---

71. COUNTESS. Theobald (1773); F KING.
71. *meet, in* Rowe (1709); F *meete in.*

---

[21] *good ... gone:* Vgl. die Entwicklung desselben Gedankens in *Ant. and Cl.* I.2.114–123: *What our contempts doth often hurl from us,/We wish it ours again.* (...) *she's so good, being gone;/The hand could pluck her back that shoved her on.*

[22] *hate sleeps:* Nachdem der Haß sein Werk getan, indem er den Geliebten zerstört hat, während die Liebe schlief.

[23] *or, ere: or ere* (ohne Komma) 'bevor' (temporal oder Präferenz implizierend). Das Komma hier (wie in F) ist wahrscheinlich ein Setzfehler.

[24] *nature:* 'Leben' (vgl. I.1.22 und Anm.).

[25] *spirits:* Vgl. V.1.2 und Anm.

Helena war ein liebes Geschöpf; solch einen Ring wie diesen sah ich das letzte Mal, als ich am Hof von ihr Abschied nahm, an ihrem Finger.

BERTRAM. Ihr gehörte er nicht.

KÖNIG. Ich bitte Euch, laßt mich ihn sehen; denn während ich sprach, blieb mein Auge oft an ihm haften.

[Nimmt den Ring.]

Dieser Ring[26] gehörte mir, und als ich ihn Helena gab, bat ich sie, [sich daran zu erinnern], daß ich ihr, sollte ihr Geschick je der Hilfe bedürfen, kraft dieses Zeichens helfen würde. Hattet Ihr [wirklich] soviel Tücke, sie dessen zu berauben, was ihr am meisten zustatten kommen sollte?

BERTRAM. Mein gnädiger Herrscher, wie immer es Euch auch beliebt, es aufzufassen, der Ring gehörte ihr nie.

GRÄFIN. Mein Sohn, bei meinem Leben, ich habe gesehen, wie sie ihn trug, und sie schätzte ihn wie ihr eigenes Leben.

LAFEW. Ich bin sicher, [auch] ich sah, wie sie ihn trug.

BERTRAM. Ihr täuscht Euch, mein Herr; sie sah ihn nie: In Florenz wurde er mir aus einem Fenster zugeworfen, in ein Papier gehüllt, welches den Namen derjenigen trug, die ihn warf. Adlig war sie und glaubte, ich hätte mich [ihr] verpflichtet.[27] Aber nachdem ich mich in mein Schicksal gefügt hatte und ihr ganz und gar zu verstehen gab, daß ich auf den ehrenvollen Vorschlag, den sie mir eröffnet hatte, nicht eintreten könne, gab sie sich am Ende schwermütig zufrieden und wollte den Ring nie wieder zurückerhalten.

KÖNIG. Plutus selbst, der die Tinktur und alchimistische Medizin kennt, hat von dem [Zunft]handwerk der Natur nicht mehr Kenntnis,[28] als ich von diesem Ring. Er gehörte mir, er gehörte

---

[26] *ring:* Von einem solchen Ring erfährt der Zuschauer hier zum ersten Mal. Die Dramaturgie der Zuschauerüberraschung im Dénouement stellt bei Sh. die Ausnahme dar. Vgl. Komm.

[27] *engaged* kann auf zwei Arten gelesen werden: a) *not gaged* (wie in *Merch.V.* I.1.130) 'nicht verpflichtet' ergäbe die folgende Übersetzung: 'sie glaubte, ich sei [noch] nicht [mit einer anderen Frau] verlobt'; b) *engaged* 'verpflichtet, verlobt': sie glaubte, ich hätte mich [mit ihr] verlobt, [indem ich den Ring empfing]. *Engage, subscribe* (Z.96), *course of honor* (Z.98), *overture* (Z.99) entstammen alle dem Vokabular der Degenfechter.

[28] *Plutus ... science: Plutus,* der Gott des Reichtums, erscheint als Alchimist, der im Besitz des Agens *(medicine)* ist, das unedles Metall in Gold zu verwandeln vermag. Sowohl

And every hair that's on't, Helen that's dead
Was a sweet creature; such a ring as this,
The last that e'er I took her leave at court,
I saw upon her finger.

BERTRAM. Hers it was not.

KING. Now pray you let me see it; for mine eye,
While I was speaking, oft was fastened to't.
[Takes the ring.]
This ring was mine, and when I gave it Helen
I bade her, if her fortunes ever stood
Necessitied to help, that by this token
I would relieve her. Had you that craft to reave her
Of what should stead her most?

BERTRAM. My gracious sovereign,
Howe'er it pleases you to take it so,
The ring was never hers.

COUNTESS. Son, on my life,
I have seen her wear it, and she reckoned it
At her life's rate.

LAFEW. I am sure I saw her wear it.

BERTRAM. You are deceived, my lord; she never saw it.
In Florence was it from a casement thrown me,
Wrapped in a paper, which contained the name
Of her that threw it. Noble she was, and thought
I stood engaged; but when I had subscribed
To mine own fortune, and informed her fully
I could not answer in that course of honor
As she had made the overture, she ceased
In heavy satisfaction, and would never
Receive the ring again.

KING. Plutus himself,
That knows the tinct and multiplying med'cine,
Hath not in nature's mystery more science
Than I have in this ring. 'Twas mine,' twas Helen's

---

96. *engaged* Rowe (1709); F *ingag'd;* Theobald (1733) *ungag'd 'ungebunden'.*

---

medicine wie *multiply* sind zeitgenössische Fachausdrücke aus der Alchimie. – *mystery:* 'Zunfthandwerk' (III.6.57). – *science:* 'Wissen', 'Kenntnisse (innerhalb eines abgegrenzten Bereichs)', ein Wort, das Sh. nur gerade fünfmal verwendet. Der Vergleich des Königs mit dem allmächtigen Gott entbehrt nicht einer gewissen dramatischen Ironie: Nicht er führt Regie in der vorliegenden Schlußszene, sondern allein Helena.

Helena, wer immer ihn Euch gab. So wahr Ihr Euch selbst wohl kennt,[29] gesteht, daß er ihr gehörte, und [gesteht], durch was für einen rohen Gewaltakt Ihr ihn von ihr erhieltet. Sie rief die Heiligen zu Zeugen auf, daß sie ihn nie von ihrem Finger nehmen würde, außer sie übergäbe ihn im Ehebett Euch selbst – wohin Ihr nie gekommen seid – oder [aber] sie würde ihn uns schicken, im Falle großen Unheils.

BERTRAM. Sie sah ihn nie.

KÖNIG. Du sprichst falsch, so wahr mir meine Ehre lieb ist, und läßt Vermutungen und Befürchtungen in mir aufkommen, die ich gerne ausschließen möchte. Wenn es sich erweisen sollte, daß du so unmenschlich bist – es wird sich nicht erweisen, und doch, ich weiß nicht – du[30] haßtest sie tödlich, und [jetzt] ist sie tot; woran zu glauben, mich nichts so stark veranlassen könnte wie der Anblick dieses Rings, außer ich selbst drückte ihr die Augen zu. Führt ihn weg.

[Diener nehmen Bertram fest.]

Meine früheren Verdachtsgründe werden, wie immer die Sache ausfällt, meine Befürchtungen nicht beschuldigen [können], sie seien unnötig gewesen, da ich törichterweise [früher] zu wenig fürchtete. Fort mit ihm; wir werden die Sache weiter prüfen.

BERTRAM. Solltet Ihr beweisen, daß dieser Ring je ihr gehörte, so werdet Ihr ebenso leicht beweisen, daß ich in Florenz ihr Bett bestiegen habe, wo sie jedoch nie war.

[Ab. Bewacht]

KÖNIG. Ich bin in unheilvolle Gedanken gehüllt.

Ein Herr tritt auf.[31]

HERR. Gnädiger Herrscher, ob ich zu tadeln bin oder nicht, weiß ich nicht. Hier ist eine Bittschrift einer Florentinerin, die vier oder fünf Tagreisen[32] zu spät kam, sie Euch selber vorzulegen. Ich habe mich der Sache angenommern, nachdem ich durch die Anmut und schöne Rede der armen Bittstellerin, die, wie ich

---

[29] *know ... yourself:* Ein Bedingungssatz mit etwas obskurem Sinn. Folgende Interpretationen sind möglich: a) ‘Gesteht, der Ring gehörte ihr, eine Wahrheit, die so klar ist wie die Tatsache, daß Ihr Euch selbst wohl kennt’ (New Penguin); b) ‘Wenn Ihr erkennt, wieviel Euch an Eurem persönlichen Wohlergehen (OED *self* C.5) gelegen ist, so gesteht, ... (New Arden); c) ’Wenn Ihr wißt,/Daß Ihr von Eurem Tun Erinnrung habt,/ Bekennt ... ‘ (Baudissin). Aufgrund einer Parallele in *Macb.* III.4.74 *(If I stand here I saw him* ’so wahr ich hier stehe, sah ich ihn’) folgen wir a).

[30] *speak’st ... thou:* Die Erregung in der Rede des Königs findet angemessenen Ausdruck im Wechsel des Anredepronomens von *you* zu *thou,* ebenso wie in der gebrochenen Syntax. – Zum unbestimmten *it* vgl. I.2.75 und Anm. sowie *Lear* IV.1.52.

Whoever gave it you. Then if you know
That you are well acquainted with yourself,
Confess 'twas hers, and by what rough enforcement
You got it from her. She called the saints to surety
That she would never put it from her finger
Unless she gave it to yourself in bed –
Where you have never come – or sent it us
Upon her great disaster.

BERTRAM. She never saw it.

KING. Thou speak'st it falsely, as I love mine honor,
And mak'st conjectural fears to come into me
Which I would fain shut out. If it should prove
That thou art so inhuman – 'twill not prove so,
And yet I know not – thou didst hate her deadly,
And she is dead; which nothing but to close
Her eyes myself could win me to believe,
More than to see this ring. Take him away.
[Attendants arrest Bertram.]
My forepast proofs, howe'er the matter fall,
Shall tax my fears of little vanity,
Having vainly feared too little. Away with him;
We'll sift this matter further.

BERTRAM. If you shall prove
This ring was ever hers, you shall as easy
Prove that I husbanded her bed in Florence,
Where yet she never was. *[Exit, guarded.]*

KING. I am wrapped in dismal thinkings.
Enter a Gentleman.

GENTLEMAN. Gracious sovereign,
Whether I have been to blame or no, I know not:
Here's a petition from a Florentine,
Who hath for four or five removes come short
To tender it herself. I undertook it,
Vanquished thereto by the fair grace and speech
Of the poor suppliant, who by this, I know,

---

[31] *Gentleman:* Sein Auftritt wird in keiner Weise angekündigt. Er muß deshalb sowohl dem König als auch dem Publikum wohlbekannt sein und ist daher wohl identisch mit dem königlichen Falkner in V.1.6 (vgl. Anm. dort).

[32] *removes:* Nach Arden ein gebräuchliches Wort für die Tagesetappe einer Reisegesellschaft (vgl. oben V.1.23).

135 weiß, inzwischen hier wartet, dafür gewonnen war. Ihr Anliegen blickt mit dringendem Gesicht aus ihr, und sie ließ mich durch einen einnehmenden mündlichen Bericht wissen, daß es Eure Hoheit und sie selbst beträfe.

[KÖNIG *liest]* *einen Brief.* 'Durch seine vielen Beteuerungen, mich
140 heiraten zu wollen, sobald seine Frau tot sei – ich erröte, es zu sagen – gewann er mich. Jetzt ist der Graf von Roussillon Witwer, seine Gelübde sind an mich verfallen und meine Ehre ist an ihn bezahlt. Er stahl sich weg aus Florenz, ohne Abschied zu nehmen, und ich folge ihm in sein Land, um Gerechtigkeit [zu erhalten]: Gewährt sie mir, O König! In Euch liegt sie wohlbewahrt; sonst triumphiert ein Verführer und ein armes
147 Mädchen ist ruiniert. Diana Capilet.'

LAFEW. Ich werde mir einen Schwiegersohn auf dem Jahrmarkt kaufen und für diesen [hier] den [Verkaufs]zoll entrichten. [33] Ich will nichts mehr von ihm [wissen].

KÖNIG. Der Himmel meint es gut mit dir, Lafew, wenn er uns diese
151 Entdeckung macht. Holt diese Bittstellerinnen[34] herein. Geht rasch, und bringt auch den Grafen zurück.

[Der Herr und ein Diener ab.]

Madame, ich fürchte, Helenas Leben wurde auf verbrecherische Weise geraubt.

GRÄFIN. Dann [soll] Gerechtigkeit den Tätern [widerfahren]!

Bertram tritt auf [bewacht].

KÖNIG. Ich wundere mich, Herr, da Ehefrauen Euch als Ungeheuer
156 erscheinen, und[35] Ihr sie flieht, nachdem Ihr ihnen Gattenpflicht geschworen habt, daß Ihr dennoch zu heiraten wünscht.

Die Witwe, [und] Diana treten auf.

Wer ist jene Frau?

DIANA. Ich bin eine unglückliche Florentinerin, mein Herr, aus dem Hause der alten Capilet. Mein Begehren kennt Ihr, wie ich
160 annehme, und deshalb wißt Ihr auch, wie sehr ich zu bedauern bin.

WITWE. Ich bin ihre Mutter, Sire, deren Alter und Ehre beide unter der Klage leiden, die wir vorbringen, und die beide ein Ende haben werden ohne Eure Hilfe.

---

[33] *fair ... toll:* Durch den Eintrag einer Ware in das Marktzollbuch war jene in jedem Fall feil, auch dann, wenn der Verkäufer nicht der rechtmäßige Eigentümer der verkauften Sache war (C.& W., S.185–86).

[34] *suitors:* Dem König wurde bloß eine einzige Bittstellerin angekündigt (Z.130–138). Sh. bereitet aber durch diesen Plural den Auftritt der Witwe zusammen mit Diana vor. Eine

Is here attending. Her business looks in her
With an importing visage, and she told me,
In a sweet verbal brief, it did concern
Your highness with herself.

[KING *reads] a letter.* 'Upon his many protestations to marry me when his wife was dead, I blush to say it, he won me. Now is the Count Rossillion a widower, his vows are forfeited to me, and my honor's paid to him. He stole from Florence, taking no leave, and I follow him to his country for justice: grant it me, O king! In you it best lies; otherwise a seducer flourishes, and a poor maid is undone.

Diana Capilet.'

LAFEW. I will buy me a son-in-law in a fair, and toll for this. I'll none of him.

KING. The heavens have thought well on thee, Lafew,
To bring forth this discov'ry. Seek these suitors.
Go speedily, and bring again the count.
[Exeunt Gentleman and an Attendant.]
I am afeard the life of Helen, lady,
Was foully snatched.

COUNTESS. Now justice on the doers!

Enter Bertram [guarded].

KING. I wonder, sir, sith wives are monsters to you,
And that you fly them as you swear them lordship,
Yet you desire to marry.

Enter Widow [and] Diana.

What woman's that?

DIANA. I am, my lord, a wretched Florentine,
Derivèd from the ancient Capilet.
My suit, as I do understand, you know,
And therefore know how far I may be pitied.

WIDOW. I am her mother, sir, whose age and honor
Both suffer under this complaint we bring,
And both shall cease, without your remedy.

---

157. *Diana* Rowe; F *Diana and Parrolles.*

---

enge Parallele zu der vorliegenden Szene findet sich in *Meas.f.M.* V.1.169–257, wo sich ebenfalls eine Bittstellerin fälschlich als entjungfert ausgibt, den Unwillen des Richters auf sich lädt und schließlich abgeführt wird.

35 *sith ... that:* Um die Wiederholung einer Konj. (hier: *sith*) zu vermeiden, steht im elisabethanischen Englisch oft *that* (Franz § 548).

KÖNIG. Kommt her, Graf, kennt Ihr diese Frauen?

BERTRAM. Mein Herr, ich kann nicht, noch will ich leugnen, daß ich sie kenne. Haben sie noch andere Ansprüche an mich?

DIANA. Warum seht Ihr Eure Frau so fremd an?

BERTRAM. Sie hat nichts mit mir zu tun, mein Herr.

DIANA. Wenn Ihr heiratet,[36] so verschenkt Ihr diese Hand, und die ist mein; Ihr verschenkt das himmlische Gelübde, und das ist mein, ihr verschenkt mein eigenes Selbst, das bekanntlich mein ist, denn durch [unser] [Ehe]gelöbnis[37] bin ich so sehr *ein* Leib mit Euch geworden,[38] daß sie, die Euch heiratet, zugleich mich heiraten muß - entweder uns beide, oder keinen.

LAFEW. Euer Ruf ist zu gering für meine Tochter, Ihr seid kein Mann für sie.

BERTRAM. Mein Herr, das ist ein törichtes und verwegenes[39] Geschöpf, mit dem ich mich einst vergnügte; Eure Hoheit möge eine höhere Meinung von meinem Adel hegen, als glauben, ich hätte ihn hier versenkt.

KÖNIG. Mein Herr, was meine Meinung betrifft, so ist sie Euch nicht [eher] freundlich gesinnt, als bis Eure Taten sie [für Euch] gewinnen. Besser als er in meiner Meinung bewahrt ist, muß sich Euer Adel [erst] erweisen!

DIANA. Mein guter Herr, fragt ihn auf seinen Eid, ob er wirklich glaubt, er habe meine Jungfräulichkeit nicht.

KÖNIG. Was sagst du dazu?

BERTRAM. Sie ist schamlos, mein Herr, und war eine Spielgefährtin[40] für das ganze Lager.

DIANA. Er tut mir Unrecht, mein Herr. Wenn ich das wäre, hätte er mich zu einem gewöhnlichen Preis kaufen können. Glaubt ihm nicht. O seht diesen Ring, dessen hohes Ansehen und großer Wert nicht seinesgleichen hat; und trotzdem überließ er ihn einer gewöhnlichen Dirne im Lager, wenn ich denn eine sein soll.

GRÄFIN. Er errötet, und es ist getroffen. Von sechs Vorfahren wurde dieses Kleinod, durch Testament an die unmittelbaren Nach-

---

[36] *shall* verwendet Sh. oft in Temporal- und Konditionalsätzen, wo im modernen Englisch Präsens steht (Franz §§ 608, 610).

[37] *by vow:* Vgl. oben IV.2.61–63 und Anm.

[38] *embodied:* Sh. verwendet das Wort einzig an dieser Stelle: 'zu einem Leib geworden' (Kellner).

[39] *fond ... desperate: fond* 'närrisch', 'vernarrt' (vgl. oben I.1.168 und Anm. sowie I.3.68). – *desperate:* 'verzweifelt' (vgl. oben II.1.184 und Anm.).

KING. Come hither, count; do you know these women?
BERTRAM. My lord, I neither can nor will deny
But that I know them. Do they charge me further?
DIANA. Why do you look so strange upon your wife?
BERTRAM. She's none of mine, my lord.
DIANA. If you shall marry,
You give away this hand, and that is mine;
You give away heaven's vows, and those are mine;
You give away myself, which is known mine:
For I by vow am so embodied yours
That she which marries you must marry me –
Either both or none.
LAFEW. Your reputation comes too short for my daughter; you are no husband for her.
BERTRAM. My lord, this is a fond and desp'rate creature,
Whom sometime I have laughed with; let your highness
Lay a more noble thought upon mine honor
Than for to think that I would sink it here.
KING. Sir, for my thoughts, you have them ill to friend
Till your deeds gain them. Fairer prove your honor
Than in my thought it lies!
DIANA. Good my lord,
Ask him upon his oath if he does think
He had not my virginity.
KING. What say'st thou to her?
BERTRAM. She's impudent, my lord,
And was a common gamester to the camp.
DIANA. He does me wrong, my lord. If I were so,
He might have bought me at a common price.
Do not believe him. O, behold this ring,
Whose high respect and rich validity
Did lack a parallel; yet for all that
He gave it to a commoner o'th'camp,
If I be one.
COUNTESS. He blushes, and 'tis hit.
Of six preceding ancestors, that gem,

---

181. *them. Fairer* Pelican; F *them fairer;* New Arden *them fairer. Prove your honor; Then*

---

40 *a common gamester to the camp* steht für *a gamester common to the camp (Hypallage).* – *gamester* 'Spieler' konnotiert gewöhnlich 'Liebesabenteurer'; hier, wie in *Per.* IV.6.69, pejorativ 'Hure'.

kommen weitervererbt,[41] geschuldet und getragen. Sie ist seine Frau; jener Ring ist ein tausendfacher Beweis.

KÖNIG. Mir war, Ihr sagtet, daß Ihr jemand hier am Hof saht, der dies bezeugen könne.[42]

DIANA. So ist es, mein Herr, aber es widerstrebt mir, ein so schlechtes Werkzeug vorzubringen; sein Name ist Parolles.

LAFEW. Ich sah den Mann [eben] heute, wenn er denn ein Mann ist.

KÖNIG. Sucht ihn, und bringt ihn her.

[Ein Diener ab.]

BERTRAM. Was hat der schon zu sagen?[43] Er gilt als höchst verräterischer Schurke und ist angeklagt, mit allen Makeln dieser Welt befleckt zu sein,[44] ihm wird schon übel, wenn er einmal die Wahrheit sagt. Bin ich [denn] dieser oder jener [allein] aufgrund dessen, was er aussagt, der doch redet, wie man will.

KÖNIG. Sie hat aber Euren Ring.

BERTRAM. Ich glaube, ja. Gewiß gefiel sie mir, und ich habe mich an sie herangemacht,[45] in jugendlich leichtfertiger Art. Sie verstand Distanz zu wahren[46] und angelte nach mir, indem sie mit ihrer Zurückhaltung meine Begierde schürte – so wie alle Hindernisse im Strom der Liebe Ursache sind für noch mehr Liebe[47] – und schließlich unterwarf mich ihre grenzenlose List,[48] [gepaart] mit ihren gewöhnlichen Reizen, ihrem Preis. Sie erhielt den Ring, und ich bekam das, was jeder geringe [Soldat] zum Marktpreis hätte kaufen können.[49]

---

[41] *testament ... issue:* Ein Familienring (vgl. oben III.2.56, III.7.22, IV.2.42) stellte kein *heirloom* ('Familienerbstück') im juristischen Sinn dar, welches für gewöhnlich ohne Testament zwingend innerhalb der Familie weitervererbt werden mußte, sondern war lediglich Gegenstand einer langen Familientradition, mit der jedoch auch rechtmäßig gebrochen werden konnte (C.& W., S.240, Anm. 60).

[42] *Methought ... witness:* Diana hat nichts derartiges gesagt. New Arden verweist auf Sh.s Gewohnheit, den Gang eines Dialogs auf diese Weise abzukürzen.

[43] *What of him* ist idiomatisch im Sinn 'der kann keinen Schaden anrichten' (vgl. *Merch. V.* [ed.Heine], Anm. 27 zu I.3.52: *What of that?* 'Das schadet nichts').

[44] *taxed ... deboshed:* Ein Hendiadyoin: *taxed* ('getadelt, bestraft') *for being debosh'd* ('verdorben') *with all the spots in the world* (New Arden).

[45] *boarded:* Wörtlich 'enterte'. Die Metapher wird in *Twel. N.* I.3.51 expliziert: *'Accost' is front her, board her, woo her, assail her.*

[46] *knew ... distance:* In *distance* liegt eine Metapher aus der Sprache der Fechtkunst vor: 'die beim Duell einzuhaltende Distanz zwischen den Fechtenden' *(Rom. and Jul.* II.4.21). Das Wort konnotiert 'Angriffsstellung'. Bertram stellt sich selber als das Opfer von Dianas Provokationen dar. (Für eine tragische Variation dieser Verleumdungstaktik vgl. die Szene, in der Macbeth Banquos Mörder dingt: *So is he [Banquo] mine [enemy]. And in such bloody distance that every minute of his being thrusts against my near'st of life).*

[47] *impediments ... motives ... fancy:* Eine bei Sh. und den Elisabethanern häufig belegte Analogie: *The stream (current, tide) stopped swells higher* (Tilley S 929). – *motive:*

Conferred by testament to th' sequent issue,
Hath it been owed and worn. This is his wife;
That ring's a thousand proofs.
KING. Methought you said
You saw one here in court could witness it.
DIANA. I did, my lord, but loath am to produce
So bad an instrument; his name's Parolles.
LAFEW. I saw the man to-day, if man he be.
KING. Find him and bring him hither. *[Exit an Attendant.]*
BERTRAM. What of him?
He's quoted for a most perfidious slave,
With all the spots o'th' world taxed and deboshed,
Whose nature sickens but to speak a truth.
Am I or that or this for what he 'll utter,
That will speak anything?
KING. She hath that ring of yours.
BERTRAM. I think she has. Certain it is I liked her,
And boarded her i'th' wanton way of youth.
She knew her distance and did angle for me,
Madding my eagerness with her restraint –
As all impediments in fancy's course
Are motives of more fancy – and in fine
Her infinite cunning with her modern grace
Subdued me to her rate. She got the ring,
And I had that which any inferior might
At market price have bought.

---

216. *infinite cunning* Singer (1856, Konj. W.S.Walker); F *insuite comming;* Hanmer *in suit coming* 'Einlenken'.

'Werkzeug, das etwas in Bewegung setzt' (Delius; vgl. IV.4.20 und Anm.). – *fancy: fantasy* und die kürzere gebräulichere Form *fancy* verwendet Sh. ungefähr synonym, um entweder die 'Vorstellung' selbst damit zu bezeichnen *(Haml.* I.1.23), ein 'Produkt der Vorstellung' *(Jul. Caes.* II.1.231) oder meistens, wie hier, 'Liebe' (vgl. oben I.1.93 und II.3.167), welche ihrerseits vielleicht als ein Produkt der Vorstellungskraft aufgefaßt wurde (vgl. II.3.167 und Anm.).

[48] *infinite cunning:* Vgl. Lesarten. Unser Grundtext übernimmt, wie die meisten Hrsg., die Emendation von W.S.Walker. Demnach waren es nicht so sehr Dianas Reize *(grace),* welche Bertram schließlich für sich gewannen, denn diese gehörten zu der gewöhnlichen Sorte *(modern* heißt 'alltäglich, gewöhnlich', nicht 'modern'; vgl. II.3.2 und Anm.), sondern ihre Schlauheit *(cunning),* die keine Grenzen kennt *(infinite)* und der selbst der König zu erliegen scheint. Die F-Lesart *insuite* ließe sich mit Thiselton eventuell verteidigen als Anglisierung des lat. insuetus 'ungewöhnlich', eine Vermutung, die durch die Antithese zu *modern* 'gewöhnlich' gestützt wird (New Arden).

[49] *might:* Sh. verwendet *may/might* oft, wo im modernen Englisch *can/could* stehen würde (Franz § 604).

DIANA. Ich muß geduldig sein. Ihr, der Ihr eine so edle erste Frau
220 verstoßen habt, seid [wohl] imstande, mich erst recht gefügig zu machen.[50] Ich bitte Euch jetzt noch – dieweil es Euch an Tugend mangelt und ich [also] einen Gatten verlieren werde – verlangt Euren Ring, ich will ihn [Euch] zurückgeben, und gebt mir [dafür] meinen wieder.

BERTRAM. Ich habe ihn nicht [mehr].

KÖNIG. Was für ein Ring war der Eure, sagt mir?

DIANA. Herr, [einer] ganz wie der an Eurem Finger.

KÖNIG. Kennt Ihr diesen Ring? Dieser Ring war eben noch seiner.

DIANA. Und dieser [Ring] war es auch, den ich ihm gab, als ich bei ihm
228 lag.

KÖNIG. Die Geschichte, wonach Ihr ihm den Ring aus einem Fenster zuwarft, ist also falsch?

DIANA. Ich habe die Wahrheit gesprochen.

Parolles tritt auf.

BERTRAM. Mein Herr, ich gestehe, der Ring gehörte ihr.

KÖNIG. Ihr erschreckt [aber] arg; jede Feder schreckt Euch.[51] Ist das der Mann, von dem Ihr spracht?

DIANA. Jawohl, mein Herr.

KÖNIG. Sagt mir, Bube – aber sagt ehrlich aus, ich befehle es Euch,
235 ohne die Ungunst Eures Herrn dabei zu fürchten, die ich, so Ihr willig Folge leistet, abwenden werde – was wißt Ihr über[52] ihn und diese Frau hier?

PAROLLES. Wenn es Eurer Majestät beliebt, mein Herr ist immer ein ehrenwerter Edelmann gewesen. Eigenheiten[53] hatte er wohl,
239 wie sie Edelleute [nun mal] haben.

KÖNIG. Kommt, kommt, zur Sache. Liebte er diese Frau?

PAROLLES. Wahrhaftig, Herr, er liebte sie in der Tat; bloß wie?

KÖNIG. Wie [denn], bitte?

---

[50] *may ... diet: may* 'imstande sein' (vgl. V.3.221 und Anm.) – *diet* heißt bei Sh. sonst immer 'füttern', 'nähren', 'stillen', sowohl in wörtlicher als auch übertragener Bedeutung: 'gefügig machen' *(Coriol.* V.1.57 *I'll watch him till he be dieted to my request).* Die moderne Bedeutung 'Diät halten' kommt nur in der Wendung *to take diet* vor *(Two Gent.* II.1.23). Die Vorstellung der Beschränkung im Zusammenhang mit *diet* scheint aber auch oben IV.3.28 vorzuliegen. Die Bedeutung 'mich am Genuß dessen, was mir zusteht, zu hindern' geben denn auch die meisten neueren Hrsg. den Vorzug. Eine etwas speziellere Bedeutung möchte New Sh. hier ansetzen: Aufgrund der Kollokation mit *market-price* (Z.219) und *turned-off* (Z.220) ergäbe sich für *diet* hier die Bedeutung 'entlassen, nachdem die Arbeit eines Tages getan ist' (vgl. mittellat. *dieta* 'die Arbeit/der Lohn eines Tages'). – Die Frage, ob eine Speisemetapher oder eine Zeitmetapher vorliegt, bleibt offen.

DIANA. I must be patient.
You that have turned off a first so noble wife
May justly diet me. I pray you yet –
Since you lack virtue, I will lose a husband –
Send for your ring, I will return it home,
And give me mine again.
BERTRAM. I have it not.
KING. What ring was yours, I pray you?
DIANA. Sir, much like
The same upon your finger.
KING. Know you this ring? This ring was his of late.
DIANA. And this was it I gave him, being abed.
KING. The story then goes false, you threw it him
Out of a casement?
DIANA. I have spoke the truth.
Enter Parolles.
BERTRAM. My lord, I do confess the ring was hers.
KING. You boggle shrewdly; every feather starts you.
Is this the man you speak of?
DIANA. Ay, my lord.
KING. Tell me, sirrah – but tell me true, I charge you,
Not fearing the displeasure of your master,
Which, on your just proceeding, I'll keep off –
By him and by this woman here what know you?
PAROLLES. So please your majesty, my master hath been an honorable gentleman. Tricks he hath had in him, which gentlemen have.
KING. Come, come, to th' purpose. Did he love this woman?
PAROLLES. Faith, sir, he did love her; but how?
KING. How, I pray you?

---

51 *boggle ... feather ... starts:* Sh. verwendet *boggle* einzig hier. Antonius nennt Cleopatra *a boggler* (III.13.110), 'eine Unstete', ev. auch mit der Konnotation 'eine Verschlagene, eine Falsche'. – Das Verb kann heißen: 1. 'Bedenken erheben, zögern'; 2. 'sein Spiel treiben mit'; 3. 'vor etwas zurückschrecken' (wohl aufgrund von *a boggle* als nördliche Dialektvariation von *a bogle* 'ein Schreckgespenst') (OED). Aufgrund der Kollokation mit *start* ist 3. am wahrscheinlichsten. – Mit *every feather* meint der König Parolles, dessen Auftritt in eben diesem Moment Bertram zu seinem plötzlichen Geständnis bewegt. Das Tragen von Federn im Hut galt als modisch und galant, war aber auch Ziel von Satire (vgl *Hen. VIII* I.3.25: *They must* [...] *leave those remnants of fool and feather that they got in France.)*

52 *By ... him:* 'betreffs, über, in Bezug auf' (Abbott § 145, vgl. IV.2.28 und Anm.).

53 *Tricks:* Vgl. III.2.8 und Anm.

PAROLLES. Er liebte sie, Herr, wie der Edelmann das Weib eben liebt.

KÖNIG. Und wie ist das?

PAROLLES. Er liebte sie, und liebte sie nicht.[54]

KÖNIG. So wie du ein Schurke bist und kein Schurke. Was ist der für ein zweideutiger Kumpan!

PAROLLES. Ich bin ein armer Mann und stehe Eurer Majestät zu Diensten.

LAFEW. Er ist ein guter Paukist, mein Herr, aber ein nichtsnutziger Redner.[55]

DIANA. Wißt Ihr, daß er mir die Ehe versprach?

PAROLLES. Wahrhaftig, ich weiß mehr, als ich sagen werde.

KÖNIG. Aber willst du denn nicht alles sagen, was du weißt?

PAROLLES. Doch, wenn es Eurer Majestät beliebt. Ich spielte den Vermittler zwischen ihnen, wie ich sagte; aber noch mehr als das, er liebte sie – denn in der Tat war er verrückt nach ihr und führte Reden vom Satan, der Hölle[56] und den Furien und von was weiß ich. Ich stand damals in solchem Vertrauen bei ihnen, daß ich von ihrem Beischlaf wußte, ebenso wie von anderen Regungen,[57] wie einem Heiratsversprechen an sie und Dingen, von denen zu sprechen mir [nur] Ungunst eintragen würde; deshalb sage ich nicht [alles], was ich weiß.

KÖNIG. Du hast schon alles gesagt, es sei denn, du könntest noch sagen, sie seien verheiratet; aber du bist allzu verschlagen bei deinen Aussagen; tritt deshalb zur Seite. Dieser Ring, sagt Ihr, gehörte Euch?

DIANA. Jawohl, mein guter Herr.

KÖNIG. Wo kauftet Ihr ihn? oder wer gab ihn Euch?

DIANA. Er wurde mir nicht gegeben, noch kaufte ich ihn.

KÖNIG. Wer lieh ihn Euch?

DIANA. Er wurde mir nicht geliehen.

KÖNIG. Wo fandet Ihr ihn also?

DIANA. Ich fand ihn nicht.

KÖNIG. Sollte er auf keine dieser Arten in Euren Besitz gelangt sein, wie konntet Ihr ihm [also] den Ring geben?

DIANA. Ich gab ihn ihm nie.

LAFEW. Diese Frau ist ein loser Handschuh,[58] mein Herr; sie läßt sich nach Belieben anziehen und abstreifen.

---

[54] *loved ... not:* Ein Wortspiel mit 1. *not* 'nicht'; 2. *knot* 'Keuschheit' (vgl. *Sh.Pron.* und III.2.22 und Anm.): 'Er liebte sie und liebte dabei [vor allem] ihre Keuschheit'.

PAROLLES. He did love her, sir, as a gentleman loves a woman.
KING. How is that?
PAROLLES. He loved her, sir, and loved her not.
KING. As thou art a knave, and no knave. What an equivocal companion is this!
PAROLLES. I am a poor man, and at your majesty's command.
LAFEW. He's a good drum, my lord, but a naughty orator.
DIANA. Do you know he promised me marriage?
PAROLLES. Faith, I know more than I'll speak.
KING. But wilt thou not speak all thou know'st?
PAROLLES. Yes, so please your majesty. I did go between them as I said; but more than that, he loved her – for indeed he was mad for her, and talked of Satan and of Limbo and of Furies and I know not what. Yet I was in that credit with them at that time that I knew of their going to bed, and of other motions, as promising her marriage, and things which would derive me ill will to speak of; therefore I will not speak what I know.
KING. Thou hast spoken all already, unless thou canst say they are married; but thou art too fine in thy evidence; therefore stand aside.
This ring you say was yours?
DIANA. Ay, my good lord.
KING. Where did you buy it? or who gave it you?
DIANA. It was not given me, nor I did not buy it.
KING. Who lent it you?
DIANA. It was not lent me neither.
KING. Where did you find it then?
DIANA. I found it not.
KING. If it were yours by none of all these ways,
How could you give it him?
DIANA. I never gave it him.
LAFEW. This woman's an easy glove, my lord; she goes off and on at pleasure.

---

55 *drum ... orator: drum:* 'Militärpauke' (vgl. III.5.72 BA und Anm.) aber auch 'Paukist', so wie *Trumpet* auch oft 'Trompeter' bedeutet (vgl. BA zu III.3 sowie *Meas.f.M.* IV.5.9, *3 Hen.VI* V.1.16). – *orator:* Auch 'Advokat'.

56 *Limbo:* wörtlich 'Vorhölle'. Im Englischen ebenso gebräuchlich wie dt. 'Hölle'.

57 *motions:* Die Grundbedeutung von *motion* ist 'Bewegung', oft 'Emotion', 'Regung', 'Impuls', hier spezieller 'Vorstöße', 'Anträge', wie in *Meas.f.M.* V.1.530.

58 *easy glove:* Eine sexuelle Metapher, noch verstärkt durch das Wortspiel mit *at pleasure:* 1. 'nach Belieben'; 2. 'beim Vergnügen'.

KÖNIG. Dieser Ring gehörte mir; ich gab ihn seiner ersten Frau.

DIANA. Er könnte wohl der Eure oder der ihre sein, nach dem [zu schliessen], was ich weiß.

KÖNIG. Führt sie weg, ich mag sie jetzt nicht; ins Gefängnis mit ihr und weg mit ihm. Wenn du mir nicht sagst, woher du diesen Ring hast, stirbst du noch in dieser Stunde.

DIANA. Ich werde es Euch nie sagen.

KÖNIG. Führt sie weg.

DIANA. Ich stelle einen Bürgen, mein Lehensherr.

KÖNIG. Ich halte dich nunmehr für eine gewöhnliche Dirne.[59]

DIANA. Beim Jupiter, wenn ich je einen Mann [geschlechtlich] kannte,[60] dann wart Ihr es.

KÖNIG. Weshalb hast du ihn [denn] die ganze Zeit angeklagt?

DIANA. Weil er schuldig ist und nicht schuldig. Er weiß, daß ich keine Jungfrau bin, und er wird dies beschwören; ich werde beschwören, daß ich eine Jungfrau bin und er es [nur] nicht weiß. Großer König, ich bin keine Dirne, bei meinem Leben; entweder bin ich eine Jungfrau, oder aber die Frau dieses alten Mannes.[61]

[Zeigt auf Lafew.][62]

KÖNIG. Sie mißbraucht unsere Ohren; ins Gefängnis mit ihr!

DIANA. Gute Mutter, holt meinen Bürgen. Wartet noch, königlicher Herr.

[Die Witwe ab.]

Der Juwelier[63], dem der Ring gehört, wird geholt, und er soll für mich bürgen. Aber was diesen Edelmann betrifft, der mich mißbraucht hat, wie er selber weiß, obwohl er mir doch kein Leid getan hat, ihn spreche ich hiermit frei.[64] Er weiß selbst, daß er mein Bett entehrt hat, und in jenem Moment zeugte er mit seiner Frau ein Kind. Obwohl sie tot ist, fühlt sie doch ihr Junges strampeln. Hier ist also mein Rätsel: eine Tote ist lebendig[65] – und jetzt seht die Lösung des Rätsels.

Helena und die Witwe treten auf.

---

[59] *customer:* 'häufiger Besucher', 'Käufer', 'jemand, mit dem man zu tun hat', aber auch, wie hier, ein Euphemismus für 'Prostituierte' *(Oth.* IV.1.119).

[60] *knew man:* Zur geläufigen Ambiguität im Wortfeld *know:* 1. 'erkennen'; 2. 'geschlechtlich verkehren' vgl. I.1.204 und Anm. – Diana will sagen: Ich bin ebensowenig ein Freudenmädchen, wie ich mich Euch, dem König, je geschlechtlich zu erkennen gab (vgl. die ähnlich umschreibend-verhüllenden Aussagen Dianas oben in IV.2.72–73 und unten in V.3.287–90).

[61] *knows ... life ... wife:* Vgl. das ähnliche Rätsel, das Mariana in *Meas.f.M.* V.1.184–87 vorbringt. – Zu den Reimpaaren hier und unten Z.297–300, 309–15, 321–36 vgl. II.1.130 und Anm.

KING. This ring was mine; I gave it his first wife.
DIANA. It might be yours or hers for aught I know.
KING. Take her away, I do not like her now;
To prison with her, and away with him.
Unless thou tell'st me where thou hadst this ring,
Thou diest within this hour.
DIANA. I'll never tell you.
KING. Take her away.
DIANA. I'll put in bail, my liege.
KING. I think thee now some common customer.
DIANA. By Jove, if ever I knew man, 'twas you.
KING. Wherefore hast thou accused him all this while?
DIANA. Because he's guilty, and he is not guilty.
He knows I am no maid, and he'll swear to't;
I'll swear I am a maid and he knows not.
Great king, I am no strumpet, by my life;
I am either maid, or else this old man's wife.
[Points to Lafew.]
KING. She does abuse our ears; to prison with her!
DIANA. Good mother, fetch my bail. Stay, royal sir,
[Exit Widow.]
The jeweller that owes the ring is sent for,
And he shall surety me. But for this lord,
Who hath abused me, as he knows himself,
Though yet he never harmed me, here I quit him.
He knows himself my bed he hath defiled,
And at that time he got his wife with child.
Dead though she be, she feels her young one kick.
So there's my riddle: one that's dead is quick –
And now behold the meaning.
Enter Helena and Widow.

---

[62] *[Points to Lafew]:* Die heftige Reaktion des Königs läßt vermuten, daß Diana mit *this old man* ihn selbst meint – wie schon oben in Z.284 – und nicht Lafew. Die Bühnenanweisung ist eine traditionelle Konjektur, die sich aufgrund des Texts nicht rechtfertigen läßt.

[63] *jeweller:* Juweliere – ehemals die einzigen christlichen Bankiers – galten als die besten Bürgen (Arden).

[64] *quit:* Neben der Bedeutung 'freisprechen', 'lossprechen' *(Hen.V* II.2.3) klingen auch noch die folgenden Bedeutungen an: 1. 'freilassen, entlassen' *(Twel.N.* V.1.311), 2. 'aufgeben, verzichten auf' (OED 5), 3. 'an jmd. abtreten' (OED 5b); aufgrund der Tatsache, daß *to quit* (mit unpersönlichem Objekt) bei Sh. üblicherweise die Bedeutung 'vergelten' hat, fällt hier auch die Bedeutung 'heimzahlen' *(Ant. and Cl.* III.13.151) in Betracht (vgl. *Meas.f.M.* [ed.Naef] Anm. 230 zu V.1.479).

[65] *quick:* Ein Wortspiel: 1. 'am Leben'; 2. 'schwanger'.

KÖNIG. Ist denn ein Zauberer hier, der meine Augen in ihrem rechten Dienst verwirrt?[66] Ist es wahr, was ich sehe?

HELENA. Nein, mein guter Herr, was Ihr seht, ist nur das Abbild einer Ehefrau, der Name und nicht das Wesen.[67]

BERTRAM. Beides, beides; o verzeiht!

HELENA. Oh mein guter Herr, als ich noch dieses Mädchen war, fand ich Euch wunderbar freundlich.[68] Da ist Euer Ring, und seht, hier ist Euer Brief. Er lautet: 'Wenn Ihr diesen Ring von meinem Finger erhaltet und von mir ein Kind erwartet,' *und so weiter.*[69] Dies ist geschehen. Wollt Ihr mein sein, jetzt, da Ihr zweifach gewonnen seid?

BERTRAM. Wenn sie, mein Lehensherr, mich das alles klar erkennen[70] lassen kann, so will ich sie treu lieben – für immer, immer treu.

HELENA. Wenn es nicht klar erscheint und sich als unwahr erweist, so soll tödliche Trennung zwischen mich und Euch treten. O meine liebe Mutter, finde ich Euch lebend?

LAFEW. Meine Augen riechen Zwiebeln; ich werde gleich weinen.[71]

[Zu Parolles.]

Guter Tom Drum,[72] reich mir ein Taschentuch. So, ich danke dir. Komm mit mir nach Hause; ich will meinen Spaß mit dir haben. Laß deine Kratzfüße; sie sind kläglich.

KÖNIG. Wir wollen diese Geschichte Punkt für Punkt hören, damit die ganze[73] Wahrheit zu unserem Vergnügen dahinströme.

[Zu Diana.]

Wenn du noch eine frische ungepflückte Blume bist, so suche dir deinen Mann aus, und ich werde deine Mitgift bezahlen;

---

[66] *exorcist ... truer: exorcist* heißt bei Sh. derjenige, der die Geister erscheinen läßt *(Jul. Caes.* II.1.323). Ebenso meint *exorcism* bei Sh. nicht Bannen, sondern Heraufbeschwören eines Geistes *(2 Hen.IV* I.4.5). – *truer* ist keine Steigerung von *true,* sondern drückt einen Gegensatz aus, ähnlich wie *nether, inner, upper, outer* (Franz § 217b).

[67] *shadow ... thing:* Die Antithese *shadow - thing* legt für *shadow* die Bedeutung 'Abbild' nahe. Im Gegensatz dazu würde *thing* das 'wirklich Vorhandene' bezeichnen. – (Zu dem auf platonische Vorstellungen zurückgehenden Begriffspaar *shadow - substance* vgl. *Rich. II* [ed.Braun] Anm. 75 zu IV.1.292–93; *Merch.V.* [ed.Heine] Anm.52 zu III.2.127–29; *1 Hen.IV* II.3.49–53; *Haml.* II.2.255–59). – Der dramatische Kontext legt für *shadow* an dieser Stelle auch die Bedeutung 'Geist einer Toten' und, in Erweiterung, die Tote selbst nahe *(Ant. and Cl.* IV.2.27).

[68] *like this maid ... kind: like this maid:* wörtlich: 'als dieses Mädchen verkleidet' *(like* verwendet Sh. sonst in Bühnenanweisungen, um eine Verkleidung anzuzeigen: *A.Y.L.* II.1.BA). – *kind* bedeutete ursprünglich 'in Übereinstimmung mit der (eigenen) Natur', 'natürlich' (ae. cyn[d]); *unkind* im Gegensatz dazu 'wider die (eigene) Natur', 'unnatürlich'. Die unterschwellige Bedeutung 'sexuell entgegenkommend', 'zur Liebe bereit' ist mitzulesen. Die moderne Bedeutung 'freundlich' ist durch Abschwächung entstanden. Sie klingt ev. hier schon an (vgl. dazu auch *Meas.f.M.* [ed.Naef] Anm. 65 zu II.4.166).

KING. Is there no exorcist
Beguiles the truer office of mine eyes?
Is't real that I see?
HELENA. No, my good lord,
'Tis but the shadow of a wife you see,
The name and not the thing.
BERTRAM. Both, both; O, pardon!
HELENA. O my good lord, when I was like this maid
I found you wondrous kind. There is your ring,
And look you, here's your letter. This it says:
'When from my finger you can get this ring,
And are by me with child,' etc. This is done,
Will you be mine, now you are doubly won?
BERTRAM. If she, my liege, can make me know this clearly,
I'll love her dearly – ever, ever dearly.
HELENA. If it appear not plain, and prove untrue,
Deadly divorce step between me and you.
O my dear mother, do I see you living?
LAFEW. Mine eyes smell onions; I shall weep anon.
[To Parolles]
Good Tom Drum, lend me a handkercher. So, I thank thee. Wait on me home; I'll make sport with thee. Let thy curtsies alone; they are scurvy ones.
KING. Let us from point to point this story know,
To make the even truth in pleasure flow.
[To Diana]
If thou beest yet a fresh uncroppèd flower,
Choose thou thy husband, and I'll pay thy dower;

---

[69] *etc.* gehört nicht zu Helenas Text, sondern ist eine Abkürzung des Setzers, zumal da auch der hier zitierte Briefanfang nicht Wort für Wort mit dem Brief in III.2.56 übereinstimmt. Es ist daher anzunehmen, daß Helena den ganzen Wortlaut jenes Briefs hier ein zweites Mal vorliest. *etc.* wäre demnach als Bühnenanweisung aufzufassen. Verwechslungen von BA und Text sind in F nicht selten.

[70] *know:* Vgl. I.1.204 und Anm.

[71] *onions ... weep:* Vgl. die Redensart *To weep (It may serve) with an onion* (Tilley O 67), frei etwa mit 'Tränen lassen sich ebensogut mit Zwiebeln hervorlocken' zu übersetzen. Ev. ein Zynismus: Lafew vergleicht die Wirkung von Helenas Worten mit der tränentreibenden Wirkung einer Zwiebel und will damit sagen, daß kein wirklicher Grund zu Freudentränen vorliegt.

[72] *Tom Drum:* Vgl. III.6.34 und Anm.

[73] *even:* Neben der häufigen Konnotation 'gerecht' (II.1.191) hat das Adj. *even* auch die konkrete Bedeutung 'glatt, eben', welche hier zusammen mit *flow* die Flußmetapher konstituiert.

denn ich kann erahnen, daß du durch deine ehrbare Hilfe eine Ehefrau [als Ehefrau] und dich selbst als Jungfrau erhalten hast. Davon und von dem Großen und Kleinen des ganzen Hergangs sollen zu unserer Gewißheit[74] längere Mußestunden Kunde geben. Alles erweist sich[75] jetzt als gut, wenn es so ausgeglichen[76] endet; wenn die Bitternis vorbei ist, so sei uns die Süße um so willkommener.

Ein Trompetenstoß.

[EPILOG]

Der König wird zum Bettler,[77] jetzt, da das Stück beendet ist. Alles fügt sich zu einem guten Ende, wenn nur eine Bitte erfüllt wird, [nämlich die], daß Ihr Eure Zufriedenheit kundtut; was wir [unsererseits] mit dem Bemühen, Euch zu gefallen, vergelten wollen, [uns] Tag für Tag übertreffend. Uns gehöre also Euer Wohlwollen und Euch unsere Rollen; leiht uns Eure gütigen Hände[78] und gewinnt [dadurch] unsere Herzen.

Alle Ab.

---

[74] *Resolvedly:* Sh. verwendet das Wort einzig an dieser Stelle. Onions interpretiert final: 'so daß aller Zweifel und alle Unsicherheit entfernt werden'. Mit unserer Übersetzung folgen wir dieser Interpretation (vgl. *Temp.* V.1.248: *I'll resolve you/* [...] *of every/ These happened accidents* 'Ich werde Euch Gewißheit geben').

[75] *seems:* Nicht 'scheinen' (im Gegensatz zur Wirklichkeit), sondern, wie häufig bei Sh., 'zu Tage treten', 'offenkundig sein' (vgl. III.1.4 und Anm.).

[76] *and if ... meet: an(d) if* für *if* ist häufig bei Sh. – *meet:* 'passend, angemessen', aber auch 'ausgeglichen', 'quitt', wie in *Much Ado* I.1.41: *you tax Signior Benedick too much; but he'll be meet with you.* - Das Schlußcouplet ließe sich syntaktisch auch anders auffassen: 'Alles erweist sich jetzt als gut, und wenn es die bittere Vergangenheit so angemessen beendet, dann sei uns [deren] süßer [Teil] um so willkommener'.

[77] *king ... beggar:* Der, welcher den König spielte, bittet nunmehr um Applaus. Bettler und König sind die bekannten Extreme aus den Märchen und den mittelalterlichen

For I can guess that by thy honest aid
Thou kept'st a wife herself, thyself a maid.
Of that and all the progress more and less
Resolvedly more leisure shall express.
All yet seems well, and if it end so meet,
The bitter past, more welcome is the sweet. *Flourish.*

[EPILOGUE]

The king's a beggar, now the play is done.
All is well ended if this suit be won,
That you express content; which we will pay
With strife to please you, day exceeding day.
Ours be your patience then, and yours our parts;
Your gentle hands lend us, and take our hearts.
Exeunt omnes.

Moralitäten (vgl. Richards Gedankenspiel mit den antithetischen Positionen König und Bettler in *Rich. II* V.5.32). – Der Epilog zu *A.Y.L.* läßt darauf schließen, daß die Epilogsprecher sich auch in der Rolle des Bettlers (um Beifall) sahen: *What a cause am I in then, that am neither a good epilogue, nor cannot insinuate with you in the behalf of a good play. I am not furnished like a beggar; therefore to beg will not become me.* - *The Beggar and the King* ('König und Bettlermädchen') war aber auch der Titel einer Ballade, in der König Cophetua ein schönes Bettlermädchen zur Frau nimmt, und auf die Sh. mehrmals anspielt. Eine solche Anspielung dürfte auch hier vorliegen (vgl. *Rich. II* [ed.Braun] Anm. 12 zu V.3.80).

78 *your patience ... our parts ... hands lend us: patience:* Die Bedeutung 'Erlaubnis', 'Zustimmung', 'Wohlwollen' begegnet häufig bei Sh. (vgl. die Wendung *by your patience* 'mit Eurer Erlaubnis'). – *parts:* 1. 'Rollen'; 2., besonders im Plural, häufig 'Talent(e)', 'Vorzüge', wie in *Lear* I.4.254: *My train are men of choice and rarest parts.* - *your gentle hands lend us:* hier metonymisch: 'applaudiert uns'. Eine Bitte um erlösenden Applaus ergeht auch am Schluß von *Temp.* ans Publikum: *But release me from my bands/With the help of your good hands.*

KOMMENTAR

I.1

Die Eingangszeilen enthalten einen wesentlichen Teil der Exposition zum Stück in der Form eines Rätsels. Die unmittelbar bevorstehende Trennung von ihrem Sohn bedeutet der verwitweten Gräfin das Zugrabetragen eines zweiten Gatten. Rasch finden die rätselhaften Zeilen ihre Auflösung in Bertrams Replik, die gleichzeitig seine Ungeduld verrät. Seine Abreise an den königlichen Hof steht unmittelbar bevor. Der Gegenstand des Gesprächs in dieser Expositionsszene, die ganz im Zeichen des kürzlich erfolgten Todes des alten Grafen von Roussillon steht, interessiert den jungen Grafen ganz offensichtlich nicht.

Nachdem die Rede auf die als unheilbar erachtete Krankheit des Königs[1] gekommen ist, wird noch im gleichen Atemzug der Tod von Helenas Vater bedauert. Er erfolgt zwar in der Vorlage[2] zu *All's Well* erst später, Shakespeare erwähnt ihn aber bereits hier und erreicht damit zweierlei: Einerseits wird auf diese Weise der Thematik von Krankheit und Verfall, Alter und Tod gleich eingangs des Stücks ein gebührender Akzent verliehen; andererseits werden parallele Situationen für Bertram und Helena geschaffen: Beide sind sie nunmehr Mündel, Bertram das des Königs, Helena das der Gräfin von Roussillon, und beide sind sie gehalten, das von ihren Eltern ererbte Gut – im Falle Bertrams der adlige Stand, im Falle Helenas ihre Ehrbarkeit – erst noch unter Beweis zu stellen.[3] Ein zentrales Thema von *All's Well* findet Ausdruck in der Würdigung Helenas durch die Gräfin: Ein rechtschaffener Charakter ist nicht allein aufgrund von ererbtem Gut zu erlangen, sondern ist vielmehr das Resultat von Erziehung und Selbsterziehung.

Der Dialog zwischen der Gräfin und Lafew zeichnet sich durch den regelmäßigen Duktus einer höfischen Prosa aus, die zuweilen an den distanzierten, kühl eleganten Stil der Hofkomödien Lylys[4] erinnert.

---

[1] Nach C.G.Jung *(Der Mensch und seine Symbole,* Olten 1968, S.166–67) symbolisiert der kranke König – ein aus vielen Märchen und Mythen bekanntes Bild – die Leere und Langeweile im Bewußtsein, wodurch der Anfangszustand des Individuationsprozesses oft gekennzeichnet ist. Psychoanalytische Ansätze zu einer Interpretation von *All's Well* verwenden Wheeler, *Sh.'s Development* und Kirsch, *Experience of Love.*

[2] Vgl. Bullough, *Sources,* Bd.2, S.389–96.

[3] Price, *Unfortunate Comedy,* S.137–38, erkennt darin das Strukturprinzip von *All's Well.*

[4] Vgl. dazu Weiß, S.179–80.

Typisch dafür ist eine ausgewogene Syntax, die reich ist an antithetischen, sentenzartigen Wendungen. Die beiden Figuren unterscheiden sich denn auch kaum aufgrund ihrer Sprechweise. Diese charakterisiert vielmehr ihren Stand als ihre Individualität.[5] Beide verwenden bilderarme Wendungen. Abstrakte Begriffe, sowie eine Tendenz zur personifizierten Darstellung von Abstrakta herrschen vor:[6] *honor, honesty, virtue, fortune, nature* fungieren als Schlüsselwörter im Stück.[7] In der einen oder anderen ihrer vielfältigen Bedeutungen klingen sie alle in der ersten Szene an: *Honor* kann stehen für ein ererbtes Gut, wie es zum Beispiel der Adel von Geburt darstellt. In dieser Bedeutung vernehmen wir das Wort vornehmlich aus dem Munde Bertrams. Für Helena dagegen hat *honor* als 'ererbtes Gut' eine andere Bedeutung: 'Ererbte Ehrbarkeit' *(derived honesty)*, 'Jungfräulichkeit, Keuschheit' *(virginity, honesty). Honor* steht aber auch für eine selbsterworbene Qualität. Im Fall Bertrams ist das Wort dann zu lesen als 'militärische Tugend', 'Ehre', 'Ruhm.' Auch Helena gewinnt diese Art von *honor:* Sie heilt den König von seinem Leiden und erlangt dadurch Ehre als ein Verdienst. Der zweite immer wiederkehrende Schlüsselbegriff ist *virtue.* Meistens übersetzbar mit 'Tugend', kann das Wort mit den folgenden Inhalten angefüllt sein: 'Jungfräulichkeit' *(virginity);* 'militärische Tapferkeit'; 'moralische Vollkommenheit' *(goodness).*

Nach den Eingangszeilen, in denen den degenerativen Kräften nahezu der ganze Spielraum eingeräumt wurde, erfolgt mit Helenas Monolog ein Tonartwechsel. Hier wird nicht mehr Zurückhaltung im Ausdruck von Gefühlsregungen, unterstützt durch die wohlausgewogene, geschmeidige Syntax einer höfischen Sprache geübt; vielmehr lassen die kurzatmigen Halbverse, die dadurch entstehen, daß der Sprechrhythmus dem Versrhythmus entgegenläuft, die Intensität von Helenas Gefühlen erahnen. Zu der unmittelbar vorausgehenden förmlichen Sprechweise der Gräfin und Lafews bildet die Rede Helenas einen eindrücklichen Kontrast. Was in jenem Eröffnungsdialog noch weitgehend verschwiegen wurde, kommt in diesem Monolog nun – metaphorisch – zum Ausdruck: die emotionale, sexuelle und soziale Problematik.[8]

Die Thematik von Tod und Trauer kehrt in Helenas Monolog in metaphorischer Gestalt wieder, als Ausdruck der Hoffnungslosigkeit ihrer Liebe zu Bertram. Und dennoch ist es nicht der Ton von

---

[5] Brooke, "All's Well" S.73; E.Legouis, "La Comtesse de Roussillon", *English* 1 (1937), S.399–404.
[6] Brian Vickers, *The Artistry of Shakespeare's Prose* (London 1968), S.295.
[7] New Arden, S.XLIII.
[8] Brooke, "All's Well", S.74.

Resignation, wie er den Dialog zwischen der Gräfin und Lafew kennzeichnete, der hier erneut zu vernehmen wäre. Vielmehr beschreibt Helena ihre ungestüme Zuneigung zu einem Menschen, dessen gesellschaftlicher Rang eine Erfüllung dieser Liebe zunächst nicht zuzulassen scheint.

Die Dramaturgie der Exposition erfüllt so zunächst alle Erwartungen, die der Zuschauer an eine romantische Liebeskomödie heranträgt: Inmitten einer Trauergesellschaft entdeckt er ein junges Paar, das sich die herablassend wohlwollenden Worte älterer Menschen schweigend gefallen läßt. Bertram und Helena werden so ganz selbstverständlich miteinander assoziiert. In dem Moment jedoch, da der junge Held auftreten und die Liebe des jungen Paars und ihre Hindernisse darlegen sollte, tritt Parolles auf. Spätestens an diesem Punkt der Exposition wird offenbar, daß die Regeln der Liebeskomödie in diesem Stück nicht eingehalten werden. Der weitere Verlauf führt denn auch die genaue Umkehrung dessen vor, was die Konvention verlangen würde: Der Held tritt nicht auf; die Heldin kämpft nicht an seiner Seite gegen die Widerstände einer älteren Generation, sondern ganz im Gegenteil: sie tritt mit der Hilfe und dem Segen jener Älteren gegen einen widerspenstigen Helden an.[9] Aber nicht nur in diesem Punkt widerspricht die Exposition den Erwartungen.

Die gewohnte shakespearsche Technik zur Einführung eines Charakters, bei der die bereits anwesenden Figuren die neuauftretende Figur vor ihrem Auftritt charakterisieren, findet sich im Fall von Bertram in ihr Gegenteil verkehrt: Nachdem sich der junge Graf dem Zuschauer durch seine Einsilbigkeit als ein nicht eben einnehmender Charakter offenbart hat, entwirft Helena ein romantisch verklärtes Bild von ihm. Mit Bezug auf Bertram wird diese Art der Sympathielenkung auch im weiteren Verlauf des Stücks Anwendung finden. Sein Verhalten wird stets zusammen mit der Perspektive der Protagonistin vermittelt.[10]

Mit dem Auftritt von Parolles, dessen großsprecherische Hochstapelei Helena durchschaut, weicht der elegische Ton, der bis anhin herrschte, einer lasziven Sprache, die reich ist an gewitzten Wortspielereien und mehr oder weniger versteckten Anspielungen auf Sexuelles. Der Gegenstand des Wortgefechts, das Helena nun mit Parolles austrägt, und in dem sie jederzeit die Oberhand behält, ist denn auch wie geschaffen dafür: Parolles nimmt ihre Jungfräulichkeit zum Anlaß, seine Ansichten eben dazu in paradoxer Manier darzutun, indem er

---

[9] Riemer, *Antic Fables*, S.43.

[10] Vgl. z.B. III.2 und III.4, sowie Price, *Unfortunate Comedy*, S.140.

preist, was nach der allgemeinen Meinung zu verurteilen ist und umgekehrt das verurteilt, was in hohem Ansehen steht. Die Scheinlogik seiner Argumentation bedient sich einer schillernden Metaphorik: Bilder aus dem Kriegswesen, aus Handel und Gewerbe, von Tod und Verfall und aus dem Bereich der Mode werden herangezogen, um damit seiner Verachtung des jungfräulichen Standes farbigen Ausdruck zu verleihen. Welche Gedanken und Gefühle es sind, die Helena veranlassen, sich mit Parolles auf das zweideutige Wortgefecht einzulassen, ahnt dieser nicht einmal. Seine plumpe Quintessenz: 'Verschaff' Dir einen Mann und gebrauch' ihn, wie er Dich gebraucht' zeugt davon. Wenn Helena gegenüber Parolles in Bildern von Angriff und Verteidigung das genaue Gegenteil ihrer eigenen Situation darstellt, so entbehrt das nicht einer gewissen Ironie: Bertram wird schließlich den wirklichen Kriegsdienst der 'Eroberung' seiner Frau vorziehen.[11]

Der Dialog, der in der kritischen Diskussion lange als mit der Vorstellung einer tugendhaften Protagonistin nicht vereinbar aufgefaßt wurde, erfüllt durchaus eine dramaturgische Funktion. In seinem Verlauf nämlich offenbart sich zum ersten Mal Helenas zielgerichtete, handlungsorientierte Intelligenz.[12] In der Art wie sie Parolles in ein Gespräch verwickelt, ihn sich verbreiten läßt zu einer Frage, die sie persönlich brennend interessiert, nämlich den Einsatz ihrer Jungfräulichkeit zur Erreichung ihres Ziels – ohne daß jener auch nur einen Moment lang ahnt, was sie dazu veranlaßt – liegt auch schon eine Vorausdeutung auf den Bett-Trick, mit dessen Hilfe sie schließlich Bertram, der ja eng mit Parolles verbunden ist, für sich gewinnen wird.

Entschlossenheit ihren Plan in die Tat umzusetzen, kommt in Helenas Monolog am Schluß von I.1 unmißverständlich zum Ausdruck. Die Macht des Schicksals erfährt hier eine deutliche Relativierung. Sie waltet nicht mehr so absolut, wie dies in Helenas erstem Monolog (I.1.75–94) noch den Anschein hatte.[13] Der gnomische Charakter der Verspaare[14] in diesem zweiten Monolog gewährt allerdings keinen tieferen Einblick mehr in Helenas Gedanken und Gefühle, wie dies etwa ihr erster Blankversmonolog noch gestattete.

---

[11] Price, *Unfortunate Comedy*, S.142–43.

[12] In der Kritik wurde Helenas Entschlossenheit immer wieder auch negativ bewertet. Vgl. etwa Chambers (*William Sh.*, S.203), Bradbrook ("Virtue", S.297), Evans (*Comedies*, S.166), oder Leech ("Ambition", S.27).

[13] Nach elisabethanischer Vorstellung waltet die Macht der Sterne nicht absolut, sondern beschränkt sich auf Einfluß und Tendenz. Vgl. auch Clubb, "Woman as Wonder".

[14] New Arden, S.XXI; Brooke, S.81.

Der Unterschied zwischen den beiden Monologen ist überhaupt aufschlußreich: Während der erste noch dem Ausdruck einer psychischen Verfassung diente, abstrahiert der zweite fast vollständig von Helenas Person. Die jeweils verwendeten Bilder unterstreichen noch diesen Unterschied: Waren sie im ersten Monolog konkret faßbare, so entziehen sie sich im zweiten der unmittelbaren sinnlichen Erfahrung. Die Wirkung dieses sprachlichen Kontrasts wird erhöht durch das dramaturgische Mittel des unterbrochenen Monologs. Der sich zwischen die beiden monologischen Reden Helenas schiebende Dialog mit Parolles erläutert auf der Ebene der *low-comedy,* was Helena in ihrem ersten Monolog bewegt, und offenbart gleichzeitig einen neuen Aspekt ihrer Persönlichkeit, nämlich ihre Entschlossenheit. Die Reimpaare des zweiten Monologs erhalten also erst auf dem Hintergrund jenes Prosadialogs ihre volle Bedeutung.

Nicht nur an dieser Stelle kontrastiert naturalistische Sprache mit gnomischer Redeweise, erstere meist in Prosa oder Blankvers, letztere in gereimten Verspaaren.[15] Dieser Kontrast spiegelt sprachlich jenes "Problem" von *All's Well,* an dem viele Interpretationsversuche scheiterten:[16] Das gleichzeitige Vorhandensein von Elementen der Handlung, die ihre Erklärung in psychischen Zuständen und Vorgängen finden, und von anderen, die zum tradierten Inventar des Märchens und der mittelalterlichen Romanzen gehören.

I.2

Die kurze zweite Szene nimmt Ton und Inhalt der Eröffnungsszene wieder auf.

Gesprächsweise und eher beiläufig kommt der König auf den zwischen Siena und Florenz eben ausgebrochenen Krieg zu sprechen. Auf diese Weise wird der Boden für den 3. Akt, der vor dem Hintergrund jener Kriegshandlungen spielt, vorbereitet. Der höfischen Welt von Paris[17], in der die Erinnerung an Vergangenes dominiert, wird eine

---

[15] Vgl. auch II.1.130–210, II.3.124–143, sowie New Arden, S.XXI und Tillyard, S.151–54.

[16] Brooke, S.80–81.

[17] Leech ("Ambition", S.20–21) betont die für eine Komödie ungewöhnliche Realitätsnähe des frz. Hofes. Der Königshof ist denn auch nicht mit den konventionellen Märchenkönigshöfen in den Romanzen, etwa im *Wint.T.*, oder in *Cymb.* zu vergleichen. Er ist sehr viel wirklichkeitsgetreuer gezeichnet als jene und erinnert dabei stark an die Welt von *Henr.IV.* Vgl. dazu Tillyard, S.94–95; New Arden, S.XXXIV. Für eine Darstellung der höfischen Wirklichkeit im 16.Jh. vgl. Bradbrook, "Virtue", S. 294–95, sowie L.Stone, *The Crisis of the Aristocracy* (Oxford 1965).

von ihr völlig verschiedene gegenübergestellt: Die Welt jugendlicher Unternehmungen, die begleitet sind von Gefahr und Abenteuer, aber auch von der Aussicht auf Erfolg, Ruhm und Ehre. Die aktive Teilnahme am toskanischen Krieg erscheint so als Gegenpol zu dem von Resignation und Nostalgie bestimmten Dasein in Roussillon oder am königlichen Hof in Paris. Der oft betonte Gegensatz von Jugend und Alter,[18] der das Stück durchzieht, erscheint hier zum ersten Mal. Der Anblick des jungen Roussillon weckt im König die Erinnerung an dessen Vater. In den Worten des Königs erscheint dieser als die Verkörperung höfischer Tugenden schlechthin. Sie werden als der alten Ordnung der Welt zugehörig dargestellt, im Gegensatz zu den nunmehr herrschenden Moden der Jungen.

I.3

Lavatch tritt zum ersten mal auf, oder vielmehr: er drängt sich auf, denn die Hartnäckigkeit mit der er die Aufmerksamkeit der Gräfin für sich in Anspruch nimmt, hindert den Verwalter vorerst daran, seinen Bericht über Helena abzugeben. Den Wunsch, sich zu vermählen, begründet Lavatch rundheraus mit einem körperlichen Verlangen. Als die Gräfin, damit nicht zufrieden, nach gewichtigeren Gründen zu forschen beginnt,[19] gibt Lavatch ein Glanzstück komischer Logik zum besten. Seine Haltung: Sexuelle Betätigung außerhalb der Ehe und Verzicht darauf in der Ehe, wird Bertram schließlich zu seiner eigenen machen.

Nach dem kurzen Intermezzo mit Lavatch wendet sich die Gräfin dem Verwalter zu. Der Umstand, daß dieser Helenas Monologe in I.1 belauscht hat, läßt den Zuschauer aufhorchen. Die Bühnenkonvention des Soliloquiums – nach der der monologisierende Sprecher von keiner der übrigen Figuren vernommen wird, sondern lediglich dem Zuschauer Einblick in seine Gedanken und Gefühle gewährt – wurde in diesem Fall verletzt.[20]

---

[18] New Arden, S.XXXVI.

[19] Persönliche Neigung als Beweggrund für eine Heirat war einzig in der besitzlosen Unterschicht akzeptiert. Beim Adel und bei der landbesitzenden Klasse hatten sich individuelle Neigungen den Interessen der Familie unterzuordnen. Vgl. dazu Stone, *Family, Sex and Marriage*, S.281–82.

[20] Die Situation zwischen dem Verwalter und der Gräfin erinnert zudem an eine ähnliche Szene in *Haml.* (II.2.85–167), wo Polonius dem Claudius auf ebenso umständliche Art sein Vedienst um die vermeintliche Aufklärung von Hamlets Gemütszustand weiszumachen versucht. Während aber in jenem Stück der Zuschauer in Hamlets "Spiel"

Nachdem sie vom Verwalter über Helenas Liebe zu Bertram unterrichtet worden ist, unternimmt es die Gräfin nun in einem katechisierenden Verhör[21], Helena das Geständnis ihrer Liebe abzuringen. Mit Helenas Auftritt wechselt Prosa über in Blankvers, das Medium, in dem die Haupthandlung sich weiterentwickelt.

Die Taktik des Verschweigens, des Fallenstellens, der allmählichen Aufgabe von bisher Verschwiegenem wird in der Folge wiederholt Anwendung finden.[22] Ihr werden – in der Nebenhandlung – Parolles (IV.1, IV.3) und – in der Haupthandlung – Bertram (IV.2, IV.3, V.3) wiederholt zum Opfer fallen.

In der Nebenhandlung findet diese Dramaturgie zudem ihre Parallele in den Frage- und Antwortspielen zwischen Helena und Parolles in I.1, zwischen der Gräfin und Lavatch in I.3 und II.2 oder anläßlich des Verhörs von Parolles in IV.3.

Aber auch der Zuschauer wird in sie miteinbezogen. Anders als in der reinen Liebeskomödie reicht sein Vorwissen um den Gang der Haupthandlung in *All's Well* nie ganz aus, um das Geschehen als komödienhaft zu erkennen. Besonders Helena vermittelt ihm nicht die Gewißheit – die ihm etwa Rosalind in *As you like it* zu geben vermag, – daß sie das Geschehen jederzeit nach ihrem eigenen Willen zu lenken vermöchte.[23]

II.1

Mit dem 2. Akt wechselt die Szene wiederum an den königlichen Hof in Paris. Der König ist eben dabei, sich von seinen kriegslustigen jungen Edlen zu verabschieden. Seine wohlwollenden Ermahnungen beziehen sich dabei sowohl auf das Kriegshandwerk, als auch auf die unter solchen Umständen sich ergebenden Liebesangelegenheiten. Der Topos 'Liebe – Krieg' wird in den Worten des Königs konkret faßbar: Die 'Ehre' will wie eine Frau 'umworben' und 'gefreit' *(woo,* Z. 15) werden. Damit aber nicht genug, denn die jungen Edelleute sollen sich

---

eingeweiht worden ist, läßt die vorliegende Szene Zweifel aufkommen, ob Helena ihr "Spiel" zu leiten vermag. Zu Sh.s Technik der Informationsvergabe und -abstufung in den Komödien vgl. auch Sh.-Handbuch, S.265–68, sowie Evans, *Comedies.*

21 Champion *(Evolution,* S.121) verweist auf die religiöse Bildhaftigkeit des Dialogs.

22 Brooke, S.77.

23 Diese Erkenntnis, die dem Zuschauer schon in den ersten Szenen vermittelt wird (etwa wenn selbst einer so unbedeutenden Figur wie dem Verwalter zeitweilig ein Informationsvorsprung über die Protagonistin eingeräumt wird, zeugt von Sh.s umsichtiger Technik der Sympathielenkung. Sie bietet Gewähr dafür, daß Helena in der 2. Hälfte des Stücks (ab III.5) von allzu berechnenden Zügen freigesprochen werden kann.

auch mit der Ehre vermählen *(wed it,* Z.15). Vor den italienischen Mädchen dagegen gilt es, sich wie vor einem Feind in acht zu nehmen *(take heed,* Z.19), denn hier wird einer leicht zum Gefangenen *(captive,* Z.21), noch bevor er Dienst geleistet hat *(serve,* Z.22).

Je nach Standpunkt, den der Kritiker einnimmt, lassen sich diese Ermahnungen als naiv, beunruhigend, oder zynisch interpretieren, wobei die Figur des Königs selbst gelegentlich als das Ziel einer von Shakespeare beabsichtigten Ironie erscheinen mag.[24] Einer ironischen Betrachtungsweise dieser Szene widerspricht jedoch die Darstellung des toskanischen Kriegs als eines Versatzstücks aus der mittelalterlichen Romanzenliteratur: In der feudalen Welt der Ritter hat der in einem fernen Land stattfindende Krieg den Charakter eines Initiationsrituals.[25] Bertram wird für zu jung gehalten, um daran teilnehmen zu können, worauf er seinem Unmut darüber Luft macht.[26]

Parolles nimmt die Verabschiedung der beiden Adligen zum Anlaß, einmal mehr seinen hohlen Wortreichtum zur Schau zu stellen, und er rät Bertram auch gleich, sich doch künftig von einer redseligeren Seite zu zeigen. Der überraschende Auftritt Lafews, der sich in der Tat des eben von Parolles empfohlenen 'ausgedehnten Zeremoniells' bedient, um dem König die Ankunft Helenas anzukündigen, wird auf diese Weise in ein komisches Licht gerückt. In all seiner umständlich-förmlichen Geschwätzigkeit, mit der er sich die Gunst des Königs zu erhalten trachtet, erinnert der alte Höfling stark an Polonius.[27] Darüberhinaus ist sein Bericht gespickt mit obszönen Anspielungen, und schließlich vergleicht er sich sogar mit Pandarus, dem sprichwörtlich gewordenen Kuppler. Er läßt keinen Zweifel daran, daß Helena nicht bloß im Stande ist, die körperliche Gesundheit des Königs wiederherzustellen, sondern ebenso seine männliche Potenz. Einer allzu eilfertig psychologisierenden Sicht der Dinge[28] wirkt allerdings der sprachliche Stil entgegen, der die Szene einer realistischen Interpretation entzieht.

---

[24] Leech, "Ambition", S.20–21. Zu den zeitgenössischen Assoziationen im Zusammenhang mit Soldatentum, Krieg und Politik vgl. Cole, *The All's Well Story,* S.104–08.

[25] Parker, "War and Sex"; für die ironischen Aspekte des Kriegs vgl. Leggatt, "The Testing of Romance", S. 21–41.

[26] Die Besetzung der Rolle des Bertram ist ein wichtiger Entscheid, was die Sympathielenkung im Stück angeht. Der Text bürgt für eine naive, etwas linkische, aber in jedem Fall sehr junge und einnehmende Figur (Coghill,"All's Well That Ends Well Revalued").

[27] Auf die vorliegende Szene stützen sich denn auch die Kritiker, die in Lafew den senilen alten Schwätzer erkennen, der auch etwa zur Belustigung von König und Hof herhalten muß (Z.87: *Laugh well at me).* Und wirklich sprechen sonst eher die shakespearschen Narren so, wie Lafew hier spricht.

[28] Für eine psychoanalytische Interpretation der komplexen Verbindungen aus Macht, Sexualität und Liebe, wie sie aus den Beziehungen zwischen einer königlichen Vaterfi-

Der Beginn des Dialogs, Helenas Angebot an den König, ihn mittels der von ihrem Vater geerbten Medizin zu heilen und die sogleich erfolgende abschlägige Antwort des Königs stehen in Blankversen. Bekräftigt wird der Entschluß des Königs allerdings in gereimten Verspaaren, denen bei Shakespeare oft etwas Zauberndes oder Beschwörendes anhaftet. Auch die von Helena in der Folge gesprochenen gereimten Verse erinnern an Zauberformeln, wie sie Puck im *Sommernachtstraum* ausspricht. Und ähnlich wie in jenem Stück scheint auch das Geschehen hier nicht mehr den Gesetzen der Wirklichkeit zu folgen. Vor dem auf diese Weise geschaffenen Hintergrund märchenhafter Unwirklichkeit finden die Bestimmtheit, mit der Helena sich dem König geradezu aufdrängt und der Wechsel in ihrer Anrede des Königs von *you* zu *thou* ihre Erklärung.

Helena beruft sich auf anonyme, zeitlose Erfahrungen, welche zum Teil biblisch verbürgt sind, wodurch die Vorsehung als der eigentliche Protagonist im Stück erscheint und Helena selbst als ein Werkzeug der göttlichen Gnade (Z.154: *Of heaven, not me, make an experiment).* [29] Helena ist aber dennoch keine Wundertätige. Daß sie nicht aus Barmherzigkeit handelt, weiß der Zuschauer spätestens dann, als sie den Mann ihrer Wünsche zum Lohn verlangt. Die Vorsehung entpuppt sich auf diese Weise als ein zentrales dramaturgisches Element von *All's Well.* [30]

II.2

Die in Roussillon spielende Szene, ein kurzes Intermezzo zwischen den beiden langen Hofszenen II.1 und II.3, trägt nichts zum Fortgang der Handlung bei. Lavatch wird als Bote an den Hof geschickt, wo er Helena einen Brief übergeben soll. Sein Inhalt bleibt unbekannt, und auch im weiteren Verlauf des Stücks ist davon nicht mehr die Rede. Sein Empfang wird zwar von Helena bestätigt (II.4), bleibt aber ohne weitere Folgen. Die kurze Szene hat vor allem den Zweck, die Zeit zu überbrücken, die Helena sich als Frist für die Heilung des Königs gesetzt hat (II.1.161).

---

gur, einer armen Jungfrau und eines potentiellen Ehemanns für sie entstehen, vgl. Wheeler, *Sh.'s Development.*

[29] Vgl. Komm. zu I.1. Zwischen dieser Stelle und I.1.208–21 braucht kein Widerspruch zu bestehen, etwa in der Art, daß Helena hier in ihrem Gelingen als von Gott abhängig erscheint, während sie dort noch auf sich selbst gestellt war. Nach der puritanischen Doktrin ließ die Providenz dem Einzelnen immer die Freiheit, aus eigenem Antrieb das Gute zu wählen. Vgl. dazu auch L.G.Clubb, "Woman as Wonder", S.126.

[30] Foakes, *Dark Comedies,* S.10–11; Kirsch, *Dramatic Perspectives,* S.58–59.

II.3

Der Dialog zwischen Parolles und Lafew stellt eine Art polyphonen Kommentar zu der inzwischen hinter der Bühne erfolgten Heilung des Königs dar. Insofern also ein Bericht, wie ihn Shakespeare auch sonst häufig verwendet. Hier dient er aber noch einem weiteren Zweck, nämlich der Charakterisierung von zwei Figuren: Parolles' unbeteiligt herablassende Art, Lafews Bemerkungen zu dem Wunder der Heilung zu unterbrechen, sich in sie einzumischen, um das Gespräch schließlich ganz für sich in Anspruch zu nehmen, verweist einerseits auf eine gewisse Naivität bei Lafew und zeigt andererseits Parolles in einer Rolle, wie er sie im Verlauf des Stücks wiederholt spielen wird: der des gewandten Opportunisten, der sich chamäleonartig der jeweiligen Situation anzupassen versteht.

Die folgende märchenhaft-stilisierte Wahlszene erinnert an die Kästchenszene im *Merchant of Venice.* Solch starke Stilisierung schließt jeden Realismus aus. Die Figuren sprechen und bewegen sich marionettenhaft. Wie die Verse den Regeln des Reims folgen die "Spieler" den Regeln ihrer "Rollen". Sowie die Wahl auf Bertram fällt, ist der märchenhafte Rahmen gesprengt. Das spiegelt sich auch in dem abrupten Ende der gereimten Episode. Der betreffende Vers: *This is the man* (Z.103) ist nicht mehr wie alle vorausgegangenen durch Paarreim gebunden, und die lakonische Aufforderung des Königs: *Why then, young Bertram, take her; she is thy wife* unterstreicht noch den drastischen Wechsel hin zu einem Realismus, der ganz unerwartet kommt.

Lafew erfüllt hier die Rolle des chorischen Kommentators: Seine Zwischenbemerkungen, beiseite gesprochen, eventuell auch direkt ans Publikum gerichtet, entlarven die zustimmenden Worte der abgewiesenen Adligen als bloße Höflichkeit. Den Mündeln des Königs ist Helena nichts als eine unbekannte Arzttochter,[31] und also keine erstrebenswerte Partie.

An der Sympathie – wenigstens der eines modernen Publikums – mit Bertrams Reaktion ändert auch die folgende große Rede des Königs über Erb- und Tugendadel nichts. Dagegen dürfte für ein elisabethanisches Publikum die Erklärung des Königs, er werde Helenas Rang erhöhen, wohl größeres Gewicht gehabt haben, als seine

[31] Unter den freischaffenden Berufen genoß lediglich der Stand der Juristen ein gewisses Ansehen, nicht jedoch Ärzte, Kaufleute und Geistlichkeit. Erst der Landbesitz verlieh den aufsteigenden Mittelschichten das erstrebte soziale Prestige. Vgl. dazu *Die englische Literatur in Text und Darstellung,* Bd.3: 17.Jh., hrsg.v. R.Lengeler (Stuttgart 1982), S.15.

philosophischen Ausführungen zum Ehrbegriff.[32] Da sie zu den Standardreden für die elisabethanische Bühne zählte, braucht nicht nach Widersprüchen geforscht zu werden, die sich aus dem dramatischen Zusammenhang ergeben. Als folgerichtig konnte schließlich auch das Einlenken Bertrams interpretiert werden. Einem modernen Zuschauer dagegen erscheinen die Worte Bertrams hier leicht als zynisch, als eine letzte Waffe gegen die Verfügungsgewalt des Königs.

Der folgende Dialog zwischen Lafew und Parolles hat wiederum sympathielenkende Funktion mit Bezug auf Bertram. Parolles muß sich die Bloßstellung durch Lafew gefallen lassen, und es wird zum ersten Mal deutlich, daß der Hauptmann trotz seines vertrauten Umgangs mit Bertram nicht der Adelsschicht angehört (Z.255–58). Der unvorteilhafte Eindruck, den der Zuschauer so von ihm gewinnt, lenkt dessen Interpretation des unmittelbar folgenden Gesprächs zwischen den beiden. Dabei gibt sich Prolles vorerst ahnungslos, was die bereits erfolgte Vermählung von Helena mit Bertram betrifft, obgleich er durch Lafew darüber unterrichtet worden ist. Gleich darauf mimt er den begeisterten Komplizen für Bertrams Fluchtpläne. Daß es eine gespielte Begeisterung ist, läßt die fünfmalige Wiederholung von Phrasen wie *to the Wars, to other regions* vermuten. Hält er Bertrams Worte für Komödie, oder traut er dem jungen Grafen gar nicht zu, daß er sein Vorhaben auch wirklich in die Tat umzusetzen im Stande ist? Beides scheint möglich. Keinesfalls aber ist Parolles hier der Verführer, den diejenigen Kritiker, die das Moralitätenmuster hinter *All's Well* entdecken,[33] in ihm sehen wollen. Denn zuerst gibt er sich ungläubig *(Will this capriccio hold in thee? art sure?*, Z.87) und schließlich überrascht *(Why, these balls bound; there's noise in it*, Z.291), als er merkt, wie ernst Bertram gesprochen hat. Zum Verführer machen Parolles vielmehr die Kommentare der anderen Figuren über ihn, und unter dem Eindruck der eben erfolgten Kritik durch Lafew glaubt sie der Zuschauer gerne. In II.5 schließlich wird Lafew Bertram davor warnen, sich Parolles anzuvertrauen *(Trust him not in matter of heavy consequence, Z.43)*. Die einzige Sache von großer Konsequenz für Bertram, nämlich sein unrühmlicher Liebeshandel mit

---

[32] Zwar wurde die Wahl eines tugendhaften anstatt eines adligen Mannes durch die Frau im 16.Jh. wiederholt dramatisiert, etwa in Henry Medwalls *Fulgens and Lucrece*, oder den anonymen Stücken *Wily Beguiled* und *Mucedorus*, letzteres das der Zeit meistgespielte Stück überhaupt. Auch in unzähligen moralphilosophischen Abhandlungen wurde der Tugendadel über den Erbadel gestellt, was aber am Vorrang des Adels von Geburt in einer ständisch gegliederten Gesellschaft wenig änderte. Vgl. Cole, *The All's Well Story*, S.98.

[33] Vgl. Einl. S.26.

Diana, wird aber gerade dadurch vor aller Welt aufgedeckt, daß er sie Parolles anvertraut.[34] Der Vorwurf, daß Parolles' Umgang Bertram schade, (*My son corrupts a well-derived nature with his inducement,* III.2.86) verkehrt sich so auf ironische Weise in sein Gegenteil. Weder in dieser noch in irgend einer anderen Szene erweist sich Parolles als der aktive Verführer eines jungen, noch unverdorbenen Bertram.[35]

II.4–5

II.4 bereitet den Boden für die Szene II.5, die als erster Höhepunkt im Stück den ersten und zugleich einzigen Dialog zwischen Helena und Bertram enthält. Beide Szenen sind Teil einer komplexen Sympathielenkungstechnik: In II.4 tritt Parolles auf, um Helena Bertrams bevorstehende Abreise anzukündigen. Bevor er Gelegenheit dazu erhält, wird er aber von Lavatch in ein rhetorisches Vexierspiel verwickelt, dem er alles andere als gewachsen ist. Dabei haben Lavatchs Worte deutlich prophetischen Charakter (Z.22: *Many a man's tongue shakes out his master's undoing* und Z.34: *much fool may you find in you, even to the world's pleasure*). Indem Lavatch hier zusammen mit Helena auftritt, während der ganzen Szene anwesend bleibt, um schließlich erst wieder zusammen mit Helena die Bühne zu verlassen, werden die beiden Figuren in den Augen des Zuschauers miteinander assoziiert und Lavatchs rhetorische Überlegenheit gegenüber Parolles in dieser Szene präfiguriert so Helenas schließliche Überlegenheit gegenüber Bertram im weiteren Verlauf der dramatischen Handlung. Parolles' Worte in II.4.46–51 nehmen ihrerseits Bertrams Abschiedsworte an Helena in II.5.56–70 vorweg. Obwohl die beiden Reden nahezu identisch sind, was den Inhalt betrifft, könnte der Kontrast auf der sprachlichen Ebene kaum stärker sein: Während Parolles sich einer ausgedehnten und ungewöhnlichen Metapher bedient, um Helena – in den Augen des Zuschauers nicht ohne dramatische Ironie, deren Opfer Parolles in eben diesem Moment ist – die Erfüllung ihrer Liebe in Aussicht zu stellen – verzichtet Bertram in seinen Abschiedsworten ganz und gar auf sprachliche Bilder. Die Worte, die er an Helena richtet, gehen ihm nicht leicht von der Zunge. Sie wirken förmlich, ja geradezu einstudiert und gestatten keinerlei Entgegnung (*And rather muse than ask why I entreat you,* Z.64). Das Griseldis-Motiv klingt nirgends im Stück deutlicher an als in dieser Szene: Beim Abschied

[34] Vgl. IV.3.197–218 und V.3.201, 257–63.

[35] Rossiter, *Angel with Horns,* S.95–96; R.G.Hunter, *Comedy of Forgiveness,* S.121.

bleibt der duldenden Frau selbst ein letzter Kuß versagt. Was am Szenenende leicht als Bertrams seelische Grausamkeit gegenüber Helena interpretiert werden könnte, wird aber eingangs II.5 relativiert. Hier erscheint Bertram noch als der naive, arglose junge Mann: Er hält Lafew und Parolles für Ehrenmänner von gleichem Schlag und versucht erst noch, in ganz aussichtsloser Weise zu vermitteln, indem er eine grundsätzliche Unverträglichkeit als bloßes Mißverständnis zwischen den beiden deutet. Etwas von der hier offenbarten Naivität und Gutmütigkeit haftet Bertram denn auch an, als Helena auftritt. Durch die äußeren Umstände findet er sich in einer Rolle, auf die er nicht vorbereitet war (*Prepared I was not,* Z.60). Helenas Willfährigkeit ist ihm zuwider, da sie das Gespräch bloß in die Länge zieht. Schließlich verfällt er wieder in seine gewohnte Einsilbigkeit, was deutlich macht, wie wenig er dieser Situation gewachsen ist. Sein *Away, and for our flight,* (Z.90) ist viel eher ein Seufzer der Erlösung, als der Ausdruck jugendlichen Übermuts. In einer psychologischen Interpretation erscheint Bertrams Verhalten denn auch als entschuldbar. Der Wunsch, seine Männlichkeit unter Beweis zu stellen, läßt sich in seinen Augen nicht mit der vom König befohlenen Ehe vereinbaren.[36] Eine solche Argumentation enthält aber den Keim zu einem neuerlichen Konflikt zwischen psychologisch-realistischer Motivation des Geschehens und den Erfordernissen der Komödienform.[37]

III.1–5

Die ersten Szenen des dritten Akts bereiten auf die große Zäsur im Stück vor. Mit der komödienhaften Entwicklung der Handlung ab III.5 gewinnt das Stück an Bühnenwirksamkeit. Helenas wenige Auftritte in den folgenden Akten zeigen sie in der Rolle der praktisch handelnden Regisseurin des Geschehens. Ihre Gedanken und Gefühle bleiben dabei weitgehend unausgesprochen. Dadurch wird erreicht, daß der Zuschauer seine Aufmerksamkeit vermehrt auf Bertram richtet. Er wird im zweiten Teil zum Protagonisten wider Willen. Zwar sieht er sich, und seine Mitspieler ihn, in der Rolle eines Kriegshelden und Don Juan. In den Augen des Zuschauers bleibt er aber der passive Held, der er von Anfang an war. Diese Diskrepanz führt von III.5 an zu einer besonderen Art von Komik, die den Auftritten Bertrams innewohnt.

---

36 Wheeler, S. 38–41.

37 Vgl. Komm. zu III. 1–5, sowie Einl., S. 24.

Der toskanische Kriegsschauplatz liefert den Hintergrund für den handlungsreichen zweiten Teil des Stücks. Die beiden Kurzszenen III.1 und III.3 spielen schon in Italien[38] und bereiten so auf den Wechsel des Schauplatzes vor. Ähnlich wie in der modernen Filmschnittechnik sind sie in die in Frankreich spielenden Szenen II.5 und III.2 kurz eingeblendet und vermitteln so den Eindruck der Gleichzeitigkeit des Geschehens an den beiden Orten. Die rasche Szenenfolge schafft aber auch einen scharfen Kontrast zwischen den Geschicken Bertrams und Helenas: In III.1 werden die jungen Franzosen, unter ihnen Bertram und Parolles, in Florenz erwartet; den schon anwesenden Adligen eröffnet der Herzog die Aussicht auf Beförderung. In III.3 wird Bertram bereits zum Befehlshaber über die Reiterei ernannt. In der dazwischenliegenden Zeit, in III.2, treffen Bertrams Briefe in Roussillon ein. In einem ersten Brief an seine Mutter, teilt er ihr seine Flucht mit. Dic kurzen Hauptsätze dieses Briefs, der lediglich der Mitteilung von Fakten zu dienen scheint, vermitteln den Eindruck der Unwiderrufbarkeit von Bertrams Entschluß. Doch der Brief verschweigt mehr, als er mitteilt. Die Einsilbigkeit im Ausdruck läßt einmal mehr auf Bertrams Unfähigkeit schließen, Gefühle mit Worten auszudrücken. Einen Hinweis auf Bertrams Gemütszustand liefert eventuell Lavatch mit seinen Anspielungen zu Beginn der Szene. Es wird dabei nicht ganz klar, worauf er zielt, wenn er Bertram mit dem Typus des Melancholikers in Verbindung bringt; denn ob er positive oder negative Qualitäten im Sinn hat, hängt weitgehend von der Interpretation der Melancholie ab, und die war bei den Elisabethanern umstritten.[39] Sehr viel eindeutiger fällt da schon sein Kommentar zur Nachricht von Bertrams Flucht aus: Nicht im Krieg liegt die tödliche Gefahr für Bertram, sondern in der sexuellen Liebe. Die absurde Aussage enthält in für Lavatch typischer Manier einen Kern prophetischer Wahrheit. Bertrams amouröses Abenteuer mit Diana, in dessen Verlauf er die Ehe mit Helena vollzieht, wird für ihn schließlich schicksalbestimmend werden.

Der zweite Brief enthält die Bedingungen, unter denen Bertram zum Vollzug der Ehe bereit ist. Sie entstammen der Welt des Märchens und

---

[38] Sh.s Italienbild ist ganz dem von Ariosto und Castiglione idealisierten verpflichtet. Es hat nichts gemein mit dem 'Italien' unzähliger elisabethanischer Dramen, in dem Ausschweifung und Kriminalität zur Tagesordnung gehören. Zu diesem Italienbild vgl. G.K.Hunter, "English Folly and Italian Vice", *Jacobean Theatre*, hrsg.v. J.R.Brown und B.Harris (London 1960), S. 85–111. Sh. dürfte seine Italienkenntnisse in erster Linie John Florio, dem Apostel italienischer Kultur in England, verdanken. Vgl. dazu M.Praz, "Sh. and Italy" (S.11). Dort auch umfangreiche Literaturangaben.

[39] Vgl. I.2.56 und Anm.

passen schlecht zu dem realistischen Bild, welches das Stück sonst von dem jungen Grafen vermittelt. Die Bedingungen finden sich aber schon in der Quelle zu *All's Well* und sind für den Fortgang der Handlung unerläßlich. Und sogleich wird auch deutlich, daß sie nicht das Ende für Helenas Wünsche, sondern vielmehr den Anfang eines neuen Handlungsbogens bedeuten: Zwar verurteilt die Gräfin den Entschluß ihres Sohnes, aus Roussillon zu fliehen, und sie geht dabei sogar so weit, ihn zu verleugnen. Damit ist aber nicht das letzte Wort gesprochen. Die Gräfin zeigt sich sogleich von ihrer praktischen Seite, wenn sie die beiden adligen Boten zu den näheren Umständen der Flucht Bertrams befragt. Der Halbvers *And thou* [Helena] *art all my child* findet eine überraschende Ergänzung in der Frage *Towards Florence is he?* (Z.67) Und Schlag auf Schlag folgt eine ganze Reihe von solchen handlungsorientierten Fragesätzen: *And to be a soldier?* (Z.68); *Return you thither?* (Z.71); *Who was with him?* (Z.81); *Parolles, was it not?* (Z.83). All diese Fragen nehmen eine besonders auffällige Stellung im Versgefüge ein. Immer füllen sie die zweite Hälfte eines Halbverses und sind dazu noch durch eine deutliche Zäsur – meist einen Wechsel der Sprechrolle – von der ersten Vershälfte getrennt. Jede Frage scheint so auf die Möglichkeit einer Wende im Geschehen hinzuweisen. Die Aufnahme, die Bertrams Verdikt (III.2.73: *Till I have no wife I have nothing in France)* bei Helena findet, läßt aber noch nichts davon ahnen, daß gerade darin der Keim zu der komödienhaften Entwicklung der weiteren Handlung liegt.

Helenas Monolog am Ende von III.2 vermittelt den stärksten Eindruck von ihrer Entsagungsbereitschaft und läßt zudem das Motiv der unschuldig verstoßenen Ehefrau anklingen.[40] Damit dürfte der höchste Stand der Zuschauersympathie für Helena erreicht sein. Ein wichtiger Umstand, wenn man bedenkt, daß sie ab III.5 das Komödiengeschehen aktiv zu lenken anfängt.

III.4

Mit III.4 gipfelt die Szenenfolge jedoch vorerst in Helenas Entschluß zu einer Pilgerfahrt nach Santiago, um dadurch Bertram die Rückkehr nach Roussillon zu ermöglichen. Um seinen Tod abzuwenden, setzt sie bereitwillig ihr eigenes Leben aufs Spiel. Das Pilgermotiv hatte

---

40 Das Griseldis-Motiv. Vgl. E. Frenzel, *Stoffe der Weltliteratur,* (Stuttgart 1970).

sowohl eine literarische als auch eine volkstümliche Tradition.[41] Das Konventionelle der Situation wird noch unterstrichen durch die Sonettform, in der der Brief an die Gräfin abgefaßt ist.[42] Vor dem Hintergrund der weitgehend von der petrarkistischen Konvention diktierten Verse des Sonetts ist denn auch die fast übermenschliche Liebe Helenas für Bertram zu sehen. Jene selbstlose Liebe hat aber auch dazu eingeladen, die Figuren symbolisch zu überhöhen, in Helena ein Instrument der göttlichen Gnade und in Bertram einen Vertreter des auf jene Gnade angewiesenen Menschengeschlechts zu sehen.[43] Doch die Komödie, die sich von der nächsten Szene an behauptet, verlangt nicht so sehr nach Erlösung Bertrams von seinem Fehlverhalten, als vielmehr nach einem ganz konkreten Ausweg aus Helenas schwieriger Lage. Es ist denn auch die Erfüllung der von Bertram gestellten und scheinbar unerfüllbaren Bedingungen, die das Geschehen ab III.5 bestimmt.

Die Szenen III.1–4 bilden in mancher Hinsicht ein Zwischenglied zwischen den beiden so ungleichen Teilen des Stücks. Der Eindruck, der hier durch das unablässige Briefeverlesen entsteht, ist dabei nicht zu unterschätzen. Es scheint, daß die Ereignisse sich überstürzen. Die Dinge nehmen ihren Lauf, ohne daß der Zuschauer schon im voraus von ihnen weiß. So teilen Helena und Bertram ihre Handlungen immer erst hinterher mit, wodurch der Eindruck der Unwiderrufbarkeit entsteht. Auch in dieser Hinsicht läßt sich eine sympathielenkende Absicht Shakespeare erkennen: Ist der Zuschauer vom Inhalt der Briefe jeweils ebenso überrascht wie die Adressaten auf der Bühne selbst, so bleibt ihm nichts anderes übrig, als sich fortan (und, wie er hofft, vorläufig) deren beschränkte Perspektive anzueignen. Dabei legen etwa die Worte der Gräfin in III.4.38–40 nahe, daß von nun an gleich viel Sympathie für Bertram wie für Helena aufgebracht werden soll: *Which of them both / Is dearest to me, I have no skill in sense / To make distinction.* Für den Zuschauer wird so ein distanzierteres Verhältnis zu Bertram wie zu Helena möglich.

[41] Das Motiv fand seinen Ausdruck einerseits in der petrarkistischen Dichtungstradition (vgl. III.4.4–17 und Anm.), andererseits wurde im Mittelalter und bis zur Mitte des 17.Jh.s der menschliche Lebensweg gerne mit einer Pilgerfahrt verglichen, so in William Langlands *Piers Plowman* (entstanden um 1380).

[42] Vgl. III.4.4–17 und Anm.

[43] Vgl. Einl., S. 27.

III.5

Der Wechsel von der vorhergehenden zu dieser Szene dürfte der optisch und akustisch kontrastreichste im ganzen Stück sein. Auf die Stille und Abgeschiedenheit von Roussillon folgt der Lärm und die Farbenfreudigkeit einer militärischen Parade.[44] War Bertram dort noch der Anlaß für die in gebundener Rede stehenden sorgenvollen Worte der Gräfin, so erscheint er hier als der Gegenstand eines von Gerüchten genährten Prosadialogs zwischen der Witwe und ihrer Nachbarin. Wieder ermöglicht der Wechsel der Perspektive es dem Zuschauer, eine distanziertere Haltung gegenüber dem Geschehen einzunehmen. Spätestens Helenas Auftritt im Pilgergewand erfordert eine Distanz, die in der Kritik nicht immer eingenommen wurde. Einzelne Kritiker erhoben den Vorwurf, Helena nehme im zweiten Teil des Stücks berechnende Züge an, ja sie verschleiere hier geradezu ihre wahren Absichten.[45] Sie hätte gar nie vorgehabt, eine Pilgerfahrt zu unternehmen, sondern von Anfang an ihr eigentliches Ziel anvisiert: Bertram in Florenz zu treffen. Eine solche Argumentation basiert auf der Rekonstruktion von Ereignissen und psychischen Vorgängen, die auf der Bühne gar nie zur Darstellung gelangen und läßt dafür die dramenspezifischen Wirkungen außer acht. Realistische Betrachtungen über Helenas Reiseroute etwa widersprechen der Shakespeare eigenen Dramaturgie, die oft ohne Alltagslogik auskommt. Einem Theaterpublikum dürfte Helenas Auftritt hier denn auch als folgerichtig erscheinen.[46] Er widerspricht nicht dem Eindruck der Bescheidenheit und Entsagungsbereitschaft, wie ihn Helena vorher erweckt hat. Helenas zukünftige Rolle als Regisseurin des Geschehens wird hier – nicht zuletzt durch das theatralische Mittel der Verkleidung – im Gespräch mit der Witwe vorbereitet. Durch den unvermittelten Auftritt Helenas in Florenz wird aber gleichzeitig auch der Rahmen für die weitere Handlungsentwicklung abgesteckt: Ähnlich wie in den vom Wunderbaren, von der Vorsehung inspirierten späten Stücken Shakespeares beginnt auch das Geschehen hier seine eigene Dynamik zu entwickeln.[47]

---

[44] Byrne, "Sh. Season", erkennt vor allem die parodistischen Elemente dieser Szene als eines weiblich-ironischen Kommentars zur Männerwelt.

[45] Z.b. Evans, *Comedies*, S.166.

[46] Innerhalb der Welt des Dramas liegt Florenz durchaus am Weg nach Santiago, (vgl. die Worte der Witwe in Z.90–91), wobei weniger die geografischen Tatsachen als vielmehr thematische Assoziationen im Vordergrund stehen. Dazu und zu den vorwiegend negativen Konnotationen, die Santiago bei Sh.s Zeitgenossen evoziert haben dürfte vgl. Cole, *The All's Well Story*, S.108–110.

[47] Vgl. Komm. zu I.3, sowie New Arden, S.XXXI.

Helena gibt sich der Witwe nicht sogleich zu erkennen, sondern nimmt an dem Gespräch über Bertram, Parolles und ihre eigene Person mit gespieltem Desinteresse teil. In den Worten der Nachbarin erscheint Parolles einmal mehr als der Verführer Bertrams.[48] Sie stellt Bertram als einen Don Juan dar und warnt Diana vor seinen Nachstellungen. Als die Witwe – in Helenas Gegenwart – das Schicksal der von Bertram verlassenen Ehefrau beklagt, kommt der Zuschauer zum ersten Mal in den Genuß der einer Verkleidungskomödie eigenen Komik. Gleichzeitig eröffnet sich ihm aber auch eine Art der dramatischen Ironie, von der *All's Well* wiederholt Gebrauch macht. Der maliziöse Ausspruch der Witwe *This young maid* [Diana] *might do her* [Helena] *a shrewd turn* (Z.65–66) enthält für die Sprecherin nicht vernehmbare Nebentöne: Der 'böse Streich', dessen Opfer in den Augen der Witwe Helena selbst sein könnte, wird sich im weiteren Verlauf der Handlung in sein Gegenteil verkehren, in einen 'schlauen Trick' nämlich, mit dessen Hilfe Helena schließlich Bertram für sich gewinnen wird. Allerdings vermeidet es Shakespeare hier, Helena so reagieren zu lassen, daß man auf einen bei ihr bereits feststehenden konkreten Plan mit diesem Ziel schließen könnte.

III.6

Die Thematik von Sein und Schein, in *Measure for Measure* programmatisch an den Anfang des Stücks gestellt[49], findet sich in *All's Well* am augenfälligsten in der sehr bühnenwirksamen komischen Nebenhandlung. In ihrem Verlauf wird Parolles' Großsprecherei entlarvt und sein wirkliches Sein aufgedeckt. Dabei hat die Nebenhandlung auch ein erklärtes pädagogisches Ziel innerhalb der Haupthandlung: Bertram soll von seinem blinden Vertrauen zu Parolles geheilt werden.[50] Dieser erscheint hier zum ersten Mal in der traditionellen Komödienrolle des *gull*, des von den übrigen Figuren Genarrten. Bertram selbst bleibt vorläufig noch ausgeschlossen von der Komödiengesellschaft der adligen Offiziere, die sich Parolles als ihren *gull* ausgesucht hat. Wenn er Parolles die Rückholung der verlorenen Pauke schmackhaft zu machen versucht, so tut er das sicher nicht in ironischer Weise; vielmehr ist er hier immer noch naiv genug, Parolles für einen Ehrenmann zu halten. Die Pauke, *This instrument of honor* (Z.58), verkörpert dabei den

---

[48] Vgl. Komm. zu II.3.

[49] I.3.53–54: "Hence shall we see, / If power change purpose, what our seemers be."

[50] Vgl. IV.3.29–32.

Begriff von Ehre, dem Bertram bisher nachgelebt hat: die Ehre des Soldaten, die mit seinem militärischen Erfolg steht und fällt. Bertram glaubt, Parolles sei ihr ebenso verpflichtet wie er selbst. So glaubt er auch an die Möglichkeit eines Erfolgs für das von Parolles gelobte Unternehmen und zieht die warnenden Worte der Adligen in Zweifel. Die Diskrepanz von Sein und Schein im Charakter von Parolles muß Bertram erst noch vor Augen geführt werden.

Vielfältige dramatische Ironien prägen die nächsten Szenen. Sie zeigen Bertram in der Rolle des Zuschauers, als Parolles das Opfer eines Täuschungssmanövers wird. In der Opferrolle befindet sich Bertram aber auch selbst und ohne sein Wissen, wenn er mit Diana ein Stelldichein verabredet und in der Folge die von ihm verabscheute Ehe mit Helena vollzieht. In den Szenen III.6, III.7, IV.1, IV.2, und IV.3 wechseln die jeweils in Prosa stehende Nebenhandlung und die Blankvers-Haupthandlung regelmäßig miteinander ab. Dabei sind die beiden Handlungsebenen durch die Thematik von Sein und Schein eng aufeinander bezogen. Die Nebenhandlung wirkt als Kommentar zur Haupthandlung, und umgekehrt. Die breit ausgespielten Szenen um die Entlarvung des Parolles erfüllen aber auch eine theaterpraktische Funktion: Sie sind ein bühnenwirksamer Ersatz für die nicht spielbare Beischlafszene zwischen Helena und Bertram.

III.7

Dramaturgisch stellt die Szene eine Parallele zu III.6 dar. In beiden wird unmittelbar bevorstehendes Geschehen geplant. Am Ende von III.6 wird die Falle für Parolles vorbereitet und Bertram macht sich zusammen mit einem der Adligen auf den Weg zu Diana. III.7 schließt mit Helenas Aufforderung an die Witwe: *Let's about it.*

Sprachlich kontrastieren die Szenen III.6 und III.7 stark. Im Gegensatz zu den Blankversen in III.7 wirkt die umgangssprachliche Prosa in III.6 leicht und beiläufig, was im Einklang steht mit der Bedeutung, die die Entlarvung des Parolles in den Augen der Offiziere hat. Die komische Szene wird aber weiterreichende Implikationen haben, als die Offiziere in III.6 vermuten. Gerade der sprachliche Stil von III.7 – kurze Blankversszene umrahmt von längeren Prosaszenen – weist darauf hin. Stellt er doch ein alltägliches Geschehen – die Witwe läßt sich schließlich mehr durch Geld als durch Argumente von der Rechtmäßigkeit von Helenas Plan überzeugen – in den Rahmen der Vorsehung. Auch das Mittel zum Zweck, der Bett-Trick, dürfte von einem elisabethanischen Publikum vor einem providentiellen Hintergrund

gesehen worden sein.[51] Der Blankvers drückt den knappen sachbezogenen Erklärungen Helenas den Stempel der Unausweichlichkeit auf. Sechs der acht Sprecherwechsel im Verlauf des Gesprächs ereignen sich zudem mitten im Vers: Weder die Witwe noch Helena zögern mit ihren Repliken. Der doppelte Paarreim für Helenas rätselhafte Worte am Schluß der Szene unterstreicht noch die Zielgerichtetheit des Dialogs. Der Reim und die Rätselform der vier Verse deuten an, daß sich das Geschehen wieder von der realistischen Ebene entfernt, um der Eigengesetzlichkeit eines Märchens zu folgen.

So trägt die sprachliche Form wesentlich dazu bei, daß das von Helena vorgesehene Mittel zum Zweck, der Bett-Trick, sich folgerichtig in die dramatische Entwicklung von *All's Well* einfügt. Anders als in *Measure for Measure*, wo dasselbe Handlungselement oft als unvereinbar mit der moralischen Ernsthaftigkeit und den tragischen Aspekten jenes Stücks aufgefaßt wurde. Ein solcher Konflikt scheint in *All's Well* nicht gegeben. Tragische Entwicklungen sind in *All's Well* gebannt.[52] Die Publikumssympathien sind gleichmäßiger als in *Measure for Measure* auf alle Figuren verteilt. Zusammen mit der komischen Nebenhandlung, die ab III.6 in den Vordergrund des Geschehens rückt, trägt all das zu einer spielerischen Atmosphäre bei, in der das traditionelle Komödienelement des Bett-Tricks die ihm gemäße Umgebung findet. Denn schließlich läßt sich der Bett-Trick in *All's Well* auch als Variante des bei Shakespeares Komödienheldinnen geradezu obligatorischen Verkleidungsspiels auffassen: Die Frau 'hüllt' sich in Dunkelheit und Schweigen und täuscht auf diese Weise den Mann über ihre wahre Identität. Daß dabei Verkleidung – und zwar sowohl im wörtlichen wie im übertragenen Sinn – zum Wesen des Theaters, der Schauspielerei gehören, unterstreicht nebem dem Spiel- auch den Symbolcharakter dieses Komödienelements: Blindheit und Schweigen sind die Mittel zum Erkennen seiner selbst und zu den erlösenden Worten Bertrams in V.3.305.[53] Die unmittelbar folgenden Szenen IV.1 bis IV.3 liefern aber zunächst eine ironische Variante des im Bett-Trick enthaltenen theatralischen Symbols: Mit verbundenen Augen spricht Parolles sein eigenes Verderben herbei, sehend gemacht, verstummt er.

[51] Vgl. die biblischen Quellen und Analogien in Genesis 29 und 38 (Simonds, "Overlooked Sources").

[52] Kirchheim, *Tragik und Komik*, S.217–19.

[53] Vgl. dazu auch Cohen, "Virtue is Bold".

IV.1

Parolles wird vom 2. Adligen überrascht und gefangengenommen. Mit verbundenen Augen soll er sein weiteres Schicksal erwarten. Vor seiner Gefangennahme jedoch gibt ihm Shakespeare Gelegenheit, in einem Selbstgespräch – eventuell ad spectatores – über seine momentane Lage nachzudenken. Jetzt, da er niemandem etwas vorzuspiegeln braucht, ist er ehrlich mit sich selbst. Dabei nimmt seine Aufrichtigkeit für ihn ein.[54] Einer allzu schnellen Identifikation des Zuschauers mit der Figur beugt Shakespeare aber sogleich vor. Parolles' Selbstgespräch wird durch die nur für das Publikum vernehmbaren Zwischenbemerkungen des 2. Adligen zu einem komischen Dialog. Durch die Komik gewinnt der Zuschauer wieder die nötige Distanz. Ganz unmittelbar komisch wirkt auch die absurde Kunstsprache, mit deren Hilfe Parolles getäuscht wird. Ironisch mutet dabei an, daß ausgerechnet der *manifold linguist* (IV.3.221), der 'versierte Sprachenkenner', diesen frei erfundenen Lautfolgen auf den Leim geht. *I shall lose my life for want of language* (Z.68), ruft er aus und ahnt dabei nicht, daß sich für ihn das genaue Gegenteil davon bewahrheiten wird: nicht das Zuwenig, sondern das Zuviel an Sprache wird ihm schließlich in IV.3 zum Verhängnis.

IV.2

Bevor jedoch das Schicksal von Parolles seinen weiteren Verlauf nehmen kann, wechselt das Bühnengeschehen kurz auf die Ebene der Haupthandlung. Bertram bestürmt Diana mit seinen Liebesschwüren, überläßt ihr seinen Familienring und erwirkt schließlich ein Stelldichein. Ohne es zu wissen, hat er dadurch die Voraussetzungen zur Erfüllung eben der Bedingungen geschaffen, die er Helena in III.2 auferlegt hatte. Daß er damit in einer Falle sitzt, ist sich Bertram hier ebensowenig bewußt wie Parolles in der vorausgegangenen Szene. Noch frohlockt er: *A heaven on earth I have won by wooing thee* (Z.66). Dabei ist er bereits das Opfer einer dramatischen Ironie geworden: Nicht Diana sondern Helena wird ihm schließlich als der Himmel auf Erden erscheinen.

---

[54] Hunter (New Arden, S.XLVIII) vertritt die gegenteilige Meinung, wenn er in Parolles ein Ziel für Spott nach dem Muster der Jonsonschen Humoralkomödie (vgl. Weiß, S.191–98) sieht, eine Figur, die alles andere als geeignet erscheint, das Mitgefühl des Zuschauers zu erregen.

Der parallele Verlauf von Haupt- und Nebenhandlung wird somit spätestens von IV.2 an offenbar. Die leichtfertige Art, in der Bertram seinen Familienring als Unterpfand für ein erhofftes Liebesabenteuer an Diana aushändigt, erinnert an Parolles' rasche Bereitschaft, militärische Geheimnisse auszuplaudern, als er glaubt, sein Leben stehe auf dem Spiel. In beiden Fällen wird 'Ehre' geopfert: soldatische im einen, die Ehre der adligen Geburt im anderen Fall.

Die Argumente, die Bertram gegen Dianas jungfräulichen Stand ins Feld führt, sind dieselben, die Parolles in I.1 gegenüber Helena verwendet hatte. Bertram schätzt Dianas Familienehre anfangs ganz selbstverständlich geringer ein als seine eigene. Geschickt versteht es das italienische Mädchen aber, ihn zu einem Tauschhandel zu bewegen. Nur um den Preis seiner Ehre, symbolisiert durch seinen Ring, ist sie bereit, ihre eigene Ehre, symbolisiert durch ihre Keuschheit,[55] zu opfern (Z.42–51). Der Verlust von Bertrams Familienehre, ebenso wie derjenige von Parolles' soldatischer Ehre wird sich schließlich für jeden der beiden jungen Männer heilsam auswirken. Zunächst aber müssen sie beide – Parolles in IV.3, Bertram in V.3 – die Konsequenzen ihres Handelns durchstehen.[56]

IV.3

Mit der farcenhaften Verhörszene, in deren Verlauf Parolles entlarvt wird, erreicht die Komödie in *All's Well* ihren Höhepunkt. Am Beginn von IV.3 jedoch steht ein längeres Gespräch zwischen zwei jungen französischen Adligen. Es hat einen doppelten Zweck: Einerseits werden darin Umstände mitgeteilt, die nicht auf der Bühne zur Darstellung gelangen. So erfahren wir hier, daß der Krieg zu Ende ist. Auch erhalten wir Kenntnis von Helenas "Tod" und Bertrams Wissen davon. Obwohl der Zuschauer natürlich annimmt, daß es sich bei dieser Nachricht um ein Gerücht handelt, gibt es für ihn keine Gewißheit. Einmal mehr wird er also verunsichert oder zumindest überrascht von Ereignissen, die er nicht voraussehen konnte. Darin unterscheidet sich *All's Well* allerdings von der herkömmlichen Art der Informationsvergabe in Shakespeare Komödien.[57] Hier erlaubt allein

[55] Zur Ehre der Frau in der elisabethanischen Gesellschaft vgl. Watson, *Concept of Honor,* S.159–62, sowie Cohen, "Virtue is Bold", wo sich auch reichliche Quellenangaben finden.

[56] R.G.Hunter, *Comedy of Forgiveness,* S.126–28.

[57] Evans, *Comedies,* S.145.

die komödienhafte Gestimmtheit seit III.5 die Annahme, daß mit der Todesnachricht wohl Bertram, nicht jedoch der Zuschauer getäuscht werden soll. Damit rückt nach Parolles auch Bertram in die Rolle des *gull,* des von der Komödiengesellschaft Genarrten.[58] Wenn in der Folge Parolles für komische Effekte herhalten muß, so soll andererseits Bertrams Rolle als Genarrter nachdenklich stimmen. Das Gespräch zwischen den beiden Adligen hat denn auch eine wichtige sympathielenkende Funktion mit Bezug auf Bertram.[59] Seine bevorstehende reuige Haltung wird hier vorbereitet, etwa wenn der 1. Adlige mitteilt, daß der Brief der Gräfin (III.4) seine Wirkung auf Bertram getan habe; oder wenn wiederum, und diesmal aus dem Munde junger Leute, Bertrams Verhalten verurteilt wird. Tatsächlich erinnern die Worte der Adligen hier an jene der Gräfin in III.2 und III.4: Bertrams auf dem Schlachtfeld gewonnene Ehre wird jene andere, die er als Angehöriger des Adels, als Sohn und als Ehemann verloren hat, nicht aufwiegen können (Z.5–6, 22–23, 63–65); ein Gedanke, der in nahezu gleicher Formulierung in III.2.91–92 von der Gräfin ausgesprochen worden ist: *His sword can never win the honor that he loses.*

Bertrams Handeln wird aber zugleich relativiert, wenn die beiden Adligen es in den größeren Rahmen allgemein menschlicher Schwächen stellen. Hier liegt denn auch erneut ein Ansatz zu einer allegorischen Lesart des Stücks nach dem Muster der Moralitäten.[60] Danach würde Bertram *humanum genus,* den gefallenen Menschen symbolisieren, der auf die göttliche Gnade und Vergebung angewiesen ist, und die ihm durch Helena als ein Instrument des Himmels schließlich auch zuteil wird. Nachdem sie bereits von der Gräfin in III.4 als Bertrams rettender Engel dargestellt worden ist, halten hier auch die beiden Adligen ihren Tod für Bertrams größten Verlust, wenn auch Bertram selbst ihn noch nicht zu erkennen vermag. Die Entlarvung von Parolles, in deren Verlauf – ironisch genug – Parolles die Augen verbunden werden, bleibt somit als das letzte Mittel, um Bertram die Augen zu öffnen.

Mit der Verhörszene schafft Shakespeare ein komplexes Gefüge dramatischer Ironien. Parolles ist das offensichtliche Opfer eines Komplotts, dessen Urheber seine Kameraden sind. Die Aussagen von Parolles, so übertrieben und farcenhaft sie auch wirken, vermögen die Adligen und Bertram zu verunsichern. Damit werden auch sie Teil des farcenhaften Spiels im Spiel, sie selbst rücken – in den Augen des

---

58 Vgl. Komm.zu III.6.

59 Price, S.165.

60 Tillyard, S.107–09.

Zuschauers – in die Rolle von Genarrten. Den Worten und Reaktionen Bertrams in dieser Szene gilt das besondere Augenmerk des Zuschauers – stellvertretend für die abwesende Helena. In seinen Augen ist ja in erster Linie Bertram das Opfer eines Komplotts. Dessen erste Worte machen aus ihm denn auch ein Ziel dramatischer Ironie. Indem er in überraschend selbstsicherer Manier die lange Liste der in kürzester Zeit noch vor seiner Heimreise erledigten Geschäfte zum besten gibt, erwähnt er auch seine erfolgreiche Verführung Dianas, das größte all jener Geschäfte und dazu erst noch ein unabgeschlossenes: *as fearing to hear of it hereafter* (Z.90–91). Worauf immer er mit dieser Bemerkung anspielt, er ahnt hier sicher nicht, auf welch schmerzliche Art er schließlich noch davon zu hören bekommen wird. Die ironische Distanz zwischen Bertram und dem Zuschauer ist hier kaum mehr kleiner als die komische Distanz zu Parolles, der in eben diesem Augenblick mit verbundenen Augen auf die Bühne geführt wird.

Das folgende Verhör trägt so sehr farcenhafte Züge, daß es wohl verfehlt wäre, darin eine satirische Absicht Shakespeares zu vermuten. Weder sollen die Laster der jungen Offiziere durch Parolles' verleumderisches Reden gegeißelt werden, noch ist dieser selbst das Ziel von Satire, welche ja ein gewisses Maß an Realismus voraussetzen würde. Dieser fehlt aber hier ganz. Realistisch betrachtet, ließen sich die maßlosen Verleumdungen, die Parolles ausspricht, auch als geschicktes Manöver zur Täuschung des Feindes – denn dafür muß Parolles seine Kameraden hier ja halten – interpretieren. Diese Möglichkeit wird aber von den Adligen in keinem Moment in Betracht gezogen. Im Gegenteil, sie begegnen all den komischen Übertreibungen mit großem Ernst und erhöhen dadurch nur noch den Grad der Unwirklichkeit des Geschehens.[61] Um so überraschender fällt der Schluß der Szene aus. In seinem kurzen Blankversmonolog steht Parolles völlig entblößt da. Die Wirklichkeit, die in dem farcenhaften Spiel eben noch so weit entfernt zu sein schien, hat ihn eingeholt.[62]

IV.4

Die in Roussillon spielende Szene IV.5 wird umrahmt von den beiden Kurzszenen IV.4 und V.1, welche Helena in Begleitung der Witwe

---

[61] Price, S.165.

[62] Für Hunter (New Arden, S.XLVIII) ist Parolles eine jener blutleeren Figuren aus der Tradition der Moralitäten, die keine psychologische Tiefe aufweisen und nur als Sprachrohr für eine Moral dienen. Ganz im Gegensatz dazu hält Leech ("Ambition", S.23) Parolles' realistische Selbsteinschätzung hier geradezu für ein Maß, mit dem sich die übrigen Charaktere messen lassen.

und Dianas unterwegs von Italien nach Frankreich zeigen. Auf diese Weise wird der erneute Schauplatzwechsel – zurück von Florenz nach Roussillon – vorbereitet. Ziel der Reise ist vorerst Marseille, wo der König sich aufhalten soll. In V.1 erfährt Helena jedoch, daß er bereits unterwegs nach Roussillon ist. Auch Bertram und Parolles befinden sich auf dem Weg nach Hause (IV.3.87, 316). Somit beschreibt die Szenenfolge hier die Gegenbewegung zur Folge III.1–4.

Mit Helenas Auftritt erhält der Zuschauer die Gewißheit, daß sie lebt.[63] Ob sie das Gerücht von ihrem Tod absichtlich in die Welt gesetzt hat, oder ob es von selbst entstanden ist, läßt sich allein aufgrund des Textes nicht entscheiden.[64] Die Art der bisherigen Sympathielenkung spricht aber ganz für die zweite Annahme.[65] Auch betont gerade IV.4 die Unausweichlichkeit eines Handlungsablaufs, der zu seiner Realisierung gar keiner aktiven Eingriffe bedarf.[66] Dabei hat die Szene eine rückblickende und eine vorausweisende Funktion. Rückblickend gibt Helena eine psychologische Interpretation des Bett-Tricks: Bertrams Verhalten gleicht dem der Männer im allgemeinen, wenn sie ihre Phantasie von der Lust beflügeln lassen und so notwendig Opfer einer Täuschung werden.[67] Die vorausweisende Funktion von IV.4 liegt darin, daß durch den Bett-Trick die von Bertram gestellten Bedingungen erfüllt sind. Das unterstreicht nicht zuletzt der sprichwörtliche Titel des Stücks, den Helena in ihrem Schlußcouplet zitiert. Noch läßt sich zwar der Verlauf nicht voraussagen, doch das gute Ende scheint gewiß. Die Gegenwart der Witwe und Dianas lassen schon hier die Verwicklungen des Dénouements erahnen.

IV.5

Die Gräfin und Lafew erwarten die Ankunft sowohl Bertrams als auch des Königs in Roussillon. Lafew stellt Bertram einmal mehr als das Opfer von Parolles' Verführungskünsten dar und geht dabei sogar so

---

[63] Vgl. Komm. zu IV.3.

[64] Evans (S. 163–64) glaubt an ein vorsätzliches Handeln Helenas. Dagegen führt Coghills Analyse ("All's Well Revalued", S.76–77) der Szenenfolge hier zu der zweiten Annahme: Das Gerücht von Helenas Tod entsteht aufgrund ihres Briefes an die Gräfin, in welchem sie gelobt, ihr eigenes Leben für dasjenige Bertrams aufs Spiel zu setzen (III.4).

[65] Vgl. Komm. zu III.5.

[66] Die Dramaturgie ist ähnlich der, die Sh. in den späten Stücken, etwa in *Cymb.*, im *Temp.* oder im *Wint.T.* verwendet.

[67] R.G.Hunter, *Comedy of Forgiveness*, S.124–25.

weit, Helenas Tod letztlich dem Hauptmann anzulasten. Die Gräfin stimmt in das Klagelied ein. Dadurch erinnert der Szenenbeginn hier stark an den Eröffnungsdialog zwischen der Gräfin und Lafew in I.1. Die dunkle Stimmung jenes Dialogs kann aber hier nicht aufkommen. Der Zuschauer weiß, daß eine Komödie gespielt wird, und die Worte der Gräfin und Lafews erscheinen so in einem komisch-ironischen Licht. Die Distanz des Zuschauers zu den beiden Figuren ist hier wohl am größten. Lafew wird zudem Opfer einer dramatischen Ironie, als er die bereits vereinbarte Vermählung seiner Tochter Maudlin – von der bisher nie die Rede war – mit Bertram ankündigt.

Für die nötige komische Distanz hier bürgt auch die Gegenwart Lavatchs. Die Mischung aus Anzüglichkeiten und theologischer Weisheit, deren er sich hier bedient, mag für moderne Ohren befremdlich klingen. Die komische oder parodistische Darstellung ernster theologischer Gegenstände hatte jedoch im Mittelalter und auch noch in der Renaissance nichts Entweihendes an sich. Zur Darstellung zum Beispiel der Sieben Todsünden bediente man sich gerne der Groteske. Besonders die fleischlichen Sünden und der Teufel boten sich dabei zur unverhüllten Darstellung – sei es in Predigt, Malerei oder auf der Bühne – geradezu an.[68] Hier erscheint Lavatch als Träger eben jener Tradition. Er ist es auch, der das Eintreffen Bertrams am Ende von IV.5 ankündigt. Dabei erkennt er in erster Linie nicht den mit militärischen Ehren überschütteten Helden in ihm, sondern sieht vor allem die Verletzung, die Bertrams Gesicht entstellt: *it is your carbonadoed face* (Z.95). Lafew winkt ab. Er will in Bertram, seinem zukünftigen Schwiegersohn, den edlen Soldaten begrüßen. Doch die letzte Replik gehört Lavatch: Bertram und seine Kameraden sind wirklich elegant herausgeputzt; als wollte er damit sagen: Der Schein trügt, Bertrams wahres Sein wird sich erst noch erweisen.

V.1

In IV.5 wurde Bertrams unmittelbar bevorstehende zweite Vermählung angekündigt. Der König ist bereits unterwegs nach Roussillon, um sie eilends zu vollziehen. Der Eindruck der sich überstürzenden Ereignisse, die Helena um ihr Recht zu prellen drohen, wird in V.1 noch verstärkt. Dadurch kommt erneut Spannung auf. Der König, den Helena in Marseille anzutreffen hoffte, ist bereits wieder abgereist. Ein Bote wird mit einer Nachricht an ihn betraut. Wird sie ihn noch

[68] Lee B. Jennings, *The Ludicrous Demon* (Berkeley 1963), S.1–27.

rechtzeitig erreichen, oder werden die Hochzeitsvorbereitungen beim Eintreffen der drei Frauen in Roussillon bereits so weit gediehen sein, daß an ein Geltendmachen ihres Rechts nicht mehr zu denken ist? Wieder zitiert Helena das Sprichwort: *All's Well That Ends Well yet.* Durch die Wiederholung nur etwa hundertdreißig Zeilen nach seinem erstmaligen Gebrauch, verliert es allerdings an Überzeugungskraft, tönt jetzt fast wie mit dem Mut der Verzweiflung gesprochen, und der Zuschauer ist ein weiteres Mal geneigt, sich zu fragen, ob das bevorstehende Komödienende nicht viel mehr dem Zufall oder der Vorsehung zuzuschreiben ist als der umsichtigen Regie einer überlegenen Protagonistin.[69]

V.2

Ein kurzes Vorspiel zur großangelegten Schlußszene. Parolles, entehrt, der Schande preisgegeben,[70] muß es sich gefallen lassen, von Lavatch auf herabwürdigende Art und Weise behandelt zu werden. Parolles' etwas gewagte Metapher vom 'stinkenden Fischteich der Frau Fortuna', dem er eben entstiegen sei, versteht Lavatch sogleich wörtlich und richtet sie hartnäckig gegen sein wehrloses Opfer. Dabei strapaziert er die Metapher bis zu einem Grad, der sie dem unmittelbaren Verständnis des modernen Zuschauers entzieht. Für einen Elisabethaner dagegen dürften die Anspielungen auf Sexuelles unüberhörbar gewesen sein. Mit seiner Frage *Wherein have you played the knave with Fortune?* (Z.29–30) nimmt Lafew seinerseits die Metapher auf. Frau Fortuna ließ sich nicht von Parolles schänden, und schließlich entzog sie ihm ihre Gunst. Parolles wurde zu ihrem Spielball; der Spieler hat verspielt. Aber als der Spieler, der mit Fortuna Umgang hatte, konnte er sich gar keiner moralischen Verfehlungen schuldig machen. Er hatte höchstens Pech. Darin liegt denn auch der wesentliche Unterschied zwischen dem Geschick Parolles' und dem Bertrams. Zwar betont die Szenenfolge seit III.6 die Parallelität der beiden Handlungsebenen. Bertrams Verfehlungen rühren aber – im Gegensatz zu Parolles – an seine moralische Integrität. Bertram muß erst noch dazu gebracht werden, sein wahres Selbst zu erkennen. Das war

[69] Zufall und Vorsehung spielen eine große Rolle in den Dénouements von Sh.'s späten Stücken, aber auch schon von *Twel.N.;* umsichtige Regieführung durch eine Zentralgestalt ist charakteristisch für die Komödien der mittleren Schaffensperiode, aber auch noch für *Meas. for M.*

[70] Verlust der Ehre war für einen elisabethanischen Aristokraten schlimmer als der Tod. Vgl. dazu Watson, *Concept of Honor*, S.155–59.

im Fall von Parolles gar nie nötig. Er hat sich nie in dem getäuscht, was er wirklich ist.[71] Als simpler Pechvogel, der aber dennoch ein Recht hat zu leben, wird er schließlich von Lafew akzeptiert. Das Motiv des nackten Überlebens, des Noch-einmal-davongekommenseins klingt hier erneut an. Dadurch ist der bedeutungsvolle Hintergrund für die Schlußszene geschaffen, in deren Verlauf Bertrams viel größere Ehrlosigkeit aufgedeckt wird.

V.3

Der Beginn der Szene steht ganz im Zeichen von Bertrams Rückkehr ins zivile Leben. Der König hat ihm seine Jugendsünden vergeben, und er selbst zeigt sich, wenigstens vordergründig, reuig und ist auch bereit, eine neue Ehe einzugehen. Dieser Verlauf, der nach der alltäglichen Erfahrung durchaus wahrscheinlich ist und der von allen Figuren im Stück erwartet wird, ist aber ausgeschlossen. Einzig der Zuschauer erwartet neue Komplikationen, denn die Rechnung kann ohne Helena nicht aufgehen. Mehr weiß aber auch der Zuschauer nicht. In diesem Punkt unterscheidet sich denn auch das Dénouement von *All's Well* von dem der anderen großen Komödien, etwa *Twelfth Night*. Während der Zuschauer nämlich dort immer zum Voraus über alle Einzelheiten der bevorstehenden Wendungen und Überraschungen informiert wird, muß er es sich in *All's Well* zuweilen gefallen lassen, selber überrascht zu werden.

Eine erste derartige Überraschung ist durch den Ring gegeben, den Bertram seiner zukünftigen Braut, Lafews Tochter Maudlin, überbringen läßt. Bertram kann nichts anderes glauben, als daß es sich dabei um den von Diana erhaltenen Ring handelt.[72] In diesem Punkt ist der Zuschauer zwar im Vorteil gegenüber Bertram, weiß er doch, daß Helena selbst es war, die Bertram diesen Ring in der Nacht an den Finger steckte. Was es mit diesem Ring aber sonst noch auf sich hat, nämlich daß Helena ihn seinerzeit aus der Hand des Königs erhielt und daß damit ein Hilfeversprechen verbunden war (Z.83–86), kommt als Überraschung. Die Strategie der Zuschauerüberraschung im Dénouement ist ungewöhnlich genug für Shakespeare, daß darin eine ganz bestimmte Absicht vermutet werden darf. So wie Bertram das Opfer einer Täuschung geworden ist, muß der Zuschauer es hinnehmen, nie über die Bewandtnis jenes Rings aufgeklärt worden zu sein. Auf diese

---

71 Vgl. Z.41, sowie IV.1.24–42.

72 Vgl. IV.2.61–62.

Weise entsteht eine gewisse Solidarität des Zuschauers mit Bertram kurz bevor sich dessen Geschick seinem Tiefpunkt nähert. Einer allzu schnellen Verurteilung Bertrams wird so vorgebeugt.

Eine zweite Überraschung folgt sogleich: Ein Herr – wohl derselbe, den Helena in Marseille um Fürsprache beim König gebeten hat – überbringt einen Brief mit Dianas Forderung nach Schließung der ihr von Bertram versprochenen Ehe. Handelt es sich dabei um denselben Brief, den Helena in V.1 an den König gehen ließ? Hat Diana diesen Brief verfaßt, oder ist in Wirklichkeit Helena die Bittstellerin? Welche Abmachungen bestehen wohl zwischen Helena, Diana und der Witwe? Lauter Fragen, die dringend einer Antwort bedürfen. Der Gang der Ereignisse und vor allem das Aufführungstempo lassen aber jetzt keine Zeit dafür.

Bertram wird Diana gegenübergestellt, und er verstrickt sich dabei in ein dichtes Netz von Halbwahrheiten und regelrechten Lügen. Der Kreis um ihn schließt sich immer enger. Sogar Parolles tritt auf, um gegen ihn auszusagen. Als die Situation völlig verworren scheint und auch noch der König durch Dianas rätselhafte Worte in die Irre geleitet wird, tritt Helena – dea ex machina – auf, nimmt dem König die Last der Wahrheitsfindung ab und erlöst Bertram aus seiner Bedrängnis. Dabei läßt das Tempo der Handlungsentwicklung dem Zuschauer keine Zeit, die Dinge zu überdenken und Fragen in Bezug auf die Wahrscheinlichkeit einer solchen Wende zu stellen.[73] Helenas Auftritt im letztmöglichen Moment stellt einen coup de théatre dar, wie Shakespeare ihn mit Vorliebe in den Romanzen verwendet.[74] So wird zum Beispiel im *Winter's Tale* durch die Auferstehung der totgeglaubten Hermione eine Atmosphäre des Wunderbaren geschaffen, wie sie sonst nur dem Märchen eigen ist. Eine ähnliche Wirkung hat auch der Schluß hier: Noch einmal weicht der Blankvers den gereimten Verspaaren mit ihrem formellen Klang, der das Geschehen von der individuellen und persönlichen auf eine allgemeingültige Ebene hebt.

Mit Helenas Auftritt ist Bertram schlagartig erlöst. Shakespeare war ganz offensichtlich nicht daran interessiert, einen Prozeß der Reue und Läuterung bei ihm darzustellen, so wie das die Moralitätenspiele taten. Es ging ihm wohl vielmehr darum, das an sich paradoxe Ereignis von Bertrams plötzlicher Einsicht zu dramatisieren. Darauf lassen auch die vielen rätselhaften Formulierungen in dieser Szene schließen (Z.

---

[73] Gross, "The Conclusion" und H.S.Wilson, "Dramatic Emphasis" (besonders S.239–40) befassen sich von einem theaterpraktischen Standpunkt aus eingehend mit der Dramaturgie der letzten Szene.

[74] New Arden, S.LIV-LVI.

169–75, 248, 267–73, 286–90, 295–301).[75] Nicht die persönliche Versöhnung zwischen Bertram und Helena ist Gegenstand der Szene, sondern die von Helena unter Beweis gestellte Unbeirrbarkeit ihrer Liebe. Nicht ihr persönlicher Gewinn eines Gatten – wie in der Quelle zum Stück – wird gefeiert, sondern die Gnade des Himmels, die dem Menschen bereits in dieser Welt zu Teil wird.[76]

All's Well ist deshalb noch lange kein christliches Drama mit einem klar umrissenen lehrhaften Inhalt in der Art der Moralitäten. Das Handlungsmuster braucht nicht allegorisch oder als Parabel gedeutet zu werden. Shakespeare zeigt sich nie von der didaktischen Seite, wie das manche seiner Mitdramatiker tun,[77] wenn Fragen der Moral oder der praktischen Theologie behandelt werden. *All's Well* wirft denn auch Fragen auf, deren Antworten durchaus weltlicher Natur sind: Tugendadel obsiegt über Erbadel; weibliche Standhaftigkeit und Voraussicht besiegen männliche Arroganz und Leichtfertigkeit; Keuschheit macht sich sexuelle Freizügigkeit dienstbar. Die christlichen Töne sind zwar unüberhörbar.[78] Eine Moral in der Form eines einfachen Lehrsatzes vermittelt das Stück aber ebensowenig, wie sich die alltägliche Erfahrung in klar voneinander abgrenzbare moralische Kategorien einteilen läßt: *The web of our life is of a mingled yarn, good and ill together; our virtues would be proud if our faults whipped them not; and our crimes would despair, if they were not cherished by our virtues.*

---

[75] Kirsch, *Jacobean Dramatic Perspectives,* S.239–40, erkennt in solcher Dramaturgie ein Charakteristikum der guarinischen Tragikomödie (vgl. auch Einl., S.27). Auf Guarini verweist auch Jobin *(Zuschauerüberraschung):* Eine zentrale Erkennungsszene im Verlauf des Dénouements führt zu einer abrupten und – für den Zuschauer ebenso wie für die Figuren im Stück – überraschenden Wende vom tragischen Verlauf zum Komödienende, von scheinbarer Verzweiflung zu Freude. Vgl. dazu etwa die leitmotivischen Worte des Herzogs in *Meas. for. M.* (IV.3.106–08): "But I will keep her ignorant of her good, / To make her heavenly comforts of despair, / When it is least expected." – G.K.Hunter ("Italian Tragicomedy on the English Stage", *Renaissance Drama* 6 (1975), S.123–48) zeigt die Parallelen auf in der Regie der Dénouements von Guarinis *Il Pastor Fido* und Sh.s *All's Well* und *Meas.for.M.*

[76] New Arden, S.LIV.

[77] Vgl. etwa George Wilkins, *The Miseries of Inforsed Mariage* (hrsg.v. G.H.Blayney, Oxford 1964) oder das anonyme Stück *How a Man May Choose a Good Wife From a Bad* (hrsg.v. R.Dodsley und W.C.Hazlitt, 1874–76). Vgl. auch H.S.Wilson, "Dramatic Emphasis", S.239, sowie Blayney, "Wardship".

[78] Toole *(Problem Plays)* erkennt in *All's Well* eine durchgehend christliche Symbolik, welche eine Interpretation nach theologischen Gesichtspunkten unterstützt.

ABKÜRZUNGEN

1. *Shakespeares Werke*

All's Well	All's Well that Ends Well
Ant. and Cl.	Antony and Cleopatra
A.Y.L.	As You Like It
Com.Err.	The Comedy of Errors
Compl.	A Lover's Complaint
Cor.	Coriolanus
Cymb.	Cymbeline
Haml.	Hamlet, Prince of Denmark
1 Hen. IV	The First Part of King Henry IV
2 Hen. IV	The Second Part of King Henry IV
Hen. V	The Life of King Henry V
1 Hen. VI	The First Part of King Henry VI
2 Hen. VI	The Second Part of King Henry VI
3 Hen. VI	The Third Part of King Henry VI
Hen. VIII	The Famous History of the Life of King Henry VIII
K. John	The Life and Death of King John
Jul. Caes.	Julius Caesar
Lear	King Lear
L.L.L.	Love's Labour's Lost
Lucr.	The Rape of Lucrece
Macb.	Macbeth
Meas.f.M.	Measure for Measure
Merch.V.	The Merchant of Venice
Merry W.	The Merry Wives of Windsor
Mids.N.D.	A Midsummer Night's Dream
Much Ado	Much Ado about Nothing
Oth.	Othello, the Moor of Venice
Per.	Pericles, Prince of Tyre
Phoenix	The Phoenix and the Turtle
Pilgr.	The Passionate Pilgrim
Rich. II	The Tragedy of King Richard II
Rich. III	The Tragedy of King Richard III
Rom. and Jul.	Romeo and Juliet
Sonn.	Sonnets
Tam. Shr.	The Taming of the Shrew
Temp.	The Tempest
Timon	Timon of Athens
Tit. A.	Titus Andronicus
Tr. and Cr.	Troilus and Cressida
Twel. N.	Twelfth Night; or, What You Will
Two Gent.	The Two Gentlemen of Verona

Ven. and Ad.	Venus and Adonis
Wint. T.	The Winter's Tale

2. *Andere Abkürzungen*

ae.	altenglisch
Adj.	Adjektiv
Adv.	Adverb
Anm.	Anmerkung
BA	Bühnenanweisung
Bd.	Band
Bde.	Bände
dt.	deutsch
ed.	herausgegeben von
Einl.	Einleitung
f./ff.	und folgende
frz.	französisch
Hrsg.	Herausgeber
hrsg.v.	herausgegeben von
Jh.	Jahrhundert
Kap.	Kapitel
Komm.	Kommentar
Konj.	Konjunktion; in den Lesarten: Konjektur
lat.	lateinisch
me.	mittelenglisch
mod.Engl.	modern englisch
o.J.	ohne Jahresangabe
S.	Seite
s.	siehe
s.v.	siehe unter dem Stichwort
Sh.	Shakespeare
Subst.	Substantiv
vgl.	vergleiche
Z.	Zeile

3. *Zeitschriften*

JEGP	Journal of English and Germani Philology
MLQ	Modern Language Quarterly
PMLA	Publications of the Modern Language Association of America
ShJ	Shakespeare Jahrbuch [Weimar]
ShJ(W)	Deutsche Shakespeare Gesellschaft West, Jahrbuch
ShQ	Shakespeare Quarterly
ShS	Shakespeare Survey

LITERATURVERZEICHNIS

Die KAPITÄLCHEN nehmen die in den Anmerkungen und im Variantenapparat verwendeten Kurzverweise wieder auf.

1. *Shakespeare-Ausgaben*

F (F1): *Mr. William Shakespeares Comedies, Histories & Tragedies*, London 1623, The Norton Facsimile: The First Folio of Shakespeare, hrsg. v. Charlton Hinman, New York 1968.

F2: *Mr. William Shakespeares Comedies, Histories & Tragedies*, London 1632

F3: *Mr. William Shakespeares Comedies, Histories & Tragedies*, London 1663

F4: *Mr. William Shakespeares Comedies, Histories & Tragedies*, London 1685

ALEXANDER, Peter, Hrsg., *The Complete Works*, London 1951

ARDEN, Shakespeare, 37 Bde., London 1899–1924, Hrsg. W.J.Craig et al., *All's Well That Ends Well*, Hrsg. W.O.Brigstocke, London 1929 (2. Aufl.).

BAUDISSIN: Schlegel, A.W. und L.Tieck, Hrsg., *Shakespeare's dramatische Werke*, 12 Bde., Berlin 1839–40, Ende gut, alles gut, übers. v. Wolf Graf Baudissin.

BRAUN, Wilfrid, Hrsg., *King Richard II – König Richard II*. Englisch-deutsche Studienausgabe, München 1980.

CAMBRIDGE Shakespeare, *The Works*, Hrsg. W.G.Clark et al., Cambridge 1863–66.

CAPELL, Edward, Hrsg. *Comedies, Histories and Tragedies*, 10 Bde., London 1767

CASE, Arthur E., Hrsg., *All's Well That Ends Well*, The Yale Shakespeare, New Haven 1926.

CLARKE, Charles and Mary Cowden, Hrsg., *The Plays*, Cassell's Illustrated Shakespeare, 3 Bde., London 1864–68.

COLLIER, John P., Hrsg., *The Works*, 8 Bde., London 1842–44; *Comedies, Histories, Tragedies, and Poems*, 6 Bde., London 1858.

OXFORD, Shakespeare, The, Hrsg. W.J.Craig, Oxford 1891.

DELIUS, Nicolaus, Hrsg., *Werke*, 2 Bde., Elberfeld 1872

DYCE, Alexander, Hrsg., *The Works*, 9 Bde., London 1864–67.

ENGLER, Balz, Hrsg., *Othello*, Englisch-deutsche Studienausgabe, München 1976.

FRASER, Russell, Hrsg., *All's Well That Ends Well* [The New Cambridge Shakespeare, Hrsg. Philip Brockbank], Cambridge 1985.

GLOBE Edition, Hrsg. William G.Clark und William A.Wright, *The Works,* London 1864.
GRANT WHITE, Richard, Hrsg., *Comedies, Histories, Tragedies, and Poems,* [Riverside Shakespeare], 6 Bde., Boston 1883
HANMER, Thomas, Hrsg., *The Works,* 6 Bde, Oxford 1743–44.
HARRISON, G.B., Hrsg., 23 Plays and the Sonnets, New York 1948.
HEINE-HARABASZ, Ingeborg, *The Merchant of Venice – Der Kaufmann von Venedig.* Englisch-deutsche Studienausgabe, München 1982.
JOHNSON, Samuel, Hrsg., *The Plays,* 8 Bde., London 1765.
KEIGHTLY, Thomas, Hrsg., *The Plays,* 6 Bde., London 1864.
KNIGHT, Charles, Hrsg., *The Comedies, Histories, Tragedies, and Poems,* 12 Bde., London 1842–44
LEISI, Ernst, Hrsg., *Measure for Measure, An Old-Spelling and Old-Meaning Edition,* Heidelberg 1964.
MALONE, Edmond, Hrsg., *The Plays and Poems,* 10 Bde., London 1790.
NAEF, Walter und Peter Halter, eds., *Measure for Measure – Maß für Maß.* Englisch-deutsche Studienausgabe, München 1977.
NEILSON, William A., Hrsg., *The Works,* Cambridge Ed., Boston 1906.
NEW ARDEN: *The Arden Ed. of The Works, All's Well That Ends Well,* Hrsg. G.K.Hunter, London 1959, 1962.
NEW PENGUIN Shakespeare, Hrsg. T.J.B.Spencer, *All's Well That Ends Well,* Hrsg. Barbara Everett, Harmondsworth 1970.
NEW SH.: *The Works,* Hrsg. A.Quiller-Couch und J.D.Wilson, 37 Bde. 1921–66, *All's Well That Ends Well,* Cambridge 1929, 1955.
PELICAN Shakespeare, Hrsg. Alfred Harbage, *All's Well That Ends Well,* Hrsg. Jonas A. Barish, New York 1969.
POPE, Alexander, Hrsg., *The Works,* London 1723–25 (6 Bde.), 1728 (8 Bde.)
RIVERSIDE Shakespeare, Hrsg. G.B.Evans et al., Boston 1974.
ROWE Nicholas, Hrsg., *The Works,* 6 Bde., London 1709; 8 Bde., London 1714.
SINGER, Samuel, Hrsg., *The Dramatic Works,* 10 Bde., London 1856.
SISSON, Charles J., Hrsg., *The Complete Works,* London 1954.
STAUNTON, Howard, Hrsg., *The Plays,* 3 Bde., 1858–60.
STEEVENS, George und S. Johnson, eds., *The Plays,* 10 Bde., [Variorum Ausgabe] London 1773, 1778, 1785.
THEOBALD, Lewis, Hrsg., *The Works,* 7 Bde., London 1733.
8 Bde. 1757

TRAUTVETTER, Christine, Hrsg., *As You Like It, An Old-Spelling and Old Meaning Edition,* Heidelberg 1972.
WARBURTON, William, Hrsg., *The Works,* 8 Bde., London 1747.

2. *Andere Textausgaben*

Beaumont, Francis, *The Dramatic Works in the Beaumont and Fletcher Canon,* hrsg.v. F.Bowers, 6 Bde., Cambridge 1966–85.
Bullough, Geoffrey, Hrsg., *Narrative and Dramatic Sources of Shakespeare,* 8 Bde., London 1957–75.
Castiglione, Baldesar, Il Cortegiano, hrsg. v. Bruno Maier, Turin 1965
Castiglione, Baldesar, *The Book of the Courtier,* übers. v. L.E.Opdycke, New York 1903.
Castiglione, Baldesar, *The Book of the Courtier,* übers. v. Sir Thomas Hoby (1561), London 1900; Neudruck: New York 1967.
GENEVA BIBLE, The. A Facsimile of the 1560 edition, hrsg. v. Lloyd E. Berry, Madison, Wisc. 1969.
Hazlitt, W.C. und J.P.Collier, Hrsg., *Shakespeare's Library. A Collection of the Plays, Romances, Novels, Poems, and Histories employed by Shakespeare in the Composition of his Works,* London 1875.
Greene, Robert, *The Life and Complete Works,* hrsg. v. A.B.Grosart, 1881–86; Neudruck: New York 1964.
Jonson, Ben, hrsg. v. C.H.Herford und P.Simpson, 11 Bde., Oxford 1925–52.
Marlowe, Christopher, *The Complete Works,* hrsg. v. F.Bowers, 2 Bde., Cambridge 1973.
Paynter, William, *The Palace of Pleasure,* 3 Bde., hrsg.v. J.Jacobs, London 1890; Neudruck: New York 1966.
Tomkins, John, *Albumazar,* in: Bd.11 von *A Select Collection of Old English Plays,* hrsg.v. R.Dodsley und W.C.Hazlitt, 1874–76; Neudruck: New York 1964.

3. *Nachschlagewerke und Hilfsmittel*

ABBOTT, E.A., *A Shakespearian Grammar,* London 1870; Neudruck: New York 1966.
BLAKE, N.F., *Shakespeare's Language. An Introduction,* London 1983.
BROOK, G.L., *The Language of Shakespeare,* London 1976.
BUCKNILL, John, C., *The Medical Knowledge of Shakespeare,* London 1860.

C. & W.: Clarkson, Paul S. und C.T.Warren, *The Law of Property in Shakespeare and Elizabethan Drama*, Baltimore 1942.

Collier, John P., *Notes and Emendations to the Text of Shakespeare's Plays*, London 1853.

Colman, E.A.M., *The Dramatic Use of Bawdy in Shakespeare*, London 1974.

Cotgrave, Randle, *A Dictionary of the French and English Tongues*, London 1611; Neudruck: New York 1970.

Daniel, P.A., *Notes and Conjectural Emendations of Certain Doubtful Passages in Shakespeare's Plays*, London 1870.

Edd: Wright, J., Hrsg., *The English Dialect Dictionary*, 6 Bde., London 1898–1905.

Empson, William, *The Structure of Complex Words*, London 1951.

F. & H.: Farmer, John S. und W.E. Henley, *Slang and its Analogues. Past and Present*, London 1890–1904; Neudruck: New York, 1974.

Franz, Wilhelm, *Die Sprache Shakespeares*, Halle 1939.

H. & S.: Henkel, Arthur und A.Schöne, *Emblemata. Handbuch zur Sinnbildkunst des XVI. und XVII. Jahrhunderts*, Stuttgart 1967.

Howard-Hill, Trevor, Hrsg., *All's Well That Ends Well: A Concordance to the Text of the First Folio*, Oxford 1969.

Hulme, Hilda M., *Explorations in Shakespeares Language*, London 1962.

Hunger, Herbert, *Lexikon der griechischen und römischen Mythologie*, Wien 1919.

Kellner, Leon, *Shakespeare-Wörterbuch*, Leipzig 1922.

Kinnear, B.G., *Cruces Shakespearianae*, London 1883.

Lausberg, Heinrich, *Elemente der literarischen Rhetorik*, München 1963.

Linthicum, M.C., *Costume in the Drama of Shakespeare and his Contemporaries*, Oxford 1936.

Lurker, Manfred, *Wörterbuch biblischer Bilder und Symbole*, 3. Aufl., München 1987.

Mahood, N.M., *Shakespeare's Wordplay*, London 1957.

Naylor, Edward W., *Shakespeare and Music*, London 1896; veränderte Neuauflage: London 1931.

Noble, Richmond, *Shakespeare's Biblical Knowledge*, London 1935; Neudruck: Folcroft, Pa. 1969.

Oed: *The Oxford English Dictionary*, 13 Bde., Oxford 1933 u.ö., verbesserte Neuauflage von *A New English Dictionary on Historical Principles*, hrsg. v. J.A.H.Murray et al. Oxford 1884–1928.

Onions, C.T., *A Shakespeare Glossary*, Oxford 1986 (erw. und revidierte Aufl.).

Partridge, Eric, *Shakespeare's Bawdy, A Literary and Psychological Essay and A Comprehensive Glossary*, London 1947, erw. Aufl. 1968.
Schmidt, Alexander, *Shakespeare Lexicon*, Berlin 1971 (6., erw. und verb. Aufl.)
Sh. Engl.: *Shakespeare's England, An Account of the Life and Manners of His Age*, hrsg.v. C.T.Onions et al., 2 Bde., Oxford 1916.
Sh.– Handbuch: Schabert, Ina, Hrsg., *Shakespeare Handbuch*, Stuttgart 1972.
Sh. Pron.: Kökeritz, Helge, *Shakespeare's Pronunciation*, New Haven 1953.
Sisson, Charles J., *New Readings in Shakespeare*, Cambridge 1956.
Skeat, Walter W., *A Glossary of Tudor and Stuart Words*, hrsg. v. A.L.Mayhew, Oxford 1914.
Spevack, Marvin, *A Complete and Systematic Concordance to the Works of Shakespeare*, 9 Bde., Hildesheim 1968–80.
Spurgeon, Caroline, *Shakespeare's Imagery and What It Tells Us*, Cambridge 1935.
Thiselton-Dyer, T.F., *Folk-Lore of Shakespeare*, 1883; Neudruck: Toronto 1966.
Thiselton, Alfred.E., *Some Textual Notes on All's Well That Ends Well*, London 1900.
Tilley, Morris P., *A Dictionary of the Proverbs in England in the 16th and 17th Centuries*, Ann Arbor 1950.
Weiss, Wolfgang, *Das Drama der Shakespeare-Zeit*, Stuttgart 1979.
Wendel, Karl-Heinz, *Sonnettstrukturen in Shakespeares Dramen*, Bad Homburg 1981.

4. *Studien*

Adams, J.F., "All's Well That Ends Well: The Paradox of Procreation", SQ 12 (1961), S. 261–70.
Anderson, Ruth L., "Elizabethan Psychology and Shakespeare's Plays", *University of Iowa Studies* 3 (1925–27), S. 7–176.
Babb, Lawrence, *The Elizabethan Malady. A Study of Melancholia in English Literature from* 1580 to 1642, East Lansing 1951.
Bennett, Josephine W., "New Techniques of Comedy in All's Well That Ends Well", *ShQ* 18 (1967), S.107–22.
Blayney, Glenn H., "Wardship in English Drama (1600–1650)", *Studies in Philolgy*, 53 (1956), S.470–84.
Böse, Petra, *Wahnsinn in Shakespeares Dramen*, Tübingen 1966.
Bowers, Fredson, "Foul Papers, Compositor B, and the Speech Prefixes of All's Well That Ends Well", *Studies in Bibliography* 32 (1979), S.60–81.

Bowers, Fredson, "Shakespeare at Work: The Foul Papers of All's Well That Ends Well", *English Renaissance Studies* (presented to Dame Helen Gardner), Oxford 1980, S.56–73.

Bradbrook, Muriel C., "'Virtue is the True Nobility:' A Study of the Structure of All's Well That Ends Well", *Review of English Studies* 1 (New Series) (1950), S. 289–301 [auch abgedruckt in D.J.Palmer und in K.Muir, s.u.]

Brooke, Nicholas, "All's Well That Ends Well", *ShS* 30 (1977), S.73–84.

Byrne, Muriel St.C., "The Shakespeare Season at the Old Vic 1958/59, and Stratford-upon-Avon 1959, *ShQ* 10 (1959), S.555–567.

Calderwood, James L., "Styles of Knowing in All's Well That Ends Well", *MLQ* 25 (1964), S.272–94.

Carson, Neil, "Some Textual Implications of Tyrone Guthrie's 1953 Production of All's Well That Ends Well", *ShQ* 25 (1974), S.52–60.

Castrop, Helmut, "Sympathielenkung und satirische Parteilichkeit", in *Sympathielenkung in den Dramen Shakespeares*, Hrsg. von W.Habicht und I.Schabert, München 1978.

Chambers, E.K., *William Shakespeare*, London 1930.

Champion, Larry S., *The Evolution of Shakespeare's Comedy: A Study in Dramatic Perspective*, Cambridge, Mass. 1970.

Clubb, Louise G., "Woman as Wonder: A Generic Figure in Italian and Shakespearian Comedy," *Studies in the Continental Background of Renaissance English Literature. Essays Presented to John L.Lievsay*, Durham, N.C. 1977, S.109–32.

Coghill, Nevill, "All's Well That Ends Well Revalued" in *Studies in Language and Literature in Honour of Margret Schlauch*, ed. M.Brahmer et al., Warschau 1966, S.71–83.

Cohen, A.Z., "'Virtue is Bold', the Bed-Trick and Characterization in All's Well That Ends Well and Measure for Measure", *Philological Quarterly* 62 (1986), S. 171–86.

Cole, Howard C., *The All's Well Story from Boccaccio to Shakespeare*, Urbana 1981.

Cook, Ann J., "Shakespeares Gentlemen", *ShJ(W)*, 1985, S.9–27.

Dessen, Alan. C., *Elizabethan Stage Conventions and Modern Interpreters*, Cambridge 1984.

Evans, Bertrand, *Shakespeare's Comedies*, Oxford 1960.

Foakes, R.A., *Shakespeare: The Dark Comedies to the Last Plays: From Satire to Celebration*, London 1971.

Fricker, Robert, *Das ältere englische Schauspiel*, Bd.2: *John Lyly bis Shakespeare*, Bern 1983.

Godshalk, W.L., "All's Well That Ends Well and the Morality Play" *ShQ* 25 (1974), S.61–70.

Gorfain, Phyllis, "Riddles and Reconciliation: Formal Unity in All's Well That Ends Well", *Journal of the Folklore Institute* 13 (1976), S.263–81.

Gross, G.J., "The Conclusion to All's Well That Ends Well", *Studies in English Literature 1500–1900* 23 (1983), S.257–76.

Hapgood, Robert, "The Life of Shame: Parolles and All's Well That Ends Well", *Essays in Criticism* 15 (1965), 269–78.

Hunter, Robert G., *Shakespeare and the Comedy of Forgiveness*, New York 1965 [auch abgedruckt in D.J.Palmer, s.u.]

Huston, Dennis, "'Some Stain of Soldier': The Functions of Parolles in All's Well That Ends Well", *ShQ* 21 (1970), S.431–38.

Jobin, Sybille, *Shakespeare: Die Dramaturgie der Zuschauerüberraschung in seinen Komödien*, Bonn 1979.

Johnson, Samuel, *Johnson on Shakespeare*, ed. A.Sherbo, New Haven 1968.

Kirchheim, Astrid, *Tragik und Komik in Shakespeares Troilus and Cressida, Measure for Measure und All's Well That Ends Well*, Frankfurt a.M. 1971.

Kellner, Leon, "Exegetische Bemerkungen zu All's Well That Ends Well", *ShJ* 53 (1917), S.35–48.

Kirsch, Arthur, *Jacobean Dramatic Perspectives*, Charlottesville 1972.

Kirsch, Arthur, *Shakespeare and the Experience of Love*, Cambridge 1981.

Kluge, Walter, "Die Problemstücke", in *Shakespeare Handbuch*, hrsg. von I.Schabert, Stuttgart 1972, S.467–92.

Knight, Wilson, *The Mutual Flame*, London 1955.

Knight, Wilson, *The Sovereign Flower*, London 1958.

Knights, L.C., *Drama and Society in the Age of Jonson*, London 1957.

Krapp, George L., "Parolles", *Sh.ean Studies by Members of the Department of English and Comparative Literature in Columbia University*, hrsg. v. B. Matthews und A. Thorndike, New York 1916, S. 291–300; Neudruck: New York 1962 [auch abgedruckt in D.J. Palmer, s.u.]

Lawrence, William W., *Shakespeare's Problem Comedies*, New York 1931; Neudruck: New York 1960.

Leech, Clifford, "The Theme of Ambition in All's Well That Ends Well", *A Journal of English Literary History* 21 (1954), S.17–29.

Leggatt, Alexander, "All's Well That Ends Well: The Testing of Romance" *MLQ* 32 (1971), S.21–41.

Leonard, Nancy, S., "Substitution in Shakespeare's Problem Comedies", *English Literary Renaissance* 9 (1979), S.281–301.

Levin, R.A., "The Two French Lords of All's Well That Ends Well", *Notes and Queries* 26 (1979), S.122–25.

Love, John M., "'Though Many of the Rich are Damn'd': Dark Comedy and Social Class in All's Well That Ends Well", *Texas Studies in Literature and Language* 18 (1977), S.517–27.

Muir, K., Hrsg., *Shakespeare: The Comedies*, Englewood Cliffs 1965.

Neuss, Paula, "The Sixteenth-Century English 'Proverb' Play", Comparative Drama 18 (1984), S. 1–18.

Ornstein, Robert, Hrsg., *Discussions of Shakespeare's Problem Comedies*, Boston 1961.

Palmer, D.J., Hrsg., *Shakespeare's Later Comedies. An Anthology of Modern Criticism*, Harmondsworth 1971.

Parker, R.B., "War and Sex in All's Well That Ends Well", *ShS* 37 (1984), S.99–113.

Pearce, Frances M., "Analogical Probability and the Clown in All's Well That Ends Well", *ShJ* [Weimar] 108 (1972), S.129–44.

Pope, M., "Sh.'s Medical Imagination", *ShS* 38 (1985), S. 175–86.

Praz, Mario, "Sh. and Italy", *Sydney Studies in English* 3 (1977–78), S.3–18.

Price, Joseph, *The Unfortunate Comedy, a Study of All's Well That Ends Well and its Critics,* Liverpool 1968.

Ranald, Margaret L., "'As Marriage Binds and Blood Breaks': English Marriage and Shakespeare", *ShQ* 30 (1979), S.68–81.

Ranald, Margaret L., "The Betrothals of All's Well That Ends Well", *Huntington Library Quarterly* 26 (1963), S.179–92.

Riemer, A.P., *Antic Fables. Patterns of Evasion in Shakespeare's Comedies,* Manchester 1980.

Rossiter, Arthur P., *Angel with Horns. Fifteen Lectures on Shakespeare,* hrsg. von G.Storey, London 1961.

Rothman, Jules, "A Vindication of Parolles", *ShQ* 23 (1972), S.183–96.

Simonds, Peggy Muñoz, "Overlooked Sources of the Bed-Trick", *ShQ* 34 (1983), S. 433–44.

Smallwood, R.L., "All's Well That Ends Well at the Royal Shakespeare Theatre", *Critical Quarterly* 24 (1982), S.25–31.

Smallwood, R.L., "The Design of All's Well That Ends Well", *ShS* 25 (1972), S.45–61.

Stone, Lawrence, *The Family, Sex, and Marriage in England* 1500–1800, London 1977.

Styan, J.L., *All's Well That Ends Well* (Shakespeare in Performance, Hrsg. J.R. Mulryne), Manchester 1984.

Tillyard, Eustace M.W., *Shakespeare's Problem Plays,* London 1950.

Toole, William B., *Shakespeare's Problem Plays: Studies in Form and Meaning,* The Hague 1966.

Walker, A., "6 Notes on All's Well That Ends Well", *ShQ* 33 (1982), S.339–42.

Warren, Roger, "Why Does it End Well? Helena, Bertram, and the Sonnets", *ShS* 22 (1969), S.79–92.

Watson, Curtis. B., *Shakespeare and the Renaissance Concept of Honor,* Princeton 1960.

Wheeler, Richard, *Shakespeare's Development and the Problem Comedies. Turn and Counter-Turn,* Berkeley 1981.

Wilson, Harold S., "Dramatic Emphasis in All's Well That Ends Well", *Huntington Library Quarterly* 13 (1950), S.217–40 [auch abgedruckt in Ornstein, s.o.]

Wright, Herbert, G., "How did Shakespeare Come to Know the 'Decameron'?", *Modern Language Review* 50 (1955), S.45–48.

Englisch-deutsche Studienausgabe der

Dramen von William Shakespeare

[illegible]

Measure for Measure
Maß für Maß
[illegible]

The Winter's Tale
Das Wintermärchen
[illegible]

Julius Caesar
[illegible]

Othello
[illegible]

All's Well That Ends Well
[illegible]

King Richard III
[illegible]

The Merchant of Venice
Der Kaufmann von Venedig
[illegible]

The Taming of the Shrew
Der Widerspenstigen Zähmung
[illegible]

The Comedy of Errors
[illegible]

Much Ado About Nothing
[illegible]

Troilus and Cressida
[illegible]

[illegible]

[illegible]